济钢年鉴

JIGANG YEAR BOOK

2017

《济钢年鉴》编纂委员会　编

冶金工业出版社

图书在版编目(CIP)数据

济钢年鉴．2017/《济钢年鉴》编纂委员会编．—北京：冶金工业出版社，2018.4

ISBN 978-7-5024-7763-9

Ⅰ.①济… Ⅱ.①济… Ⅲ.①钢铁厂—济南—2017—年鉴 Ⅳ.①F426.316-54

中国版本图书馆 CIP 数据核字(2018)第 068315 号

出 版 人 谭学余

地　　址 北京市东城区嵩祝院北巷 39 号 邮编 100009 电话 (010)64027926

网　　址 www.cnmip.com.cn 电子信箱 yjcbs@cnmip.com.cn

责任编辑 于昕蕾 美术编辑 彭子赫 版式设计 孙跃红

责任校对 王永欣 责任印制 牛晓波

ISBN 978-7-5024-7763-9

冶金工业出版社出版发行；各地新华书店经销；虎彩印艺股份有限公司印刷

2018 年 4 月第 1 版，2018 年 4 月第 1 次印刷

787mm×1092mm 1/16；21.5 印张；8 彩页；529 千字；333 页

128.00 元

冶金工业出版社 投稿电话 (010)64027932 投稿信箱 tougao@cnmip.com.cn

冶金工业出版社营销中心 电话 (010)64044283 传真 (010)64027893

冶金书店 地址 北京市东四西大街 46 号(100010) 电话 (010)65289081(兼传真)

冶金工业出版社天猫旗舰店 yjgycbs.tmall.com

(本书如有印装质量问题，本社营销中心负责退换)

《济钢年鉴》(2017) 编纂委员会

主　　任　　薄　涛

副 主 任　　李长青

委　　员　　于文波　苗　刚　高　翔　徐亮天

　　　　　　张润生　高贤成　孙　玮　柳润民

《济钢年鉴》(2017) 编辑部

主　　审　　薄　涛

主　　编　　柳润民

副 主 编　　曹清华　邹玉萍

责任编辑　　邹玉萍　李福运　楚世豪　张金秋

　　　　　　程　宁　钟秀菊　郭玉玲　王　真

　　　　　　郜俊奇　吕效伟

英文翻译　　郭玉玲

编 辑 说 明

《济钢年鉴》(2017)由济钢集团有限公司办公室组织编纂，是自1987年创刊以来连续出版的第31部年度资料性文献。《济钢年鉴》(2017)全面记载了济钢集团有限公司和山钢股份济南分公司2016年的生产经营建设、改革发展及党的建设等方面的情况，力求图文并茂，为读者提供认识、了解济钢的最新信息资料。

本部年鉴框架设计均采用栏目、分目和条目分类法编排，设特载、会议报告、概况、大事记、合作交流、专项活动、专业管理、党群工作、生产经营、先进与荣誉、统计资料、附录12个栏目。设中英文目录检索。为丰富年鉴的信息含量，卷内设反映两公司重大事件和发展成就的彩色图片12面，全书约计53万字。

本部年鉴入选资料均经撰稿单位专职编审人员和撰稿单位领导审核。主要数据由职能部门统计提供，计量单位采用中华人民共和国法定计量单位。

《济钢年鉴》(2017)的编辑出版，得到了集团公司各级领导、各单位供稿人员、编辑人员和冶金工业出版社的大力支持与协助，凝聚着集体智慧和汗水。在此，对参与撰稿、编写人员所付出的辛勤劳动表示诚挚的谢意，并真诚地希望继续得到各方面的关心与支持，恳请批评指正。

《济钢年鉴》(2017)编辑部

2017年12月

2016 年 6 月 29 日，山东省省长、省委副书记郭树清来济钢片区慰问

2016 年 6 月 29 日，山东省省长、省委副书记郭树清到山钢股份济南分公司薄板厂冷轧车间为基层党员上党课

2016年7月19日，由人民日报、新华社、中央电视台等15家媒体组成的“中华环保世纪行”新闻采访组在全国人大环资委调研室主任何嘉平的带领下莅临济钢调研，济南市人大常委会城建环保工作室主任鹿中华、济南市环保局局长高立文等领导陪同

2016年8月22日，国家化解过剩产能专项督查组到山钢股份济南分公司现场调研督查

2016 年 2 月 5 日，山钢集团党委书记、董事长侯军（左二），总经理陶登奎（左三）到济钢慰问职工

2016 年 10 月 12 日，山钢集团总经理陶登奎（左二）来济钢调研，在济钢集团董事长张俊芳、总经理徐有芳、副总经理高翔等领导的陪同下分别视察了钢结构公司、冷弯型钢公司和翼板公司生产现场，并详细地了解了生产经营状况

2016 年 2 月 1 日，山钢集团党委书记、董事长侯军来济钢走访慰问老干部、老党员

2016 年 6 月 2 日，济南鲁新新型建材股份有限公司挂牌敲钟仪式在北京金融街全国中小企业股份转让系统隆重举行

2016 年 1 月 6 日，山钢股份济南分公司在炼铁厂举办《姜和信——一个全国劳动模范的成长历程》新书发行仪式

2016 年 2 月 3 日，济钢集团、山钢股份济南分公司举行“迎新春老干部座谈会”

2016 年 5 月 6 日，济钢集团、山钢股份济南分公司召开“两学一做”学习教育动员部署会议

2016年1月15日，山钢股份济南分公司总经理徐有芳在宽厚板厂参加济南分公司第一届二次职代会小组讨论

2016年1月27日，历城区区委书记李胜利来济钢调研

2016年3月15日，济钢集团副总经理李长青会见中国孔子基金会副会长李长明一行

2016 年 2 月 6 日，山钢股份济南分公司全体领导和相关部门负责人到生产现场检查节日安全文明生产工作

2016 年 4 月 10 日，山钢股份济南分公司副总经理薄涛参加炼钢厂 45 吨转炉关停仪式

2016 年 5 月 27 日，济钢铸管搬迁项目开工典礼在兰陵举行

2016 年 4 月 12 日，济钢集团党委书记、董事长张俊芳到济钢总医院察看刚刚投入使用的家庭式一体化产房，并表示祝贺

2016 年 6 月 2 日，济钢集团副总经理薄涛到汽运公司调研内部市场化开展情况

2016 年 12 月 14 日，济钢集团副总经理薄涛来到新村房产交易中心检查督导居民房产办证工作

2016年4月28日，济钢集团、山钢股份济南分公司在文化中心召开庆祝“五一”国际劳动节暨先进集体先进个人表彰大会

2016年6月30日，济钢集团、山钢股份济南分公司召开庆“七一”表彰暨“两学一做”学习教育推进大会

2016年9月20日，济钢集团、山钢股份济南分公司召开2016年职工先进操作法、合理化建议暨职工创新成果命名表彰大会

2016年1月22日，济钢集团团委在鲍德炉料公司会议室举办“责任驱动 青春建功”降本增效擂台赛汇报评审活动

2016年4月8日，济钢集团召开“精益管理模范车间”创建工作推进会

2016年11月24日，济钢集团、山钢股份济南分公司纪委组织部分中层干部和重点岗位人员到济南市历城区人民检察院预防职务犯罪警示教育基地，开展“两学一做”警示教育活动

2016年2月21日，济南市总工会在舜耕山庄举行2016年度济南工匠命名表彰大会，山钢股份济南分公司炼铁厂职工姜和信（右）荣获2016年“济南工匠”称号，济钢集团鲍德炉料公司职工张春明（左）荣获2016年“济南工匠”提名奖

2016年5月4日，济钢集团和山钢股份济南分公司团委联合举办“改革转型我担当”演讲比赛

2016年10月10日，山钢股份济南分公司党委副书记、纪委书记、工会主席刘秀元，到气体厂看望慰问勇救落水儿童的职工刘欣，并向他献花，颁发了“见义勇为奖”

2016 年 5 月 27 日，济钢集团工会邀请市总工会民主管理部部长王继全讲课

2016 年 9 月 29 日，“炫舞夕阳”济钢离退休职工“重阳节”广场健身展示会在济钢新村广场举行

国庆前夕，中央电视台国庆特别节目《谁不说俺家乡好，国庆共话乡土情》栏目记者，深入到济钢生产一线，采访了炼铁厂职工、全国劳动模范姜和信等

大 事 记

合 作 交 流

专 项 活 动

专 业 管 理

济钢集团有限公司专业管理

山钢股份济南分公司专业管理

党 群 工 作

济钢集团有限公司党群工作

山钢股份济南分公司党群工作

目 录

特 载

会 议 报 告

概 况

生 产 经 营

济钢集团有限公司生产经营

山钢股份济南分公司生产经营

先进与荣誉

统计资料

附　　录

Contents

Chronicle of Events

Cooperation and Exchange

Activities for the Major Theme

Professional Management

Jinan Iron and Steel Group Co.,Ltd.

Shandong Iron and Steel Group Jinan Company

Party-Mass Working

Jinan Iron and Steel Group Co.,Ltd.

Honors and Remarks

Statistic Documents

Appendix

特载

TEZAI

核心理念

☆ 企业使命——为客户提供满意的产品和服务

“七一”前夕山东省省长、省委副书记郭树清来济钢慰问并为基层党员上党课

6月29日，山东省省长、省委副书记郭树清来济钢片区看望慰问困难党员和老党员，并深入到薄板厂冷轧车间为基层党员上党课。

省市有关领导，山钢集团党委书记、董事长侯军，总经理、党委副书记陶登奎，总经理助理、党委组织部部长张相军，济钢集团、山钢股份济南分公司党委书记、济钢集团董事长张俊芳，济钢集团、山钢股份济南分公司总经理、党委副书记徐有芳，党委副书记、纪委书记、工会主席刘秀元一同看望，并同基层党员一起听取了郭树清讲授的党课。在患病职工党员李淑亭家里，郭树清向他表示问候，并仔细询问了家庭成员情况，以及日常生活和治疗情况，嘱咐他要坚定医治的信心，按照医疗程序安心养病，注意饮食，保持心情愉快，身体一定会早日康复的。李淑亭及家属表示，济钢及厂里的领导和工友们非常关心患病困难职工，多次看望慰问，帮助解决有关实际问题，现在病情好多了，感谢省长的关怀，感谢企业的照顾。

在退休职工、老党员孙启胜家里，郭树清与他执手相握、拉起家常，亲切询问孙启胜在职期间的工作、退休后的生活以及家庭相关情况。郭树清表示，济钢为国家、为山东、为济南都作出了巨大贡献，这里面包含着济钢老职工、老同志、老党员的心血和汗水，他代表省委省政府向大家表示慰问。

对于省长的关心，他非常激动并表示诚挚感谢，他说，济钢现在遇到了困难，以张俊芳书记为首的济钢领导班子呕心沥血，为应对严峻形势想尽了办法，我们这些老党员也都很着急，期盼济钢能快点好起来，请省长多支持支持济钢的发展。

郭树清安慰他说，钢铁行业遇到了困难，这是全局性的，不要着急，有国家和地方党委政府的支持，有大家的共同努力，困难一定能够克服，问题会逐步解决。要坚信，中国的经济形势会一天天好起来，人民的生活会一天天改善起来。

郭树清在慰问党员间隙，还与过往的济钢新村居民热情地打招呼、握手攀谈，了解社区建设和生活情况。看到省长来到济钢社区，大家非常惊喜，纷纷迎上前去，围拢在郭树清周围，热情地寒暄交谈，气氛十分热烈和谐，笑声、掌声不时响起。

慰问党员后，郭树清来到薄板厂冷轧车间，为基层党员上了一堂生动而富有层次和内涵的党课。他在党课中首先回顾了济钢的发展历程，并指出，济钢具有辉煌历史和优良传统，为山东的经济社会发展作出了巨大贡献，这是济钢几代人励精图治、奋发努力的结果，每个同志都应该为我们济钢感到骄傲、感到自豪。

郭树清深入分析了国内外经济形势，钢铁行业改革转型情况，并指出，当前山钢正处在改革发展的关键时期，要进一步发扬优良传统，加强党的建设，强化党的领导，严格按中央要求，落实从严治党。在开展“两学一做”学习教育中，要坚持以人民为中心的发展思想，进一步深化国有企业改革，发挥好党员的模范带头作用。要联系企业实际、联系每一个人的实际，韬光养晦，奋发有为，自己把自己的事情办好。精彩的

党课结束后，郭树清与冷轧车间基层党员马玖峰、刘成群等，就企业混合所有制改革，钢铁行业如何走出危机等话题进行了互动交流。

冷轧车间党支部书记、车间主任马昊表示，决心认真学习、深刻领会这次党课精神，抓好“两学一做”学习教育，把党支部建设成过硬的支部，在济钢转型发展中始终走在前列，以最优异的成绩回报组织和领导的关怀。

“中华环保世纪行”采访组来济钢采访

7月19日，由全国人大环资委调研室巡视员何嘉平带队，人民日报、中央电视台等15家国家媒体组成的中华环保世纪行新闻采访组，在济南市人大和市环保局有关领导陪同下，来到山钢股份济南分公司进行新闻采访活动。山钢股份济南分公司总经理徐有芳、副总经理苗刚会见了采访组一行。

在采访汇报会上，能源环保部向采访组介绍了济钢大力推进资源能源高效循环利用、坚持绿色发展、开发余热资源等方面的经验做法，并针对法制日报、中国矿业报、中央人民广播电台等媒体记者提出的问题进行了现场解答。

采访组认为，在新环保法实施后，济钢不断完善环保顶层设计，坚决贯彻落实相关政策和要求，持续加强大气治理、水污染防治和生态治理，推动都市钢城建设，在环境保护方面迈出了坚实步伐，取得了很多成就，值得称赞。据了解，中华环保世纪行是由全国人大资源与环境委员会、环境保护部、国土资源部等14个部委共同组织的一项大型环境资源宣传活动，该活动已经成功开展24年。

国家化解过剩产能专项督查组来济钢现场督查

8月22日，以国家发展改革委党组成员、副主任林念修为组长的国家钢铁煤炭行业化解过剩产能专项督查组一行18人，在省委常委、常务副省长孙伟等省领导陪同下，到山钢股份济南分公司宽厚板厂、炼铁厂进行现场调研督查。山钢集团总经理陶登奎，山钢股份济南分公司党委书记张俊芳、总经理徐有芳、副总经理薄涛等陪同调研。

国家发展改革委督导组一行先后来到宽厚板厂4300毫米产线、炼铁厂2号1750立方米高炉实地调研，仔细询问4300毫米产线的生产情况和淘汰落后产能情况。

国家发展改革委督导组对济南分公司勇于承担改革转型责任、率先淘汰落后产能的做法予以充分肯定，并再三嘱咐一定要处理好淘汰落实产能后职工的安置问题，保一方平安，实现济钢的转型发展。

国务院参事室调研组来济钢调研

9月5日，国务院参事、第十二届全国政协常委徐一帆，省政府参事室文史馆主任邵靖一行，在山钢股份总经理、董事毕志超的陪同下，到山钢股份济南分公司就“钢铁去产能”课题进行调研，山钢股份济南分公司总经理徐有芳、副总经理薄涛陪同调研。

徐一帆一行来到已停产的2号1750立方米高炉作业区，参观了已拆除完毕的主控室及其他生产现场，并听取关于“钢铁去产能”的相关汇报。调研组一行对济南分公司树立大局意识，积极响应国家“钢铁去产能”号召，所采取的去产能的措施和做法给予充分肯定。

国家有关部委组成工作组来济钢调研

9月8日，国家节能中心、工业和信息化部、环境保护部、煤炭科学院研究总院有关领导、专家组成工作组，在省发改委有关领导陪同下，到山钢股份济南分公司，现场调研核查化解过剩产能、减少煤炭消费量工作。济南分公司副总经理苗刚陪同并介绍了有关情况。

工作组一行先后来到炼钢厂45吨转炉区域、能源动力厂能源管控中心参观考察。在45吨转炉区域，工作组在听取汇报后，对济钢响应去产能号召、积极关停45吨转炉的做法予以充分肯定，有关领导表示，济钢多年来走在发展循环经济的前列，多项指标名列前茅。在能源管控中心，工作组参观了主控室，听取了节能工作汇报，对济钢利用余热、余能发电、供暖的节能经验和做法给予高度评价。

省审计组来济钢片区调研

9月19日，山东省审计厅副厅长、审计组组长杨统海一行，在山钢集团董事、财务总监刘德华等陪同下，来济钢集团、山钢股份济南分公司考察调研。

济钢集团、山钢股份济南分公司总经理徐有芳，济钢集团财务总监徐亮天介绍了生产经营状况。杨统海对济钢积极推进节能减排，淘汰落后产能，走循环经济道路取得的成绩给予充分肯定。杨统海一行还参观了炼铁厂3200立方米高炉主控室、炼钢厂210吨转炉、宽厚板厂4300毫米产线以及能源动力厂生态渔场等。

中央电视台记者深入一线采访济钢职工

国庆前夕，中央电视台国庆特别节目《谁不说俺家乡好，国庆共话乡土情》栏目记者，深入到济钢生产一线，采访了炼铁厂职工、全国劳模姜和信，宽厚板厂职工刘朋、青格乐等。济钢职工对家乡的情、对企业的爱、对社会和国家的那份责任感，令中央电视台的记者频频动容、交口称赞。

省钢铁去产能工作领导小组验收检查去产能设备封存工作

10月26日，山东省钢铁去产能工作领导小组靖士宽一行到山钢股份济南分公司验收检查去产能设备封存工作，深入了解济南分公司去产能推进情况。山钢集团董事、山钢股份总经理毕志超，山钢股份济南分公司总经理徐有芳、副总经理张润生，以及各相关单位陪同进行验收检查。

在听取山钢股份济南分公司化解过剩产能情况汇报后，去产能工作领导小组对相关工作的推进速度给予充分肯定，并指出，化解过剩产能是中央、省委省政府的决策部署，山钢股份济南分公司对去产能工作非常重视，积极组织，稳妥推进，将去产能工作与转型发展紧密结合起来，统筹考虑化解产能。在去产能工作中，山钢股份济南分公司立足实际，着眼大局，谋划长远，克服了诸多困难和压力，确保了去产能工作按时顺利完成。

靖士宽一行还来到2号1750立方米高炉，对退出产能的相关设备进行现场检查验收，要求对具备拆除条件的退出产能设备，尽快进行拆除，对不具备拆除条件的退出产能设备，制定封存方案，进行断水、断电、拆除动力装置。双方分别在检查验收表上进行签字盖章。

国家钢铁行业去产能检查验收组来济钢检查验收去产能情况

12月3日，以国家发展改革委经济运行局副巡视员万劲松为组长的钢铁行业去产能检查验收组一行6人，在省经信委党组成员、副主任王万良等相关部门领导陪同下，到山钢股份济南分公司检查验收去产能工作情况，副总经理薄涛接待了检查组一行。

在公司扩大会议室，检查验收组一行首先听取了山钢股份济南分公司关于去产能工作的汇报，并查阅了相关证实性材料。随后，到2号1750立方米高炉，对退出产能的相关设备进行了现场检查。通过听取汇报和现场查证，山钢股份济南分公司去产能情况顺利通过检查验收。

（供稿人　邹玉萍）

特载
会议报告
概况
大事记
合作交流
专项活动
专业管理
党群工作
生产经营
先进与荣誉
统计资料
附录

会议报告

HUIYI BAOGAO

核心理念

☆ 企业愿景——打造具有国际竞争力的钢铁强企

坚定信心　破难前行
为开创发展惠民新局面而努力奋斗

——在济钢集团第十八届职工代表大会第一次会议上的工作报告

总经理　张俊芳

（2016年1月12日）

各位代表，同志们：

下面，我代表公司向大会作工作报告，请各位代表审议，请列席的同志提出意见。

一、2015年的工作

一年来，面对严峻的形势、困难的局面和不断出现的新情况、新问题，我们在山钢集团、山钢党委的正确领导下，坚持以“责任驱动，发展惠民”为使命，在继承的基础上创新，在创新的基础上发展，站在新起点，应对新挑战，实现新作为，各项工作积极推进，生产经营绩效稳中有进，保持了较好的发展态势。全年实现销售收入155亿元，利润1.8亿元，归属母公司净利润1亿元。尽管没完成山钢集团考核计划，但在经济下行压力下实属不易。

（一）生产运营平稳有序，安全生产实现“六个零”。

一是支持服务钢铁主业，与济南分公司有效沟通，提供满意服务，稳定内部市场，实现了协同共赢；强化内部市场管控，建立运行规则，发挥了协同效应。二是强化生产计划刚性，以销售为龙头，抢抓订单，资源共享，开展销售系统劳动竞赛取得良好效果；搭建进出口贸易平台，全年进出口总量32.2万吨、贸易额近8亿元，分别较2014年提升30%和27%；全力开拓外部市场，外部市场收入占比较2014年提升5个百分点。三是强化能源环保管理，健全制度，研究政策，改造设施，完成应急减排。四是落实《安全生产法》等法规，强化各级安全生产主体责任，完善安全管理制度体系，设置安全总监，开展季安全“十佳”班组评选活动，创新安全管理模式，实施安全互助管理，全年实现安全生产“六个零”目标。

（二）资本运作稳中有为，财务管理持续提升。

一是创新融资渠道，保证公司资金链安全。在确保传统融资规模的基础上，通过推进资产证券化及发行私募债等方式，创新融资近50亿元；大力推进内保外贷、内保直贷及进出口融资等境内外联动融资业务，融资4.09亿元，降低融资成本828万元。二是加大财务管理力度，实现管理创效。统筹业务流程、核算模式、结算方式，实施税收筹划，降低公司整体税负，实现利润最大化；融资租赁公司成为济南高新区第一家享受非居民税收协定待遇的税收优惠企业，实现政策效益368.16万元。三是盘活存量资产，探索开展转融通出借证券业务，提高国有存量股权经济收益。四是加强财务监管，堵塞漏洞，规避风险，每月解剖一个单位，指导子公司推行完全成本管理，举办财务人员技能大赛，提升财务人员素质，提高财务基础管理水平。

（三）精益管理不断深化，发展基础进一步夯实。

一是以运营改善项目为载体，深入推进“运营转型、管理提升”活动，全年立项实施集团监管项目68项，结题58项；以目视化管理为切入点，以5S管理为主要方法，创建“模范车间”试点成效显著，现场基础管理水平明显提升；培训运营转型骨干（内训师）35名，为深入推进转型提升提供了人才支撑；规范制度管理，充分利用信息管理系统，搭建专业管理制度平台，修订完善专业管理制度70项。二是强化成本管理。开展对标学习，以先进为标杆对标挖潜，减消耗、控费用、降成本；加强库存管理，减少跌价损失，钢材深加工板块实物库存同比降低29.2%；规范采购管理，招标采购平台运行平稳有序，全年平台招标采购成本降低率为8.5%。三是强化资产管理。加强固定资产基础管理，制定股权、土地、固定资产管理制度；强化固定资产投资管理，坚持精益投资理念，实行总额控制，加强预算审核，实施流程管控，全年投资立项金额8577万元；全面启动、有序推进铸管公司和中轧厂搬迁项目；梳理近5年非钢产业投资项目，为转型发展奠定基础。加强股权投资管理，统筹股权优化，理顺母子公司交叉持股，提高投资收益，提升资本管控能力。加强土地管理与开发创效，摸清土地家底，盘活土地资产，推进闲置土地开发，积极解决土地遗留问题。四是强化科技管理，全年实施科技创新项目51项，创效1100万元，获省冶金科技进步奖27项，获授权专利35项。

（四）深化改革不断突破，发展活力进一步增强。

一是优化体制机制，将报社、电视台相关业务、资产和人员从机关总部剥离、整合，成立新闻传媒中心，不仅新闻宣传更接地气，同时作为创效中心当年实现降费增效；实施萨博公司独立运营，实行扁平化管理，改革效果初显，发展前景更加明朗；实施铁合金厂和水文公司、中轧厂和翼板公司主要领导兼职模式运行，实现带动互补。二是不断深化产权制度改革，推进公司制改造及上市工作，启动铁合金厂等单位公司制改制，推进鲁新新型建材有限公司新三板上市。三是持续创新考核机制和分配政策，不断改进和完善绩效考核体系，优化考核方式，适时调整效益指标考核办法；制订“总经理奖励基金”专项考核方案，增设经营绩效环比、同比改进等专项激励政策，突出激励关键骨干和创效团队；加大考核分配力度，激发扭亏增盈和创新创效活力。四是规范用工管理，持续精简用工，利用政策，争取支持，实现人工成本大幅降低，劳动生产率持续提升，职工收入保持相对稳定。五是搭建人才流动平台，组织各类招聘29次，提供岗位119个；畅通人才晋升渠道，全面推进项目工程师聘任改革，聘任项目工程师443人。

（五）作风建设不断加强，发展环境进一步优化。

一是在中层以上领导干部中深入开展“三严三实”专题教育，党委书记带头讲党课，领导班子认真组织学习研讨，确保专题教育扎实有效；集团公司领导班子查摆问题20项，全部认真落实整改；在领导班子、领导干部中开展“责任与担当”教育实践活动，改进作风，强化责任担当。二是深入推进“三型”党组织建设，开展“争做‘三型’党员，助推多元发展”民主评议活动，充分发挥各级党组织的政治核心、战斗堡垒作用和党员的先锋模范作用。三是强化机关作风建设，做到观念上适应，认识上到位，方法上对路，工作上得力，定好位、定准向，规划路径，探索方法，躬身实干，努力建设自主管理、自觉工作、自发进取、自动协调、自主创新的机关干部队伍。四是以干部之家建设为导向，加强改进干部管理，深入基层单位走访调研，关心激励领导干部；创新完善年度考核办法，进一步激发领导班子和领导干部干事创业的激情；创新优化班子配备，调整交流领导干部61人次；规范董事、监事管理，调整出资人代表58人次。五是加强党风廉政建设。落实党委主体责任，强化“一岗双责”，编制执行“两个责任清单”，签订各级党风廉政建设责任书，进行领导班子、中层领导干部党风廉政建设责任制落实情况测评考核。落实纪委监督责任，强化廉洁教育，加强纪律和作风监督，重点加强节日期间反腐倡廉工作，没有出现违反山钢“十条禁令”和济钢“七不准”问题；加强管理监督，实施两级效能监察68项；加强廉洁管理，强化正风肃纪，为发展惠民营造风清气正的政治生态。

（六）发展惠民深入人心，发展合力进一步凝聚。

一是广泛开展山钢文化深度融合实践活动。完成企业文化建设内部考核评价，积极开展各类文明创建活动，深入宣传“责任创造价值”的核心理念，组织“企业·家庭与我”大讨论系列活动，举办主题报告会、征文等活动，征文选编成册，形成了企业文化建设的新成果。二是强化宣传思想政治工作。把握正确舆论导向，统一思想，鼓舞士气；坚持两级党委中心组学习制度，定期制订党员干部理论学习计划，及时有效开展形势任务教育；高度重视舆情信息，推进微信公众平台建设，密切关注思想动态，开展深入细致的思想政治工作，确保职工队伍思想稳定。三是通过一切有效形式凝聚旺盛人气。关注民生民意，强化民主管理，推进厂务公开，畅通民意诉求渠道，规范工会经费会费缴纳使用，扎实做好信访稳定、职工诉求代理、劳动争议调解、扶贫帮困送温暖等工作，全年重点帮困救助99人，走访慰问500多人次，发放各类救助、送温暖资金70.4万元；开展青年志愿者服务活动。做好离退休人员管理服务工作，举办庆“七一”红歌演唱会、“重阳节”广场健身活动，组织离退休人员健康体检，探视住院离退休干部，开展春节走访慰问。四是深入推进“责任驱动，岗位建功”主题活动。充分发挥群团组织作用，组织劳动竞赛、技术比武、技能大赛、青工擂台赛、评选“岗位明星”、主题摄影展等一系列活动，技术比武包括30个工种、5000余人参加，技能大赛表彰技术状元9人、技术能手45人；创建“职工创新工作室”，命名表彰职工先进操作法19项、合理化建议优秀成果62项。五是努力为职工改善工作和生活环境。在企业十分困难的情况下，加强社区综合治理，开展环境卫生整顿，维修公共设施，开展绿化美化，修缮鲍山山门、瀑布景观，实现单身公寓硬件升级，新村广场大屏幕升级改造开播；开展了“政企携手共建，共铸社区安全”安全进社区活动；冬季供暖早计划、早动手，提前实现供热；职工医院康复楼正式投用，高架连廊建设完成，食堂投入使用，手术室扩建工程结束，投资1000余万元更新医疗设备，职工就医条件实现较大改善。

回顾过去的一年，在极其困难的情况下，我们负重拼搏，锐意攻坚，实现持续盈利，保持稳定发展。全公司广大干部职工自觉拥护支持集团公司领导班子工作，积极落实集团公司各项决策、决议和工作部署，同舟共济，攻坚克难；各级工会、共青团、武装、统战、科协等群众组织，以及治安保卫、生活后勤等部门，围绕中心，服务大局，积极工作，促进发展；广大离退休职工心系济钢，献计献策，广大职工家属关心济钢，倾注了满腔热情；山钢集团审计部济南分部、法律事务部济南分部工作积极主动，认真负责，为公司的稳健发展做出了贡献。在此，我代表集团公司向兢兢业业工作在各个岗位上的广大干部职工，向时刻关心支持济钢的广大离退休职工和职工家属，向帮助济钢发展的社会各界朋友，致以崇高的敬意和衷心的感谢！

2015 年，尽管我们做了大量工作，付出了艰苦努力，自己和自己比有了很大进步，但面对经济发展“新常态”，我们仍然存在一些不适应的问题。一是思想观念不适应。传统思维方式根深蒂固，对市场经济的理解不够，把握经济走势的能力不足，资本创造价值的意识不强，应对市场变化的措施不多。二是发展方式不适应。管理仍然粗放，效率不高，对钢铁主业依赖严重。三是创新能力不适应。创新能力不强，创新精神不足，创新成果、创新产品、创新品牌不多。四是经营策略不适应。定价、订单评审固化，对成本、效益、边际贡献研究不透，对产能与效益关系分析不够。五是管控能力不适应。机制不够灵活，优化资源配置不够，协同效益发挥仍有较大空间。

凡此种种，严重影响我们多元发展的速度和发展惠民的成效。新的一年，要针对性地加以解决。

二、2016 年的形势任务

2016 年，是我们求生存谋发展、在更高层次上实践发展惠民的重要一年，我们面临着更为复杂、更为严峻的形势，也面临着新的机遇和发展空间。

一方面，要充分看到不利影响和严峻挑战。从外部看，中国经济处于“新常态”，经济下行压力增大，国企改革进入“深水区”，钢铁行业发展进入“寒冬期”，与钢铁相关的非钢产业会深受影响。从内部看，政策红利消失殆尽，全年增支减利因素相抵后减利在 3 亿元以上；铸管公司、中轧厂搬迁，时间紧、任务重，面临各种实际问题；环保工作压力进一步加大；亏损单位减亏扭亏十分困难；改革、转型发展等热点问题增多，舆论环境的负面影响不容低估，确保安定团结、和谐稳定的难度加大。

另一方面，要充分看到有利条件和发展契机。从大形势上看，党的十八届五中全会确定五大发展理念，中央经济工作会议提出 2016 年重点抓好五大任务；国家“一带一路”战略正在实施，《中国制造 2025》正式发布，筹融资、“互联网+”、“双创”等政策措施陆续出台；济南市“打造四大中心、建设现代泉城”工作全面展开；山钢集团深化改革，日照项目全面推进。这些为我们提供了发展机遇。我们内部，资产、财务状况较为优良；与济南分公司分立运行磨合日趋成熟，积累了发展多元产业的成功实践和宝贵经验；各级领导班子得到广大干部职工的支持拥护；有一支敢打硬仗、攻坚克难、甘于奉献的干部职工队伍；全公司上下政通人和，斗志昂扬，充满正能量。这些为实践发展惠民提供了重要支撑和保证。

2016 年的工作指导思想是：以中央精神为指导，坚定不移贯彻落实山钢集团、山钢集团党委的决策、决定和“决策科学化、管理市场化、运营现代化、竞争国际化”要求，坚持“责任驱动，发展惠民”企业使命不动摇，巩固亮点，盯住难点，抓住重点，修复出血点，挖掘潜力点，培育增长点，找准落脚点，适应新常态，把握新机遇，坚定不移完成全年目标，在更高层次上实现发展惠民。

2016 年的主要奋斗目标是：

（1）实现营业收入 140 亿元；

（2）实现利润考核目标 1.3 亿元，提升目标 1.6 亿元，奋斗目标 2 亿元；

（3）安全生产实现“六个零”。

三、2016 年的重点工作

（一）巩固亮点，坚定必胜信心。

亮点是成绩，是经验，是优势；信心是勇气，是力量。一是认真总结过去，找出亮点，形成宝贵经验；巩固亮点，放大亮点，使亮点更多更亮；用成绩鼓舞斗志，用经验指导实践，把优势发挥到极致，这也是坚定必胜信心的重要基础。二是按照“把钢铁企业放在经济大形势和行业大环境中准确定位”的要求，把困难形势交给干部职工，把发展理念交给干部职工，把目标任务交给干部职工，把共同愿景交给干部职工。三是牢固树立“非钢产业主业”的理念，把信心建立在山钢集团坚强有力的领导上，建立在分立运行以来的成功实践上，建立在推出重大深化改革的举措上，建立在干部职工对集团公司的信赖和支持上，既有打好持久战、生存保卫战的充分思想准备，又要抢抓机遇、谋划未来，坚定发展得了、发展得好的信心。四是各级领导班子、党员干部要有坚定不移、坚如磐石的信念和意志，始终保持坚强的政治定力和发展定力，带头巩固亮点、发扬光大，坚定前行，播撒希望。

（二）盯住难点，破解发展难题。

难点是难关，是制约点；破解难题，要敢于亮剑；盯住难点，破解发展难题，要首先解决思想观念不适应问题。一是坚持问题导向。转变思想观念，改变因循守旧，盯住难点不放过，找准问题求突破，做到客观面前讲主观，困难面前讲办法，难题面前不畏缩，千方百计攻克难关。二是坚决完成计划。今年山钢集团给我们的利润基础考核指标是1.3亿元、奋斗目标2亿元，完成目标难度巨大，这是今年最大的难点。全公司上下要克服一切艰难险阻，跨越一切障碍难关，坚决完成目标，以超常规的思路举措和努力付出，以凤凰涅槃的精神实现浴火重生，这是保证职工收入的前提，也是发展惠民的基础。三是完成搬迁任务。铸管公司、中轧厂大规模环保搬迁在济钢历史上尚属首次，难点多，压力大，是今年工作的难点之一。要举全公司之力，统筹协调、高效推进，做好生产衔接、安全环保、人员安置、后勤保障、职工稳定等工作，坚决啃下硬骨头，顺利完成搬迁任务。四是防范金融风险。要牢固树立风险意识，强化风险管理，建立融资风险控制模型，降低融资风险；持续保证公司资金来源的多元化，确保资金链安全；加大财务监管力度，监控资金收支，避免潜亏潜盈；加快解决厂商银等遗留问题，避免出现重复或新增风险，有效防范合同、法律、投资风险。

（三）抓住重点，提升发展能力。

牵牛要牵牛鼻子，好钢用在刀刃上；抓工作要抓重点，抓关键，抓主要矛盾，抓矛盾的主要方面；抓住重点，提升发展能力，要重点解决创新能力不适应问题。一是抓住深化改革这一重点。要坚持市场化、资本化“两化”原则，坚持产业经营、资本运营“双轮”驱动，深化体制机制创新，处理好改革与稳定、与实干的关系，激发主观能动性，提升管理效率和发展活力，用改革的方法解决前进中的问题，做到步疾蹄稳，行稳致远。要扎实开展内部市场化试点工作，将市场机制全面导入生产经营各个环节，构建实施内部市场化管理架构和运营机制；要积极推进混合所有制改革，实现股权多元化；积极推进资本证券化，激发提升发展活力；在完成鲁新建材新三板上市基础上，大力培植其他上市资源；要深化分配制度改革，打破平均主义，搞活二次分配，创新激励机制，岗位注入价值理念，引入价格机制，实现职工从“要我干”到“我要干”、“发工资”到“挣工资”的转变；要探索深化技能、技术职称聘任制度改革，激发人才活力，促进多元发展。二是抓住生产运行这一重点。紧紧围绕全年目标，系统管控、重点推进，严格按照订单组织生产，努力确保全年产量、经营规模稳步提升；强化内部协同，深化沟通协调机制，提供满意服务，稳定内部市场，促进双方利益最大化；借助国际物流与青岛保税港区战略合作，全面推进进出口贸易、融资、物流平台建设，拓展外贸业务、融资、产品出口渠道，大力开拓海外市场，逐步推进与海外客户直接对接，进军国际贸易新领域，努力实现外部收入占比70%。三是抓住确保安全这一重点。安全是天，人命关天，安全红线不容逾越。要高度重视安全生产工作，完善“三位一体”安全生产责任体系，严格执行主要负责人、安全总监“五个一”总体要求，强化各级安全责任落实；以班组安全基础建设为根本，加大安全教育培训，提高职工安全意识和事故防范能力；强化安全风险管控，狠抓重点领域、重点单位安全管理，重点管控煤气、煤粉、矿山、高温金属液体、危险化学品、人员密集场所公共安全，严格查处各类隐患、违章行为，确保安全生产“六个零”。四是抓住环境保护这一重点。环保是社会责任，是企业的生命线。要坚持绿色发展，强化环境保护，确保达标排放，实现与城市和谐共生。

（四）修复出血点，坚决减亏止血。

出血不止，就会危及企业健康；只有找到出血点、修复出血点、止住出血点，才能有效减亏止损；修复出血点，坚决减亏止血，要加快解决经营策略不适应问题。一是修复部分单位长期巨额亏损这一最大出血点。要加大长期亏损子公司管控、治理、改革，深入调查研究，形成新思维，利用新政策，制定新措施，探索有效解决子公司亏损之路；细化目标任务，强化责任考核，明确分管领导和责任部门，层层分解治亏目标，落实治亏措施，实现新突破，打赢扭亏攻坚战；实行“一企一策”，瞄准亏损症结，做到“对症下药”，坚持有所为有所不为，通过优化结构、盘活存量、减员增效、资产剥离、清算退出、合并重组等多种方式，全力止住出血点，解决长期亏损出血问题。二是提高产能利用率。部分单位订单不足，开工率低，产能未得到充分释放，部分产品出现大幅亏损，这是造成钢材深加工板块整体被动最大的出血点。要系统提升钢材深加工板块销售管理水平，深入开展销售系统劳动竞赛，完善订单绩效测算模型，加大销售激励约束，激发销售队伍活力，实现客户信息共享，协同市场开发；要优化产品结构，加大新产品、高附加值产品开发，提高市场占有能力；各单位主要领导要亲自跑市场，抓抢有效订单，促进销量提升，实现规模效益，切实把板块的产能利用率提上来。三是修复资金占用出血点。资金占用长期居高不下，是影响企业生存发展的重要出血点。要降低资金占用，加强应收账款管理，分解应收款项，落实责任人，强化应收账款绩效考核，加大法律手段催收力度，对两年以上应收账款全部通过法律手段催收；强化库存管理，特别是长期积压物资要妥善高效处理，清理盘活资金，减少跌价损失。四是把整改经济责任审计问题作为修复出血点的重要内容之一，认真汲取教训，深入分析问题，利用好审计结果，落实整改，建立规矩，避免同类问题重复出现。

（五）挖掘潜力点，向管理要效益。

潜力点也是盈利点和效益源；挖掘潜力点，向管理要效益，要着力解决发展方式不适应问题。一是深挖精益管理潜力。持续深入推进“运营转型、管理提升”活动，开展辨识、立项和推进工作；全面开展“模范车间”创建工作；坚持对标杆、攻短板、练内功，强化精益管理，提升管理效益，培育管理习惯；把降本增效作为深挖潜力、苦练内功的重要抓手，把措施和办法传导到神经末梢；内抓现场，安全生产，降低成本，精益运营，外抓市场，发现机遇，创造价值，增加效益；优化考核机制和收入分配结构，突出对关键骨干和创效团队的激励力度，实施精准考核。二是深挖财务管理潜力。要牢固树立“企业管理以财务管理为中心，财务管理以资金管理为中心”的理念，用好用活资金平台，强化资本运作，优化增量，盘活存量；创新融资渠道，扩大内保外贷+融资租赁融资模式，探讨资产证券化、境外发债等融资模式，完成3年期30亿元私募债发行；严格执行财务预算，建立现金流为正的倒逼机制；切实强化基层、基础财务管理，全面建立完全成本核算体系，真实计算每个业务单元盈亏情况；做好子公司发展资金筹措，提升子公司盈利能力；研究利用各类科技优惠政策，减免高新技术企业税负，争取政府资金支持。三是深挖资产管理潜力。坚持管理和开发并举增加收益，以“有效扩大、低效提升、无效激活”为资产管理目标，盘活土地资源，强化投资管理，整合存量资产，实现土地、股权、固定资产价值最大化。四是深挖人力资源潜力。健全完善干部选拔使用培养机制，强化干部管理考核，加强改进后备干部工作，建设政治坚定、敢于负责、勇于担当、善于经营、发展惠民的干部队伍；优化人力资源配置，促进人才有序流动，深挖现有人员潜力，用好用活存量；建立健全人才管理办法，通过多种途径选拔培养、引进用好特殊岗位关键人才、高层次核心人才，打造人力资源核心竞争力；加大用工管理，进一步优化结构，持续提高劳动生产率，加强政策研究和经验借鉴，探索建立用工输出办法和平台，实现减员增益。

（六）培育增长点，厚植发展优势。

增长点是造血点和希望源；培育增长点，厚植发展优势，要切实解决管控能力不适应问题。一是厚植多元发展格局优势。着眼现实，面向未来，借助外脑，在山钢集团的整体战略指导下，加快形成济钢集团“十三五”发展规划；坚持稳中求进，按照“干国家让干的事、做行业趋势中能做的事、做自身有基础有优势的事”的思路，拓宽多元产业发展的市场和空间，培育新项目、新产业、新服务，加快形成龙头产业。二是厚植金融产业优势。强化金融板块协同意识，梳理制度，简化程序，规范运营，提高效率，创新激励机制，激发人才活力，确保健康有序发展；全面用好香港公司这个融资平台，挖掘内部融资潜力，扩大外部融资渠道，不断注入新鲜血液；增强风险意识，在控制风险的同时，坚定不移做大做优金融产业。三是厚植炉料板块优势。炉料板块重点打造成山东钢铁冶金炉料基地，扩大规模，做强市场。要在巩固内部市场的基础上，依托团队创效平台，扩展社会资源业务增量，开拓新的生存发展空间；加大商业模式和盈利模式创新力度，积极推进挂牌上市资源整合；稳步推进水渣贸易，形成具有鲁新特色的水渣营销模式；积极参与山钢日照精品基地矿渣微粉项目，为规划建设新的矿山基地打基础、创条件。四是厚植领导优势。在领导班子、领导干部中深入开展“责任驱动，发展惠民”教育实践活动，坚持把时间的三分之一用于企业搞内部管理运营上，三分之一用于跑市场和供应、掌握信息上，三分之一用于创造环境、争取政策上，不断提高指导、引导、领导工作水平，做到有想法更有办法，有思路更有共识，有压力更有动力，有决策更有执行，有活力更有定力，有干劲更有韧劲，保持人气旺、心气足、定力强的优势，积极作为，灵活施策，精准发力，引领发展。

（七）找准落脚点，助力发展惠民。

实现好、维护好、发展好广大职工的根本利益是我们一切工作的落脚点，在更高层次上实现发展惠民是我们的使命和目标。一是提供发展惠民的坚实政治保证。深入推进学习型、服务型、创新型“三型”党组织建设，持续强化党支部建设，不断提高党组织的凝聚力、战斗力。二是营造发展惠民的优良政治生态。加强党风廉政建设，明确责任，健全体系，多措并举创新载体，织密网络，防控风险，挺纪立规严肃纪律，增强制度机制的约束力、廉洁教育的说服力、监督制约的制衡力和执纪问责的威慑力。三是凝聚发展惠民的强大精神力量。加强宣传思想文化建设，把握正确舆论导向，聚焦热点问题，集聚旺盛人气，增强“山钢一家人”“济钢一家亲”意识，提高新闻宣传工作的引导力、思想政治工作的保障力和责任文化建设的软实力。特别是要做好深化改革、转型发展中的思想工作。四是搭建发展惠民的有效平台。强化群团工作，最大限度发挥主力军作用。以“责任驱动，岗位建功”主题活动为主线，深入开展群众性创新创效活动，开展好劳动竞赛、降本增效擂台赛、金点子等活动，为职工建功立业搭建平台、提供舞台。五是打造发展惠民的和谐氛围。真心实意办实事、办好事，以实际行动惠民生；强化民主管理，畅通民主渠道，保障职工权益，问计、问需、问效于职工群众；关心在职职工、离退休职工和职工家属，落实好相关政策，最大限度保证职工收入和利益；开展帮困扶贫送温暖活动，加强劳动争议和纠纷调解，努力构建和谐劳动关系；高度重视、切实做好信访稳定和反邪教工作，维护和谐稳定大局；加强综合治理和绿化美化，为职工群众创造优美舒适的生产、生活环境。

同志们，历史在时序更替中前行，梦想在砥砺奋进中实现。回顾过去，我们攻坚克难，可歌可泣；面向未来，我们斗志弥坚，豪情满怀。让我们在山钢集团、山钢集团党委的正确领导下，以前所未有的勇气，以百折不挠的定力，以善拼能赢的实力，抓住新机遇，迎接新挑战，完成全年任务目标，为开创发展惠民新局面而努力奋斗！

坚定信心　改革创新
努力建设可持续发展的绿色钢铁企业

——在山东钢铁股份有限公司济南分公司第一届职工代表大会第二次会议上的工作报告

总经理　徐有芳

（2016 年 1 月 15 日）

各位代表、同志们：

现在，我代表公司向大会报告工作，请各位代表审议，请列席的同志提出意见。

一、2015 年主要工作情况

2015 年，是济南分公司建设“质量效益型、资源节约型、环境友好型”绿色钢铁企业的开局之年，也是承受生存发展压力最大的一年。面对史上最差市场、史上最严环保法、史上最严预算和最严考核政策，我们在山钢集团和股份公司的正确领导下，紧紧围绕一届一次职代会确定的任务目标，积极应对持续恶化的市场形势，主动适应环保限产常态化，始终坚定转型发展的信心不动摇，改革创新，不懈努力，生产经营保持了稳定高效运行，运营转型、管理提升迈出了新步伐，建设“三型”绿色钢铁企业开启了新征程。

全年生产铁 577. 8 万吨、钢 606. 6 万吨、钢材 623. 9 万吨（含重复材）；发电量完成22.6亿千瓦·时，超计划9%；实现销售收入140亿元。大力消化增支减利因素，与上年相比，内部因素增利6.97亿元。

过去一年，我们遇到的困难和挑战比预想的大，付出的心血和汗水比以往多得多。围绕打赢扭亏增盈攻坚战，坚持用“两种精神”“三种意识”“五种思维”和精益理念武装职工头脑，锁定目标，系统推进，精准发力，积极作为，为持续减亏止亏、奋勇前行积累了经验，奠定了坚实基础。主要抓了以下几个方面工作。

（一）持续推进降本增效，成本降幅实现新突破。

把降本增效作为扭亏增盈的主抓手，找准问题点、潜力点和效益增长点，扭住关键，打到点上。在“四降低两提升”攻关活动中，用目标倒逼机制引导各系统扫描潜力点，深度挖潜增效，不断拓展降本增效空间，折合吨钢创效24.8元。其中，钢轧、能源、物流、管理四大系统完成攻关目标。钢轧系统发挥专业化管理优势，强化钢轧联动，优化品种结构，累计吨钢降成本28.5元；能源系统强力推进水、电、煤气、余热等系统经济性优化，提升能效管理强度，累计吨钢降成本41.6元；物流系统强化物流秩序管控，大力降低进口矿运费、港杂费和厂内物流费，累计吨钢降成本22.9元；机关部室努力降低管理费用，积极争取专项扶持资金，累计吨钢创效17元。启动了清理“三外”工作，共替代“三外”费用合同额6751万元，替代相关方人员452人；设备及备件材料招标率、厂家直供率实现100%。随着各项措施落地生效，成本降低率逐月提高，全年降低率4.2%，创近年来最好水平。

（二）加快推进重点工程项目，工艺装备不断完善。

坚持转型发展不动摇、不停步，克服资金紧张压力，严把项目质量关、投资收益关，分秒必争推进重点工程项目建设。6号板坯连铸机自热负荷试车以来，铸坯质量稳定受控，累计生产板坯32万吨，实现了快速达产达效；2号210吨脱磷炉项目按节点顺利推进；2号1750立方米高炉大修按计划进行。围绕节能减排、污染治理、环境绿化美化、提高劳动生产率等，重点实施了焦炉煤气脱硫系统升级改造、炼铁厂块矿处理生产线改造、化工厂精苯区域隐患治理、新东区石河大门美化等40多个项目。全年共完成固定资产投资4.02亿元，为可持续发展奠定了重要基础。

（三）扎实推进精益管理，运营质量稳步提升。

确立“抓铁前、促钢轧、提能效、强销售”思路，应用复制先进管理思想和工具，抓项目、抓试点、抓培训，防反弹，突出严、细、实。全年累计验收项目142个，实现落袋效益1.5亿元。坚持每月一次管理提升现场交流会，推广复制基层典型经验做法，形成了内部对标学习的浓厚氛围。系统推进现场模范车间创建，49个车间完成了创建验收，3200立方米高炉能效提升试点顺利通过山钢验收。坚持分层与分类培训相结合，共培训8期、14批内训师，培养了一支转型提升骨干队伍。定期开展结题项目指标固化评审，巩固成果，防止反弹，实现了项目闭环管理。

把提升运营质量的落脚点，放在准确把握影响降本增效的主要矛盾上，努力实现重点环节的有效突破。加强财务资产管理，实施资金占用按日按量考核，资金占用较年初大幅降低；拓宽融资渠道，加大融资租赁业务融资额度，强化资金支付流程管理，保证了资金链安全。从严控制各类库存，主要原燃料库存较上年平均下降19.7万吨，降低率26.4%；产成品实物周转库存控制在6万吨左右的低位水平；合金库存资金占用由年初的8000万元降至2300万元以下。对进厂物料稽查保持严查、严管、重罚态势，共追回经济损失6898万元。坚持“设备稳定运行是最大的创效”，强化设备管理，事故故障次数、停机时间、经济损失分别比上年下降11.9%、28.6%和53.3%。贯彻落实新版《安全生产法》，持续推进车间、班组安全基础建设，提升本质安全水平，全年实现安全生产“六个零”目标。

（四）深入推进市场攻坚，产品结构持续优化。

紧紧聚焦客户需求和市场变化，变机制，变模式，提效益，增活力。创新营销管理机制，设立重点工程市场开发部，成立四大客户服务中心，建立完善订单交付管理体系，初步构建了“面向市场、以客户为中心”的营销模式。开展“市场攻坚”竞赛活动，大力开拓“两端一重”市场，中标30余项国内外重点工程项目，与多家重点领域企业建立战略合作关系。大力实施SBU项目，完成产品销量244万吨，占总销量的44%，比较单位贡献总额较上年增加1472万元。实现产线及产品结构优化增益1.3亿元。出口产品46.8万吨，较上年增长31.8%，创汇1.96亿美元。

贴近市场，发挥产销研一体化优势，大力优化产品结构。技术中心全年共研发新产品70个品种牌号，高端及特殊用途产品结算30.5万吨，实现贡献总额3376万元。炼钢厂高效低成本洁净钢生产技术取得新突破，品种质量全面提升，钢板探伤合格率达到99.3%以上。宽厚板厂利用产线整合契机，建立品种规格差异化优势，薄宽规格、高端品种生产保障能力大幅提升，其中3500毫米产线生产10毫米及以下厚度规格钢板14.8万吨，占比13%，拓宽了市场接单空间。薄板厂热轧产线具备了极薄、极厚规格的稳定生产能力，品种钢同比增加10.9%，在国内首家实现汽车用热轧双相钢规格全覆盖，品种开发上了一个大台阶。

（五）强力推进环保治理，环境面貌明显改观。

为尽快实现“城市能接受、企业能生存”目标，以污染排放达标治理、优化资源能源结构、绿化美化环境为突破口，综合施策，标本兼治。重点实施了一批节能减排、环保治理项目。1号120平方米烧结机脱硫除尘、化工厂脱硫改造、雨污分流改造等项目顺利投用；料场标准化治理，320平方米烧结机料场增设防尘网、洗轮机等环保项目按期完工。认真履行节能减排社会责任，针对重大活动和雾霾天气环保限产，严格执行限产措施，全年基本做到污染物达标排放。深入挖掘各工序能源降本潜力，探索实施阶段性集中开停、迎峰检修、避峰生产等措施，峰谷平电量差超过1亿千瓦·时。立项实施了厂内拆迁区域绿化、新东区停车场建设、管廊美化等环境美化项目，全年新增绿地面积5.3万平方米，栽种各类苗木38.7万株，绿化覆盖率提高到27.8%，基本实现了厂区环境面貌“一年大变样”。

（六）有序推进生产组织结构调整，体制机制改革初见成效。

立足构建科学高效的生产组织体系，进一步加强专业化管理。实施钢轧分开，整合成立炼钢厂和宽厚板厂，提高专业化管理水平；实施销售体制改革，销售统管，发挥协同效应，统一价格体系，深化市场攻坚；调整钢轧区域水系统管理主体，统一划归能源动力厂，为后续集中监控、提高劳动生产率创造了条件。

深化体制机制改革，激发活力。对贝斯钢板公司、自动化公司等单位实施放权经营，取得良好效果。贝斯钢板公司实现利润1000万元，较上年翻番，成为公司稳定的效益增长点。自动化公司实现利润1983万元，超额完成奋斗目标。稳妥推进二级单位机关改革和岗位人员优化，13家二级单位机关改革全部完成，共减少科级机构51个，减幅21.3%；减少机关人员989人，减幅64.6%。深化职称聘任改革，建立以项目工程师为核心的专业技术职务聘任考核机制，共聘任840人，占总数40%。稳步实施岗位人员优化、提高劳动生产率项目，高炉循环水集中管控、热轧库房自动化管理项目按期投用。积极推进内部市场化改革，炼铁厂、化工厂、气体厂先行先试，为公司全面实施打下良好基础。

（七）全面推进党建思想政治工作，扭亏增盈合力进一步凝聚。

贯彻全面从严治党要求，认真落实党建工作责任制，形成了一级抓一级、层层抓落实的责任落实体系。加强党政领导班子和干部队伍建设，推行“四降低两提升”“目标完成率”月度专项考核和年度考核工作，实施《领导干部重大事故责任追究办法》，强化责任落实。扎实开展“三严三实”专题教育，坚持边学边查、即知即改，专题教育与日常工作紧密结合，实现了“两手抓、两促进”。深入开展“学习型、服务型、创新型”党组织创建活动，提高了党组织和广大党员的学习、服务和创新能力。认真落实党风廉政建设党委“主体责任”和纪委“监督责任”，严格执行中央“八项规定”、山钢正风肃纪“十条禁令”和公司“九个严禁”规定，营造了风清气正的氛围。坚持正确舆论导向，加强形势任务教育和社会主义核心价值观教育，不断提高宣传思想工作的针对性和实效性。加强企业文化建设，推进山钢文化深度融合，精心培育并大力宣贯“精益”文化，“精准、高效、务实、创新”的核心价值观深入人心。

各级群团组织以“扭亏增盈，岗位建功”为主题，开展职工先进操作法及合理化建议征集评选命名表彰活动，推进“职工创新工作室”“工人先锋号”“巾帼文明岗”创建工作，培养岗位建功先进团队，为生产经营和转型发展注入强劲动力。坚持以人为本，扎实做好扶贫帮困工作，成立慈善工作站，开展“慈心一日捐”“金秋助学”等活动，走访慰问离退休及困难职工，增进了和谐劳动关系。扎实做好信访维稳和反邪教工作，营造了安定团结、文明和谐的良好局面。

各位代表、同志们，一年来，全公司广大干部职工积极响应公司和公司党委的号召，认真落实各项决策部署，团结一心，顾全大局，攻坚克难，岗位建功，为降本增效、转型发展做出了积极贡献。各级工会、共青团、武装、统战、科协等组织，以及治安保卫等部门，充分发挥自身优势，卓有成效地开展工作，用实际行动维护了公司改革发展大局稳定。在此，我代表公司向工作在各个岗位上的广大干部职工，向时刻关心支持公司发展的广大离退休职工及家属，向关心帮助我们的上级领导和社会各界朋友，致以崇高的敬意和衷心的感谢！

总结一年来的工作，在看到成绩的同时，必须正视并解决好当前存在的突出问题。一是经营绩效较山钢下达的预算差距较大，一方面有市场持续低迷的影响；另一方面我们内部降本增效工作力度不够，吨铁完全成本未完成“低于行业平均50元”的目标。二是精益生产水平有待提高，各类生产、设备事故故障较多，质量损失较大，主要产品产量未完成计划。三是适应市场、开拓市场的能力亟待提高，吨材销售价格未完成“同行业平均水平比、较上年进步60元”的目标。

二、2016年面临的形势和任务

2016年是我国全面建成小康社会决胜阶段的开局之年。新的一年，我们将面临更加复杂严峻的内外部形势。

国内经济仍处于“三期叠加”阶段，全面推进结构性改革任务繁重，经济增长新旧动能处在转换之中，经济下行压力较大，风险隐患增多。行业方面，在经历较长时间以规模扩张为特征的高速增长后，随着经济构成发生变化，钢材消费强度大幅降低，下游需求难有实质增长，产能过剩问题日益突出。“去产能”成为中央经济工作会议提出的五大任务之一。行业今年起将进入大变革、大调整阶段。公司内部，由于市场持续低迷，钢材价格长时间处于历史低位水平，严重压缩了效益空间；受融资成本升高、淘汰落后产能等因素影响，增支减利因素持续增加，今年高达 9 亿元。更为严峻的是，随着国家经济结构调整，差别化信贷政策进一步延续，对行业呈紧缩趋势，资金压力不断加大；同时，作为“城市型”钢铁企业，政府、社会环保要求急剧升高，我们将面临更加严格的环保政策和考核指标，节能减排、环保治理持续增压。

做好今年工作，也存在诸多机遇和有利因素。我国经济发展仍处于大有可为的重要战略机遇期，全面建成小康社会、“中国制造 2025”“一带一路”等战略部署加快推进。加强供给侧结构性改革，利用环保倒逼过剩产能退出等措施，对于缓解市场供求矛盾将起到积极作用。今年国家要开展一系列降低企业成本行动，打出“组合拳”，为实体经济让利。新常态也是钢铁工业加快实现由大到强的战略机遇期。度过当前困难阶段，必将迎来更加广阔的发展前景。我们也要看到自身优势，一是省委、省政府对山钢集团发展高度重视，山钢新一届领导班子为企业转型发展提出了一系列新思路、新措施。二是随着各类降本增效项目和措施的固化深入，公司效益空间不断拓展，发展后劲增强。三是一批关系未来发展的重点工程项目陆续投产，公司“硬实力”稳步提升。四是实施体制机制改革，内部管理机制不断优化，精益管理成效逐步彰显。尤为可贵的是，经过多年严峻市场的砥砺，锻造了一支作风优良、素质过硬、能打胜仗、甘于奉献的干部职工队伍，积累了大量挖潜增效、危中求机的经验和智慧，增强了我们扭亏增盈、转型发展的信心和勇气。

各位代表、同志们，一年来的实践证明，我们确立的建设“质量效益型、资源节约型、环境友好型”绿色钢铁企业的发展战略和发展方向，符合企业的实际和广大职工的意愿，符合“创新、协调、绿色、开放、共享”的发展理念，是一条科学发展、绿色发展、可持续发展之路。当前，最为关键的是，打赢扭亏增盈生存保卫战，建设绿色钢铁企业！全公司各单位、各部门，广大干部职工必须认清形势，坚定信心，做好打持久战的思想准备，排除一切干扰，把工作做到极致，争取最好经营绩效。

2016 年的总体工作思路是：以党的十八大和十八届三中、四中、五中全会精神为指导，按照山钢集团及股份公司决策部署，牢固树立“创新、协调、绿色、开放、共享”发展理念，贯彻落实“由钢铁产品制造商向钢铁服务商转变”理念，综合运用“两种精神、三种意识、五种思维”指导工作，围绕“深化改革、扭亏增盈、转型发展”三大任务；突出“目标导向、问题导向、市场化导向”三个导向；聚焦“开源增效益、节流降成本、环保树形象”三条主线；深化“四降低两提升”“运营转型、管理提升”“扭亏增盈，岗位建功”三大活动；强化“改革、管理、党建”三大支撑，万众一心，真抓实干，为持续推动建设“三型”绿色钢铁企业而努力奋斗。

2016 年的主要奋斗目标是：

（1）生产铁 655 万吨、钢 660 万吨、钢材 699 万吨（含重复材）；

（2）实现销售收入 135 亿元，挖潜增益 13.6 亿元以上，确保完成山钢下达考核利润目标；

（3）同口径成本降低率 3%，其中吨铁成本与永锋差距缩小 50%以上；

(4) 安全管理实现重大及以上生产、厂内交通、设备、火灾、人身事故和工亡事故“六个零”;

(5) 污染物排放达到环保新标准要求;

(6) 在完成山钢目标基础上，职工收入相应增长。

三、2016年工作安排

(一) 坚持外拓市场，构建效益增长新模式。

对外拓展创效空间，是实现扭亏增盈、转型升级的必由之路。要充分整合内外部资源优势，打造适应市场需求、融入市场竞争的生产经营新模式，牢牢把握市场主动权。

全面提升营销水平。建立完善“面向市场，以客户为中心”的营销体系，提高营销系统运行质量，增强市场开拓能力。深入开展市场攻坚，打造以山东市场为主体，以江浙沪和京津冀市场为两翼的“一体两翼”市场布局。发挥四大客户服务中心优势，全面实施客户分类管理，突破现有合作方式，夯实订单储备基础。瞄准“两端一重”市场，发挥产销研一体化优势，拓展特厚钢、高强钢、宽薄钢、耐蚀钢等重点产品接单范围和盈利空间。持续推进SBU项目，稳步提高“高收益、高附加值”产品比例。改革完善营销人员“底薪+提成”考核机制，推进客户经理负责制，激励营销人员拓市场、创效益。优化出口市场和渠道，扩大市场份额，提高产品收益水平。打造与客户共赢发展的价值链，适应客户新需求，推进由钢铁制造商向服务商转变。

持续优化产品结构。技术中心要坚持“从市场中来，到用户中去”的研发路线，深挖用户需求，加快推进高端产品研发入市，拉动产线提升盈利水平。炼钢厂要推广应用“高效低成本洁净钢”工艺，开展无缺陷铸坯技术攻关，进一步提高品种质量。宽厚板厂要坚持“成本最低、贡献最好、交付最快、市场认可”原则，持续打造特色品牌产线。2500毫米产线突出“高效中档低成本”，重点打造薄规格生产优势；3500毫米产线突出“高效高档低成本”，重点打造中高端品种，凸显成本比较优势；4300毫米产线瞄准“两端一重”市场，充分发挥装备及技术优势，塑造高端品牌。薄板厂要进一步优化工艺，提升过程控制能力，确保热轧薄规格、冷轧深冲钢等核心产品高质量、高效率生产。小型厂要大力开拓省内及国际市场，实现产品转型升级，增强自身生存发展能力。

积极开展对外创效。贝斯钢板公司要拓宽品种范围，全面布局市场，增加出口渠道，提高整体销量和盈利能力，力争完成1300万元利润奋斗目标。检修工程公司要发挥好人才集中优势，按照“依靠内部市场吃上饭，依托山钢市场吃饱饭，开拓社会市场吃好饭”的“三步走”策略，拓展业务空间。自动化公司要利用人才技术优势，加大技术输出，跨行业开拓市场。化工厂要系统提升对外经营能力，将技术、管理输出和技术贸易做出特色、做成品牌。气体厂要大力发展直供用户，做大医用氧气、稀有气体市场，拓展国际市场，提高收益。要借鉴贝斯钢板公司的发展经验，制定实施灵活的考核激励政策，为走向外部市场松绑开路。全公司各单位、各部门要进一步解放思想，大胆尝试，把对外创收之路走稳走好。

(二) 坚持内降成本，打造高效运营管理体系。

苦练内功、降本增效是企业不断提高内生素质、实现止血止损的重要手段。要克服“指标到顶，潜力挖尽”的思想，对标先进、取长补短、全面挖潜。

优化生产组织，实现经济运行。针对2号210吨脱磷炉即将投产和高炉“2+1”“3+1”生产模式转换，尽快建立新的经济运行模式，实现系统平稳过渡。探索柔性生产模式，优化产线资源分配，统筹处理好系统检修、产能发挥和市场的关系，用最合适的产线、最经济的方式，生产最合适的产品，有效支持市场开拓。严格落实责任，减少、杜绝各类事故，提高运行可靠性。坚持“五项采购原则”，提高性价比，降低运行成本。

继续深入开展“四降低两提升”攻关活动。铁前系统要坚持采购、生产、技术、操作等一体化运作，在保障高炉长期稳定顺行的前提下，全方位对标永锋，实现生铁成本与永锋差距缩小50%以上；钢轧系统要优化界面衔接，发挥专业化管理优势，提升整体效益，全面降低运行成本；物流系统要加强物流费用管控，拓展物流经营属性，建立多方共赢模式，深度挖潜增效；能源系统要持续推进能源降成本项目，着力提升发供电效益；销售系统要努力开拓市场，抓住代表性品种，精准对标南钢，全力提价格、提贡献；机关部室要以内部市场化为平台，实现工作价值化，进一步降低管理费用，提升管理创效能力。

全力以赴提高劳动生产率。稳妥推进“三外”清理工作，实施外包业务职工替代。采取信息化、自动化等技术手段，优化看管类、操作类岗位，推进提高劳动生产率项目，持续优化岗位设置，清理长期离岗人员，科学合理定岗定编，向人均年产钢700吨的目标迈进。

（三）坚持绿色发展，提升环保治理水平。

绿色发展是企业实现转型升级、可持续发展的必然选择和根本之策，也是我们义不容辞的社会责任。形势越艰难，越要坚持绿色发展，变环保压力为绿色发展动力，谋求与城市和谐共生。

加快推进环保提升项目落地实施。今年将投资1亿元，在大气污染治理、水污染治理、绿化美化等方面，建设多个环保提升项目。要创新项目运作模式，积极采用“建设、经营、转让”的BOT模式融资，加快项目建设步伐。要严格执行新环保法，打好“道路扬尘污染源治理、无组织排放治理、有组织排放治理”三场环保歼灭战。强化责任落实，对重大环保事故实施问责。坚持“拆旧扩绿、退硬还绿、规划建绿、见缝插绿”，建设生态园林工厂，增加绿化面积5万平方米，逐步实现“三季有花、四季常绿、厂内林带纵横交错”的绿化美化格局，达到国内一流水平。

全面抓好能源资源管理。做好水、电、风、气等能源动力介质的调配与平衡，促进一次能源节约减量和二次能源回收利用；抓好发电节电创效工作，充分发挥各机组的发电能力，提升煤气利用效率，提高自发电比例，通过发电、节电、错峰用电，降低外购电费；要开发应用节能新技术，持续提升节能创效能力和节能减排水平。

（四）坚持改革创新，激发企业内生动力。

以价值创造为核心，推进内部市场化改革。建立完善内部市场化运营体系，形成市场化的利益分配机制，使每个单位、每个岗位都成为内部市场主体，实现岗位增值、个人增收、企业增效。在岗位注入价值理念，引入价格机制，强化核算意识，实现由“发工资”到“挣工资”的转变，将成本压力层层传递到岗到人。充分吸收兖矿等先进企业经验，建立市场化指标体系和激励政策，用市场化方法衡量各项工作，将市场化改革传导到关键部位和管理末梢。

以市场化为导向，深入推进三项制度改革。深化干部人事制度改革，以业绩为导向，进一步规范选人用人机制，推行公开选拔、竞聘上岗，营造“公平、公正、竞争、择优”的用人环境。牢固树立“人才是第一资源”观念，推进人才体制改革，深化专业技术职务聘任，开展“领军、专家、优秀”三个层次核心骨干人才评选。引入市场化机制，建立完善以价值创造为导向的薪酬分配体系，科学设置考核指标，大力实施精准考核，将收入分配向创造价值的关键环节、重点岗位倾斜，充分激发干部职工干事创业活力。全公司广大干部职工要清醒地认识到改革的紧迫性和极端重要性，紧紧围绕山钢各项决策部署，坚定不移地支持改革、参与改革、推进改革。

以创新驱动为引擎，增强转型升级新动能。当前，行业产能过剩的实质，是产品同质化严重。创新是攻克同质化的重要突破口，也是走出当前困境的根本出路。要以市场为导向，以技术创新和产品创新为抓手，加快构建创新发展新格局。按照“逐项论证、成熟一项、实施一项”的模式，组织实施技术创新项目。创新产品研发商业模式，建立健全高端、高效产品研发入市机制，提高新产品研发效率，降低研发费用，增强产品市场竞争力。整合创新资源，成立技术创新项目柔性团队，培养创新人才，增进研发活力。实施市场化评价考核机制，完善成果转化激励政策，优化创新环境，激发基层首创精神。

（五）坚持精益运营，夯实转型发展基础。

精益运营之路，核心要义就是精益求精，把工作做到极致。要深入践行“精准、高效、务实、创新”的核心价值观，运用精益管理理论，实施精细化管理，将精益思想贯彻到生产经营各环节，构建独具特色的精益管理体系。

坚持“三抓一防”管理思路，持之以恒推进“运营转型、管理提升”活动。“抓项目”就是抓载体，任何活动都离不开载体，项目就是最好的载体。抓住了项目，就抓住了“牛鼻子”。“抓试点”就是抓示范、复制和推广。以典型引路，以点带面，星星之火才能形成燎原之势。“抓培训”就是抓思想认识、方法、工具、手段。干什么学什么，缺什么补什么。思想认识和能力提升了，推进活动就有了坚实的基础。“防反弹”就是打上去的水平不能降下来，尤其是能效类项目，打个高点并不难，难的是在高点上持续运行，长期保持。要定期抽查或在线监测，将成果固化为制度，内化为干部职工的自觉行为。

系统运用先进工具方法，打通管理瓶颈，提升管理水平。建立完善“目标指标化、指标参数化、参数精准化”的成本指标体系和管控机制，推进8小时成本核算，实现对经济技术指标的即时管控。建立质量改进长效机制，推广一贯制质量改进方案，加强质量文化建设，推行生产岗位与质检“一岗双责”，改革质量异议处理办法，实现质量损失较上年减半。巩固低库存优势，保持各类库存在合理低位区间运行，进一步降低资金占用。站在维护企业和职工根本利益的高度，抓好安全工作。深化安全“双基管理”，巩固车间、班组安全达标成果，进一步实现精准达标；以岗位标准化为抓手，规范职工安全操作行为，逐工种简化标准化作业规程；提高安全管理技术含量，加强专业检查针对性，持续抓好隐患排查治理和问题整改；强化安全责任落实，让严查重罚成为常态，确保安全生产形势持续稳定。强化设备基础管理，提高设备管理精度，变“事后维修”为“事前预控”，实现设备预知预修；落实包机到人责任制，逐步实现岗位“操检合一”；探索不同生产格局下的检修模式，保障设备运行稳定高效。坚持“稽查要高调，制度要严密，责任要归户，举报要奖励，考核要到位”，实施“物料种类全覆盖、岗位全覆盖”的进厂物料稽查新模式，严把进厂质量关。要以山钢集团“十三五”规划为纲领，明确公司发展定位，为规划全面实施开好局、起好步。

（六）坚持抓严抓实党建思想政治工作，为企业健康发展保驾护航。

围绕公司深化改革、扭亏增盈、转型发展的中心任务，全面加强党建工作。贯彻全面从严治党要求，持续推进“三型”党组织建设，创建基层党组织示范点，激发基层党建活力。认真履行党风廉政建设“两个责任”，巩固“三严三实”专题教育成果，始终把发现和解决问题贯穿作风建设全过程，紧盯“四风”新形式、新动向，加大问责力度，严查违纪行为。深入开展“学党章、学准则、学条例”专题教育活动，教育引导广大党员干部坚守正道、弘扬正气，做到忠诚、干净、担当。

适应新形势，创新宣传思想政治工作。构建“大政工”格局，形成党政“一把手”亲自抓，政工干部具体抓，各单位和部门、党员干部共同做思想政治工作的协调机制。加强形势任务教育，引导职工正确处理国家、集体和个人三者关系，正确处理眼前利益与长远利益的关系，坚定必胜信念。加强舆论引导，准确把握舆情，凝聚企业改革发展正能量。创新形式，发挥新媒体作用，构建宣传工作新局面。深度融合山钢文化，把“精准、高效、务实、创新”的核心价值观，转化为广大干部职工的思想自觉和行动自觉。

继续深入开展“扭亏增盈，岗位建功”主题活动。各级党组织要团结带领广大党员，发挥先锋模范作用，积极投身“向姜和信学习，做岗位建功标兵”活动，在应对挑战、攻坚克难中始终打头阵、当先锋。各级群团组织要充分发挥桥梁纽带作用，广泛开展群众性创新创效活动，培养岗位建功先进团队，激励职工争创一流工作业绩；继续开展职工先进操作法、合理化建议优秀成果征集评选活动，激发创新创造活力。加强民主管理，畅通职工反映问题、表达心声的渠道，维护职工合法权益。关心职工生活，做好扶贫帮困工作，切实帮助职工解决实际困难，促进企业和谐稳定。

各位代表、同志们，坚持就是希望，坚持就是胜利。新的一年，实现可持续发展的光荣使命扛在了我们肩上。让我们在山钢新一届领导班子的坚强领导下，坚定必胜信念，不负重托，不辱使命，全面完成各项目标任务，坚决打赢扭亏增盈生存保卫战，向着建设“质量效益型、资源节约型、环境友好型”绿色钢铁企业的宏伟目标，继续奋勇前进！

谢谢大家！

服务大局　务实创新
为建设可持续发展的绿色钢铁企业汇聚强大合力

——在山钢股份济南分公司2016年党建和宣传思想工作会议上的讲话提纲

党委书记　徐有芳

（2016年1月22日）

同志们：

今天，我们召开济南分公司2016年党建和宣传思想工作会议，主要是回顾总结2015年党建和宣传思想工作，围绕贯彻落实公司一届二次职代会精神，对今年工作进行动员部署，进一步统一思想，凝聚共识，为推动公司深化改革、扭亏增盈、转型发展汇聚强大力量。

首先，我代表公司党委，向受到表彰的宣传工作先进集体和先进个人，表示热烈祝贺！向一年来为党建和宣传思想工作，付出辛勤汗水的党员干部和党群工作者，表示衷心感谢！下面，我代表公司党委讲两方面意见。

一、关于2015年党建和宣传思想工作的简要回顾

2015年，面对多重困难和挑战相互交织的严峻形势，我们认真贯彻山钢党委的各项部署要求，坚持围绕中心，服务大局，积极作为，不折不扣落实全面从严治党要求，扎实开展“三严三实”专题教育，加强改进党建和宣传思想工作，为保持职工队伍稳定和谐、生产经营稳定运行、各方面工作健康发展，提供了坚强保障。

——一年来，我们坚持强基固本抓党建，持续提升了党建科学化水平。

强化思想引领。把学习理论作为一项严肃的政治任务，认真落实党委中心组理论学习制度，用科学理论武装头脑、指导实践、推动工作。公司党委全年共组织22次中心组学习研讨，先后学习了党的十八大，十八届三中、四中、五中全会精神，习近平总书记系列重要讲话精神，山钢重要会议和领导讲话精神等，注重学以致用，及时将学习成果转化为解决实际问题的思路和措施。

强化干部管理。把从严培养选拔、从严管理监督干部作为关系公司发展的关键性、根本性问题来抓，初步构建起以“把好入口，合理使用，从严考核，畅通出口，全程监督”为核心的选人用人机制。全年共调整任免中层领导干部56人次；考核领导班子30个、领导干部122人，诫勉谈话、降职4人。继续实施“四降低两提升”及“目标完成率”专项考核，将关键绩效指标作为硬任务，与班子成员联挂计分，按月通报，提高了领导干部履职意识和能力。有序推进干部人事档案专项审核工作，确保人事档案的完整、真实、规范。

强化组织建设。树立“抓好党建是最大政绩”的理念，落实党建工作责任制，建立了一级抓一级、层层抓落实的党建工作格局；健全完善党组织机构，选好配强党组织负责人；扎实推进“三型”党组织建设，及时总结、固化、推广先进经验，增强基层党组织工作活力；加强党员队伍建设，严格组织生活，强化监督考核，严把党员“入口”，全年共发展党员72名，保持了党员队伍的纯洁性、先进性。

强化制度建设。适应全面从严治党新要求，坚持一手抓制度建设，一手抓制度执行。积极落实参与企业重大问题决策制度，扩大党内民主，提升科学决策水平，全年共召开党委会9次，党政联席会48次，经理办公会12次，讨论研究“三重一大”事项74项；制定实施了《领导干部重大事故责任追究办法》，促使干部积极主动履职，提高改革创新和依法治企能力；制定实施了《领导干部任职回避和公务回避及报告说明制度实施细则》《关于防止利益输送 严禁已辞退、离职、长期病假等人员进入公司内部市场的规定（试行）》等规章制度，严防利益输送，创造良好的经营环境。

——一年来，我们坚持严实相济抓作风，营造了风清气正、干事创业的良好氛围。

聚焦忠诚、干净、担当，扎实开展“三严三实”专题教育。我们根据山钢党委的统一部署，把专题教育作为重大政治任务，统筹谋划，扎实推进。按照深入学习教育、突出问题导向、贯彻从严标准、坚持以上率下、确保取得实效的要求，着力抓好集中学习、党课报告、专题研讨、查摆整改等关键环节工作，把专题教育同推进公司改革发展稳定有效结合起来，使各级党员领导干部“补了课”“加了油”，增强了践行“三严三实”的思想自觉和行动自觉，有力推动了不严不实问题的解决。在此基础上，公司党委于元月21日召开了“三严三实”专题民主生活会，持续深化“三严三实”专题教育成果，深刻领会习总书记提出的当好“三严三实”表率的“四个自觉”要求，进一步增强政治意识、大局意识、核心意识、看齐意识，使民主生活会开出了高质量、高水平，确保专题教育取得了预期成效。

坚持抓经常抓关键，持续推进干部作风转变。聚焦“四风”问题防反弹，严格按照中央“八项规定”要求，精简会议文件，严控公务接待，严禁公车私用；发布实施了《关于严格禁止领导干部大办婚丧喜庆事宜和借机敛财暂行规定》，全公司1369名党员干部亲笔签署了“落实‘不出入私人会所’等要求的承诺书”。加强教育引导，组织党员领导干部认真学习了《中国共产党廉洁自律准则》和《中国共产党纪律处分条例》；新开辟了历城区人民检察院警示教育基地，全年500余名党员接受警示教育；组织全公司3727名在职党员参加了党章及反腐倡廉知识测试。紧盯重大节日和关键节点，通过集中检查、个别抽检等方式，检查公司各级党员干部落实山钢集团“正风肃纪十条禁令”和公司“九个严禁”的情况，全年，重大节日没有接到领导干部违纪举报，营造了干净、清廉的从业环境。

——一年来，我们坚持与时俱进加强宣传思想工作，牢牢掌握意识形态工作的主动权。

突出理念引领。我们围绕建设“三型”企业和实现扭亏增盈目标，结合干部职工思想、工作中存在的问题和不足，有针对性地提出了“两种精神”“三种意识”“五种思维”的先进管理理念，引领职工解放思想、转变观念、拓宽视野、创新突破，有效消除了大量影响降本增效、管理提升的思想观念障碍。

坚持正确舆论导向。着眼于“稳定队伍、凝聚人气、鼓足干劲、推动发展”，切实抓好形势任务教育，及时把干部职工的思想认识统一到山钢集团、集团党委和公司、公司党委的决策部署上来，形成共同意志和行动。抓实班组政治学习，党群部门人员深入班组同基层职工一起学习、一起讨论，提高了基层学习的有效性。高度关注舆情信息，密切监控网络平台，强化舆论引导，及时化解职工关心的热点问题。开辟新的宣传阵地，创办绿色钢铁网站、《宣传思想工作讯息》“一网一刊”，使宣传思想工作增加了载体、扩大了阵地，提高了针对性和时效性。强化标杆示范作用，组织开展“扭亏增盈，岗位建功”示范岗和标兵的评选表彰，大力宣传“四降低两提升”“运营转型、管理提升”等活动中涌现出的先进典型和好经验、好做法，激发了干部职工岗位建功、创新创效的积极性、主动性。

加强企业文化建设。结合深化山钢文化导入工作，在广泛征求干部职工意见的基础上，确定了“精准、高效、务实、创新”的核心价值观，形成了公司具有“精益”特色的文化理念。制定《企业文化理念宣贯实施方案》，召开了精益文化宣贯动员大会，认真组织，强化领导，基本形成了党委领导靠上抓，党政工团协同抓，全员积极参与的良好宣贯局面。薄板厂和化工厂借助微信公众平台进行动态宣讲，提供在线解读；气体厂在全体职工中开展文化理念摘抄和学背活动，引导职工认知认同、入脑入心；能源动力厂、炼钢厂印发企业文化理念学习卡，不仅让文化“上墙”，更让文化“上岗”。在此基础上，公司进一步统一规范视觉识别系统，在主干道设置大型山钢文化及分公司文化理念宣传牌13块。各单位行动迅速，分别在所辖区域主要位置设置了文化宣传牌，能源动力厂在公司景观地带和渔场等对外窗口区域，统一设计、更换企业文化展示牌；宽厚板厂在4300毫米产线参观通道两侧设置文化大通廊；炼钢厂结合三个区域的不同情况，分别构建起各具特色的文化视觉系统等，形成了上下一体、各具特色、处处可见的浓郁文化视觉氛围，建设“三型”绿色钢铁企业的愿景和“精准、高效、务实、创新”核心价值观深入人心。

——一年来，我们坚持多措并举发挥群团组织作用，凝聚起扭亏增盈的强大合力。

推进企业民主管理。健全完善职工代表大会制度，定期组织专门委员会的委员、职工代表，围绕公司重点工作、厂务公开、民主管理以及关系职工切身利益的热点、难点问题等进行巡视检查。发挥职工劳动争议调解委员会作用，建立了“职工诉求督办单”，对职工反映的问题督促相关单位限期解决并回复。进一步畅通民主渠道，围绕“增益、堵漏”，征集意见建议，每月研究、滚动实施、即时激励，全年共征集建议122条，采纳办理40条，收到良好效果。

积极开展群众性经济技术创新创效活动。围绕“扭亏增盈，岗位建功”主题，组织开展系列劳动竞赛，促进了重点技术指标不断刷新，炼铁厂3200立方米高炉、320平方米烧结机和炼钢厂2号120吨转炉在“全国重点大型耗能钢铁生产设备节能降耗对标竞赛”中，荣获“创先炉”称号；广泛开展职工职业技能大赛活动，隆重表彰并奖励15名“技术状元”和75名“技术能手”，有效激励了职工创新创效热情；积极开展职工先进操作法及合理化建议优秀成果征集评选命名表彰，征集并采纳合理化建议3268条，职工先进操作法118项，创造经济效益（减损）近亿元。深入开展“职工创新工作室”创建活动，为职工发挥聪明才智搭建广阔舞台，全年考评验收职工创新工作室21个，新命名9个，尤为值得一提的是，“姜和信创新工作室”被中华全国总工会首批命名为“劳模创新工作室”，获得“全国示范性创新工作室”的荣誉，为公司增添了光彩，为职工树立了创新创效的榜样。

扎实做好扶贫帮困送温暖工作。成立慈善工作站，开展“慈心一日捐”“金秋助学”等活动，走访慰问离退休及困难职工，制定实施了《关于开展低收入困难在岗职工帮扶救助的意见》，对符合条件的低收入困难在岗职工实施帮扶救助，延伸了帮扶救助工作手臂，全年发放各类救助金共计97.5万元，增进了和谐劳动关系。

回顾总结一年来的工作，我们深刻体会到，改进和加强新形势下的党建和宣传思想工作，**必须始终坚持“从严治党”的方针；必须始终坚持“以人为本”的理念；必须始终坚持围绕中心、服务大局；必须始终坚持“三贴近”原则；必须始终坚持与时俱进、创新理念和方法。**

在肯定成绩的同时，我们也要清醒地看到，工作中还存在许多问题和差距。主要表现在：**一是思想认识不到位。**少数领导干部对党建和宣传思想工作讲起来重要，做起来次要，忙起来不要；有的党群干部，职业认同感不强，开展工作底气不足、腰杆不硬、积极性不高。**二是能力素质不适应。**有的党群干部对党建和宣传思想工作抓什么、怎么抓，思路不够清晰；有的专业能力上有差距，解决思想问题的能力不强。**三是工作成效不理想。**在严峻的形势和艰巨任务考验面前，职工队伍的思想存在不稳定因素，士气还不够高涨，党建和宣传思想工作的有效性有待进一步提升。以上问题，我们要高度重视，制定有效措施，认真加以整改。

二、2016 年主要工作安排

2016 年是济南分公司打赢扭亏增盈生存保卫战，建设可持续发展绿色钢铁企业的关键之年。党建和宣传思想工作的总体思路是，以党的十八届五中全会精神为指导，按照山钢集团党委统一部署，认真落实公司一届二次职代会精神，紧紧围绕公司深化改革、扭亏增盈、转型发展中心任务，落实全面从严治党新要求，持续巩固“三严三实”专题教育成果，进一步加强宣传思想工作，大力推进企业文化建设，不断提高干部职工队伍素质和能力，团结带领干部职工振奋精神，改革创新，为实现全年奋斗目标，为建设“三型”绿色钢铁企业，提供坚强的思想、政治和组织保证。

2016 年党建和宣传思想工作意见，将以书面形式印发给大家。借此机会，我就如何贯彻落实好该意见，在新的一年进一步加强党建和宣传思想工作，提四点要求。

（一）新的一年，加强党建和宣传思想工作，必须进一步提高认识。

党建和宣传思想工作是我们党的优良传统和政治优势，是党和国家一切工作的生命线，无论是在革命战争时期，在和平建设时期，还是在改革开放时期，都发挥了不可替代的重要作用。当前，公司正处于深化改革、扭亏增盈、实现转型发展的关键时期，严峻的外部市场形势和艰巨的任务，给党建和宣传思想工作带来了更为严峻的挑战。我们必须进一步统一思想、提高认识、坚定信心，以高度的自觉性和责任感，确保新形势下党建和宣传思想工作适应上级党委要求、适应职工群众要求、适应公司发展要求。

要深刻认识加强党建和宣传思想工作，是坚定扭亏增盈信心的迫切需要。刚刚召开的公司一届二次职代会，对有效应对严峻形势，全力打好扭亏增盈生存保卫战，作出了明确部署。要打赢这场保卫战，确保完成全年各项目标任务，关键是要充分发挥党建和宣传思想工作的独特优势，把党员干部干事创业的激情和干劲调动起来，把广大职工群众中蕴藏的智慧和力量激发出来，鼓舞大家在逆境中矢志不渝，在奋进中并肩前行，推动公司逆势而上、冲出困境。

要深刻认识加强党建和宣传思想工作，是凝聚深化改革共识的迫切需要。公司深化改革过程中，会涉及方方面面的利益、涉及许多复杂敏感问题，深化改革措施的有序推进、平稳实施，迫切需要扎实做好党建和宣传思想工作，统一思想、凝聚共识，寻求最大公约数，动员广大职工群众热心支持改革、积极参与改革、全力推动改革，汇聚推动公司改革发展的强大正能量，迫切需要各级党组织在推进改革中发挥政治核心和战斗堡垒作用，迫切需要广大共产党员在推进改革中发挥先锋模范作用。要切实发挥党建和宣传思想工作的政治优势，做到改革推进到哪里，宣传思想工作就跟进到哪里，确保改革的平稳顺利进行。

要深刻认识加强党建和宣传思想工作，是推进建设“三型”绿色钢铁企业的迫切需要。我们在一届一次职代会上提出了建设“三型”绿色钢铁企业战略发展规划，经过一年来的实践证明，这一规划符合党的十八届五中全会精神，符合企业的实际和广大职工的意愿，是一条科学发展、绿色发展、可持续发展之路。要走好这条发展之路，实现企业转型升级，首先必须坚持以人为本的理念，着力打造一支适应企业转型发展需要的高素质干部职工队伍。

（二）新的一年，加强党建和宣传思想工作，必须进一步夯实基础。

基层是一切工作的重要依托。基础不牢，地动山摇。要围绕抓基层、打基础、强保障，努力推动基层工作全面进步、全面过硬。

要坚持围绕中心、服务大局，拓宽领

域、强化功能，扩大党的工作覆盖面，不断提升党组织的凝聚力和战斗力。健全完善基层组织机构，选好配强组织负责人，加强基层组织领导班子建设。各级党组织要切实负起全面从严治党主体责任，党组织书记要履行好“第一责任人”职责，把严肃党内政治生活、深化作风建设的要求落到实处。坚持基层党组织政治功能和服务功能相统一，把从严治党要求向基层延伸，全面提升基层党建工作水平。要按照政治过硬、素质全面、作风优良的要求，着力加强干部队伍的自身建设，坚持勤学善思、加强实践锻炼，着力提升领导干部政治理论水平、调查研究的能力和组织策划的能力。加强对干部日常管理监督，把纪律和规矩挺在前面，让咬耳扯袖成为常态。要深化党内经常性教育，引导广大党员，自觉用党章和党规党纪规范言行。要积极探索党员教育培训的新途径和新方法，充分利用党员教育培训资源，复制推广姜和信创新工作室党员教育培训基地先进经验，为党员发挥先锋模范作用提供载体和平台。

要切实加强和改进党组织对群团组织的领导，以党建带工建、团建，充分发挥基层群团组织密切联系职工群众的桥梁和纽带作用。各级党组织要认真贯彻中央党的群团工作会议精神，进一步加强对群团工作的领导，加大支持保障力度，支持群团组织依法依章独立自主开展工作，发挥应有作用。要加强组织领导，健全党建带群团工作责任制，落实责任分工，强化监督考核，把开展党建带群团工作作为考核各单位工作实绩的重要内容。要加强群团组织建设，完善制度体系，扩大基层群团组织的覆盖面和影响力，引导和鼓励群团组织如实反映职工群众的意愿和呼声，提出维护职工利益的意见和建议，使之真正成为职工群众愿意依靠的“自己的组织”。要进一步深化民主管理，保障广大职工的知情权、参与权、表达权和监督权；要深入开展“扭亏增盈，岗位建功”活动，激励优秀人才立足岗位，积极履职奉献、创新创效；要加强人文关怀和心理疏导，培育职工自尊自信、理性和平、积极向上的健康心态；要用好有限资源，提高帮扶工作的精准度和有效性。要把实现好、维护好、发展好最广大职工群众的根本利益，作为一切工作的出发点和落脚点，促使群团组织在服务职工、服务公司发展中彰显生力军和桥梁纽带的积极作用。

（三）新的一年，加强党建和宣传思想工作，必须在务实上下工夫。

小平同志讲：“世界上的事情都是干出来的，不干，半点马列主义都没有”。当前公司正处于生存发展的攻坚期，面临着空前的挑战和压力，党建和宣传思想工作面临着前所未有的考验。各级领导班子、领导干部和宣传思想工作者，必须自觉践行“精准、高效、务实、创新”的核心价值观，大力弘扬求真务实、真抓实干的作风，出实招、干实事、求实效。

要强化基层党建责任制落实。各级党组织要对本单位的党建和宣传思想工作负总责，党组织书记是第一责任人，既要带头抓、主动抓，又要督促班子成员认真履行“一岗双责”、抓好分管领域的党建和宣传思想工作。要建立健全党委书记抓基层党建工作责任清单，用好述职评议考核这个抓手，对照清单抓落实，按照清单来述职，依据清单严考评，真正述出责任，评出压力，考出动力。要加强统筹协调，细化分解责任，建立健全党委统一领导、组织部门牵头抓总、有关部门各司其职的领导体制和工作机制，形成工作合力。基层党支部要发挥好“一线指挥部”的作用，党支部书记要当好“一线总指挥”。

要弘扬务实作风。各级党组织要严格践行“三严三实”要求，进一步增强政治意识、大局意识、核心意识、看齐意识，带头强化党性修养，带头尊崇党章，带头严守政治纪律和政治规矩，把“三严三实”要求落实到每一项工作、每一个环节之中，推动践行“三严三实”常态化、长效化。党员领导干部要以身作则，严格自律，廉洁修身、廉洁齐家，努力做“四个自觉”的表率。要广泛听取职工群众的意见和建议，自觉接受民主评议和监督，把职工群众满意作为转变作风的唯一标准。各级纪检监察组织，要加大执纪问责力度，执好纪、问好责、把好关。要以踏石留印、抓铁有痕的劲头确保作风建设取得实效，让职工群众看到实实在在的成效和变化。

要真抓实干、务求实效。各单位要结合实际，制订本单位党建宣传思想工作年度计划，确定重点工作，发扬钉钉子的精神，一项一项落实。各级党组织负责人要做到扑下身子、身到心到，真了解情况、真研究问题、真解决困难，增强工作的预见性、针对性和实效性。要切实发挥文化铸魂作用，把企业文化建设贯穿深化改革、转型发展全过程，推进山钢文化深度融合，把“精准、高效、务实、创新”的核心价值理念，内化于心，外化于行，转化为实实在在的生产力，转化为降本增效的真金白银，转化为深化改革、扭亏增盈、转型发展的有力思想武器。

（四）新的一年，加强党建和宣传思想工作，必须在创新上作文章。

在长期实践中，我们的党建和宣传思想工作积累了丰富的经验，这些经验，为做好今后工作提供了重要遵循，要认真总结、长期坚持，并在实践中不断丰富和发展。“明者因时而变”。做好新形势下的党建和宣传思想工作，必须以创新的理念、创新的思路，科学认识和把握工作的新特点、新规律，因势而谋、应势而动、顺势而为。

要创新工作机制。要积极构建大政工的工作格局，党组织书记要认真履行党建宣传思想工作的第一责任，党委委员要切实履行“一岗双责”，党政工团要齐抓共管思想政治工作，各级管理人员、共产党员、共青团员都是思想政治工作者，都要主动做团结群众、宣传群众、动员群众的工作，切实将思想政治工作同各项管理工作更加紧密地结合起来，为稳定队伍、凝聚人气、鼓足干劲、推动发展贡献力量。

要创新工作内容。要围绕公司生产经营中心任务，结合职工思想观念、思维方式、工作方式、生活方式发生的新变化，不断赋予宣传思想工作新的内容。要对照“五大发展理念”，结合公司一届二次职代会目标任务，梳理好、讲清楚公司发展的新机遇、新挑战。要把深化改革、扭亏增盈、转型发展作为形势教育任务的重点，贯穿于生产经营全过程，进一步统一思想，凝聚共识。要聚焦公司深化改革，加强改革教育，直面职工关切，围绕改革措施和实施步骤，进行详尽准确的宣传解读、释疑解惑，提高职工对改革和利益调整的承受能力。要充分发挥典型示范引领作用，积极开展“向姜和信学习，做岗位建功标兵”学习教育活动，弘扬、传承劳模精神，引导广大职工树立辛勤劳动、诚实劳动、创造性劳动的理念，自觉立足岗位，建功成才。要坚持以文化人、以德润心，把理想信念、职业道德和社会主义核心价值观教育结合起来，把服务职工同教育引导职工结合起来，把满足需求同提高素养结合起来，不断探索通达人心的德育路径，汇集向上向善的道德力量。

要创新宣传手段。互联网的蓬勃兴起和“微时代”的到来，拓展了宣传思想工作的方法手段。要善于运用互联网、新媒体、微信群等先进技术和传播载体，关注职工思想，倾听职工呼声，强化政策解读和舆情监督，加大对热点难点问题的网络舆论引导力度。要把握好时、度、效的要求，增强吸引力和感染力，让职工爱听爱看、产生共鸣。

要增强主动性、掌握主动权、打好主动仗，加快提升网上宣传思想工作水平，构建网上网下相互促进的宣传思想工作新格局。

同志们，做好新时期的党建宣传思想工作意义深远，责任重大。让我们在山钢集团党委及股份公司党委的坚强领导下，以高度的政治责任感，庄严的政治使命感，真抓实干，开拓创新，不断开创党建和宣传思想工作新局面，为公司深化改革、扭亏增盈、转型发展，建设可持续发展的绿色钢铁企业提供坚实的保障，汇聚强大合力！

谢谢大家。

万众一心　砥砺前行
为实现全年目标而努力奋斗

——在济钢集团第十八届职代会主席团暨代表团长、工会主席联席会议上的工作报告

总经理　徐有芳

（2016年7月20日）

同志们：

今天，我们召开集团公司第十八届一次职代会代表团长、工会主席联席会议，主要目的是通报上半年情况，总结工作，分析问题，对下半年的工作进行再动员、再部署，以确保实现全年奋斗目标。

刚才，财务部通报了上半年指标完成情况。希望各单位引起高度重视，正视问题，深挖潜力，抓好落实。

下面，我从两个方面向大家报告工作。

一、正确认识上半年的工作

今年以来，在山钢集团的正确领导下，我们认真贯彻落实集团公司年度工作会议、一季度工作会议精神以及我公司十八届一次职代会精神，坚持“责任驱动，发展惠民”企业使命不动摇，修复出血点，挖掘潜力点，培育增长点，各项工作积极推进，保持了稳定发展，经过不懈努力，实现了“时间过半，任务过半”的目标。

（一）上半年主要指标完成情况。

上半年，实现销售收入68.23亿元，利润总额5576万元、欠计划924万元，归属母公司净利润2573万元、超计划960万元，山钢集团考核综合得分101.54分；所属23家考核单位中，4家单位完成奋斗目标，2家单位完成提升目标，7家单位完成考核目标；整体绩效逐月向好、稳步提升，特别是二季度以来，连续三个月超额完成考核目标。

（二）上半年主要工作完成情况。

第一，强化生产运营，实现了平稳有序。

一是强化生产组织保顺行。加大生产经营组织管控，完善月度板块生产经营调度例会制度，强化各板块协同管控。进一步加大计划执行力度，坚持计划刚性原则，严格督导，严肃考核。钢材深加工板块坚持计划引领、订单拉动、提升负荷，彩板厂、冷弯型钢公司抢抓订单，二季度完成考核目标；冶金炉料板块抓住季节需求旺季，持续保持稳

产、高产，鲁新建材公司上半年销售矿渣微粉120万吨，创历史新高；社会服务板块、工程技术板块以济钢国际为龙头“一带多”对外承接工程，不断提升业务量，提高销售收入。抓住市场行情上涨机会，有计划处理库存，钢材深加工板块库存同比降低约4500吨。**二是强化安全管理保稳定。**以贯彻执行《安全生产法》等法律法规为主线，严格主要负责人安全履职，落实主体责任，狠抓班组安全基础建设，扎实开展“安全十佳”班组活动。以“大快严”行动为切入点，狠抓专项安全督查，深入推进隐患排查整治，积极开展“安全卫士——啄木鸟”专项活动。强化重点风险管控，加强中轧厂拆迁改造、铸管公司搬迁安全监管，扎实开展“安全生产月”活动，落实夏季“四防”工作措施，实现了安全生产“六个零”目标。上半年，开展各类专项安全督查52次，整改问题336项。**三是强化采购管理降成本。**严格落实招标采购管理制度，规范运行，过程管控，开展专项督查，定期发布情况通报，全力推行采购协同创效。上半年，平台累计招标375项、金额1.91亿元，成本降低率5.5%。**四是强化销售管理创效益。**建立大客户定期走访、出口联合销售等机制，开展销售系统劳动竞赛，促进销量提升；实施各单位协同销售利润提成，实现效益最大化；全面推进进出口贸易、融资平台建设，6月份外部市场收入占比达77%，较去年同期提高了11个百分点。**五是强化科技环保管理见成效。**上半年实施“双创”项目38项，创效1100余万元；实施政府优惠政策利用项目16项，争取政府资金约700万元；有序推进环保工作，开展环保治理，实现污染物达标排放；解决了鲁新建材烟气排放异味问题，确保鲁新建材正常生产经营。

第二，实施精益运营，提升了管理水平。

一是推行内部市场化运营。制定《关于全面推行内部市场化管理的指导意见》，分阶段稳步推进内部市场化运营，构建“7546”内部市场化管理架构和运营机制；以汽运公司为试点，梳理量化岗位工作，全面推行零基收入考核，汽运公司被纳入山钢集团内部市场化试点单位；开展二级单位内部市场化管理工作现场调研，组织骨干参加山钢集团内部市场化知识培训。**二是以项目为载体向管理要效益。**开展项目管理专题培训100人；全公司辨识运营改善项目140个，对76个济钢监管项目开展节点评审，85%项目完成节点目标。**三是加强“模范车间”创建管理。**制定《济钢集团有限公司“模范车间”创建管理办法（试行）》，召开“精益管理模范车间”创建工作推进大会，组织80名“模范车间”创建骨干进行专题知识培训和观摩交流活动。四是完善市场化考核激励。坚持“创利优先”和“以业绩论英雄”考核导向，优化考核体系，加大考核力度，制定创新创效“双创”奖励办法、上半年“双过半”专项激励办法等，突出重点创效单位、关键骨干和创效团队创新激励机制，形成了以关键绩效为核心、提升绩效和整体绩效为补充、专业管理绩效及重点工作绩效相结合的绩效评价与考核模式。

第三，加强财务管控，保障了资金链安全。

一是多措并举，确保外部融资规模。积极与银行及各金融机构沟通，保证融资规模不降低，上半年完成银行续贷14.8亿元，贷款利率控制在上浮5%以内，同时具备发行30亿元私募债券的条件；整合内部资源优势协助子公司融资，充分利用集团公司资金平台，加大对子公司担保和内部贷款支持力度，上半年向各子分公司新增信贷12.6亿元（含济南分公司），新增担保21亿元，续贷、续保18.79亿元；先后完成香港公司向山钢金控租赁公司注资6600万元人民币和1000万美元。**二是创新资金运营，实现管理创效。**充分利用短期人民币套利操作空间，借助济钢香港平台，抓住境内外人民币存贷差，操作资金1亿元，实现无风险资金收益108.89万元。**三是降低财务费用。**通过优化贷款结构，降低贷款总额等措施，降低财务费用，上半年发生财务费用1.4亿元，较计划降低800余万元。**四是实施税收筹划。**积极争取和利用相关政策，被评为生产出口一类企业，实现出口退税1413万元；加大税务筹划力度，节约资金支出1060万元。截至6月底，济钢集团资产负债率为52%，财务状况良好。

第四，加强资产管理，优化了资产结构。

一是强化投资管理。论证编制济钢集团2016年度投资计划，计划投资31项，目前已投资立项9项。**二是强化固定资产管理。**盘活报废、低效、闲置资产，铁合金厂环保容器钢结构厂房项目利用拆除设备，节约投资近100万元；利用中轧厂拆除设备改造翼板公司现有产线，修旧利废设备净值约300万元。**三是强化股权投资管理。**优化股权结构，理顺产权管理关系，开展股权公开挂牌和协议转让，加快低效和无效股权投资收回。德州龙马、石门铁矿公开挂牌转让和刘岭铁矿减资退出正在推进中；汽运公司、青岛国际物流增资手续正在办理中。**四是强化土地开发管理。**加快二区土地收储和开发，拿回部分土地补偿预付款5亿元；与气体公司、复合板公司续签租赁合同，实现收益近1000万元；开展“四供一业”移交前期工作。**五是加快治理僵尸企业。**根据推进计划，对14家“僵尸企业”在清产核资和基本情况调查摸底的基础上，按照“一企一策”原则，拟定治理方案，确定处置方式，正按计划有序推进。

第五，坚持与时俱进，推进了改革创新。

一是实施混合所有制改制。根据山钢集团审核意见，6家试点单位完成混改方案草案；6月2日，鲁新新材公司在北京举行挂牌敲钟仪式，成功挂牌上市登陆新三板。**二是实施公司制改制。**铁合金厂公司制改革方案已经山钢集团批复，正在积极推进；研究探索冷弯型钢公司新合作方式，做强做大冷弯型钢产业。**三是创新优化二级单位领导班子配备。**对一些特殊岗位，大胆选配勇于担当领导干部跨单位任职，实现资源共享、优势互补，截至目前共有9位领导干部跨单位任职。**四是继续优化人力资源。**以中轧厂搬迁为契机，妥善解决翼板公司用工问题，实现中轧、翼板两单位人力资源高度融合，机构设置复合高效；继续优化人力资源，持续清理二级单位自主用工，上半年集团公司共减少岗位用工、劳务承包工1013人。**五是多种途径选拔、培养、激励高层次核心人才。**推荐6人为2015年度齐鲁首席技师候选人；用活存量，组织内部选调、招聘6次、岗位20个，引进转型发展急需人才8人；深化职称改革聘任，上半年聘任高、中级职称1052人，项目工程师480人；聘任各类技师358人，换聘率22.22%。

第六，加快转型发展，取得了重要进展。

一是二区拆迁进展顺利。二区拆迁工作时间紧，工作量大，政策性强，矛盾点多，资产管理部、商贸公司等部门，超前准备，周密部署，一切以集团公司、职工群众利益最大化为前提，锲而不舍，抢抓时机，经过艰苦谈判，完成了各阶段征收签约，实现了拆迁补偿最大化，已收到拆迁补偿款近7.3亿。**二是铸管搬迁有序推进。**统筹协调、高效推进，啃下了硬骨头，5月27日，铸管公司搬迁暨山东国铭球墨铸铁管科技公司揭牌仪式举行，搬迁转入全面施工阶段。目前，进展良好，工程热火朝天、快马加鞭，进度受控；新铸管混改工作正在加快推进。**三是中轧厂拆迁改造完成**。明确责任，紧密协作，抓工程、抓质量、抓安全、保工期，3月12日中轧厂停产拆迁，5月19日翼板公司产线改造热负荷试车成功并投产，仅用2个多月时间，累计拆迁量1.1万吨；6月初，按照要求工业区域移交城投公司管理。**四是深度参与日照项目**。炉料公司中标日照精品基地石灰窑项目和水渣处理项目，两个项目投资近3亿元；鲍德汽运公司中标铁水运输车项目，投资5250万元。**五是各子公司大力度开拓外部市场**。国际物流公司建立经营风险抵押金机制，设立“创新创效”经理特别嘉奖，搭建集团公司物流和进出口贸易两个平台，上半年出口突破1.5万吨，实现归属母公司净利润645万元，超考核目标120万元、超奋斗指标5%。铁合金厂创新锰矿石进口贸易模式创效140余万元，国际贸易融资4000万元，上半年实现外部收入占比近60%；水文公司上半年也全面完成了考核目标，实现了资源整合，优势互补，共同发展。汽运公司作为试点单位率先推行内部市场化管理，大力实施拓外保内、贸易联动策略，加大贸易量，调整车队运行模式，取得了较好效果，上半年实现利润761万元，超额完成奋斗指标。总医院全力以赴开拓市场，与济南市医保办签订职工医保定点协议，与8个区县签订居民医保定点协议，与14个乡镇医院签订技术合作协议，积极开展市场宣传活动，树立品牌，提高知名度；上半年，总院门急诊量13万余人次，同比增长约13%，完成收入12077万元，超计划1872万元，较去年同期增长15.9%。

第七，强化党群工作，凝聚了强大力量。

一是深入开展“两学一做”学习教育。按照中央和上级党委统一部署，在公司全体党员中开展“两学一做”学习教育。严格遵循上级要求，紧密结合自身实际，精心谋划，坚持高标准起步，高质量运作，高效率落实，制定工作方案和配档表，召开动员部署会议和推进会议，建立协调领导小组和工作班子，开展送党课和“手抄党章100天”活动，做到规定动作不走样、自选动作有特色，学习教育进展良好、推进扎实，党员队伍素质普遍提高，党组织创造力、凝聚力、战斗力得到加强，促进了生产经营和转型发展，实现了“两手抓、两促进”。**二是强化干部管理考核**。实施领导班子、领导干部年度考核，考核领导班子34个、领导干部110人，诫勉5人，调整交流领导干部16人；根据上级要求，基本完成全体中层领导干部、机关干部人事档案专项审核。**三是强化党风廉政建设**。健全体系明确责任，考核测评年度责任制落实情况，压紧压实“两个责任”；狠抓教育预防，构建“四纵四横”网格化教育网络，创新建立“廉·济钢”微信；深入开展专题教育，全公司2041名在职在岗党员参加党章知识测试，组织党员干部进行警示教育；挺纪立规严肃纪律，紧盯年节假期，加大监督检查力度；强化监督监察，有序推进专项效能监察项目。**四是充分发挥群团组织作用**。深入开展“改革转型我担当”大讨论活动，以“七个一”方式搭建落实载体，大讨论活动内容丰富，与实际联系紧密，达到了预期的效果。扎实推进“责任驱动，岗位建功”主题活动，开展劳动模范评选，“岗位明星”评选，职工合理化建议征集，“职工创新工作室”创建，以及劳动竞赛等多种形式的活动，提供舞台，搭建平台，激发职工创新创效、建功立业热情。**五是强化宣传思想工作**。把握正确舆论导向，突出形势任务、发展惠民、先进典型、新媒体以及对外宣传，唱响主旋律，集聚正能量；深化山钢文化深度融合，推进责任文化建设，增强“山钢一家人”“济钢一家亲”意识；推进文明道德建设，在济南市文明委各项考核中名列前茅。重视舆情信息，监控舆论热点，及时反映职工思想动态和意见诉求，开展深入细致的思想工作，保持了困难形势下职工队伍思想的整体稳定。**六是积极实践发展惠民。**强化民主管理，维护职工权益，关心职工生活，做好职工诉求、劳动争议调解、扶贫帮困送温暖、精准帮扶工作，劳动关系和谐稳定。认真落实离退休人员政治、生活待遇，创新服务机制和方式，让老同志安度晚年。针对二区拆迁补偿等信访问题，坚持重心下移，关口前移，运用法治思维和方式，积极化解矛盾纠纷，维护职工合法权益，保持和谐稳定的良好局面。

回顾上半年工作，成绩来之不易。这是山钢集团正确领导的结果，更是全公司广大干部职工精诚团结、拼搏奉献、攻坚克难的结果。在这里，我代表集团公司党政领导班子向大家致以衷心的感谢！

（三）存在的主要问题。

一是部分干部职工对济钢集团转型发展的紧迫性认识不到位，对转型发展的方案制定不到位，措施研究不到位，舆论引导不到位。

二是部分单位在严峻的市场面前，思路不宽，措施不多，落实不力，存在重内部生产管理组织轻外部市场开拓的问题，适应市场、研判市场、抢抓机遇、灵活应对的能力不足。

三是党群思想政治工作顺应新形势、新任务、新趋势，在提高工作实效性、针对性、创新性等方面还有差距。

以上问题必须引起高度重视，举一反三，剖析原因，结合实际，研究解决。

二、坚决完成下半年任务

下半年，我们面临的形势更为复杂，任务更加艰巨。当前，钢铁行业仍处于“冰冻期”，产能过剩矛盾短期内难以有效解决，非钢与钢铁主业关联度较高，必然受到方方面面的影响，我们完成山钢集团年度考核目标，面临重大挑战。山钢集团加大改革转型创新力度，济钢集团加快转型发展，面临重大挑战；部分单位盈利空间日渐缩小，部分单位亏损额度有所加大，实现减亏扭亏目标，挑战巨大；铸管公司完成搬迁建设、中轧厂拆迁改造后翼板公司实现达产达效，压力很大；在企业生产经营困难以及转型发展的特殊时期，职工思想多元化、多样化、多变化的特点更加明显，影响职工队伍和谐稳定的因素有所增多。

问题现实存在，不以我们的意志为转移。下半年，我们将坚定不移贯彻落实山钢集团、山钢集团党委的决策、决定，按照“谋全局、谋高端、谋效益”的总体要求，牢固树立“非钢产业主业”理念，保持政治定力和发展定力，紧紧围绕实现全年考核目标、确保企业和谐稳定“两大任务”，拼搏进取，务求必胜，以良好的生产经营绩效奠定发展转型的基础。

全公司要切实增强危机意识，各二级单位要算好各自的生存账，加强生存能力研究，做到居安思危、居危思进，思危有备、思进求变。要切实增强发展意识，各二级单位要认真研究自身发展问题，怎么转型、如何发展，向何处去。要切实增强责任意识，各级领导干部要为官一任，造福一方，创业一方，承担责任，勇于担当，不辱使命；坚决支持集团公司的决策，坚决服从集团公司的领导，坚决维护集团公司的权威；坚定不移执行各项任务，结合实际创造性地研究问题、开展工作，抓好落实。

坚决完成全年任务目标，要重点做好以下工作。

第一，抓好生产组织。强化协调配合，提升服务水平，稳定内部市场；改进营销模式，提升销售绩效，以订单拉动生产，以生产推动销售；大力度开拓外部市场，提升外部市场收入占比；深化进出口贸易平台建设，实现进出口业务新突破；加大市场行情研判力度，及时捕捉销售商机，择机处理实物库存；全力推行协同创效。

第二，实现安全生产。落实安全生产主体责任，推进“大排查、快整治、严执法”活动；全面做好夏季“四防”，严格落实各项工作措施；建立完善各单位安全风险管控和隐患排查治理两个体系；扎实推进班组安全基础建设；严格督查铸管公司停产前及建设施工安全生产措施和预案落实。

第三，确保资金链安全。创新财务管理方法，保证资金来源多元化，持续降低财务费用；深挖内部潜力，加强资金占用管理，重点强化应收款项管理和催收；开拓外部多种融资渠道，持续降低资金成本，开展转融通业务以及债券融资业务，增强公司抵御风险能力。

第四，推进精益运营。系统推进内部市场化管理，将汽运公司打造成内部市场化管理典范，逐步推广内部市场化管理模式；持续推进运营改善项目管理，确保所有集团监管项目均顺利完成项目目标；深入开展“精益管理模范车间”创建工作。

第五，优化盘活人力资源。加强用工管理，严控用工人数，加强监督考核，杜绝无计划和无审批招聘；推行二级机关改革，严控机关管理人员和非创效人员，重点推动亏损单元人员精简及分流安置工作。当前，钢铁行业面临严峻形势和改革发展新常态，济钢正处在改革转型的关键时期，铸管公司环保搬迁已进入倒计时，如何最大程度做好职工安置，努力争取使每一名职工转岗不下岗、转业不失业，努力争取使每一名离退休职工和特殊群体有所依、有所靠，既是集团公司、公司党委义不容辞的责任，也是郑重承诺。

第六，加快推进改革创新。深化体制机制改革，在一定范围内推广子公司合并运作的成功经验，带动互补，解决部分子公司的亏损问题；有序推进混合所有制改革，打造一批市场竞争力强、发展前景好的混合所有制企业，加快长期亏损单位改革重组步伐；大力推进僵尸企业治理，建立企业退出评价机制。

第七，加快推进转型升级。铸管公司搬迁建设，要按照既定网络计划和建设目标，全面落实好项目建设管理各项工作，保证进度要求；为日照精品基地服务的石灰窑、水渣、铁水运输车项目，要作为重点项目积极推进；围绕济南市“十三五”发展规划，研究发展现代服务产业，推进产城融合，加快转型步伐；推进政府优惠政策利用项目和“大众创业，万众创新”项目，加快“短平快”项目实施。

第八，坚持发展惠民，坚决确保稳定。坚持“发展是第一要务，稳定是第一责任”，把发展惠民作为企业转型的根本，把确保和谐稳定作为实现企业转型发展的基石，高度重视，抓实抓好。深入推进“两学一做”学习教育，大力加强党风廉政建设，充分发挥以上率下、示范带动作用，为确保稳定提供保证。创新开展思想政治工作，坚持正面引导，舆论先行，强化宣传教育，把握动态，回应关切，解疑释惑，理顺情绪，为确保稳定奠定基础。强化民主管理，畅通民主渠道，保障职工权益，积极构建和谐劳动关系，以实际行动惠民生。发挥群团组织作用，深入开展“责任驱动，岗位建功”主题活动，激发职工劳动热情和创造活力；进一步完善措施，努力为离退休老同志服好务；切实做好信访稳定和反邪教工作，维护政通人和、安定团结的局面。

同志们：济钢的生命在于转型发展，职工的福祉来源于转型发展，我们这一代济钢人肩负着谱写济钢转型发展未来的神圣使命。让我们坚定信心、迎难而上，让我们万众一心、砥砺前行，为实现全年任务目标，为开创转型发展新局面而努力奋斗！

再接再厉　克难奋进
坚定不移完成职代会确定的目标任务

——在山钢股份济南分公司第一届职代会主席团暨代表团长工会主席联席会议上的工作报告

总经理　徐有芳

（2016年7月21日）

同志们：

今天，我们召开山钢股份济南分公司一届职代会主席团暨代表团长、工会主席联席会议，总结报告上半年工作，动员广大干部职工进一步认清形势，明确任务，增强信心，克难奋进，坚定不移完成职代会确定的全年目标任务。

一、上半年主要工作情况

今年以来，面对复杂严峻的市场形势，面对环保加严、淘汰落后、转型发展的巨大压力，我们视组织的目标为最高使命，认真贯彻落实山钢集团、山钢集团党委的各项决策部署，以“谋全局、谋高端、谋效益”的改革发展理念为指导，聚焦“开源增效益、节流降成本、环保树形象”三条主线，强化“改革创新、精益运营、党群工作”三大支撑，坚定信心，苦练内功，真抓实干，合力攻坚，生产经营呈现指标月月进步、绩效月月提升的良好局面。上半年全面完成了山钢集团下达的各项目标任务，圆满实现了时间任务“双过半”。

上半年，生产铁318.4万吨、钢325.82万吨、一次材303.28万吨，同比分别提高13.06%、8.83%和9.32%；实现销售收入74.37亿元，比年度预算目标高6.87亿元；生铁成本完成1257.89元/吨，比永锋成本高3.7元/吨，比不高于永锋40元/吨的预算目标多降36.3元/吨；各月资金占用均低于34.2亿元的目标，累计经营性现金流实现了净流入；利润超额完成了山钢集团下达的奋斗目标。5月份实现扭亏为盈，当月利润2285万元。是继2014年三季度实现盈利后，再次让我们站在了扭亏为盈的新起点上，更加坚定了我们完成全年任务目标的信心。

回顾上半年的工作，主要呈现出以下几方面的特点与亮点。

（一）运行稳定生产高效。炼铁系统3座高炉实现持续高产，平均日产稳定在1.8万吨以上。炼钢系统平稳实现新老交替，45吨转炉4月10日安全停炉封存，759名在岗职工全部妥善安置，走上新岗位；2号脱磷炉1月31日成功热负荷试车后，迅速达产达效，210区域实现“双炉对双机”连续生产，最高日产9734吨。轧钢系统保持高效率、满负荷运行，三条平板产线累计较计划超产1.75万吨，热轧产线较计划超产3.26万吨，冷轧产线较计划超产2.55万吨。

（二）降本增益成效显著。按季度设定目标，提速推进“四降低两提升”攻关，六大系统呈现齐头并进态势，4月份以来全部超额完成攻关目标。上半年，炼铁降成本

1.8 亿元，折吨铁 56 元；物流降成本 2918 万元，折吨钢 9 元；钢轧降成本 5640 万元，折吨钢 17 元；能源降成本 4639 万元，折吨钢 14 元；管理创效 7030 万元，折吨钢 22 元；钢价提升创效 2.73 亿元，折吨材 93 元。“四降低两提升”攻关剔除重复计算后降成本 3.1 亿元，折吨钢 94 元。公司成本降低率逐月走高，上半年累计完成 3.16%。

（三）产品升级结构优化。上半年，技术中心共研发新产品 71 个牌号、拓展规格 32 个牌号，累计结算高等级产品 13.87 万吨，贡献总额达 4445 万元，拉动价格提升 19.42 元/吨。深入推进 SBU 项目，上半年完成产品销量 110 万吨，平均单位贡献较去年同期提高 156 元/吨。主动适应山钢营销体制改革，按照“订单拉动生产提效、生产推动订单增益”原则，做好同营销总公司对接，协同拓市场、增效益。上半年中标重点工程订单 24.35 万吨，形成油罐、管线、风电、核电等高端品种钢订单 53.68 万吨。

（四）精益运营稳步推进。按照“三抓一防”思路，毫不放松推进“运营转型、管理提升”活动。每月组织对 17 个公司核心项目及 23 个监管项目进行节点评价，上半年累计实现落袋效益 2.84 亿元。推进现场模范车间创建工作，16 个车间达到创建标准。每月召开管理提升现场会，推广车间典型经验。加强资金管理，严控资金支出，拓宽融资渠道，按日考核资金占用，完成了山钢资金占用考核目标。强化质量管理，建立两级产品质量监督抽查机制，管好质量控制点，上半年产线综合改判率降到 1.3%。细化原燃辅料进厂检验，实现物料种类全覆盖、岗位全覆盖；组织 16 次管理督查，有力遏制和震慑了造假等不法行为。按照“资金管到一级库、实物覆盖全公司”的思路，彻查备件库存，核对更新 PTS 数据，做到账物相符；消化库存，加快资金周转。截至 6 月底，备件材料总库存 1.84 亿元，比年初降低 1465 万元，月均降 1.23%，超额完成月降 1%的目标。

（五）改革创新不断深化。推进内部市场化改革，坚持试点先行，3 家试点单位建立起内部市场化保障体系和运作体系。深化体制机制改革，对小型厂实行模拟法人运营，增强自我生存发展能力。推进分配制度改革，在检修系统试行工时制，按工作量计酬，由“发工资”变为“挣工资”。创新检修模式，大幅缩短检修工期，2 号 120 吨转炉炉役和 160 吨干熄焦大修工期大幅提前，均创同类型系统检修最短工期记录。瞄准人均产钢 700 吨目标，确定并实施岗位写实、定岗定编等措施，为完成下半年山钢考核目标打下良好基础。坚持事在人为，创新思路，开阔视野，利用政策创效实现重大突破，淘汰 45 吨转炉、实施直购电交易、降低进口矿铁路运费、利用矿务局付款优惠等政策性收益达 4.3 亿元。

（六）安全环保再上新水平。全面履行企业安全生产主体责任，以强化安全基层基础建设为核心，以车间、班组安全基础建设为抓手，以危险源及风险作业辨识控制、隐患违章排查治理为重点，加大安全管控力度。上半年，公司安全生产形势保持稳定，实现了安全生产“六个零”的目标。以污染物排放浓度和总量“双达标”为目标，开展车辆洒漏、无组织排放和有组织排放三场歼灭战，加快实施环保治理项目，“高炉冲渣不使用蒸氨废水”等 5 个项目相继投用。上半年，污染物排放达标率 98%，实缴排污费较预算降低 30%。开展绿化美化，环境面貌持续改观。

（七）党建思想政治工作优势彰显。按照山钢党委统一部署，坚持以上率下，示范带动，开好“三严三实”专题民主生活会，抓好整改落实和立规执纪，推动了践行“三严三实”长效化。认真落实“两个责任”，扎实开展“三学”活动。精心组织、周密部署，认真开展“两学一做”学习教育，召开动员会、制定工作方案、编制工作配档表和督导方案、领导干部带头讲党课、举办党支部书记培训班、开展“手抄党章100天”活动，学习教育有条不紊、有序推进；坚持学做结合、以学促做，对突出问题即知即改、专项整治，学习教育取得初步成果。6月29日，山东省委副书记、省长郭树清到薄板厂冷轧车间党支部为基层党员上了“两学一做”专题党课，为学习教育在全公司各基层党组织顺利推进指明了方向。坚持团结稳定鼓劲、正面宣传为主，稳步推进“改革转型我担当”“扭亏增盈，岗位建功”“向姜和信学习，做岗位建功标兵”等活动，传播好声音，积聚正能量。组织开展群众性劳动竞赛、职工创新工作室创建、合理化建议征集评选，极大激发了职工岗位建功、创新创效的热情和干劲。加强人文关怀和心理疏导，回应职工关切，加大扶贫帮困工作力度，进一步增进了和谐劳动关系，增强了干部职工攻坚克难的信心，为推动扭亏增盈、改革发展凝聚了强大合力。同志们，上半年，我们实现了时间任务“双过半”，成绩的取得，是全体干部职工挥洒心血汗水，贡献聪明智慧，齐心协力、顽强拼搏的结果，是公司统筹谋划、民主决策、科学决策的结果。借此机会，我代表公司，向奋斗在各个岗位上的广大干部职工，向关心支持公司发展的离退休职工及家属，表示衷心的感谢和崇高的敬意！**在充分肯定成绩的同时，我们也要清醒地看到问题和差距。一是**上半年虽然完成了山钢下达的各项任务目标，但亏损额仍然较大；生铁成本同自己比、同永锋比有进步，但同行业平均水平比有退步。**二是**各类事故、故障时有发生，设备保障能力不能完全满足系统持续高负荷运行的需要。**三是**45吨转炉淘汰后，生产系统出现了较多不适应，新的高效运行模式尚未完全建立起来。

以上问题必须引起我们的高度重视，坚持“想到、看到、说到、做到”，认真加以整改。

二、下半年面临的形势任务和重点工作

下半年，我们面临的形势依然复杂严峻，各种不确定因素以及难以预料的困难有增无减。从大环境来看，我国经济还处于“L”形底部，“三期叠加”阵痛还在持续；特别是制造业，投资下滑严重，总体复苏缓慢。钢铁行业形势没有根本性好转，利用市场手段化解过剩产能短期内难见成效，市场供需矛盾依然突出；国际贸易保护主义升温，钢材出口难度增大；受钢铁行业去产能政策影响，银行信贷收紧，企业融资难融资贵问题凸显，资金链持续偏紧。环保继续增压，7月份起济南市提前执行山东省2017年污染物排放标准，环保标准升级为历史最严；8月份山东省将接受中央环保督察，由“督企”转变为“督政”，企业面临环保压力空前；9月份G20峰会在杭州召开，济南市将参与保障工作，环保限产等不确定因素增多。

在认清困难挑战的同时，我们也要看到积极有利因素。从外部环境看，为应对经济下行压力，国家相继出台并实施了一系列稳增长政策措施；山东省也出台了供给侧结构性改革实施意见，分类施策化解过剩产能，降低生产要素成本。随着上述政策措施逐步落地，后期钢材需求将保持稳定，市场再次出现暴涨暴跌的可能性较小，国内市场供求形势有望改善。从我们自身看，一是山钢领导班子积极采取有效措施应对挑战，企业经营状况明显好转，增强了我们攻坚克难的信心和底气。二是公司内部生产系统顺利完成新老交替，重点工程项目达产达效，为生产运行进一步提质增效奠定了坚实基础。三是济南分公司同济钢集团融合发展合力正在形成，协同效益逐步显现。更难能可贵的是，今年以来，全公司群策群力，抢抓机遇，降本增效，实现了时间任务"双过半"，积累了宝贵经验，锤炼了一支作风过硬、能打胜仗的干部职工队伍。这些有利因素，都将成为我们战胜困难、走出困境的重要保证。

同志们，下半年，我们既要正视困难，直面挑战，更要坚定信心，克难奋进。要继续深入落实"谋全局、谋高端、谋效益"的总体要求，坚持目标导向、问题导向、市场化导向、人本导向，以上半年工作成效为动力，再接再厉，巩固提升，进一步深化降本增效、优化产品结构、推进精益运营、深化改革创新、稳定职工队伍，全力以赴冲刺全年职代会目标，推动公司稳健转型，实现发展惠民。

下半年的重点任务目标是：

（1）生产铁320万吨、钢335万吨、钢材343万吨（含重复材）；

（2）实现人均年产钢700吨目标（7~8月份600吨、9~10月份650吨、11~12月份700吨）；

（3）利润完成山钢集团下达的全年奋斗目标；

（4）每月成本降低率3.5%以上。

要着力抓好以下重点工作：

（一）理顺秩序，进一步提升生产运行质量。

补齐生产运行短板。45吨转炉淘汰后，钢轧系统在运行结构、运行秩序等方面出现较多不适应，对系统运行质量造成较大冲击。要多管齐下，标本兼治，建立长效管理机制，保持系统界面畅通。重点打通2500毫米产线供料环节瓶颈，优化铸机生产断面，提高在线切割比例。加强坯料管理，优化库存结构，减少钢坯"死库存"。开展提高热装热送率攻关，实现产线全覆盖。协调好工业北路施工期间职工通勤及进出厂运输，保证厂区及周边交通物流安全畅通。最大程度发挥现有产能。炼铁系统在高炉"2+1"生产模式下，要充分挖掘潜能，保持高水平稳定顺行，下半年力争每月增产3万吨；炼钢系统要加快生产节奏，全力提产能，保持铁钢界面平衡，冲刺全年660万吨钢奋斗目标；轧钢系统要按照"生产必须高效，停机必须节能"的要求，提高产线运行强度和质量，发挥产线互补优势，实现系统整体效率最优、效益最大。在高强度生产条件下，要重点强化设备保障能力，提高设备作业率，保持系统稳定高效运行。

提高供产销对接质量。注重加强与营销总公司对接协调，找准市场需求和高效生产的契合点，建立短平快的市场反应机制，协同发力，联动创效。保证产销平衡，提高当期收益。提高关键工序及工艺的生产保障能力，防止订单积压，确保产品高质量交付。强化同山钢采购部门衔接，最大限度降低采购成本，跑赢普氏指数。

（二）对标赶超，进一步挖掘降本增效潜力。

提速提效开展"四降低两提升"攻关。坚持节点分析、阶段提高，实现全年降本增效100元/吨钢的目标。持续降低生铁成本，不仅要达到永锋水平，而且要完成低于行业平均水平15元/吨的防滑红线指标；开展钢轧系统高效低成本生产攻关，大力降低制造费用；立足物流成本整体最优，提高火车外发产品能力，实现增量降价；深入推行能源精细化管理，降低重点工序能耗，提高二次能源利用率；提高产品价格市场控制力，同品种价格力争超越对标企业及行业当期水平；瞄准真金白银，继续强化政策创效，提高管理创效能力。

大力提高对外创效水平。贝斯钢板公司要完善营销策略，推进品种扩容，提高国内市场占有率，努力开拓国际市场，冲刺全年1000万元的利润目标。小型厂要着力推进贸易转型，实施"来料加工""委托加工"

等贸易形式，带动生产经营走出低谷。检修工程公司要发挥自身资源优势，加大替代外委力度，扩大外部创效份额。化工厂要进一步拓展技术、管理输出渠道，增加对外贸易创效。

（三）贴近市场，进一步优化产品结构。

加快产品结构调整。紧盯“两端一重”市场，提高“产销研用”一体化水平，加快新产品研发入市，增强高端产品创效能力。灵活适应市场变化，围绕客户需求优化产品结构，增加随行就市产品产量。继续强化SBU项目管理，确保完成进度目标。坚持“从市场中来，到用户中去”的研发路线，深挖用户需求，提供个性化服务，全面提升产品竞争力。完善研发体制机制，整合各类研发资源，实现技术中心与生产单位资源协同共享，形成产品创效合力。

打造特色优势产线。坚持“成本最低、贡献最好、交付最快、市场认可”的原则，根据系统新老交替后的结构变化，不断优化产线定位。2500毫米产线重点优化坯料供应，保持小规格传统优势；3500毫米产线打品种、提效率，重点打造以高强钢、管线钢为代表的中高端产品，突出低成本优势；4300毫米产线发挥技术装备优势，加强生产组织、技术研发等环节与市场的“零距离”对接，塑造高端品牌，持续提升创效能力；1700毫米产线发挥贡献优势，强化生产组织，下半年月产力争突破24万吨；冷轧产线重点抓好高级别专用冷轧板和深冲钢的生产。要以效益为导向，根据市场走势动态调整产线产能，推动资源高效配置。要加大跨产线结构优化力度，将有限资源投向效益最好的产品，提高整体效益水平。

（四）精益运营，进一步夯实发展基础。

持续推进“运营转型、管理提升”活动。坚持“三抓一防”管理思路，聚焦关键绩效指标，跟踪推进下半年立项的17个公司核心项目、18个公司监管项目以及58个自主管理项目，实现项目早结题、多创效。强化已结题项目固化管控，确保指标持续改善，效益长期释放。推进模范车间创建工作常态化运行，持续提升基层管理水平。坚持每月召开管理提升现场会，营造“比学赶超”氛围。完善两级培训机制，强化内训师队伍建设，拓展培训深度和广度，为精益运营提供能力支撑。

全面提高专业管理水平。加强资金管理，调整融资结构，降低资金占用，保证资金链安全。强化产品质量过程管控，加大监督抽查和工艺纪律检查力度，确保产品质量稳定可控。加大各类库存控制力度，优化原燃物料库存结构，大力降低财务口径产成品库存。备件库存管理要重固化、防反弹，实现PTS系统常态化、规范化运行，确保完成月降资金占用1%的目标。加强和改进检修管理，实现计划检修“安全、质量、项目、工期”四要素完全受控。夯实安全“双基管理”，深入推进班组安全基础建设，进一步规范岗位标准化作业，持续提高本质安全水平；当前，要全力做好夏季“四防”工作，从难从严细化应急预案，提高系统防御风险能力，保持安全生产形势稳定。深化环保治理，强化节能减排先进技术的研究与应用，推进节能创效项目，提高环境治理水平；完善环保问责机制，坚持“三不放过”原则，确保达标排放。

（五）改革创新，进一步增强发展动力。

深入推进内部市场化改革。按节点推进内部市场化试点，组织好内部评审，深入分析问题，及时改进提升，确保通过山钢集团验收；借鉴炼铁厂、气体厂、化工厂试点经验，尽快将市场化机制导入检修工程公司、小型厂、物流管理中心等单位。

创新举措抓好人员优化。按照“定员引导、正面倡导”原则，系统优化、分步实施，严格落实山钢下达的劳动定员目标。结合岗位写实结果，按人均年产钢700吨统筹确定各单位定员，通过实施提效保收、操检合一、放权搞活、培训支撑等措施，提升单位自主优化人员的积极性。密切关注日照精品基地人员需求情况，按照“既满足日照公司需求，又不影响公司正常生产”的原则，研究制定切实可行的人员抽调方案。积极开展对外管理、技术、劳务输出，实现对外创效和富余人员转移。

激发人才创新活力。建立核心骨干人才评选机制，选拔10名左右领军人才、50名左右专家人才、600名左右优秀人才，形成公司核心骨干人才队伍，为留住、用好、培养人才搭建平台。完善以项目工程师为核心的专业技术职务考核聘任机制，进一步提高项目工程师聘任比例。深化分配制度改革，以业绩为导向，动态调整薪酬分配，完善宽带岗效工资制度，探索研究新形势下工资总额核定办法，发挥好收入分配的激励和约束作用。广泛开展创新创效活动，培育“双创”优秀团队和先进个人典型，进一步激发基层创造活力。

（六）以人为本，进一步抓实党建思想政治工作。

扎实推进“两学一做”学习教育。要在前期取得阶段性成果的基础上，加强组织协调和督导指导，真正把党的思想政治建设抓在日常、严在经常。坚持学做结合，把开展“两学一做”学习教育与打赢扭亏增盈生存保卫战、完成山钢下达的全年目标任务结合起来，与实现企业稳健转型、发展惠民的使命结合起来，做到两手抓、两促进。加强党风廉政建设和反腐倡廉工作，进一步落实好“两个责任”。围绕“三型”党组织创建目标，在全体党员中开展“改革转型我担当，创新创业我争先”党性实践活动，引导党员以“四讲四有”为标准，立足岗位，履职尽责，在企业改革发展、生产经营、技术创新中充分发挥先锋模范作用。

加大宣传思想文化工作力度。深入推进“改革转型我担当”大讨论活动，引导广大干部职工牢固树立改革发展的新理念、新意识，深化“谋全局、谋高端、谋效益”的思想共识，处理好转型发展与和谐稳定的关系，努力适应大环境，创造良好小环境，夯实改革发展的思想基础。持续推进“扭亏增盈，岗位建功”主题活动，激励各类人才立足岗位，积极履职，创新创效，为全面完成奋斗目标，提供强大助推力。充分发挥基层群团组织在服务职工、服务公司发展中的生力军和桥梁纽带作用，加强企业民主管理，推进企业文化建设，做好扶贫帮困送温暖工作，构建和谐劳动关系，凝聚转型发展正能量。

同志们，完成全年目标任务，既是我们交给山钢集团的答卷，也是全体职工的热切期盼。让我们更加紧密地团结起来，在山钢集团、山钢集团党委的正确领导下，振奋精神、坚定信心，攻坚克难、全力以赴，为打赢扭亏增盈生存保卫战，推动公司稳健转型、实现发展惠民而不懈努力！

概况

GAIKUANG

核心理念

☆ 企业核心价值观——共创、共进、共赢

济钢集团有限公司发展概述

【概况】 济钢集团有限公司（以下简称济钢），以发展钢材深加工、冶金炉料、冶金工程技术、社会服务、金融及衍生服务五大板块产业为主，年末资产总额255.42亿元，负债总额109.35亿元，所有者权益146.07亿元。截至2016年年底，共有职工10230人。济钢党委下辖182个基层党组织（其中党委16个、党总支3个、党支部163个），直属党组织27个（党委16个，党总支1个，党支部10个），党员总数4535人。2016年，济钢认真贯彻落实山钢集团各项决策部署，按照"谋全局、谋高端、谋效益"的总体要求，坚持"责任驱动，发展惠民"企业使命不动摇，努力修复出血点，挖掘潜力点，培育增长点，各项工作积极推进，企业保持了健康稳定发展。全年实现考核营业收入147.33亿元，较目标提升7.33亿元；完成考核利润总额1.03亿元；完成考核归属母公司净利润5232万元，较目标提升2007万元。

【生产经营】 强化计划刚性和过程督导，生产铁精粉24.6万吨、矿渣微粉256.0万吨、冶金辅料161.0万吨，分别超计划2.5%、4.5%和7.3%。一是强化生产组织。每月召开钢材深加工、冶金炉料板块调度例会，各单位以问题为导向，抓住订单获取、产品研发、生产降成本等重点工作，研判把握市场行情上涨机会，有计划处理积压库存，年底实物库存为2.2万吨，同比降低1.1万吨。二是强化采购管理。严格落实招标采购管理制度，规范运行，过程管控，开展招标采购专向督查，定期发布招标采购情况通报；坚持"市场化条件下，份额优先"原则，全力推行采购协同创效，实现集团效益最大化；各单位通过系统平台累计招标822项，招标采购金额合计7.05亿元，降成本额4484.45万元，降低率6.4%；内部共有6740万元业务根据"跟标权"政策，由子分公司承揽，原料协同采购9100吨，产品采购5.91万吨。三是强化销售管理。建立大客户定期走访机制、高端销售经理培训机制、标杆企业定期走访机制、竞争对手剖析机制、出口联合销售机制，深入开展销售系统劳动竞赛，各单位完善了订单绩效测算模型，实现信息共享，促进销量提升；实施各单位协同销售利润提成，协同销售9800吨，实现效益最大化。四是强化科技环保管理。不断完善科技创新管理体系建设，强化科技创新节点管理与过程管控，实施科技、环保、安全等政府优惠政策利用项目27项，争取政府扶持资金约1400万元；有序推进环评等各项环保工作，组织开展环保治理，促进环保合法合规，实现污染物达标排放。五是强化安全管理。以贯彻执行《安全生产法》等法律法规为主线，严格主要负责人安全履职，落实主体责任，与各单位签订年度安全生产责任书22份，各单位逐级签订安全责任书1257份，修订完善《安全生产责任制》等20项管理制度；以"大快严"行动为切入点，狠抓专项安全督查，深入推进隐患排查整治，按照"四不两直"原则，组织各类专项安全检查73次，整改问题1150项并落实验证，实现闭环管理；全年排查整改隐患3326项，查处违章798人次。强化重点风险管控，加强中轧厂搬迁改造、铸管公司搬迁工程及停产前安全监管；强化冬季、夏季"四防"工作措施落实，组织冬季、夏季"四防"演练36

次；扎实开展“安全十佳”班组活动、“安全生产月”、“百日安全生产无事故竞赛”活动，实施安全生产互助组管理，各单位互助活动56次，检查整改问题238项；扎实开展“两体系”建设，深入排查危险源、危险因素，安全形势整体平稳，全年实现了安全生产“六个零”的目标。

【止损扭亏】 一是按照强激励和硬约束相结合的原则，制定了亏损企业治理专项考核方案，建立了风险抵押金奖惩机制和治理情况跟踪机制，坚持开源与节流、常规与超常多措并举，大幅压缩亏损额。9家平台、经营类亏损企业全部完成治理目标。二是规范固定资产管理。启用固定资产管理信息系统，组织开展铸管公司固定资产评估工作；理顺了重机公司与萨博公司资产管理关系；发挥闲置报废资产的使用价值，固定资产租赁收益2400万元。三是积极回笼二区拆迁补偿款，累计收回补偿金约8亿元。四是强化股权管理。充分发挥产业、技术优势，及时把握股权投资方向，全年完成股权投资5项，投资总额3.46亿元；优化股权结构，理顺产权管理关系，规避投资、法律等风险，收回低效和无效股权投资，加强与被投资企业的联络沟通，全年实收股权转让款3.15亿元，对外投资分红1.39亿元。五是盘活土地存量资源。积极与拆迁指挥部、城投公司协商，完成二区厂区土地收储、宿舍区土地补偿工作；组织开展生活区剩余26亩地土地测绘、评估、指界工作，并签署了土地收回合同；组织完成快达土地测绘、评估、指界，并与济南市收储中心、历城区政府签订签署土地收储合同。六是加快治理僵尸企业。按照省国资委和山钢集团关于僵尸企业治理的整体要求，对87家企业进行了全部梳理，确定了25家企业为拟治理的僵尸企业，拟定了僵尸企业治理整体方案，15家僵尸企业清理退出，超额完成计划目标。

【精益管理】 一是推行内部市场化运营。按照“吸收借鉴、推行试点、总结提升、有序推进”的总体思路，制定《关于全面推行内部市场化管理的指导意见》，分阶段稳步推进内部市场化运营，构建“7546”内部市场化管理架构和运营机制；以汽运公司为试点，以点带面逐步推行内部市场化管理；对冶金研究院、炉料公司等多家单位内部市场化管理工作加强现场调研和工作指导，组织骨干参加山钢内部市场化知识培训。二是以项目为载体向管理要效益。以问题为导向，组织各单位辨识申报运营改善项目140项（其中集团监管75项，各单位自主管理65项）。为提高运营改善项目管理水平，专门组织开展项目管理专题培训（共培训100人），结合典型案例分享项目推进经验。三是加强“模范车间”创建管理。以推进现场6S管理为主要内容，以降本增效、提升管理为目标，制定下发“模范车间”创建管理办法，按照“注重效果，稳步推进，树立典范”的原则，针对80名“模范车间”创建骨干组织专题知识培训5次，在日常跟踪和节点评审等严格过程管理基础上，评选出标准样品研究所等15个“精益管理模范车间”。四是完善市场化考核激励。坚持“创利优先”和“以业绩论英雄”考核导向，优化考核体系，加大考核力度，突出重点创效单位、关键骨干和创效团队创新激励机制，形成以关键绩效为核心、提升绩效和整体绩效为补充、专业管理绩效及重点工作绩效相结合的绩效评价与考核模式；制定创新创效“双创”奖励办法、上半年“双过半”专项激励办法、亏损企业治理工作专项考核办法等，实施精准考核，最大限度激发干部职工的创效潜能。五是稳步实施效能监察项目。以降本增效、扭亏增盈为核心，围绕效能监察重点，组织辨识效能监察项目83项，共修改完善制度142个，提出落实管理改进建议152条，发现违规违纪案件线索2个。

【改革创新】 一是实施混合所有制、公司制改制。根据国资委和山钢集团关于国有企业改革工作和混改试点工作要求，结合济钢实际情况，稳妥、有序地推进，完成铸管公司混合所有制改制方案、新公司设立方案、资产处置方案的制定工作以及引进战投工作；济钢国际通过招标方式确定混改中介咨询机构，积极引进战投和完善混改方案；完成铁合金厂公司制改制工作，成立山东济钢合金材料科技有限公司。二是激活人才队伍活力。深化以项目工程师为核心的职称聘任改革，按照结合重点、突出创新，明确措施的要求严格项目审批，聘任高、中级职称1052人，项目聘任480人；组织技师聘任考核，按照“管理严、标准高、责任明、考核实”的原则，强化职数总量控制，突出对能力、业绩、贡献的全面考核。经考核调整，聘任各类技师358人，调整78人，换聘率22.22%，充分调动一线技能人才工作的积极性和主动性；多种途径选拔、培养、激励高层次核心人才，汽运公司汽车维修工高级技师王众通过选拔获齐鲁首席技师称号。三是推动人力资源优化。创新工作思路，开展职工实名制信息的采集报送工作，引入“反映劳动力市场供求关系和企业经济效益”的用工分配机制，并以内部市场化改革为契机，改变职工传统“发工资”为“挣工资”的观念，深入引领职工创造岗位价值，通过优化机构编制和用工岗位，改革经营模式、实施内部承包经营以及加大非正式用工清理力度等措施，共计优化减少岗位用工841人、劳务承包工348人，全年节省人工成本5723万元，节省劳务承包费用144万元。

【党的建设】 一是深入抓好基层党建重点任务落实。扎实做好党费收缴专项整改工作，基层党组织按期换届专项检查，党代会代表和党员违纪违法未给予相应处理情况排查清理，党员组织关系集中排查工作。二是严格落实党管干部原则。对领导班子坚持创利优先导向，兼顾业绩提升、综合素质及专业管理，对领导干部考核突出工作业绩、责任意识、担当精神和严实作风，完成2015年度领导班子和领导干部年度考核。共考核领导班子34个、领导干部110人，强化结果运用，共诫勉5人；制定公司处级、科级领导干部退出现职年龄及待遇制度，进一步规范干部管理；调整完善领导班子，按照优势互补、资源共享原则进行跨单位任职，共调整领导干部51人次，同时认真做好干部人事档案专项审核工作。三是强化党风廉政建设。坚持从严治党、从严治企，协助党委落实主体责任，全面深化落实纪委监督责任，着力增强制度机制的约束力、宣传教育的警示力、执纪问责的威慑力、监督检查的保障力，层层落实一岗双责，严格责任制考核；创新构建“四纵四横”廉洁从业教育网络，健全宣教载体，丰富方式方法；全年共查结处理案件8起，给予党纪、政纪处分9人；受理各类信访举报15件次，纪律审查和信访举报查结率均保持100%；严格落实正风肃纪要求，强化日常廉洁管理，聚焦企业管理和生产经营中心任务，通过效能监察、专项检查等多种方式，营造风清气正、心齐劲足的优良政治生态。

【“两学一做”学习教育】 按照中央和上级党委统一部署，在公司全体党员中开展“两学一做”学习教育，紧密结合自身实际，坚持高标准起步，高质量运作，高效率落实，制定工作方案和配档表，召开动员部署会议和推进会议，建立了协调领导小组和工作班子，组织优秀党课评选，共评选出18个优秀党课，举办了党支部书记脱产培训班，培训党支部书记135名；开展送党课和“手抄党章100天”活动，做到规定动作不走样、自选动作有特色。

【宣传思想工作】 围绕重点，互动联动，做好常规性选题策划和宣传工作；统筹谋划，积极应对，做好突发性重点宣传工作；主动介入，积极配合，做好重大决策部署落地的宣传推动工作；提升素质，强化管理，做好对外宣传工作；把握正确舆论导向，突出形势任务、发展惠民、先进典型、新媒体以及对外宣传，完成《钢铁工人》报93期，电视新闻1200条，发布“i济钢”公众微信约750条；深化山钢文化深度融合，推进责任文化建设，推进文明道德建设，增强“山钢一家人”“济钢一家亲”意识；重视舆情信息工作，分别组建了公司舆情信息员和网络宣传员两支队伍，建立舆情信息管控机制，畅通诉求渠道，解疑释惑，化解矛盾，开展深入细致的思想工作，保持了严峻形势下职工队伍思想的整体稳定。

【和谐企业建设】 充分发挥群团组织作用，深入开展“责任驱动，岗位建功”主题活动。组织劳动模范、先进集体、先进个人评选，“岗位明星”评选，“职工创新工作室”创建，劳动竞赛等，提供舞台，搭建平台，充分发挥了各级群团组织的桥梁和纽带作用。命名表彰了23项先进操作法，52项合理化建议，23项职工创新成果，获得经济效益超过5000万元，进一步激发了职工创新创效、建功立业的热情。强化民主管理，落实职工代表大会，关心职工生活，做好职工诉求、劳动争议调解，精准帮扶捐款活动募款42.94万元，全年发放温暖救助金10.5万元。认真落实离退休职工政治、生活待遇，创新服务机制和方式，打造倾情关爱、亲情服务网络，开展丰富多彩的文体活动，让老同志安度晚年。针对采暖、部分企业股权改制遗留问题以及二区拆迁补偿和安置等信访稳定问题，强化组织领导，健全体制机制，完善工作举措，重心下移，关口前移，运用法治思维和法治方式，积极化解矛盾纠纷，努力减少不稳定因素，保持了和谐稳定的局面。

（撰稿　邹玉萍　审稿　薄　涛）

济钢集团有限公司组织机构图

济钢集团有限公司

- 机关(党群)6
  - (1)办公室（外事办）（董事会办公室）（党委办公室）
  - (2)纪委（监察部）
  - (3)工会
  - (4)党委组织部（机关党委）
  - (5)党委宣传部（电视台）（团委）
  - (6)离退休管理部
- 机关(行政)5
  - (4)人力资源部
  - (7)财务部
  - (8)资产管理部（发展规划部）
  - (9)企业管理部（信息化中心）
  - (10)运营管理部
  - (10)安全部（保卫部）
  - (11)卫生防疫部（计生办）
- 生产单位4
  - (1)中型轧钢厂
  - (2)彩板厂
  - (3)冷弯型钢公司
  - (4)供热公司
- 直属单位1
  - (1)济钢总医院
- 子公司（全资）11
  - (1)济钢集团国际工程技术有限公司
  - (2)济钢集团重工机械有限公司
  - (3)济钢集团山东建设工程有限公司
  - (4)济钢集团商业贸易有限公司
  - (5)山东省冶金地质水文勘察公司
  - (6)山东鲍德翼板有限公司
  - (7)济钢集团菏泽五金厂
  - (8)山东省冶金科学研究院
  - (9)山东济钢合金材料科技有限公司、济南黄河爆破有限公司
  - (10)济钢标准件厂、测温仪器厂
  - (11)济南兴鲁实业开发有限公司
- 子公司（控股）9
  - (1)济南鲍德钢结构有限公司
  - (2)济南鲍德炉料有限公司、济南鲍德冶金石灰有限公司、济南鲁新新型建材有限公司
  - (3)山东球墨铸铁管有限公司
  - (4)济南钢城矿业有限公司
  - (5)济钢（马来西亚）中板有限公司
  - (6)山东鲍德金属复合板有限公司
  - (7)济南鲍德汽车运输有限公司
  - (8)青岛保税区济钢国际物流有限公司
  - (9)济南萨博特种汽车有限公司
- 子公司（参股）5
  - (1)济钢集团石门铁矿有限公司
  - (2)济钢集团肥城钢铁有限公司
  - (3)济钢集团刘岭铁矿有限公司
  - (4)济钢集团烟台标准件有限公司
  - (5)济钢集团耐火材料有限公司
- 子公司（参股）4
  - (1)德州龙马钢材加工公司
  - (2)威海济钢启越船材公司
  - (3)潍坊钢材加工配送公司
  - (4)合肥济钢日立重工有限公司

（撰稿人　郑海霞）

济钢集团有限公司机构与人事

董事会、监事会名单

（截至2016年底）

济钢集团有限公司董事会

董 事 长： 张俊芳

副董事长： 徐有芳

董　　事： 张俊芳　徐有芳　刘秀元　薄　涛　李长青

济钢集团有限公司监事会

主　席： 高　翔

监　事： 高　翔　孟庆钢　徐亮天（职工监事）

行政机构及领导干部名单

（截至2016年底）

总　经　理： 徐有芳

副 总 经 理： 薄　涛　李长青　高　翔

财 务 总 监： 徐亮天

总经理助理： 孙　玮

办公室

主　任：黄善兵

监察部

监察部副部长：孟庆钢　尹　伟

人力资源部

部　长：张永护

离退休职工管理部

副部长：潘爱武（主持工作）　宋　晓

财务部

部　长：徐亮天（兼）

副部长：尹桂岭　宋　峰

资产管理部/发展规划部

部　长：张新福

副部长：董旭东

运营管理部、安全部/保卫部

部　长：徐　强

副部长：郭广强（正处级）　王庆敏

企业管理部（信息化中心）

部　长（信息化中心主任）：张新福

济钢总医院（卫生防疫部）

副院长（卫生防疫部副部长）(主持工作)：张忠法

副院长：聂希会　王寿强　任兆增　徐长钰

济南钢城矿业有限公司

执行董事、副经理（主持工作）：李　静

副经理：靳玉启　冯英俊　方贻留　修志伟　赵正伟

山东球墨铸铁管有限公司

执行董事、经理：杨洪彬

副经理：荣吉超　陈先启　蔡可辉

济南鲍德炉料有限公司（石灰石公司）

执行董事、经理(石灰石公司董事、董事长)：

张玉华
副经理：刘富增（正处级）
张德祯 法泉营
李 屯（石灰石公司董事、经理）
王四江

标准件厂（测温仪器厂）

厂 长(测温仪器厂厂长)：
郭洪卫
副厂长：滕厚军 苏永鹏

山东济钢合金材料科技有限公司

执行董事、经理：郭洪卫
副经理：孙 武 刘彦平

山东鲍德翼板有限公司

执行董事、经理：王志强
副经理：迟建波

山东鲍德金属复合板有限公司

董事长：李长青（兼）
副董事长、总经理：刘 纯
副总经理：刘福义

中型轧钢厂

厂 长：王志强
副厂长：陈会章

冷弯型钢公司

经理（副处级）：陈传玉
副经理（助理级）：贾泽民
邹国顺

济南鲍德钢结构有限公司

执行董事、经理：张永熙
副经理：周 军 刘悦慧

彩板厂

厂 长：华立新
副厂长（助理级）：郑德全
夏汝斌

济钢集团国际工程技术有限公司

执行董事、经理：蒋升华
副经理：王常金 陈五升

济钢集团重工机械有限公司

执行董事、经理：张永熙
副经理：周 军 盖永刚

经理助理：郭学武

济钢集团山东建设工程有限公司

执行董事、副经理(主持工作)：潘卫东

山东省冶金科学研究院

院 长：王兴强
副院长：倪守生 尤协波

山东省冶金地质水文勘察公司

经 理：郭洪卫
副经理：盛桂军
经理助理：李兴芳

济钢集团商业贸易有限公司

执行董事、经理：王其成
副经理：陈双玲 李 涛

供热公司

经 理：傅国水
副经理（助理级）：严凤涛
李会龙

济南鲍德汽车运输有限公司

执行董事、经理：魏信栋
副经理：张同义

青岛保税区济钢国际物流有限公司

执行董事、经理：徐 强
副经理：谭学博 刘柱石

济南萨博特种汽车有限公司

执行董事、经理：赵传飞（副处级）

济南钢铁集团总公司菏泽五金厂

厂 长：闫东林

济钢（马来西亚）钢板有限公司

董事长：徐有芳（兼）
董事、总经理：孙 玮（兼）
董事、副总经理：张卫东

济钢金融服务中心

主 任：万宪刚（兼）
副主任：张星贵

济钢香港控股有限公司

董事长：张俊芳（兼）
总经理：刘洪波
董事、副总经理：王 磊

济钢国际融资租赁有限公司

董事长：万宪刚（兼）
副总经理：王　磊　潘　刚
山东融鑫投资股份有限公司
董事长：万宪刚（兼）
董事、总经理：尹桂岭（正处级）
济南市历城区钢城小额贷款股份有限公司
董事长：万宪刚（兼）
副总经理：徐向东

（撰稿　严　胜　审稿　张永护）

党组织机构及领导干部名单

（截至2016年底）

集团公司党委
书　记：张俊芳
副书记：徐有芳　刘秀元
党委常委：张俊芳　徐有芳　刘秀元　薄　涛　李长青
党委办公室
主　任：黄善兵
纪委
书　记：刘秀元（兼）
工会
主　席：刘秀元（兼）
副主席：李　茜
权益部部长：张海鹰
组织部（机关党委）
部长（机关党委书记）：张永护
宣传部/团委
宣传部部长：高海港
团委副书记（主持工作）、宣传部副部　长：魏　涛
离退休职工管理部党委
党委书记、纪委书记、工会主席：马晋宇
济钢总医院党委
书　记：张忠法
济南钢城矿业有限公司党委
副书记(主持工作)、纪委书记、工会主席：靳玉启
山东球墨铸铁管有限公司党委：
书记、纪委书记、工会主席：贾元奎
济南鲍德炉料有限公司（石灰石公司）党委
书　记：张玉华
副书记、纪委书记、工会主席：童　勇
标准件厂党委
书　记：郭洪卫
副书记、纪委书记、工会主席：蔡晓娟
山东济钢合金材料科技有限公司党委
书　记：郭洪卫
副书记、纪委书记、工会主席：王铭南
山东鲍德翼板有限公司党支部
副书记（主持工作）：时传华
山东鲍德金属复合板有限公司党支部
书　记：刘　纯
中型轧钢厂党委
副书记（主持工作）、纪委书记、工会主席：时传华
冷弯型钢公司党支部
书　记（副处级）：陈传玉
副书记（助理级）：贾泽民
济南鲍德钢结构有限公司党支部
书　记：张永熙
副书记：刘悦慧
彩板厂党支部
书　记：华立新
副书记（助理级）：王　冲
济钢集团国际工程技术有限公司党委
书记、纪委书记、工会主席：姜进强

济钢集团重工机械有限公司党委

书记、纪委书记、工会主席：孙传强

济钢集团山东建设工程有限公司党委

副书记（主持工作）、纪委书记、工会主席：潘卫东

山东省冶金科学研究院党委

书　记：王兴强

山东省冶金地质水文勘察公司党委

书　记：郭洪卫

副书记、纪委书记、工会主席：王铭南

济钢集团商业贸易有限公司党委

书　记：王其成

副书记、纪委书记、工会主席：杨泽彬

济南鲍德汽车运输有限公司党委

书　记：魏信栋

副书记、纪委书记、工会主席：李赐波

济南萨博特种汽车有限公司党支部

书　记：张传忠

济南钢铁集团总公司菏泽五金厂党支部

书　记：闫东林

济钢（马来西亚）钢板有限公司党支部

书　记：张卫东

济钢金融服务中心党支部

书　记：徐亮天（兼）

（撰稿　严　胜　审稿　张永护）

山钢股份济南分公司发展概述

【概况】　山东钢铁股份有限公司济南分公司于2012年5月注册成立。2014年8月，公司与济钢集团分立运行，主要运营钢铁产业。截至2016年底，公司在册职工人数为13657人，总资产285.6亿元。公司拥有从焦化、烧结、炼铁、炼钢到轧钢完整的生产工艺系统。主要装备有：1750立方米高炉3座，3200立方米高炉1座；120吨转炉3座，210吨转炉1座；2500毫米双机架中板生产线、3500毫米双机架厚板生产线、4300毫米双机架宽厚板生产线、1700毫米热连轧生产线、冷轧双机架生产线、小型材生产线各1条。主要产品以中板、中厚板、热轧薄板、冷轧薄板为主。

2016年，公司积极应对行业供需失衡、环保加严、淘汰落后、产能调整和转型发展等内外部严峻挑战，紧紧围绕一届二次职代会确定的任务目标，坚持以“谋全局、谋高端、谋效益”的理念为指导，综合运用“两种精神、三种意识、五种思维”（“两种精神”：事在人为、锲而不舍精神，自力更生、艰苦奋斗精神；“三种意识”：顾全大局意识、全市场化意识、责任担当意识；“五种思维”：精准思维、极限思维、底线思维、可变思维、系统思维）指导工作，围绕“深化改革、扭亏增盈、转型发展”三大任务；突出“目标导向、问题导向、市场化导向”三个导向；聚焦“开源增效益、节流降成本、环保树形象”三条主线；深化“四降低三提升”（降低生铁、钢轧、物流、能源成本，提升钢材价格、管理创效、劳动效率）“运营转型、管理提升”“扭亏增盈，岗位建功”三大活动；强化“改革、管理、党建”三大支撑，把止损扭亏作为第一要务，着力深化挖潜增效，优化产品结构，推进管理提升，加大环保治理，顺利完成了山钢集团下达的各项任务和目标，企业保持稳中有进、稳中向好的发展态势。

【主要生产经营指标】　全年生产铁642.68万吨、钢652.1万吨、钢材699.7万吨，同比分别提高11.24%、7.50%和6.01%；实

现营业收入163亿元，比目标增加28亿元；实现利润-8.86亿元，同比减亏18.25亿元、减幅67.32%。

【止损扭亏】 把止损扭亏作为第一要务，坚持开源与节流、常规与非常措施并举，全力减少亏损源，大幅压缩亏损额。按季度动态调整攻关目标，与时俱进将“四降低两提升”攻关优化为“四降低三提升”攻关。剔除重复影响，炼铁、钢轧、物流、能源、钢价、管理和劳动效率七大系统共降成本9.7亿元，折吨钢148元。坚持“资金管到一级库，实物覆盖全公司”，建立“运行—采购—去库存”三位一体的区域工作站管理机制，消化处置机旁件创效758万元，回收废钢1.6万吨、创效2600多万元。

【挖潜增效】 系统策划、坚持不懈推进降本增效。瞄准行业先进水平，精准发力，对标赶超，各项指标实现新的提升。全年可比成本降低9.7亿元，降低率3.55%。炼铁厂3座高炉燃料消耗创下开炉以来最低水平，对标口径吨铁成本1404.44元，与永锋差距同比缩小136元，实现比永锋低52元；完全口径较行业平均成本低7.66元。吨钢物流成本同比降低20.94元，能源成本降低24.48元，钢轧成本降低31.77元。

【改革创新】 以炼铁厂、物流管理中心、检修工程公司等单位为试点，构建内部市场化管理架构和运营机制，推行零基收入考核，尝试推行“契约化”管理。创新考核激励，坚持“创利优先”和“以业绩论英雄”考核导向，制定“双创”奖励办法，突出重点创效单位、关键骨干和创效团队创新激励机制，有效激发全员创新创效活力。推动原始创新，两项标准被分别列入国家标准和行业标准制定计划；获得授权专利207件，其中发明专利114件；4类产品获得金杯奖，2类产品获得2016年冶金行业品质卓越产品奖。

【结构优化】 强化产销研协同联动，加快高等级产品研发推广，一批产品打入国内外重点工程。全年研发新产品77个、拓展规格87个牌号；结算高等级产品订单26.82万吨，平均吨材贡献比产线均值高197元；成功开发交付美国液压支架用高强钢，容器钢批量出口泰国，抗大变形管线钢供货中石油中靖管线工程，桥梁钢用于芜湖长江公铁大桥、三门峡黄河公铁大桥等重点工程。结合订单效益情况，大力优化产线结构。炼钢厂120吨区域、210吨区域品种钢比达到89.82%、89.5%，钢板探伤合格率分别达到99.3%、99.47%。宽厚板厂热处理订单42.82万吨；薄板厂热轧双相钢全年产销量2.4万吨，冷轧深冲钢月均1万吨以上。营销部门深耕“三重一大”市场，全力提升钢材售价，全年实现价格提升126元/吨。

【精益管理】 坚持抓项目、抓试点、抓培训，防反弹“三抓一防”管理思路，突出严、细、实，全年立项实施211个项目，其中49个公司监管项目累计实现落袋效益5.01亿元；召开8次车间管理提升现场会，营造出浓厚的内部对标学习借鉴氛围；验收通过44个现场模范车间，占济南分公司车间总数的43%；培训11场次、909名科级干部以及8期、705名班组长。突出过程管控和动态管控，按月对关键指标进行跟踪、分析，不定期对成果固化情况进行抽查、通报。保持原燃辅料督查高压态势，避免经济损失7143.12万元。

【安全环保】 坚持以“明责任、重考核”为突破口，强化“红线意识”和“底线思维”，完善和落实“党政同责、一岗双责、齐抓共管”的全员安全生产责任体系，积极做好风险分级管控和隐患排查治理双体系建设，认真开展车间班组安全基础建设督导，全年安全形势保持稳定，实现安全生产“六个零”。坚持污染物排放浓度和总量双达标，持续开展“消灭道路扬尘污染源歼灭战、无组织排放歼灭战和有组织排放歼灭战”三大歼灭战，厂区环境面貌实现明显改善，全年基本实现污染物达标排放。

【“两学一做”学习教育】 坚持高起点起步，高标准要求，高质量运作，于5月6日召开动员部署会，制定工作方案，成立领导小组和督导组，明确学习教育具体内容和时间节点。建立月例会制度，实时调度工作进展。领导干部以上率下，带头在本支部讲党课，带头向基层支部送党课，带头参加基层联系点党支部民主生活会，发挥了示范作用。6月29日，山东省委副书记、省长郭树清到薄板厂冷轧车间党支部为基层党员上了“两学一做”专题党课，为学习教育在全公司各基层党组织顺利推进指明了方向。围绕如何做“讲政治、守规矩、敢担当、懂经营、善管理、有作为”的国有企业经营管理者，两级领导班子开展多个专题讨论。组织开展学习教育“回头看”，全面查漏补缺，在持续整改上下工夫。组织优秀党课评选，开展党员“手抄党章100天”等活动，做到常规动作不走样、自选动作有特色。坚持学做结合、以学促做，对突出问题即知即改、专项整治，学习教育取得初步成果。

【党群工作】 坚持以上率下，示范带动，开好“三严三实”专题民主生活会，抓好整改落实和立规执纪，推动了践行“三严三实”长效化。扎实开展“两学一做”学习教育，党员队伍精神面貌和作风能力进一步改善。深入推进全面从严治党，严格落实党委主体责任和纪委监督责任。坚持团结稳定鼓劲、正面宣传为主，**组织开展“改革转型我担当”、“扭亏增盈，岗位建功”、“向姜和信学习，做岗位建功标兵”等系列活动**，传播好声音，积聚正能量。大力开展群众性劳动竞赛、职工创新工作室创建、合理化建议征集评选，极大激发了职工岗位建功、创新创效的热情和干劲。加强人文关怀和心理疏导，加大扶贫帮困工作力度，不断增进和谐劳动关系，形成了推动止损扭亏、改革发展的统一意志和强大力量。

（撰稿　邹玉萍　审稿　薄　涛）

山钢股份济南分公司组织机构图

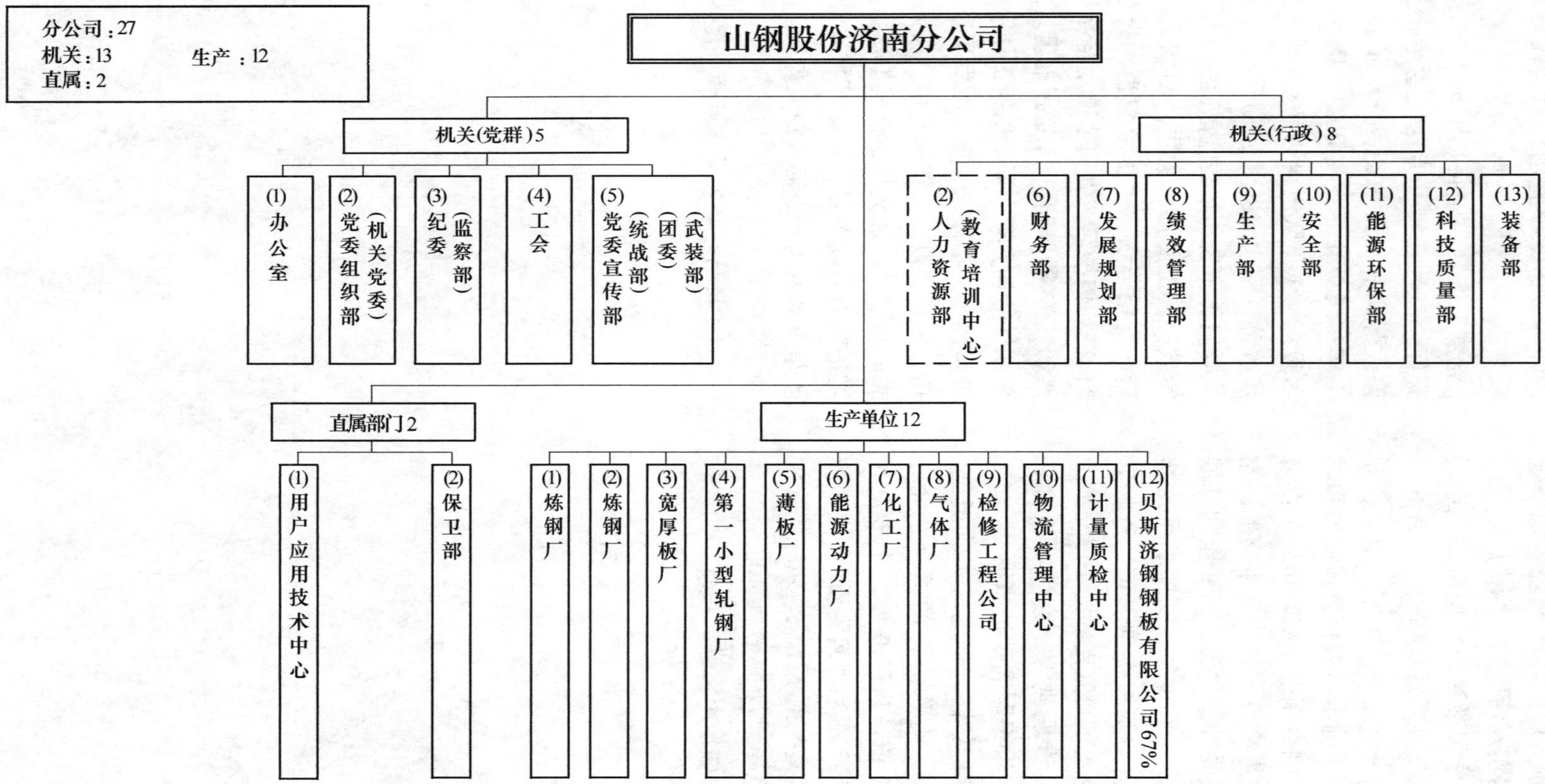

（撰稿　曹学杰　审稿　徐西刚）

山钢股份济南分公司机构与人事

公司党委会成员名单

（截至2016年底）

党委书记：张俊芳

党委副书记：徐有芳　刘秀元

党委委员：张俊芳　徐有芳　刘秀元　薄　涛　李长青

公司经理层成员名单

（截至2016年底）

总经理：徐有芳

副总经理：薄　涛　李长青　苗　刚　张润生　高　翔

总经理助理：高贤成

公司纪律检查委员会成员名单

（截至2016年底）

纪委书记：刘秀元

纪委副书记：魏安庆

公司机关部门及领导干部名单

（截至2016年底）

办公室/党委办公室

主　任：曹庆良

副主任：曹清华

党委组织部（机关党委）/人力资源部

部　长、机关党委书记：张永护

副部长：徐西刚

纪委/监察部

纪委副书记、监察部部长：魏安庆

工会

副主席：李　茜

权益部部长：王启明

党委宣传部/统战部/团委/武装部

部　长：高海港

副部长、团委副书记：魏　涛

财务部

部　长：高　勇

发展规划部

部　长：王文涛

副部长：战玉生

绩效管理部

部　长：柳润民

副部长：张　涛　张金鹏

安全部

副部长：王有福

生产部

部　长、党总支书记：刘学燕

副部长：董胜峰（正处级）　王明勤　徐守亮

装备部

部　长、党总支书记：赵培建

党总支副书记、副部长：刘　华

副部长：郭　强

科技质量部

部　长、党支部书记：张瑞堂

能源环保部

部　长：李健民

副部长：张炳光

公司直属单位及领导干部名单

（截至 2016 年底）

用户应用技术中心（技术中心）

主任、党总支书记：孙德民

副主任：刘晓东　周兰聚

保卫部

副部长、党总支副书记：卜敏（正处级）

副部长：董　波

公司生产单位及领导干部名单

（截至 2016 年底）

炼铁厂

厂　长：李丙来

党委书记、纪委书记、工会主席：赵智珠

副厂长：孙士忠　位连增　孙广胜　肖广勇　李真明　朱　涛　刘成雷

炼钢厂

厂长、党委书记：李作鑫

党委副书记、纪委书记、工会主席：黄恩宏

副厂长：江永波、胡勤东、杜金玉

宽厚板厂

厂长、党委书记：何绪友

党委副书记、纪委书记、工会主席：崔德伟

副厂长：顾复康　张明山　宋国栋

薄板厂

厂长、党委书记：王金华

党委副书记、副厂长、纪委书记、工会主席：王丰祥

副厂长：牛　玮　齐志新　高元军　田　勇　梁云彩　臧传宝

第一小型轧钢厂（2016 年 11 月整建制划入薄板厂）

厂长、党委书记、纪委书记、工会主席：董胜峰

副厂长：齐志新　梁云彩

厂长助理：李淑好

物流管理中心

经理、党委书记：陈增治

党委副书记、副经理、纪委书记、工会主席：于均业

副经理：丁学清　田亚农　王坤轩　孙建平

化工厂

厂　长：李维忠

党委副书记、副厂长、纪委书记、工会主席：刘兆峰

副厂长：王同彦　祝仰勇

能源动力厂

副厂长（主持工作）：刘树梅

党委书记、纪委书记、工会主席：贾玉芬

副厂长：盛培展　王法国　周家进

厂长助理：王广海　刘建平　王东升　商汉军

气体厂（济南鲍德气体有限公司）

厂长（执行董事、经理）、党总支书记：刘庆玉

副厂长（副经理）：杨秀玉

副厂长（副经理）、工会主席：李宗辉

检修工程公司

经　理：郝之峰

党委书记、副经理、纪委书记、工会主席：高岩军

副经理：李建文　罗公明　李　静

计量质检中心

经　理：张希元

党委书记、纪委书记、工会主席：刘永生

副经理：王　利　李际东　宋兰会　李秀坤

贝斯济钢（山东）钢板有限公司（2016年12月划转至山东钢铁股份有限公司）

董事、总经理、党支部书记：李永亮

（撰稿　陈　剑　审稿　徐西刚）

大事记

DASHIJI

核心理念

☆ 企业经营宗旨——精品赢得市场，诚信创造未来

2016年1~12月

1月

1日 《安全生产法》实施一周年之际，济钢集团党委书记、董事长、总经理张俊芳寄语各单位主要负责人：落实责任依法治安。张俊芳指出，安全是职工的权利和福利，确保安全是各级领导的首要责任和义务，它凝聚着千家万户的幸福与欢乐，责任重大，任务艰巨，任何时候都不能有丝毫松懈，任何细节都不可轻视或忽视。

6日 山钢股份济南分公司举办《姜和信——一个全国劳动模范的成长历程》新书发行仪式。

• 经山钢股份济南分公司党委研究决定，命名姜和信创新工作室为公司党员教育培训基地。1月6日上午，公司党委副书记、纪委书记、工会主席刘秀元和分公司组织部/人力资源部部长苗刚共同为党员教育培训基地揭牌。

12日 山钢股份济南分公司召开2016年党风廉政建设会议。

12~13日 济钢集团有限公司十八届一次职代会隆重召开。

15日 济钢集团有限公司召开2016年安全工作会议，总结上年的工作，对2016年安全工作进行部署。

15~16日 山钢股份济南分公司一届二次职代会胜利召开。

19日 济钢集团有限公司召开党风廉政建设暨思想政治工作会议，党委书记、董事长、总经理张俊芳作重要讲话，党委常委、副总理、工会主席李长青作工作报告。

20日 省总工会副主席魏丽在省冶金总公司经理助理尹国林、省黄金有色金属工会副主席刘纯玉等陪同下，来济钢集团有限公司、山钢股份济南分公司慰问走访困难职工和老劳模。

21日 济钢集团有限公司召开2016年度计划工作会议，董事长、党委书记、总经理张俊芳作总结讲话，财务总监尉可超对全年计划的落实分解提出要求，副总经理李长青主持会议，副总经理刘卫国出席会议。

22日 山钢股份济南分公司召开2016年党建和宣传思想工作会议，党委书记、总经理徐有芳作重要讲话，党委副书记刘秀元主持会议。

26日 省总工会经审委主任蒋石宝、市总工会常务副主席张福俭一行来济钢走访慰问企业困难职工，董事长、党委书记张俊芳会见时表达了济钢人的感激之情。在党委常委、财务总监尉可超的陪同下，蒋石宝一行来到钢城新苑一特困职工家中慰问，亲切地询问其家庭情况，并鼓励他们乐观坚强面对生活。

• 山钢股份济南分公司召开工会工作会议。

27日 山钢股份济南分公司召开2016年计划工作会议，党委书记、总经理徐有芳要求，必须拿出壮士断腕、破釜沉舟的勇气，万众一心、背水一战，坚决完成2016年山钢集团考核目标。

30日 济南市委常委、工会主席王以才，市总工会常务副主席张福俭等一行来走访慰问。济钢集团有限公司董事长、党委书记、总经理张俊芳，山钢股份济南分公司党委书记、总经理徐有芳，党委副书记、纪委书记、工会主席刘秀元迎接王以才一行。

2月

1日　山钢集团党委书记、董事长侯军，在省冶金总公司经理助理尹国林，济钢集团有限公司党委书记、董事长、总经理张俊芳，山钢股份济南分公司党委书记、总经理徐有芳的陪同下，来济钢走访慰问老领导、老党员和生活困难党员代表，向他们致以新春的祝福。

●　济钢集团有限公司领导班子召开“三严三实”专题民主生活会，山钢集团党委书记、董事长侯军，党政办公室主任李自然，纪委副书记、监察部部长王景洲到会指导。

3日　济钢集团迎新春老干部座谈会在和顺楼四楼会议室召开，马俊才、李长顺、王军等历届济钢老领导相聚一堂，共话山钢、济钢发展大计。山钢集团党委书记、董事长侯军，总经理陶登奎出席会议，济钢集团党委书记、董事长、总经理张俊芳，山钢股份济南分公司党委书记、总经理徐有芳等参加座谈。

5日　山钢集团党委书记、董事长侯军，总经理陶登奎一行来济钢慰问一线干部职工，给大家送来了新年的祝福期冀。济钢集团党委书记、董事长、总经理张俊芳，山钢股份济南分公司党委书记、总经理徐有芳陪同。

18日　《中国冶金报》社社长、总编辑陆闻言，党委书记、副社长陈洪飞等一行来济钢集团、山钢股份济南分公司走访。

3月

2日　山钢股份济南分公司团委在宽厚板厂4300毫米产线会议室，召开“弘扬雷锋精神，做姜和信式好员工”青年代表座谈会，以先模为榜样，激励广大团员青年积极投身“扭亏增盈，岗位建功”主题活动，为推进改革发展奉献青春、智慧和力量。

7日　济钢集团举行庆“三八”暨女职工工作总结表彰大会。

8日　山钢股份济南分公司召开庆祝“三八”妇女节暨“向姜和信学习，做岗位建功标兵”活动座谈会。

10日　山钢股份济南分公司顺利通过ASME · MO质量体系年审。

12日　济钢集团有限公司中轧厂生产的最后一只钢犹如蛟龙般在轧机间穿梭而过，作为济钢第二工业区最后一个生产单位，该厂在此地圆满完成了它的历史使命，将走向新的厂址，踏上新的征程。济钢集团副总经理李长青与相关部门领导来到中轧厂，与干部职工共同见证这个具有特殊意义的历史时刻。

14日　山东钢铁集团有限公司党委、山东钢铁集团有限公司研究决定，张俊芳同志任山钢股份济南分公司、济钢板材公司党委书记，不再任济钢集团有限公司总经理、纪委书记职务；徐有芳同志任济钢集团有限公司副董事长、党委副书记、总经理，山钢股份济南分公司、济钢板材公司党委副书记，不再任山钢股份济南分公司、济钢板材公司党委书记职务；刘秀元同志任济钢集团有限公司董事、党委副书记、纪委书记、工会主席；薄涛同志任济钢集团有限公司董事、党委常委、副总经理；王向东、董金武同志不再任山钢股份济南分公司、济钢板材公司副总经理、党委委员职务；尉可超同志任山钢股份副总经理，不再任济钢集团有限公司董事、党委常委、委员、财务总监，山钢股份济南分公司、济钢板材公司财务总监、党委委员职务。

15日　济钢集团有限公司和山钢股份济南分公司在文化中心召开中层干部会议，宣布山东钢铁集团有限公司对济钢集团有限公司、山钢股份济南分公司、济钢板材公司领导班子调整的决定，传达山东钢铁集团有限公司董事长、党委书记侯军3月9日来济钢时的重要讲话。济钢集团有限公司和山钢股份济南分公司领导张俊芳、徐有芳、刘秀元、薄涛、李长青、高贤成出席会议，张俊芳作重要讲话，徐有芳主持会议。

18 日 山钢股份济南分公司召开创新表彰大会，隆重表彰获得 2015 年度科技创新突出贡献奖、科技工作标兵、重大科技项目奖、专利奖，以及管理创新成果和模范车间的先进集体和个人。山钢股份济南分公司总经理徐有芳，党委书记张俊芳，党委副书记刘秀元，副总经理薄涛，总经理助理高贤成出席会议，并向获得荣誉称号的先进集体和个人颁奖。

4 月

5 日 山钢股份济南分公司历史上最大一笔海上风电用钢近日签单，第一批 1600 吨钢板发运到客户手中。

6 日 山钢集团董事、山钢股份总经理毕志超等领导，率调研组到济钢集团、山钢股份济南分公司，就山钢集团一季度工作会议准备工作开展前期调研。

10 日 山钢股份济南分公司 45 吨转炉安全停炉封存。

11 日 山东省环保厅巡视员仪垂杰率巡视组到山钢股份济南分公司调研环保工作，山钢股份济南分公司党委书记张俊芳、副总经理薄涛会见了仪垂杰一行，并介绍了相关情况。

● 济钢集团和山钢股份济南分公司启动“改革转型我担当”大讨论。

14 日 济钢集团和山钢股份济南分公司联合召开 2015 年度党组织书记抓党建工作述职评议会议，两公司领导张俊芳、徐有芳、刘秀元、薄涛参加会议，山钢集团党委组织部、党群工作部领导到会指导。

28 日 济钢集团和山钢股份济南分公司在文化中心隆重集会，庆祝“五一”国际劳动节，表彰先进集体和先进个人，济钢集团、山钢股份济南分公司领导张俊芳、徐有芳、刘秀元、薄涛、李长青、高贤成出席会议。

5 月

4 日 济钢集团和山钢股份济南分公司联合举办“改革转型我担当”主题演讲比赛。

5 日 山钢集团总经理陶登奎来济钢集团、山钢股份济南分公司调研，听取了炼钢厂、薄板厂、彩板厂等工作汇报，并深入到炼钢和轧钢产线实地了解生产经营情况。济钢集团、山钢股份济南分公司领导张俊芳、徐有芳、薄涛陪同调研。

6 日 济钢集团、山钢股份济南分公司召开“两学一做”学习教育动员部署会。

10 日 山钢集团党委、山钢集团研究决定，调整济钢集团、山钢股份济南分公司和济钢板材公司领导班子部分成员职务：李长青任山钢股份济南分公司党委委员、副总经理，济钢板材公司党委委员、副总经理；高翔任济钢集团副总经理（试用期一年）；徐亮天任济钢集团财务总监（试用期一年）；苗刚、张润生任山钢股份济南分公司副总经理（试用期一年），济钢板材公司副总经理（试用期一年）。

11 日 济钢集团和山钢股份济南分公司党支部书记培训班开班。

10~12 日 北京国金恒信管理体系认证公司对山钢股份济南分公司进行了信息化和工业化两化融合管理体系监督审核，宣布山钢股份济南分公司通过审核。

18 日 根据山钢集团党委安排，济钢集团、山钢股份济南分公司党委联合组织了“学党章、学准则、学条例”知识测试。

20 日 济钢集团和山钢股份济南分公司领导张俊芳、徐有芳、刘秀元等以一名普通党员的身份，参加所在党支部和联系点党支部的学习活动，并结合实际，为大家上

“两学一做”专题党课。

27 日 济钢集团工会联合山钢股份济南分公司工会共同举办的职代会职工代表培训班在教培中心开班，邀请了济南市总工会民管部部长王继全和副部长苏龙为职工代表授课，培训内容重点围绕“厂务公开民主管理的重要性”和“职工代表的职责和权利”展开。

● 山钢集团济钢铸管公司搬迁项目开工典礼暨山东国铭球墨铸管科技有限公司揭牌仪式，在临沂市兰陵县矿业循环经济产业园隆重举行。

6 月

1 日 山钢集团党委书记、董事长侯军来到济钢中心幼儿园，亲切看望小朋友和幼儿教师，代表山钢集团党委、山钢集团，向山钢集团职工子弟表示节日的祝贺，向辛勤的园丁表示诚挚的慰问。

2 日 济南鲁新新型建材股份有限公司挂牌敲钟仪式在北京金融街全国中小企业股份转让系统隆重举行。山钢集团党委书记、董事长侯军出席仪式并致辞，济钢集团党委书记、董事长张俊芳，副董事长、党委副书记、总经理徐有芳，新加坡昂国集团主席陈精毅等出席仪式。

13 日 山钢纪委副书记、监察部部长王景洲率检查组来济钢集团和山钢股份济南分公司，对招待费使用支出、“学党章、学准则、学条例”专题教育活动情况和 2016 年效能监察工作进行专项检查，济钢集团、山钢股份济南分公司党委副书记、纪委书记、工会主席刘秀元会见了督查组一行。

15 日 山钢集团董事长、党委书记侯军深入到山钢股份济南分公司能源动力厂 15 万立方米煤气柜、炼铁厂 3200 立方米高炉、炼钢厂 210 吨转炉、宽厚板厂 4300 毫米产线，济钢集团矿业公司井下，督查安全生产工作，并对广大干部职工提出警示和要求。山钢集团有关部门领导，济钢集团党委书记、董事长、山钢股份济南分公司党委书记张俊芳，济钢集团、山钢股份济南分公司总经理徐有芳，山钢股份济南分公司副总经理苗刚，济钢集团副总经理高翔一同督导检查。

24~26 日 由中国合格评定国家认可委员会派出专家审核组，对山钢股份济南分公司计量质检中心实验室进行现场复评审并通过审核。

28 日 在建党 95 周年即将到来之际，山钢集团党委书记、董事长侯军，党委副书记、总经理陶登奎，总经理助理、党委组织部部长张相军等，满载党委重托，到济钢集团、山钢股份济南分公司亲切看望身患疾病的党员和生活困难党员，带来组织关怀和深情的问候并送上慰问金。济钢集团、山钢股份济南分公司党委领导张俊芳、徐有芳、刘秀元、薄涛一起陪同看望。

● 济钢集团、山钢股份济南分公司在文化中心举办了庆祝建党 95 周年《颂歌献给党》演唱会。济钢集团和山钢股份济南分公司领导张俊芳、苗刚、张润生，老领导李长顺、侯贵生、任海生、王长志以及部分部室、二级单位领导和离退休党员代表一同观看了演出。

29 日 山东省省长、省委副书记郭树清来济钢片区看望慰问困难党员和老党员，并深入到山钢股份济南分公司薄板厂冷轧车间为基层党员上党课。省市有关领导，山钢集团党委书记、董事长侯军，党委副书记、总经理陶登奎，总经理助理、党委组织部部长张相军，济钢集团、山钢股份济南分公司党委书记、济钢集团董事长张俊芳，济钢集团、山钢股份济南分公司党委副书记、总经理徐有芳，党委副书记、纪委书记、工会主席刘秀元一同看望，并同基层党员一起听取了郭树清讲授的党课。

30 日 济钢集团、山钢股份济南分公司在文化中心召开庆祝建党95周年暨“两学一做”学习教育推进大会。济钢集团、山钢股份济南分公司党委书记、济钢集团董事长张俊芳作重要讲话，济钢集团、山钢股份济南分公司党委副书记、总经理徐有芳主持会议，党委副书记、纪委书记、工会主席刘秀元宣读表彰决定，济钢集团、山钢股份济南分公司党政领导薄涛、李长青、苗刚、高翔、张润生、高贤成出席会议。

7月

1日 在中国共产党成立95周年当天，济钢集团、山钢股份济南分公司党委书记、济钢集团董事长张俊芳，济钢集团、山钢股份济南分公司党委副书记、总经理徐有芳，亲切看望炼铁厂全国劳模和身患疾病的党员。

7日 山东省国资委安全生产督导组到山钢股份济南分公司检查安全生产工作，山钢股份济南分公司总经理徐有芳、副总经理苗刚向督导组组长李甸平等一行介绍了相关情况。

19日 由全国人大环资委调研室巡视员何嘉平带队，人民日报、中央电视台等15家国家媒体组成的中华环保世纪行新闻采访组，在济南市人大和市环保局有关领导陪同下，来到山钢股份济南分公司进行新闻采访活动。山钢股份济南分公司总经理徐有芳、副总经理苗刚会见了采访组一行。

20日 济钢集团在扩大会议室召开第十八届职代会主席团暨代表团长、工会主席联席会议，总结上半年工作情况，分析问题，并对下半年工作进行再动员、再部署，确保实现全年奋斗目标。

21日 山钢股份济南分公司在扩大会议室召开第一届职代会主席团暨代表团长、工会主席联席会会议，总结报告上半年工作，动员广大干部职工进一步认清形势，明确任务，增强信心，克难奋进，坚定不移完成职代会确定的全年目标任务。

8月

11~12日 中启计量体系认证中心监督审核组专家一行，深入到山钢股份济南分公司等有关单位，对测量管理体系进行现场监督审核并通过。

16日 山钢集团重大风险责任追究暨效能监察工作座谈会在山钢股份济南分公司召开。山钢集团党委副书记、纪委书记苏斌出席会议并讲话。

17日 济钢集团第十八届职代会主席团暨代表团长、工会主席联席和山钢股份济南分公司第一届职代会主席团暨代表团长、工会主席联席会在扩大会议室召开，学习贯彻山钢集团全面深化改革暨止损扭亏专题会议精神，审议通过了《山东钢铁集团有限公司职工内部退养暂行办法》。

19日 济钢集团、山钢股份济南分公司联合召开山钢日照精品基地选调人员工作会议，两公司领导张俊芳、徐有芳、刘秀元、薄涛、李长青、苗刚、高翔、张润生、高贤成出席会议。

22日 以国家发展改革委党组成员、副主任林念修为组长的国家钢铁煤炭行业化解过剩产能专项督查组一行18人，在省委常委、常务副省长孙伟等省领导陪同下，到山钢股份济南分公司宽厚板厂、炼铁厂进行现场调研督查。山钢集团总经理陶登奎、山钢股份济南分公司党委书记张俊芳、总经理徐有芳、副总经理薄涛等陪同调研。

24日 山钢股份济南分公司召开API审核末次会议，评审专家组代表API对分公司API-2H/2W产品予以审核通过。副总经理张润生及宽厚板厂、科技质量部等相关单位负责人参加了末次会议。

26日 济钢职工阳光太极拳协会召开成立大会，济钢集团、山钢股份济南分公司党委副书记、纪委书记、工会主席刘秀元为协会揭牌。

● 济钢集团、山钢股份济南分公司召开纪检监察工作会议，传达了山钢集团重大风险责任追究暨效能监察工作座谈会精神，两公司党委副书记、纪委书记刘秀元指出，要履职尽责，勇于担当，为企业深化改革、止损扭亏提供坚强保证。

31日 山东省政府第86次常务会议正式通过了《济钢产能调整和山钢转型发展工作总体方案》。

9月

3日 山钢股份济南分公司炼铁厂姜和信创新工作室“焦化废水输送干熄焦除尘灰”项目，被中华全国总工会列为优秀创新项目并获得资金资助。

5日 国务院参事、第十二届全国政协常委徐一帆，省政府参事室文史馆主任邵靖一行，在山钢股份有限公司总经理、董事毕志超陪同下，到山钢股份济南分公司就“钢铁去产能”课题进行调研，山钢股份济南分公司总经理徐有芳、副总经理薄涛陪同调研。

6日 济钢集团、山钢股份济南分公司召开“两学一做”学习教育座谈推进会。会议要求，发扬成绩，再接再厉，确保“两学一做”学习教育取得实效。

8日 国家节能中心、工业和信息化部、环境保护部、煤炭科学院研究总院有关领导、专家组成工作组，在省发展改革委有关领导陪同下，到山钢股份济南分公司，现场调研核查化解过剩产能、减少煤炭消费量工作。山钢股份济南分公司副总经理苗刚陪同并介绍了有关情况。

19日 山东省审计厅副厅长、审计组组长杨统海一行，在山钢集团董事、财务总监刘德华等陪同下，来济钢集团、山钢股份济南分公司考察调研。

10月

1日 山钢集团党委书记、董事长侯军等到济钢集团、山钢股份济南分公司现场调研，看望慰问坚持节日生产的干部职工。济钢集团、山钢股份济南分公司党委书记、济钢集团董事长张俊芳，济钢集团、山钢股份济南分公司总经理徐有芳等有关领导陪同调研。

12日 山钢集团总经理、副董事长、党委副书记陶登奎来济钢集团调研，深入到钢结构公司、冷弯型钢公司和翼板公司生产现场，详细了解生产经营状况，对止损扭亏及改革发展提出要求。济钢集团党委书记、董事长张俊芳，总经理徐有芳，副总经理高翔，以及相关部门负责人参加调研。

18日 山钢股份济南分公司收到了美国船级社颁发的超高强度海洋工程用钢板工厂认可证书，标志着山钢股份济南分公司的EQ56等系列超高强度海洋工程用钢板研发成功，具备批量接单能力。

21日 济钢集团、山钢股份济南分公司党政领导班子及机关部门人员认真收看纪念红军长征胜利80周年大会直播实况，聆听习近平总书记关于长征的报告总结和新长征伟业的感召，鼓舞和激励全体干部职工迎难而上，创造无愧时代的业绩。

26日 山东省钢铁去产能工作领导小组靖士宽一行到山钢股份济南分公司验收检查去产能设备封存工作，深入了解山钢股份济南分公司去产能推进情况。山钢集团董事、山钢股份总经理毕志超，济南分公司总经理徐有芳、副总经理张润生，以及各相关单位陪同进行验收检查。

11月

4日 山钢股份济南分公司申报的船舶及海洋工程用结构钢和焊接气瓶用热连轧钢带，在2016年度“冶金行业品质卓越产品”中榜上有名。

11日　济南市委常委、市总工会主席王以才，市总工会原常务副主席张福俭，市总工会现常务副主席傅金峰一行来济钢集团和山钢股份济南分公司走访并送上慰问金。党委书记张俊芳，总经理徐有芳，党委副书记、纪委书记、工会主席刘秀元等会见了客人。

13日　济钢集团、山钢股份济南分公司党委组织公司全体党政领导和各二级单位党政一把手集体收看了山钢举行的党的十八届六中全会精神宣讲报告会（视频会议），党委书记、董事长张俊芳对贯彻、落实党的十八届六中全会精神提出要求，对当前的重点工作提出要求。

19日　山东省政府正式下发《济钢产能调整和山钢转型发展工作总体方案》。

22日　经山钢股份济南分公司研究决定，第一小型轧钢厂整建制划入薄板厂。

12月

3日　以国家发展改革委经济运行局副巡视员万劲松为组长的钢铁行业去产能检查验收组一行6人，在省经信委党组成员、副主任王万良等相关部门领导陪同下，到山钢股份济南分公司检查验收去产能工作情况，副总经理薄涛接待了检查组一行。

12日　山钢股份济南分公司设立济钢转型发展工作办公室。

22日　历城区鲍山街道济钢一选区济钢机关投票选举大会在扩大会议室如期举行，济钢集团、山钢股份济南分公司领导张俊芳、徐有芳、薄涛、李长青、苗刚、高翔、张润生、高贤成，机关部室主要负责人及选民代表参加了会议。

27日　省总工会副主席王星海，市总工会党组副书记、常务副主席傅金峰一行来济钢走访慰问困难职工，公司领导张俊芳、刘秀元以及相关部门人员陪同走访。

注：●与上日期相同

（供稿人　钟秀菊）

合作交流

HEZUO JIAOLIU

核心理念

☆ 企业精神——信恒如山，创新超越

中国冶金报社领导来访

2月18日，《中国冶金报》社社长、总编辑陆闻言，党委书记、副社长陈洪飞等一行来济钢集团、山钢股份济南分公司走访。

济钢集团董事长、党委书记、总经理张俊芳，山钢股份济南分公司党委书记、总经理徐有芳，党委副书记、纪委书记、工会主席刘秀元，济钢集团党委常委、副总经理、工会主席李长青等先后会见了陆闻言一行。双方就传承友谊，做好资源对接，打造宣传平台，推进转型发展进行了畅谈。

王向东会见中建钢结构客人

3月4日，中建钢结构公司商务总监张泗杰一行来山钢股份济南分公司调研，探讨长期合作事宜，济南分公司副总经理王向东会见，并向客人介绍了公司的生产经营情况。

徐有芳会见中国一冶客人

3月4日，中国一冶集团有限公司董事长、党委书记宋占江，副总经理田国清等一行来山钢股份济南分公司走访，山钢股份济南分公司党委书记、总经理徐有芳，副总经理薄涛会见了客人，双方就有关工作进行了沟通交流。

河钢总经理彭兆丰来访

5月6日，河北钢铁集团总经理彭兆丰，大客户服务中心总经理、销售公司党委书记郭新科等一行来山钢股份济南分公司访问。总经理徐有芳、副总经理薄涛会见客人，并陪同彭兆丰等到宽厚板厂4300毫米产线、能源动力厂生态渔场参观，双方就相关工作进行了交流。

日立建机总经理来访洽谈

6月16日，日立建机（中国）有限公司总经理梶田勇辅、合肥三洋钢材有限公司董事长潘峰一行来山钢股份济南分公司洽谈合作事宜。山钢股份济南分公司总经理徐有芳，山钢股份营销总公司总经理王向东，济南分公司副总经理苗刚等会见了客人。

徐有芳对客人的到来表示热烈欢迎，他说，济南分公司与日立建机、合肥三洋是多年的老朋友，相互之间在共同应对市场挑战方面建立了深厚的友谊，合作是愉快的，是经得起考验的，相信在今后的时间里，我们的合作会越来越好，携手共进，渡过难关。

王向东回顾了多年来三方合作的友谊，他说，这么多年来，我们互相理解、支持、帮助，在各方面的合作都奠定了良好基础，相信有这么多年的合作基础，我们的合作一定会更好，今后将提供更好的产品和服务，实现共创共进共赢。

梶田勇辅回顾了与山钢股份济南分公司合作的友谊之路，介绍了日立建机的生产经营情况及新产品开发情况。他说，山钢股份济南分公司是多年的老朋友，能够提供有品质、有成本竞争力、交付能力强的产品，希望今后给予更大支持并持续稳固伙伴关系，像兄弟一样并肩走下去。

山钢股份营销总公司板材销售公司介绍了近期钢板销售情况。三方还就深化合作进行了开诚布公的交流。梶田勇辅还在苗刚等领导的陪同下，参观了宽厚板厂4300毫米产线和能源动力厂生态渔场。

塞拉利昂驻华使馆官员一行到济钢参观考察

8月23日下午，塞拉利昂驻华大使阿里马米·科罗马、参赞尤尼萨·卡马拉一行，到山钢股份济南分公司参观考察，山钢集团有关部门领导，山钢股份济南分公司副总经理苗刚陪同。

科罗马一行先后来到炼铁厂320平方米、400平方米烧结机综合料场（塞矿区），薄板厂1700毫米热轧产线，能源动力厂生态渔场参观考察。在烧结机综合料场，使馆官员们对整洁有序的料场及多功能喷洒水设备给予充分肯定，并纷纷在料堆前合影留念。在1700毫米热轧产线，使馆官员们不顾滚滚热浪，不时驻足向专业人员咨询热轧生产工艺流程。

厂区内的生态渔场令外方参观人员大开眼界，循环水养殖的各色金鱼赢得他们大加赞赏。在返程的路上，科罗马一行对厂区的绿化环境高度赞扬并询问了职工的工作环境和居住情况。

《山东工人报》社领导到姜和信创新工作室调研

11月8日，山钢股份济南分公司党委副书记、纪委书记、工会主席刘秀元会见了《山东工人报》社社长丁宏元、副总编丁秀胤一行，并陪同客人到炼铁厂“姜和信创新工作室”调研，观看了姜和信创新事迹专题片。

刘秀元向客人介绍了“姜和信创新工作室”创建情况并指出，姜和信的事迹非常突出，成为全公司敬业、创新、奉献的典范，目前已形成向姜和信学习的热潮。姜和信几十年如一日，扎根基层，埋头苦干，不懈创新和追求，从一名普通电工成长为一名高级技能人才，为企业的建设发展作出了突出贡献。“姜和信创新工作室”成立以来，在创新道路上取得了累累硕果，为引导和推进广大职工投入到创新实践活动，发挥了重要的示范和借鉴作用，希望社会媒体大力宣传一线产业工人的典型事迹，为济钢的转型发展提供舆论支持。

丁宏元对济钢培育“姜和信职工创新工作室”，广泛推动职工创新工作室建设所做的大量工作、取得的显著成效给予充分肯定。他说：通过创建职工创新工作室，为职工创新搭建了一个交流平台，职工自身素质得到有效提升，使企业的技术创新成果不断涌现，今后将进一步关注一线产业工人，把他们勇于创新的精神风貌在社会上广为宣传。

济南市卫计委领导来济钢调研交流

12月20日，济南市卫计委党委书记、主任贾堂宏一行来济钢就济钢医院移交工作调研交流，济钢集团党委书记、董事长张俊芳，总经理徐有芳，副总经理薄涛，济钢医院领导班子及相关部门人员参加了交流。

张俊芳指出，济钢医院移交社会是国家深化国有企业改革的重要举措，对此，济钢广大干部职工充分理解支持，我们一定要全力配合市卫计委做好移交过程中的各项工作。

张俊芳强调，济钢医院关系到广大职工的医疗健康服务，济钢历来高度重视、支持济钢医院的发展，今年更是在资金紧张的情况下，新建了查体楼，购买了彩超机，进一步提升了医院的硬件水平。济钢医院移交到社会后，作为社区医院，服务职工的职责不变，希望市卫计委从全市平衡的角度，做强做大做好济钢医院，为广大济钢职工和辖区居民提供良好的医疗健康服务。

贾堂宏对济钢医院近年来的工作成绩给予了充分肯定，他表示，要秉承一家人、一股劲、一盘棋的思想，把济钢医院发展好，更好地为广大济钢职工和驻地居民服务。

专项活动

ZHUANXIANG HUODONG

核心理念

☆ 企业经营宗旨——精品赢得市场，诚信创造未来

“两学一做”学习教育

中共济钢集团有限公司委员会关于在全体党员中开展“两学一做”学习教育的工作方案

济钢党发［2016］15号

根据济南市委和山钢党委关于“两学一做”学习教育有关要求，结合公司实际，现就在全体党员中开展“两学一做”学习教育，制定如下工作方案。

一、准确把握目标要求

开展“两学一做”学习教育，是加强党的思想政治建设的重要部署，是推动党内教育从“关键少数”向广大党员拓展、从集中性教育向经常性教育延伸的重要举措，是落实党章关于加强党员教育管理要求、面向全体党员深化党内教育的重要实践。“两学一做”学习教育不是一次活动，要突出经常性教育的特点，以党支部为基本单位，以“三会一课”等党的组织生活为基本形式，以落实党员教育管理制度为基本依托，充分发挥党支部自我净化、自我提高的主动性，真正把全面从严治党落实到每个支部、每名党员，推动党的思想政治建设抓在日常、严在经常。

“两学一做”基础在学，关键在做。要把党的思想建设放在首位，以尊崇党章、遵守党规为基本要求，以习近平总书记系列重要讲话精神武装全体党员为根本任务，教育引导党员自觉按照党员标准规范言行，进一步坚定理想信念，提高党性觉悟；进一步增强政治意识、大局意识、核心意识、看齐意识，坚定正确政治方向；进一步树立清风正气，严守政治纪律政治规矩；进一步强化宗旨观念，勇于担当作为，在生产、工作、学习和社会生活中起先锋模范作用。

开展“两学一做”学习教育，要坚持问题导向，带着问题学、针对问题改。要对照上级党委提出的需要着力解决的突出问题和公司《全体党员、党员领导干部和各级党组织要着力查找和解决的问题清单》（附件1），深入查找和分析在本单位党员队伍、党员领导干部中的具体表现，列出问题清单，切实加以解决；同时要持续深入地纠正“四风”、抓好不严不实问题整改。

开展“两学一做”学习教育，要坚持正面教育为主，用科学理论武装头脑；坚持学用结合，知行合一；坚持问题导向，注重实效；坚持领导带头，以上率下；坚持从实际出发，分类指导。把学习教育成效体现到做合格党员、建过硬支部的具体行动上，体现到推动工作落实、促进公司发展上，做到两手抓、两促进。

二、明确学习教育内容

坚持把党章党规和系列讲话贯通起来学

习、统一起来领会，在学系列讲话中加深对党章党规的理解，在学党章党规中深刻领悟系列讲话的基本精神，教育引导党员做讲政治、有信念，讲规矩、有纪律，讲道德、有品行，讲奉献、有作为的合格党员。

（一）学党章党规。全体党员逐条逐句通读党章，全面理解党的纲领，牢记入党誓词，牢记党的宗旨，牢记党员的义务和权利，引导党员尊崇党章、牢记党章、维护党章，坚定理想信念，对党绝对忠诚。要认真学习《中国共产党廉洁自律准则》《中国共产党纪律处分条例》《中国共产党党员权利保障条例》等内容，搞清楚作为党员应该做什么、不能做什么。认真学习党的历史，学习革命先辈和先进典型，注意用我省国有企业中涌现的先进典型以及姜和信等身边党员的先进事迹教育党员；深刻汲取中央、上级通报的违纪违法案件的教训，以违纪违法案例反面典型为镜鉴，开展警示教育，引导党员牢记党规党纪，牢记党的优良传统和作风，树立崇高道德追求，守住为人、做事的基准和底线。

党员领导干部在学习上述内容的基础上，要系统学习领悟党章，把需要重点掌握的内容领会深、领会透，着力提高做好企业管理工作所必备的政治素养和政策水平。同时，要认真学习贯彻中央《关于深化国有企业改革的指导意见》和在深化国有企业改革中坚持党的领导加强党的建设、企业党委在现代企业制度下充分发挥政治核心作用等要求，切实增强管党治党意识。

（二）学系列讲话。全体党员认真学习《习近平总书记系列重要讲话读本（2016 年版）》，深刻领会习近平总书记系列重要讲话的基本精神，深刻领会党中央治国理政新理念新思想新战略的基本内容，切实掌握与增强党性修养、践行宗旨观念、涵养道德品格等相关的基本要求，自觉以系列讲话精神武装头脑、指导实践、推动工作。

党员领导干部要以《习近平总书记系列重要讲话读本（2016 年版）》《习近平谈治国理政》和《习近平总书记重要讲话文章选编（领导干部读本）》为基本教材，坚持读原著、学原文、悟原理，注重整体把握，掌握内在联系，全面落实中央、上级党委提出的学习要求，着力把握好习近平总书记视察山东重要讲话、重要批示精神的主要内容，切实增强贯彻落实的自觉性，更好地指导企业改革发展、推动生产经营。要深入学习习近平总书记关于国企国资改革发展的重要指示、重要论述，着重领会掌握以下内容：（1）坚持国有企业在国家发展中的重要地位不动摇，坚持把国有企业搞好、把国有企业做强做大做优不动摇，切实增强深化国有企业改革的信心和决心。（2）牢牢把握主题主线和稳中求进的工作总基调，锐意改革，敢闯新路，坚决打好企业转型升级攻坚战，切实做好全面深化企业改革这篇大文章。（3）深化国有企业改革，要沿着符合国情的道路去改，要遵循市场经济规律，也要避免市场的盲目性，推动国有企业不断提高效益和效率，提高竞争力和抗风险能力，完善企业治理结构，在激烈的市场竞争中游刃有余。（4）要把各类企业党组织建设与企业文化建设结合起来，引导企业坚持尊重职工、依靠职工、关心职工，坚持追求企业自身发展和履行社会责任并重，坚持靠诚信经营、守法经营把企业做强做优；引导广大职工关心企业成长，为企业持续健康发展献计出力。（5）坚持党对国有企业的领导，把党建工作贯穿深化改革全过程，加强和改进新形势下国有企业党的建设，不断提高国有企业党建工作水平。同时，把毛泽东同志《党委会的工作方法》纳入学习内容，做到民主决策、依法决策、科学决策，发挥好党组织参与重大问题决策的功能。

（三）做合格党员。要对照公司合格党员的具体标准要求，引导全体党员坚定共产党人理想信念，牢固树立党的意识、党员意识，强化党的宗旨意识，积极践行社会主义核心价值观；引导党员在企业改革发展、生产经营、技术创新、度危解困中，立足岗位履职尽责，刻苦钻研、勤奋工作、勇挑重担，充分发挥先锋模范作用。

党员领导干部要坚持更高标准、更严要求，要发挥“五个带头”作用，努力打造“四种工作形态”。在全面落实从严治党、提升企业党建工作科学化水平等方面要有新作为；在破除影响企业发展的体制机制障碍、推动企业深化改革、精益管理等方面要有新作为；在落实结构调整、发展非钢产业主业、混合所有制改革、内部市场化运作等方面要有新作为；在带头践行“谋全局、谋高端、谋效益”、积极参与“改革转型我担当”大讨论活动等方面要有新作为；在进一步强化党员干部的责任意识和担当精神、积极团结引导广大职工群众共克时艰、不断实践发展惠民等方面要有新作为。

三、落实各项推进措施

（一）扎实开展学习讨论。各单位党委（直属总支、支部）要参照公司学习教育进度表制订中心组学习计划，并指导党支部认真制订学习计划，细化学习篇目，扎实组织好个人自学、集中学习和专题学习讨论。引导党员搞好自学，党支部要提出自学要求，采取“红色堡垒”党支部微信群、手机报等在线学习交流方式，满足党员学习需求。组织开展好集中学习，要认真落实公司《2016年度全体党员集中培训工作实施方案》，确保全体党员集中培训时间累计不少于24学时。严格落实“三会一课”制度，党支部或党小组每月至少组织一次集中学习，可采用微型党课、党员轮流领学、视频辅导等方式进行，确保学习质量和效果。围绕专题学习讨论，党支部每季度召开一次全体党员会议，每次确定一个专题组织学习交流，重点围绕坚定理想信念，强化政治意识、大局意识、核心意识、看齐意识，讲政治、有信念；围绕尊崇党章、遵守党规，严守纪律规矩，加强道德修养，讲规矩、有纪律，讲道德、有品行；围绕践行党的宗旨，干事创业、积极作为、担当奉献，发挥好先锋模范作用，讲奉献、有作为等内容开展专题讨论。党支部班子成员还要围绕如何建设过硬支部开展专题讨论。公司党委开展“手抄党章100天”活动，鼓励党支部创新学习方式，通过开展交流研讨、知识竞赛、演讲朗诵、“两学一做”学习教育电子报等活动，增强学习实效。

（二）认真组织讲好党课。讲党课一般在党支部范围内进行，党支部要结合专题学习讨论，对党课内容、时间和方式等作出安排。各级党员领导干部要到所在党支部讲党课；“七一”前后，各单位党委（直属总支、支部）组织评选优秀党课，并开展送党课到基层党支部活动；大力推广“微型党课”，鼓励党支部书记、普通党员联系实际讲党课，运用身边事例现身说法，强化互动交流，保证覆盖到所有党员。注重把红色教育、传统文化教育融入到学习教育中，切实增强党课的吸引力和感染力。课后，要及时组织党员讲收获、谈感想、找不足、定方向，深化学习效果。

（三）开好专题组织生活会。年底前，党支部召开全体党员参加的专题组织生活会。会前，党支部班子及成员要面向党员和职工群众广泛征求意见；对照党章党规和系列讲话，对照正反两方面典型，对照职能职责、工作目标任务，对照职工群众反映的意见，联系实际，认真查摆思想、组织、作风、纪律等方面的突出问题，深入进行党性分析，撰写发言提纲。要严格按程序召开组织生活会，支部班子成员开展批评和自我批评，注意听取党员的批评意见，并组织全体党员对支部班子的工作、作风等进行评议。会后，党支部班子要制定整改措施，认真抓好整改，并将评议情况和整改措施向党员群众公开。

（四）认真开展民主评议党员。专题组织生活会后，以党支部为单位召开全体党员会议，对照合格党员标准，按照个人自评、党员互评、民主测评、组织评定的程序，组织党员开展民主评议。党员人数较多的党支部，个人自评和党员互评可分党小组进行。党支部要综合民主评议情况和党员日常表现，对每名党员提出评价意见、确定评议等次，报上级党委（总支）审核备案，并与本人见面。对优秀党员予以表扬，并注意选树先进典型；对有不合格表现的党员，各单位党委（总支）要建立台账，指导党支部按照党章和党内有关规定，区别不同情况，稳妥慎重地给予组织处置。结合民主评议，支部成员要与每名党员谈心谈话，并有针对性地做好思想政治工作。召开组织生活会、民主评议党员时，根据需要可吸收入党积极分子和职工群众、服务对象代表参加。

（五）引导党员立足岗位作贡献。以开展学习教育为契机，建立各级党组织书记抓党建工作责任清单、任务清单，教育引导党组织书记努力做“政治素质好、作用发挥好、业务能力强、奉献精神强”的党组织书记。各单位党组织围绕“强党性、强素质、亮身份、亮承诺、比技能、比业绩”的目标要求，在全体党员中开展“改革转型我担当，创新创业我争先”党性实践活动，结合单位实际搭建党员发挥作用的载体，推进“责任驱动，岗位建功”活动，通过佩戴党徽和建立党员示范岗、党员先锋岗、党员责任区等方式，引导党员在推动企业转型升级、改革发展中，积极争当生产经营的能手、创新创业的标兵、履行社会责任的模范，履职尽责，担当作为，成为争创新、促改革、推转型的“排头兵”。

（六）党员领导干部作表率。党员领导干部要在“两学一做”学习教育中走在前面、深学一层，严格执行双重组织生活制度，以普通党员身份参加所在支部的组织生活，与党员一起学习讨论，带头谈认识、谈体会；与党员一起查摆问题，带头搞好党性分析；一起接受教育，带头开展积极健康的思想斗争；一起参加民主评议，带头接受监督。各单位中心组要专题学习党章党规和习近平总书记系列讲话精神，组织集中研讨，还要围绕如何做“讲政治、守规矩、敢担当、懂经营、善管理、有作为”的国有企业经营管理者开展专题讨论，深化学习效果。领导班子年度民主生活会，要以“两学一做”学习教育为主题，领导班子和领导干部把自己摆进去，深入查找、认真整改自身存在的问题，发挥示范带动作用。

（七）健全落实各项制度。要结合生产经营实际，设计务实管用的抓手，推动“三会一课”、组织生活会、民主评议党员等制度落实，认真解决党员组织关系管理、党费收缴管理等工作中存在的问题，健全制度、强化执行。各单位党委（总支）要建立党建工作督查制度，定期对党支部落实各项任务、执行各项制度等情况进行督促检查。要注意总结提炼开展学习教育中的有效做法，健全完善相关制度措施，并长期坚持下去，推动党员教育经常化、组织生活正常化、作用发挥常态化。

（八）建设过硬支部。要认真抓好软弱涣散党支部整顿，对矛盾特别突出的，要先行整顿，再开展教育。建立健全支部委员会，选优配强党支部书记，对不能胜任的党支部书记，及时作出调整。举办党支部书记培训班，持续提升党建工作业务水平。扎实做好党员组织关系集中排查，全面摸清党员状况，理顺党员组织关系，使每名党员都纳入党组织有效管理，参加学习教育。深入推进学习型、服务型、创新型党组织建设，打造特色鲜明的党建品牌，融入企业中心工作，开展党建项目化管理，促使每个党支部都成为坚强战斗堡垒。

四、加强组织领导

（一）强化责任落实。这次学习教育由党委组织部牵头组织实施，公司纪委、党委办公室、党委宣传部配合做好相关工作。各单位党组织是抓好学习教育的责任主体，要制定具体实施方案，对所属党支部进行全覆盖、全过程现场指导，派员参加党支部各项活动；党支部要担负起从严教育管理党员的主体责任。各级党组织书记是第一责任人，党员领导干部要结合工作分工，确定1~2个党支部作为联系点。要采取问卷调查、座谈走访等方式，征求职工群众的意见建议，列出任务、问题清单，抓好整改提升，用职工群众的评价和改革发展的成果检验学习教育的实效。开展学习教育情况，作为2016年度党组织书记抓基层党建工作述职评议考核的首要内容。

（二）强化组织保障。要强化学习教育的支持保障，统筹利用好各类资源，充分利用公司党校和党员教育培训基地，为基层党组织开展学习教育创造条件。注重运用“互联网+”等方式开展学习教育，大力推行“智慧党建”平台建设，搭建共享交流信息平台。要推广设立“党员活动日”“党建工作日”等做法，鼓励探索符合实际、贴近基层、特色鲜明的有效抓手。“两学一做”学习教育要与前期开展的“学党章、学准则、学条例”专题教育活动有机结合，教育引导广大党员干部坚守正道、弘扬正气，做到忠诚、干净、担当。

（三）强化督导指导。公司党委成立“两学一做”学习教育协调领导小组，负责全公司学习教育的组织协调和督导指导工作，定期调度情况、分析形势，及时总结推广经验，研究解决问题。各级党组织要把督导指导的重点放在支部，通过专题调研、参加学习讨论、列席组织生活会等方式，及时了解学习教育开展情况和实际效果，推动工作落实。对在职党员，要严格要求、严格标准；对离退休党员，既要体现从严要求，又要考虑实际情况，以适当方式组织他们参加学习教育。

（四）强化宣传引导。认真总结本单位开展学习教育的经验做法及进展成效，大力宣传党员发挥先锋模范作用、助力企业改革发展的先进事迹，用好各级制作的专题片和学习资料，讲好标杆故事，凝聚正能量，唱响主旋律。适时交流展示本单位优秀党课、优秀党建品牌，充分运用好内部局域网、报纸、刊物等阵地，营造良好的学习交流和舆论引导氛围。

（2016年5月10日）

中共济钢集团有限公司委员会
关于成立“两学一做”学习教育
协调领导小组和督导组的通知

济钢党组字［2016］7号

各单位党委，直属总支、支部：

为加强公司“两学一做”学习教育工作的组织领导，确保学习教育实效，经研究决定，成立公司党委“两学一做”学习教育协调领导小组和督导组。有关事项通知如下。

一、协调领导小组

负责公司“两学一做”学习教育的组织领导和督查指导工作。

组　长：张俊芳

副组长：徐有芳　刘秀元

成　员：薄　涛　李长青　高　翔
　　　　徐亮天　孙　玮

二、协调领导小组办公室

协调领导小组下设办公室，统筹负责对全公司开展“两学一做”学习教育的组织推动和督促指导工作，由集团公司有关部室按照职责分工组织实施。

主　任：张永护

副主任：李学玉　高海港　魏安庆
　　　　黄善兵

办公室下设综合组、宣传组。

综合组：负责文稿起草、情况综合、政策研究、会议筹备和沟通协调等工作。

组　长：李学玉

成　员：金连华　蒋晓文　邓宝粮
　　　　郭晓光

宣传组：负责组织协调新闻媒体开展舆论宣传。

组　长：高海港

成　员：梁　军　焦万松

三、集团公司党委督导组

成立8个督导组，组长由公司领导担任，党群部门领导为副组长，负责对各单位学习教育的督查指导。

（2016年6月13日）

中共山东钢铁股份有限公司济南分公司委员会印发《关于在全体党员中开展“两学一做”学习教育的工作方案》的通知

山钢股份济党字［2016］18号

各单位党委，直属总支、支部：

为深入学习贯彻习近平总书记关于“两学一做”学习教育的重要指示精神和济南市委、山钢党委部署要求，《关于在全体党员中开展“两学一做”学习教育的工作方案》已经公司党委同意，现印发给你们，请结合实际认真贯彻执行。

一、准确把握目标要求

开展“两学一做”学习教育，是加强党的思想建设的重要部署，是推动党内教育从“关键少数”向广大党员拓展、从集中性教育向经常性教育延伸的重要举措，是落实党章关于加强党员教育管理要求、面向全体党员深化党内教育的重要实践。“两学一做”学习教育不是一次活动，要突出经常性教育的特点，以党支部为基本单位，以“三会一课”等党的组织生活为基本形式，以落实党员教育管理制度为基本依托，充分发挥党支部自我净化、自我提高的主动性，真正把全面从严治党落实到每个支部、每名党员，推动党的思想政治建设抓在日常、严在经常。

“两学一做”基础在学，关键在做。要把党的思想建设放在首位，以尊崇党章、遵守党规为基本要求，以用习近平总书记系列重要讲话精神武装全体党员为根本任务，教育引导党员自觉按照党员标准规范言行，进一步坚定理想信念，提高党性觉悟；进一步增强政治意识、大局意识、核心意识、看齐意识，坚定正确政治方向；进一步树立清风正气，严守政治纪律政治规矩；进一步强化宗旨观念，勇于担当作为，在生产、工作、学习和社会生活中起先锋模范作用。

开展“两学一做”学习教育，要坚持问题导向，带着问题学、针对问题改。要对照上级党委提出的需要着力解决的突出问题和公司《全体党员、党员领导干部和各级党组织要着力查找和解决的问题清单》，深入查找和分析在本单位党员队伍、党员领导干部中的具体表现，列出问题清单，切实加以解决；同时要持续深入地纠正“四风”、抓好不严不实问题整改。

开展“两学一做”学习教育，要坚持正面教育为主，用科学理论武装头脑；坚持学用结合，知行合一；坚持问题导向，注重实效；坚持领导带头，以上率下；坚持从实际出发，分类指导。把学习教育成效体现到做合格党员、建过硬支部的具体行动上，体现到推动工作落实、促进公司发展上，做到两手抓、两促进。

二、明确学习教育内容

坚持把党章党规和系列讲话贯通起来学习、统一起来领会，在学系列讲话中加深对党章党规的理解，在学党章党规中深刻领悟系列讲话的基本精神，教育引导党员做讲政治、有信念，讲规矩、有纪律，讲道德、有品行，讲奉献、有作为的合格党员。

（一）*学党章党规*。全体党员逐条逐句通读党章，全面理解党的纲领，牢记入党誓词，牢记党的宗旨，牢记党员的义务和权利，引导党员尊崇党章、牢记党章、维护党章，坚定理想信念，对党绝对忠诚。要认真学习《中国共产党廉洁自律准则》《中国共产党纪律处分条例》《中国共产党党员权利保障条例》等内容，搞清楚作为党员应该做什么、不能做什么。认真学习党的历史，学习革命先辈和先进典型，注意用我省国有企业中涌现的先进典型以及姜和信等身边党员的先进事迹教育党员；深刻汲取中央、上级通报的违纪违法案件的教训，以违纪违法案例反面典型为镜鉴，开展警示教育，引导党员牢记党规党纪，牢记党的优良传统和作风，树立崇高道德追求，守住为人、做事的基准和底线。

党员领导干部在学习上述内容的基础上，要系统学习领悟党章，把需要重点掌握的内容领会深、领会透，着力提高做好企业管理工作所必备的政治素养和政策水平。同时，要认真学习贯彻中央《关于深化国有企业改革的指导意见》和在深化国有企业改革中坚持党的领导加强党的建设、企业党委在现代企业制度下充分发挥政治核心作用等要求，切实增强管党治党意识。

（二）*学系列讲话*。全体党员认真学习《习近平总书记系列重要讲话读本（2016年版）》，深刻领会习近平总书记系列重要讲话的基本精神，深刻领会党中央治国理政新理念新思想新战略的基本内容，切实掌握与增强党性修养、践行宗旨观念、涵养道德品格等相关的基本要求，自觉以系列讲话精神武装头脑、指导实践、推动工作。

党员领导干部要以《习近平总书记系列重要讲话读本（2016年版）》《习近平谈治国理政》和《习近平总书记重要讲话文章选编（领导干部读本）》为基本教材，坚持读原著、学原文、悟原理，注重整体把握，掌握内在联系，全面落实中央、上级党委提出的学习要求，着力把握好习近平总书记视察山东重要讲话、重要批示精神的主要内容，切实增强贯彻落实的自觉性，更好地指导企业改革发展、推动生产经营。要深入学习习近平总书记关于国企国资改革发展的重要指示、重要论述，着重领会掌握以下内容：（1）坚持国有企业在国家发展中的重要地位不动摇，坚持把国有企业搞好、把国有企业做强做大做优不动摇，切实增强深化国有企业改革的信心和决心。（2）牢牢把握主题主线和稳中求进的工作总基调，锐意改革，敢闯新路，坚决打好企业转型升级攻坚战，切实做好全面深化企业改革这篇大文章。（3）深化国有企业改革，要沿着符合国情的道路去改，要遵循市场经济规律，也要避免市场的盲目性，推动国有企业不断提高效益和效率，提高竞争力和抗风险能力，完善企业治理结构，在激烈的市场竞争中游刃有余。（4）要把各类企业党组织建设与企业文化建设结合起来，引导企业坚持尊重职工、依靠职工、关心职工，坚持追求企业自身发展和履行社会责任并重，坚持靠诚信经营、守法经营把企业做强做优；引导广大职工关心企业成长，为企业持续健康发展献计出力。（5）坚持党对国有企业的领导，把党建工作贯穿深化改革全过程，加强和改进新形势下国有企业党的建设，不断提高国有企业党建工作水平。同时，把毛泽东同志《党委会的工作方法》纳入学习内容，做到民主决策、依法决策、科学决策，发挥好党组织参与重大问题决策的功能。

（三）做合格党员。要对照公司合格党员的具体标准要求，引导全体党员坚定共产党人理想信念，牢固树立党的意识、党员意识，强化党的宗旨意识，积极践行社会主义核心价值观；引导党员在企业改革发展、生产经营、技术创新、渡危解困中，立足岗位履职尽责，刻苦钻研、勤奋工作、勇挑重担，充分发挥先锋模范作用。

党员领导干部要坚持更高标准、更严要求，要发挥“五个带头”作用，努力打造“四种工作形态”。在全面落实从严治党、提升企业党建工作科学化水平等方面要有新作为；在破除影响企业发展的体制机制障碍、推动企业深化改革、精益管理等方面要有新作为；在落实结构调整、内部市场化运营、提高劳动生产率等方面要有新作为；在带头践行“谋全局、谋高端、谋效益”、积极参与“改革转型我担当”大讨论活动等方面要有新作为；在进一步强化党员干部的责任意识和担当精神、积极团结引导广大职工群众共克时艰、不断实践发展惠民等方面要有新作为。

三、落实各项推进措施

（一）扎实开展学习讨论。各单位党委（总支）要参照公司学习教育进度表制订中心组学习计划，并指导党支部认真制订学习计划，细化学习篇目，扎实组织好个人自学、集中学习和专题学习讨论。引导党员搞好自学，党支部要提出自学要求，采取“红色堡垒”党支部微信群、手机报等在线学习交流方式，满足党员学习需求。组织开展好集中学习，要认真落实公司《2016 年度全体党员集中培训工作实施方案》，确保全体党员集中培训时间累计不少于 24 学时。严格落实“三会一课”制度，党支部或党小组每月至少组织一次集中学习，可采用微型党课、党员轮流领学、视频辅导等方式进行，确保学习质量和效果。围绕专题学习讨论，党支部每季度召开一次全体党员会议，每次确定一个专题组织学习交流，重点围绕坚定理想信念，强化政治意识、大局意识、核心意识、看齐意识，讲政治、有信念；围绕尊崇党章、遵守党规，严守纪律规矩，加强道德修养，讲规矩、有纪律，讲道德、有品行；围绕践行党的宗旨，干事创业、积极作为、担当奉献，发挥好先锋模范作用，讲奉献、有作为等内容开展专题讨论。党支部班子成员还要围绕如何建设过硬支部开展专题讨论。公司党委开展“手抄党章100天”活动，鼓励党支部创新学习方式，通过开展交流研讨、知识竞赛、演讲朗诵、“两学一做”学习教育电子报等活动，增强学习实效。

（二）认真组织讲好党课。讲党课一般在党支部范围内进行，党支部要结合专题学习讨论，对党课内容、时间和方式等作出安排。各级党员领导干部要到所在党支部讲党课；“七一”前后，各单位党委（总支）组织评选优秀党课，并开展送党课到基层党支部活动；大力推广“微型党课”，鼓励党支部书记、普通党员联系实际讲党课，运用身边事例现身说法，强化互动交流，保证覆盖到所有党员。注重把红色教育、传统文化教育融入学习教育，切实增强党课的吸引力和感染力。课后，要及时组织党员讲收获、谈感想、找不足、定方向，深化学习效果。

（三）开好专题组织生活会。年底前，党支部召开全体党员参加的专题组织生活会。会前，党支部班子及成员要面向党员和职工群众广泛征求意见；对照党章党规和系列讲话，对照正反两方面典型，对照职能职责、工作目标任务，对照职工群众反映的意见，联系实际，认真查摆思想、组织、作风、纪律等方面的突出问题，深入进行党性分析，撰写发言提纲。要严格按程序召开组织生活会，支部班子成员开展批评和自我批评，注意听取党员的批评意见，并组织全体党员对支部班子的工作、作风等进行评议。会后，党支部班子要制定整改措施，认真抓好整改，并将评议情况和整改措施向党员群众公开。

（四）认真开展民主评议党员。专题组织生活会后，以党支部为单位召开全体党员会议，对照合格党员标准，按照个人自评、党员互评、民主测评、组织评定的程序，组织党员开展民主评议。党员人数较多的党支部，个人自评和党员互评可分党小组进行。党支部要综合民主评议情况和党员日常表现，对每名党员提出评价意见、确定评议等次，报上级党委（总支）审核备案，并与本人见面。对优秀党员予以表扬，并注意选树先进典型；对有不合格表现的党员，各单位党委（总支）要建立台账，指导党支部按照党章和党内有关规定，区别不同情况，稳妥慎重地给予组织处置。结合民主评议，支部成员要与每名党员谈心谈话，并有针对性地做好思想政治工作。召开组织生活会、民主评议党员时，根据需要可吸收入党积极分子和职工群众、服务对象代表参加。

（五）引导党员立足岗位作贡献。以开展学习教育为契机，建立各级党组织书记抓党建工作责任清单、任务清单，教育引导党组织书记努力做“政治素质好、作用发挥好、业务能力强、奉献精神强”的党组织书记。各单位党组织围绕“强党性、强素质、亮身份、亮承诺、比技能、比业绩”的目标要求，在全体党员中开展“改革转型我担当，创新创业我争先”党性实践活动，结合单位实际搭建党员发挥作用的载体，推进“向姜和信学习，做岗位建功标兵”活动，通过佩戴党徽和建立党员示范岗、党员先锋岗、党员责任区等方式，引导党员在推动企业转型升级、改革发展中，积极争当生产经营的能手、创新创业的标兵、履行社会责任的模范，履职尽责，担当作为，成为争创新、促改革、推转型的“排头兵”。

（六）党员领导干部作表率。党员领导干部要在“两学一做”学习教育中走在前面、深学一层，严格执行双重组织生活制度，以普通党员身份参加所在支部的组织生活，与党员一起学习讨论，带头谈认识、谈体会；与党员一起查摆问题，带头搞好党性分析；一起接受教育，带头开展积极健康的思想斗争；一起参加民主评议，带头接受监督。各单位中心组要专题学习党章党规和习近平总书记系列讲话精神，组织集中研讨，还要围绕如何做“讲政治、守规矩、敢担当、懂经营、善管理、有作为”的国有企业经营管理者开展专题讨论，深化学习效果。领导班子年度民主生活会，要以“两学一做”学习教育为主题，领导班子和领导干部把自己摆进去，深入查找、认真整改自身存在的问题，发挥示范带动作用。

（七）健全落实各项制度。要结合生产经营实际，设计务实管用的抓手，推动“三会一课”、组织生活会、民主评议党员等制度落实，认真解决党员组织关系转接、党费收缴管理等工作中存在的问题，健全制度、强化执行。各单位党委（总支）要建立党建工作督查制度，定期对党支部落实各项任务、执行各项制度等情况进行督促检查。要注意总结提炼开展学习教育中的有效做法，健全完善相关制度措施，并长期坚持下去，推动党员教育经常化、组织生活正常化、作用发挥常态化。

（八）建设过硬支部。要认真抓好软弱涣散党支部整顿，对矛盾特别突出的，要先行整顿、再开展教育。建立健全支部委员会，选优配强党支部书记，对不能胜任的党支部书记，及时作出调整。举办党支部书记培训班，持续提升党建工作业务水平。扎实做好党员组织关系集中排查，全面摸清党员状况，理顺党员组织关系，使每名党员都纳入党组织有效管理，参加学习教育。深入推进学习型、服务型、创新型党组织建设，打造特色鲜明的党建品牌，融入企业中心工作，开展党建项目化管理，促使每个党支部都成为坚强战斗堡垒。

四、加强组织领导

（一）强化责任落实。这次学习教育由党委组织部牵头组织实施，公司纪委、党委办公室、党委宣传部配合做好相关工作。各单位党委（总支）是抓好学习教育的责任主体，要制定具体实施方案，对所属党支部进行全覆盖、全过程现场指导，派员参加党支部各项活动；党支部要担负起从严教育管理党员的主体责任。各级党组织书记是第一责任人，党员领导干部要结合工作分工，确定 1~2 个党支部作为联系点。要采取问卷调查、座谈走访等方式，征求职工群众的意见建议，列出任务、问题清单，抓好整改提升，用职工群众的评价和改革发展的成果检验学习教育的实效。开展学习教育情况，作为 2016 年度党组织书记抓基层党建工作述职评议考核的首要内容。

（二）强化组织保障。要强化学习教育的支持保障，统筹利用好各类资源，充分利用公司党校和党员教育培训基地，为基层党组织开展学习教育创造条件。注重运用“互联网+”等方式开展学习教育，大力推行“智慧党建”平台建设，搭建共享交流信息平台。要推广设立“党员活动日”“党建工作日”等做法，鼓励探索符合实际、贴近基层、特色鲜明的有效抓手。“两学一做”学习教育要与前期开展的“学党章、学准则、学条例”专题教育活动有机结合，教育引导广大党员干部坚守正道、弘扬正气，做到忠诚、干净、担当。

（三）强化督导指导。公司党委成立“两学一做”学习教育协调领导小组，负责全公司学习教育的组织协调和督导指导工作，定期调度情况、分析形势，及时总结推广经验，研究解决问题。要把督导指导的重点放在支部，各级党组织要通过专题调研、参加学习讨论、列席组织生活会等方式，及时了解学习教育开展情况和实际效果，推动工作落实。对在职党员，要严格要求、严格标准；对离退休党员，既要体现从严要求，又要考虑实际情况，以适当方式组织他们参加学习教育。

（四）强化宣传引导。认真总结本单位开展学习教育的经验做法及进展成效，大力宣传党员发挥先锋模范作用、助力企业改革发展的先进事迹，用好各级制作的专题片和学习资料，讲好标杆故事，凝聚正能量，唱响主旋律。适时交流展示本单位优秀党课、优秀党建品牌，充分运用好内部局域网、报纸、刊物等阵地，营造良好的学习交流和舆论引导氛围。

（2016年5月11日）

中共山东钢铁股份有限公司济南分公司委员会关于成立“两学一做”学习教育协调领导小组和督导组的通知

山钢股份济党字［2016］24号

各单位党委，直属总支、支部：

为加强对公司“两学一做”学习教育工作的组织领导，确保学习教育实效，经研究决定，成立公司党委“两学一做”学习教育协调领导小组和督导组。有关事项通知如下：

一、协调领导小组

负责公司“两学一做”学习教育的组织领导和督查指导工作。

组　长：张俊芳

副组长：徐有芳　刘秀元

成　员：薄　涛　李长青　苗　刚
　　　　张润生　高贤成

二、协调领导小组办公室

协调领导小组下设办公室，统筹负责对全公司开展“两学一做”学习教育的组织推动和督促指导工作，由公司有关部室按照职责分工组织实施。

主　任：张永护

副主任：曹庆良　高海港　魏安庆

办公室下设综合组、宣传组。

综合组：负责文稿起草、情况综合、政策研究、会议筹备和沟通协调等工作。

组　长：曹庆良

成　员：徐西刚　曹清华　王启明
　　　　李　霞　陈　剑

宣传组：负责组织协调新闻媒体开展舆论宣传，牵头组织讲师、先进模范到基层一线党支部讲党课等工作。

组　长：高海港

成　员：王铭南　褚慧娟　高贤英
　　　　邱延祥　孔　倩

三、公司党委督导组

成立8个督导组，组长由公司领导担任，党群部门领导为副组长，负责对各单位学习教育的督查指导。

（2016年6月9日）

“两学一做”学习教育综述

自“两学一做”学习教育开展以来，济钢集团党委和山钢股份济南分公司党委认真贯彻落实山钢集团党委相关部署要求，紧密结合两公司实际，把扎实推进“两学一做”学习教育作为党建工作的龙头，作为推动全面从严治党延伸到基层、落实到支部、渗透到党员的有力抓手，以知促行、学做结合，带领广大干部职工坚定信心，迎难而上，为推动济钢平稳转型永续发展，提供了坚强的政治保障和组织保障。

一是坚持率先垂范，抓好理论武装。党委中心组坚持每月组织两次集中学习研讨，深入学习习近平总书记系列重要讲话精神，认真学习中央、省委及山钢集团党委各项重要会议精神等，注重学以致用，及时将学习成果转化为推动发展的思路和举措，积极参与企业重大问题决策，把党委研究讨论作为董事会、经理层决策重大问题的前置条件，保证了党和国家方针政策以及山钢集团党委、山钢集团的各项决策部署在济钢落地生根，有效发挥了党委领导核心和政治核心作用。**二是深入基层指导，抓好党员教育。**把“两学一做”作为党员教育的基本内容，健全完善“三会一课”学习制度，配发一万余本学习材料；两公司领导班子成员带头落实双重组织生活，全部在本支部或联系点党支部讲党课；380名中层以上领导干部深入支部听党课、查记录、提要求，深度查摆各类问题140余项，强抓整改落实，有效促进支部发挥学习教育主阵地作用。**三是创新教育载体，丰富学习内容。**举办了三期党支部书记培训班，培训党支部书记270余名；通过设立“两学一做”网站，编发《宣传思想工作讯息》学习教育专刊，命名姜和信创新工作室党员教育培训基地，自行设计专用手抄本，开展“手抄党章100天”活动等，进一步丰富了学习教育载体，激发了广大党员的党性意识，营造了良好的学习氛围。**四是夯实基层建设，建强战斗堡垒。**制定并完善年度党建工作责任制及考核细则，以管理考核落实从严治党责任。为27个二级党委配备了组织员；严格落实党组织换届工作，267个基层党支部按期完成换届选举。**五是严格党员管理，强化监督考核。**增设组织发展材料归档审查环节，以严实作风贯穿组织发展工作全流程，全年发展党员110名；开展党费收缴专项检查，8958名党员按标准补缴了党费；开展党代会代表和党员违纪违法排查清理工作，对6名违纪违法党员进行了处理。**六是创新党建活动，激发组织活力。**开展庆祝建党95周年系列活动，通过党员组织生活日、宣传优秀党员先进事迹、召开学习教育推进大会、参观红色教育基地等，丰富了党建工作的形式和内容；以“改革转型我担当”“扭亏增盈，岗位建功”“向姜和信学习，做岗位建功标兵”主题活动为载体，激发了基层党员立足岗位、创新创效的活力。今年以来，围绕推进安全稳定、产能调整、止损扭亏、转型发展“四大任务”，开展“改革转型我担当，产能调整建新功”主题学习教育活动，在各级党组织和党员中，进一步掀起了学赶先进、凝心聚力、岗位建功的热潮。

（撰稿人　郭晓光）

“改革转型我担当”大讨论活动

中共济钢集团有限公司委员会关于深入开展“改革转型我担当”大讨论活动的推进方案

济钢党发〔2016〕11号

为深入贯彻山钢集团年度工作会议和集团公司十八届一次职代会精神，引导广大干部职工进一步树立改革发展的新境界、新理念和市场化意识，深化谋全局、谋高端、谋效益的思想共识，坚定不移完成全年各项任务，推动济钢转型发展，根据山钢集团党委部署，经集团公司党委研究决定，在全公司深入开展“改革转型我担当”大讨论活动。

一、活动主题

谋全局、谋高端、谋效益，改革转型我担当。

二、活动时间

2016年4月至12月。

三、活动范围

集团公司全体员工。

四、活动目标要求

（一）思想作风上实现“四破四立”。

主动破除畏难发愁、不思进取的状态，树立主动作为、敢于突破的担当意识；

主动破除多年以钢为生、思路狭窄的思维定式，树立改革转型、多元创效意识；

主动破除封闭保守、抱残守缺的思想，树立“跳出济钢看济钢、走出济钢天地宽”的开放创新意识；

主动破除等靠要思维和固有的僵化体制，树立市场化的理念和增效益、谋发展、挣工资意识。

通过“四破四立”，切实解决思想观念、思维习惯、工作方式、工作作风上不适应改革转型的问题，以思危思进、只争朝夕的精神状态，全员创效、全员创新，上下同欲，拓展生存发展新空间，推动济钢转型发展，在更高层次上实践发展惠民。

（二）检验标准上坚持“四看”。

一看担当，即对山钢和济钢的决策部署是否明确，对企业的发展是否充满信心，对自己承担的工作是否敢于负责，山钢集团年度工作会和济钢集团十八届一次职代会确定的重点工作在本单位、本岗位落实得如何。

二看创效，即“双创”活动是否建立起了市场化收入分配机制，是否修复了出血点、挖掘了潜力点、培育了增长点，效益按可比口径增长了多少，成本硬碰硬降低了多少。

三看改革，即思想观念是否解放，是否形成改革发展共识，本单位改革有无实质性新突破，是否做到让“中心居中”、发展活力增强。

四看风尚，即全面从严治党责任落实情况和文明单位、文明岗位创建情况，山钢共赢文化和济钢责任文化是否落地生根，是否形成了公平公正、和谐向上的人文环境。

五、活动内容

各单位要通过“七个一”的方式广泛深入地开展大讨论。

（一）每月组织一次学习讨论会。以党委中心组集体学习、三会一课、科室车间班组政治学习等形式，开展“改革转型创新”大家谈活动，系统学习山钢和济钢领导系列讲话精神、形势任务教育材料、大讨论活动实施方案等。各级领导干部要带头参加学习，带头宣讲引导，把形势讲清、问题讲准、道理讲透、任务讲明、措施讲实、优势讲足。在学习讨论中要重点聚焦观念怎么变、内部市场机制如何建、作风怎么转、破解难题如何干等内容，分层次广泛开展专题讨论，着力解决在思想境界、敬业精神、内在活力等方面的问题，在思想互动和交流中跳出济钢看济钢，站在高处，谋在细处，干在实处。二级单位领导班子围绕“三谋”撰写学习体会文章，广大职工以“改革转型我担当”为主题撰写心得体会。

（二）每名员工参加一个“双创”项目或提一条合理化建议。鼓励大众创业、万众创新，群众性创新创效活动有新突破。精心组织实施 75 个集团公司监管的运营转型、管理提升项目和 65 个二级单位自主管理项目，确保完成项目目标。扩大创新工作室覆盖面，以创新人才为核心，激励更多的创新工作室出更多、更有效的成果。组织“改革转型创新金点子”征集活动，与“双创”活动紧密结合，评选、奖励职工先进操作法和合理化建议优秀成果。团委举办青年创新创效擂台赛，激励青工在本职岗位上迸发智慧，争创一流业绩。完善“双创”激励机制，最大程度激发广大职工的岗位创新热情，汇聚推进改革发展的智慧和力量。

（三）每个单位组织或参加一项群众性劳动竞赛。开展“责任驱动，岗位建功”系列劳动竞赛活动。集团公司工会联合有关单位（部门）在重点板块、重点单位和重点岗位开展群众性劳动竞赛，各单位要紧紧围绕关键指标上台阶，突出“高大上”（高于考核指标、大于 2015 年的贡献、上去的台阶不能下来），开展“短快灵”（时间短、见效快、形式灵）的劳动竞赛。全面导入内部市场化运营机制，在汽运公司试点的基础上，逐步推广内部市场化管理，大力倡树“人人都是经营者，岗位就是利润源”的理念，真正变“要我干”为“我要干”，变“发工资”为“挣工资”，实现岗位增值、员工增收、企业增效。

（四）每个单位开展一次企业文化宣讲活动。适时举办企业文化故事征集、大讨论主题演讲、主题摄影展、文艺汇演等丰富多彩的活动，寓教于乐，寓理于情，大力弘扬“共创、共进、共赢”的山钢核心价值观和“责任驱动，发展惠民”的济钢企业使命，以新理念、新要求为统领，强化“山钢一家人、济钢一家亲”的观念，牢固树立“利益共同体、事业共同体、命运共同体”的意识，强化执行力和创新力的提升，把企业文化融入到生产运营和管理实践的各个环节，融入到全体员工的思想和行为之中。

（五）每名员工必读一本书：《姜和信——一个全国劳动模范的成长历程》。姜和信是济钢职工立足岗位、创新创效的杰出代表，在他身上充分体现了敬业、创新、奉献的劳模精神。要引导广大职工边读边思考：姜和信为什么能够成功？济钢为什么需要姜和信式的好员工？我应该怎样向姜和信学习？鼓励职工撰写读后感，并通过一定方式交流分享思想收获。

（六）每个基层团队推选一个先进典型。开展“创新创效”先进典型选树活动，要利用“五一”“五四”“七一”等节庆时机和岗位明星评选平台，每个部门、车间、班组全年至少向上级组织推荐一名先进典型，聚焦基层一线，层层发掘培养，大力选树过得硬、立得住、叫得响、学得来的优秀团队和先进人物。注重用职工身边的典型教育感染身边人，用先模人物的事迹传播集聚正能量，在全公司形成崇尚先进、见贤思齐、你追我赶、万马奔腾的热烈局面。依托上级新闻媒体，积极宣传集团公司和各二级单位的成功经验、先进典型，塑造良好的企业形象。

（七）领导班子召开一次专题民主生活会。各二级单位领导班子要以“谋全局、谋高端、谋效益，改革转型我担当”为主题，在6月底前开好民主生活会。要在学习研讨的基础上，联系班子和个人实际，认真查找在“三谋”“四破四立”“四看”方面存在的突出问题，从思想观念、素质能力、责任担当、严实作风等方面深刻剖析原因。要广泛征求基层的意见建议，认真对照标准要求，撰写对照检查材料；要严肃党内政治生活，积极开展批评和自我批评；要针对领导班子和领导干部存在的问题，制定措施，扎实抓好整改落实。

六、活动方法步骤

（一）全面部署，广泛动员。各单位各部门要从上到下，层层发动，迅速学习、贯彻集团公司大讨论活动推进方案，准确把握活动的目标要求、主要任务、方法步骤。要扩大覆盖面，务必使每位员工都参与进来，成为大讨论活动的主体。各单位要明确领导机构和工作机构，研究制定本单位大讨论活动推进方案，确保活动流程化、网络化、全覆盖推进。活动推进方案要落细、落小、落具体，注重实际，务求实效。各单位活动推进方案由单位党委领导签发后于4月22日前报送集团公司大讨论活动办公室。

（二）区分层次，突出重点。大讨论活动既要围绕主线、突出主题，又要展现特色、丰富的自选动作。广大党员要把大讨论活动与“学党章党规、学系列讲话，做合格党员”学习教育结合起来，围绕如何发挥先锋模范作用、如何高效落实各项改革转型政策措施、主动承担艰巨任务等课题开展讨论，努力成为争创新、促改革、推转型的“先锋队”。各级领导干部要以“责任驱动，发展惠民”为使命，做到“大考”面前讲忠诚、改革关头讲服从、责任面前讲担当、名利面前讲党性，努力成为争创新、促改革、推转型的“带头人”。职工群众要把大讨论活动与“责任驱动，岗位建功”主题活动结合起来，向姜和信学习，做岗位建功标兵，努力成为争创新、促改革、推转型的“生力军”。各单位要针对职代会提出的“思想观念不适应、发展方式不适应、创新能力不适应、经营策略不适应、管控能力不适应”五大问题进行剖析，在大讨论中坚持五个导向：市场导向、目标导向、协同导向、问题导向、创新导向。

（三）丰富载体，增强互动。既要充分运用好中心组学习、“三会一课”、研讨会、报告会等行之有效的传统方式和手段，又要运用新思维，借助新媒体，拓展新渠道，广泛搭建“微平台”“网平台”，将小型化、分众化、互动性有机统一，充分提升大讨论活动的吸引力和实效性。要通过大讨论，点燃济钢人实现价值的理想之火，憧憬未来的希望之火，干事创业的激情之火，突破自我的创新之火，燃烧掉前进征程中的一切艰难险阻。

（四）持续改进，优化提升。各单位要通过大讨论活动查找工作中的差距和不足，及时回应职工提出的意见和建议。要注重总结和运用大讨论中形成的成果，不断优化本单位发展思路和工作理念。大讨论活动领导小组将通过现场督导、成果观摩等形式，对各单位在大讨论过程中形成的有效载体、取得的实际效果进行交流展示。

七、活动保障

（一）强化组织领导。为加强对大讨论活动的组织领导，集团公司党委成立以党委书记、董事长张俊芳任组长的大讨论活动领导小组。各二级单位要明确大讨论活动的责任部门、人员和职责任务，结合各自实际，认真研究制定大讨论活动具体落实方案和推进措施，精心设计活动载体，创新活动方法，切实加强日常协调组织、监督指导和过程跟进，形成党委统一领导，党政工团齐抓共管，职工群众全员参与的领导机制和工作机制，确保大讨论活动扎实推进、取得实效。

（二）加强舆论引导。要利用各种媒体和宣传栏、微课堂等形式，广泛宣传活动目标任务、方法措施和进展动态。《钢铁工人》报、济钢电视台、i 济钢微信公众号以及各单位自办媒体，要开辟专栏，举办征文，精心策划，跟踪报道，形成强大舆论声势。要引导干部职工充分认识大讨论活动的重要意义，让“谋全局、谋高端、谋效益”“不改革就没有出路、不转型就没有前途、不创新就没有希望”“转型发展早转早主动”“非钢产业是主业”“责任驱动，发展惠民”“工作就是责任，责任创造价值”“山钢一家人、济钢一家亲”等思想观念深入人心。新闻媒体要善于发现基层大讨论中的亮点，从“微故事”中折射大气象，从“小人物”中展现大风貌，全面展示大讨论活动中形成的理论成果和实践成果。

（三）加强督查督办。纪委监察部、工会、组织部、办公室、宣传部等部门围绕集团公司重大决策部署贯彻落实、职代会重点工作进展等内容开展督察，及时发现和纠正各单位在大讨论活动落实上的差距和问题。

中共山东钢铁股份有限公司济南分公司委员会关于深入开展“改革转型我担当”大讨论活动的实施方案

山钢股份济党字［2016］13 号

为深入贯彻山钢集团 2016 年度各项工作部署，引导广大干部职工树立改革发展的新境界、新理念和市场化意识，进一步深化谋全局、谋高端、谋效益的思想共识，全力推进建设“质量效益型、资源节约型、环境友好型”绿色钢铁企业，根据山钢集团党委部署，经公司党委研究决定，在全公司开展“改革转型我担当”大讨论活动。

一、活动主题

谋全局、谋高端、谋效益，改革转型我担当。

二、活动时间

2016年4月至12月。

三、活动范围

公司全体员工。

四、活动目标要求

（一）思想作风上实现"四破四立"。

主动破除畏难发愁、不思进取的状态，树立主动作为、敢于突破的担当意识。

主动破除多年以钢为生、思路狭窄的思维定式，树立改革转型、多元创效意识。

主动破除封闭保守、抱残守缺的思想，树立跳出山钢看山钢、走出山钢天地宽的开放创新意识。

主动破除"等、靠、要"思维和固有的僵化体制，树立市场化的理念和增效益、谋发展、挣工资意识。

通过"四破四立"，切实解决思想观念、思维习惯、工作方式、工作作风上不适应改革转型的问题，以思危思进、只争朝夕的精神状态，全员创效、全员创新，上下同欲，拓展生存发展新空间，推动公司转型发展。

（二）检验标准上坚持"四看"。

一看担当，即对山钢和公司的决策是否明确，对企业的发展是否充满信心，对自己承担的工作是否敢于负责，山钢年度工作会和公司一届二次职代会确定的重点工作在本单位、本岗位落实得如何。

二看创效，即"双创"活动是否建立起了市场化收入分配机制，是否修复了出血点、挖掘了潜力点、培育了增长点，效益按可比口径增长了多少，成本硬碰硬降低了多少。

三看改革，即思想观念是否解放，是否形成改革发展共识，本单位改革有无实质性新突破，是否做到让"中心居中"、发展活力增强。

四看风尚，即全面从严治党责任落实情况和文明单位、文明岗位创建情况，山钢共赢文化和公司精益文化是否落地生根，是否建立了公平公正、和谐向上的人文环境。

五、活动内容

各单位要通过"七个一"的方式广泛深入地开展大讨论。

（一）每月组织一次学习讨论会。以党委中心组集体学习、三会一课、科室车间班组政治学习等形式，开展"改革转型创新"大家谈活动，系统学习山钢和公司领导系列讲话精神、形势任务教育材料、大讨论活动实施方案等。各级领导干部要带头参加学习，带头宣讲引导，把形势讲清、问题讲准、道理讲透、任务讲明、措施讲实、优势讲足。在学习讨论中要重点聚焦观念怎么变、内部市场机制如何建、作风怎么转、破解难题如何干等内容，分层次广泛开展专题讨论，着力解决在思想境界、敬业精神、内在活力等方面的问题，在思想互动和交流中跳出公司看公司，站在高处，谋在细处，干在实处。二级单位领导班子围绕"三谋"撰写学习体会文章，广大职工以"改革转型我担当"为主题撰写心得体会。

（二）每名员工参加一个"双创"项目或提一条合理化建议。鼓励大众创业、万众创新，群众性创新创效活动有新突破。精心组织实施"运营转型、管理提升"活动中确立的17个公司核心管理提升项目、23个公司监管项目、78个二级单位自主管理项目，确保完成项目目标。扩大创新工作室覆盖面，以创新人才为核心，激励更多的创新工作室出更多、更有效的成果。组织"改革转型创新金点子"征集活动，与"双创"活动紧密结合，评选、奖励职工先进操作法和合理化建议优秀成果。团委举办青年创新创效擂台赛，激励青工在本职岗位上迸发智慧，争创一流业绩。完善“双创”激励机制，最大程度激发广大职工的岗位创新热情，汇聚推进改革发展的智慧和力量。

（三）每个单位组织或参加一项群众性劳动竞赛。各单位要紧紧围绕关键指标上台阶，突出“高大上”（高于考核指标、大于2015年的贡献、上去的台阶不能下来），开展“短快灵”（时间短、见效快、形式灵）的劳动竞赛。建立完善内部市场化运营体系，大力倡树“人人都是经营者，岗位就是利润源”的理念，真正变“要我干”为“我要干”、变“发工资”为“挣工资”，实现岗位增值、员工增收、企业增效。

（四）每个单位开展一次企业文化宣讲活动。适时举办企业文化故事征集、大讨论主题演讲、主题摄影展、文艺汇演等丰富多彩的活动，寓教于乐，寓理于情，大力弘扬“共创、共进、共赢”的山钢核心价值观和公司“精准、高效、务实、创新”理念。以新理念、新要求为统领，牢固树立“利益共同体、事业共同体、命运共同体”的意识，强化执行力和创新力的提升，把企业文化融入到生产运营和管理实践的各个环节，融入到全体员工的思想和行为之中。

（五）每名员工必读一本书：《姜和信——一个全国劳动模范的成长历程》。姜和信是公司职工立足岗位、创新创效的杰出代表，在他身上充分体现了敬业、创新、奉献的劳模精神。要引导广大职工边读边思考：姜和信为什么能够成功？公司为什么需要姜和信式的好员工？我应该怎样向姜和信学习？鼓励职工撰写读后感，并通过一定方式交流分享思想收获。

（六）每个基层团队推选一个先进典型。要开展“创新创效”先进典型选树活动，利用“五一”“五四”“七一”等节庆时机和评选季度“岗位建功示范岗”与“岗位建功标兵”平台，每个部门、车间、班组全年至少向上级组织推荐一名先进典型，聚焦基层一线，层层发掘培养，大力选树过得硬、立得住、叫得响、学得来的优秀团队和先进人物。注重用职工身边的典型教育感染身边人，用先模人物的事迹传播集聚正能量，在全公司形成崇尚先进、见贤思齐、你追我赶、万马奔腾的热烈局面。依托上级新闻媒体，积极宣传公司和各二级单位的成功经验、先进典型，塑造良好的企业形象。

（七）领导班子召开一次专题民主生活会。各二级单位领导班子要以“谋全局、谋高端、谋效益，改革转型我担当”为主题，在6月底前开好民主生活会。要在学习研讨的基础上，联系班子和个人实际，认真查找在“三谋”“四破四立”“四看”方面存在的突出问题，从思想观念、素质能力、责任担当、严实作风等方面深刻剖析原因。要广泛征求基层的意见建议，认真对照标准要求，撰写对照检查材料；要严肃党内政治生活，积极开展批评和自我批评；要针对领导班子和领导干部存在的问题，制定措施，扎实抓好整改落实。

六、活动方法步骤

（一）全面部署，广泛动员。各单位各部门要从上到下，层层发动，迅速学习、贯彻公司党委关于大讨论活动的实施方案，准确把握活动的目标要求、主要任务、方法步骤。要扩大覆盖面，务必使每名员工都参与进来，成为大讨论活动的主体。各单位要明确领导机构和工作机构，研究制定本单位大讨论活动推进方案，确保活动流程化、网络化、全覆盖推进。活动推进方案注重实际，务求实效。各单位活动推进方案由单位党委领导签发后于4月22日前报送公司大讨论活动办公室。

（二）区分层次，突出重点。大讨论活动既要围绕主线、突出主题，又要展现特色、丰富自选动作。广大党员要把大讨论活动与“学党章党规、学系列讲话，做合格党员”学习教育结合起来，围绕如何发挥先锋模范作用、如何高效落实各项改革转型政策措施、主动承担艰巨任务等课题开展讨论，努力成为争创新、促改革、推转型的“先锋队”。各级领导干部做到“大考”面前讲忠诚、改革关头讲服从、责任面前讲担当、名利面前讲党性，努力成为争创新、促改革、推转型的“带头人”。职工群众要把大讨论活动与“扭亏为盈，岗位建功”主题活动结合起来，向姜和信学习，做岗位建功标兵，努力成为争创新、促改革、推转型的“生力军”。各单位要综合运用“两种精神、三种意识、五种思维”指导工作，在大讨论中坚持五个导向：市场导向、目标导向、协同导向、问题导向、创新导向。

（三）丰富载体，增强互动。既要充分运用好中心组学习、“三会一课”、研讨会、报告会等行之有效的传统方式和手段，又要运用新思维，借助新媒体，拓展新渠道，广泛搭建“微平台”“网平台”，将小型化、分众化、互动性有机统一，充分提升大讨论活动的吸引力和实效性。要通过大讨论，点燃职工实现价值的理想之火，憧憬未来的希望之火，干事创业的激情之火，突破自我的创新之火，燃烧掉前进征程中的一切艰难险阻。

（四）持续改进，优化提升。各单位要通过大讨论活动查找工作中的差距和不足，及时回应职工提出的意见和建议。要注重总结和运用大讨论中形成的成果，不断优化本单位发展思路和工作理念。大讨论活动领导小组将通过现场督导、成果观摩等形式，对各单位在大讨论过程中形成的有效载体、取得的实际效果进行交流展示。

七、活动保障

（一）强化组织领导。为加强对大讨论活动的组织领导，公司党委成立以党委书记张俊芳任组长的大讨论活动领导小组。各二级单位要明确大讨论活动的责任部门、人员和职责任务，结合各自实际，认真研究制定大讨论活动具体落实方案和推进措施，精心设计活动载体，创新活动方法，切实加强日常协调组织、监督指导和过程跟进，形成党委统一领导，党政工团齐抓共管，职工群众全员参与的领导机制和工作机制，确保大讨论活动扎实推进、取得实效。

（二）加强舆论引导。要利用各种媒体和宣传栏、微课堂等形式，广泛宣传活动目标任务、方法措施和进展动态。《宣传思想工作讯息》、绿色钢铁网站、《钢铁工人》报、济钢电视台以及各单位自办媒体要开辟专栏，精心策划，跟踪报道，形成强大舆论声势。要引导干部职工充分认识大讨论活动的重要意义，让“谋全局、谋高端、谋效益”，“不改革就没有出路、不转型就没有前途、不创新就没有希望”，“转型发展早转早主动”等思想观念深入人心。新闻媒体要善于发现基层大讨论中的亮点，从“微故事”中折射大气象，从“小人物”中展现大风貌，全面展示大讨论活动中形成的理论成果和实践成果。

（三）加强督查督办。纪委监察部、工会、组织部、办公室、宣传部等部门围绕山钢集团重大决策部署贯彻落实、职代会重点工作进展等内容开展督察，及时发现和纠正各单位在大讨论活动落实上的差距和问题。

“向姜和信学习，做岗位建功标兵”主题活动

中共山东钢铁股份有限公司济南分公司委员会关于开展“向姜和信学习，做岗位建功标兵”主题活动的通知

山钢股份济党字［2016］2号

各单位党委，直属总支、支部：

为了进一步弘扬劳模精神，激发广大干部职工工作积极性、主动性和创造性，增强主人翁责任感，全力推动实现今年各项奋斗目标，推进建设“质量效益型、资源节约型、环境友好型”绿色钢铁企业，经公司党委研究决定，在全公司开展“向姜和信学习，做岗位建功标兵”主题活动。现将有关事宜通知如下。

一、充分认识开展主题活动的重要意义

姜和信同志是炼铁厂一名普通电工，共产党员，他用三十年如一日的执着和坚韧，扎根基层，兢兢业业，埋头苦干，成长为一名学习型、知识型、创新型、专家型人才，被评为“山东省首席技师”，获得“山东省敬业奉献模范”“全国劳动模范”殊荣。姜和信是我公司职工队伍中涌现出来的先进典型，在他身上集中体现了当代劳模“爱岗敬业，争创一流”的优秀品质，“艰苦奋斗、勇于创新”的宝贵精神和“淡泊名利、甘于奉献”的高尚情怀，他在平凡岗位上创造出了突出业绩，是全公司广大干部职工学习的楷模。在当前形势下，开展“向姜和信学习，做岗位建功标兵”主题活动，具有十分重要的现实意义。

开展“向姜和信学习，做岗位建功标兵”主题活动，是提高干部职工责任意识、增强履职能力的需要。在当前面临严峻形势下，迫切需要一支认清形势想干事、脚踏实地能干事、敢于担当干成事的干部职工队伍。开展主题活动，就是要进一步增强广大干部职工的责任意识、使命意识、担当意识，明确目标，理清思路，创新思维，本着对企业忠诚负责的精神和对工作求真务实的态度，深入践行公司精益文化理念，切实转变工作作风，着力提高领导干部驾驭复杂局面的履职尽责能力和全员立足岗位解决实际问题的创新创效能力。

开展“向姜和信学习，做岗位建功标兵”主题活动，是实现公司扭亏增盈目标的需要。扭亏增盈是公司当前首要任务，要实现这一艰巨任务，需要广大干部职工进一步坚定信心、凝聚共识、聚焦目标，以最高的热情、最佳的状态、最大的劲头干好本职工作。开展主题活动，对于激发广大干部职工干事创业热情，奋发有为，实现岗位建功，争创一流业绩，推动企业尽快摆脱困难局面具有十分重要的意义。

开展“向姜和信学习，做岗位建功标

兵”主题活动，是推动公司转型发展的需要。转型发展是我们的共同愿景，需要公司广大干部职工统一思想，转变观念，力求改革同心、发展同向，全方位、深层次适应经济发展新常态，全力推动实现公司战略调整、产业结构优化和运营模式转变。通过开展主题活动，促进广大干部职工解放思想，提升素质，增强本领，为公司转型发展提供有力保障。通过开展主题活动，激励全员“人人创新、天天创新、事事创新”，以创新驱动转型发展，使广大干部职工积极作为，敬业奉献，切实肩负起建设质量效益型、资源节约型、环境友好型绿色钢铁企业，实现转型发展的历史使命。

二、向姜和信学习，要准确把握劳模的精神实质

学习姜和信“爱岗敬业、争创一流”的精神，树立履职尽责的责任意识。姜和信立足本职，干事创业，追求卓越，始终保持迎难而上的勇气、敢为人先的锐气、不达目标决不罢休的志气。广大职工学习姜和信，就是要不断增强责任意识，不断提高履职能力，精心工作、精细管理、精准操作，把全部精力投入到做好本职工作上，在公司改革发展的关键时期创先争优、岗位建功。

学习姜和信“艰苦奋斗、勇于创新”的精神，树立开拓进取的创新意识。姜和信几十年如一日扎根一线，肯吃苦，勤钻研，善创新，面对困难坚忍不拔，奋发有为，做出了突出业绩。广大职工学习姜和信，就是要发扬事在人为、锲而不舍精神和自力更生、艰苦奋斗精神，进一步解放思想，开拓进取，增强创新意识，提高创新本领，以创新的思维研究新情况、解决新问题，努力开创扭亏增盈、转型发展的新局面。

学习姜和信“淡泊名利、甘于奉献”的精神，培育求真务实的职业素养。姜和信坚守岗位，辛勤耕耘，用敬业的心做专业的事，在默默奉献中实现人生价值，体现出了新时代从业者的职业素养。广大职工学习姜和信，就是要心无旁骛，坚持奉献精神，培育职业心态，树立职业形象，坚守职业道德，提升职业技能，规范职业行为，做好角色定位，集中精力干事创业，不计名利，不计得失，以精准务实的作风、淡泊平静的心态、执着追求的精神，创造性地开展工作。

广大党员、各级领导干部要在主题学习活动中率先垂范，发挥示范带头作用，要像姜和信那样，忠于党、忠于事业、忠于企业，勇于担当，尽职尽责，为广大职工群众树立良好的榜样。

三、开展主题活动的具体安排和要求

（一）集中学习，深入推进。“向姜和信学习，做岗位建功标兵”主题活动，安排在2016年一季度集中学习，不分阶段，深入推进。

（二）高度重视，强化组织。各单位要高度重视，确保全员参与。各级党组织要全面负责，加强引导，认真做好活动策划和检查落实。群团组织要积极配合，党政工团齐抓共管，凝聚起强大合力。

生产单位重点以车间、班组为单位，职能部门以科室为单位，以集中学习与自学相结合的方式，认真组织学习《姜和信——一个全国劳动模范的成长历程》一书，要确保学习时间和学习效果。

采取召开学习心得交流会等多种形式，开展学习交流，聚焦公司改革发展稳定大局，结合本单位实际和工作重点，立足岗位谈学习收获、谈思想体会、谈改进提高。

主题活动由党委宣传部牵头组织，要做好活动督导。

（三）广泛宣传，选树典型。要充分利用各类媒体资源，精心策划、深入宣传姜和信同志的先进事迹，“向姜和信学习，做岗位建功标兵”主题活动的重要意义、具体内容和要求，在全体干部职工中迅速掀起学先进、赶先进、当先进的热潮。注重培育先进典型，特别是注重选树一线岗位的先进典型，充分发挥先进典型的示范作用，引领广大干部职工学习姜和信式劳模精神、借鉴姜和信式创新模式、争做姜和信式建功标兵，营造“学有榜样、比有目标、赶有方向”的良好氛围。

一季度末，各单位结合学习情况，提交学习总结并以此作为公司劳模、先进工作者、岗位建功标兵评选的重要依据。

（四）搞好结合，务求实效。各单位要将“向姜和信学习，做岗位建功标兵”主题活动融入到“扭亏增盈，岗位建功”主题活动中，与企业文化理念宣贯相结合，与“运营转型、管理提升”活动相结合，与“四降低两提升”攻关活动相结合，及时总结学习活动中的好做法、好经验，以一季度降本增效的实际成果检验活动实效。

（2016 年 1 月 8 日）

“责任驱动，岗位建功”主题活动

“责任驱动，岗位建功”主题活动实施意见

济钢工发［2016］3 号

为了认真贯彻落实集团公司第十八届一次职代会和思想政治工作会精神，根据山钢集团党委、集团公司党委 2016 年党群工作意见，经集团公司工会、团委、党委宣传部研究决定，在广大职工群众中继续深化“责任驱动，岗位建功”主题活动。

一、指导思想

以山钢集团 2016 年度工作会议、集团公司十八届一次职代会精神为指针，落实思想政治工作会议、《党群工作指导意见》各项部署，发挥各级群团组织政治性、先进性、群众性的优势，紧紧围绕完成全年任务目标，广泛动员和团结带领职工，坚定必胜信心，奋力攻坚克难，搭建发展惠民的岗位建功平台，在发展惠民的实践中建功业、做贡献。

二、活动内容

（一）深入宣传贯彻职代会精神，落实职代会确定的目标任务，形成“责任驱动，岗位建功”的浓厚氛围。

2016 年，是我们求生存谋发展、在更高层次上实践发展惠民的重要一年，我们面临着更为复杂、更为严峻的形势，各级工会、共青团组织和政工部门要紧密结合集团公司面临的严峻形势和十八届一次职代会确定的奋斗目标、重点任务，在广大职工群众中开展好形势任务教育活动。要采取座谈会、报告会、征文、演讲比赛、夏季文化广场等形式，利用电视、报纸、微信、网络、黑板报、宣传栏等媒体，大力宣传十八届一次职代会精神，把形势讲清、问题讲准、道理讲透、任务讲明、措施讲实、优势讲足。

总经理工作报告要进车间、进班组。要让“责任驱动，发展惠民”的企业使命深入人心，要让“非钢产业是主业”的理念深入人心，要让“改革、转型、创新”的思想深入人心，要让“山钢一家人”“济钢一家亲”的意识深入人心。面对新常态、新形势、新任务，要着力增强五种意识：一是正视面临的新考验和新挑战，增强忧患意识；二是善于利用有利条件和因素，增强机遇意识；三是爱岗敬业和保持良好的精神状态，增强进取意识；四是自觉与山钢集团党委保持一致，增强大局意识；五是干部职工相互理解、包容支持，增强一家人、一盘棋、一家亲、一条心意识，营造“利益共同体、事业共同体、命运共同体”的文化氛围。把思想认识统一到职代会精神上来，把力量和智慧凝聚到修复出血点、挖掘潜力点、培育增长点上来，把集团公司的决策部署变成职工的自觉行动。

（二）深化“企业·家庭与我”大讨论活动，不断增强广大职工的责任感、归属感。

在广大职工中开展好“企业·家庭与我”大讨论第二季，在上一季大讨论基础上总结经验，优化升级活动方案，丰富活动载体，进一步深化山钢文化深度融合和规范应用，增强“山钢一家人”“济钢一家亲”意识，完善并践行“责任创造价值”等理念体系，确立以岗位、社会、家庭“三种责任”为基点的济钢人行为规范，使责任文化在济钢生根、开花、结果。通过大讨论，点燃济钢人实现价值的理想之火，点燃济钢人憧憬未来的希望之火，点燃济钢人干事创业的激情之火，点燃济钢人突破自我的创新之火，用这几把火燃烧掉我们前进征程中的一切艰难险阻。基层单位继续以举办一场专题学习讨论会、讲一个“企业·家庭与我”的故事、组织一次主题征文、推荐一个先进典型“四个一”的形式开展活动。广大职工群众要增强使命感和责任感，立足本职、胸怀全局，自觉把个人成长、家庭幸福融入企业的发展之中，要充分发扬识大体、顾大局的光荣传统，正确认识和对待改革发展过程中利益关系和利益格局的调整，正确处理个人利益和集体利益、局部利益和全局利益、眼前利益和长远利益的关系。

（三）以创新工作室为引领，激励职工实施岗位创新创效。

按照大众创业、万众创新的要求，响应山钢集团“创新创效”的号召，群众性创新创效活动有新突破。扩大创新工作室覆盖面，有条件的单位，普遍以创新人才为核心，组建创新团队、建立创新工作室。坚持问题导向，瞄准影响生产经营的突出问题，实施创新；坚持目标导向，以实现创新成果的多少、创效成果的大小，作为评价创新工作室合不合格的主要标准。激励更多的创新工作室和创新团队，出更多、更有效的成果。团委开展“金点子”创意大赛，让更多青年职工开启智慧之门，迸发创新火花。

（四）重点指标有突破，实施重点岗位劳动竞赛。

紧紧围绕抓指标、抓资金、抓安全、抓订单，在广大职工中开展有针对性的专题劳动竞赛和青年创新创效活动。集团公司工会将继续联合有关单位（部门）在重点板块、重点单位和重点岗位开展群众性劳动竞赛；各单位要紧紧围绕关键指标上台阶，突出“高大上”（高于考核指标，大于2015年的贡献，上去的台阶不能下来），开展“短快灵”（时间短，见效快，形式灵）的劳动竞赛。团委要将青年创新创效擂台赛活动真正落实到基层、到班组、到每一名有创新热情的青年个人，激励青年职工在本职岗位上爱岗敬业，尽职尽责，迸发智慧，争创一流工作业绩。

（五）适应内部市场化要求，开展先进操作法、合理化建议优秀成果评选活动，创造更高岗位价值。

每个岗位既是价值创造者，也是经营

者，真正实现由“要我干”到“我要干”、“发工资”到“挣工资”的转变，使职工的岗位价值观念进一步增强。岗位职工要能算账、会算账、算细账。深入挖掘、征集、评选、奖励在本单位重点工程项目达产达效、重大技术改造和降本增效，以及在生产实践中解决了关键性难题，取得较好经济效益的职工先进操作法和合理化建议优秀成果。集团公司工会、人力资源处将组织公司级评选活动，对经过论证、立项、实施的，在生产实践中取得很好经济效益的先进操作法、合理化建议优秀成果进行表彰奖励。要不断完善创新驱动的激励机制，充分应用好合理化建议的优秀成果，探索通过建设“职工创新工作室”的方式为获奖者搭建成长平台，最大程度激发广大职工的岗位创新行为，在全公司形成人人爱岗敬业，人人献计献策，人人创新攻关，创新成果大量涌现的良好氛围。

（六）评选表彰劳模、岗位明星，树立岗位建功的旗帜。

“五一”前夕，要组织好劳模评选活动，将劳模评选活动与“责任驱动，岗位建功”的主题紧密结合起来，营造浓厚的评选氛围，建立公开公平公正的评选平台，尝试利用新媒体强化对劳模候选人及评选工作的宣传，发动广大职工积极参与到评选活动中，真正挖掘出一批“政治素质高、工作业绩突出、创新能力强、群众威信高”的先进典型，并切实做好劳模事迹的宣传工作，发挥劳模的示范带动作用。每季度开展“岗位明星”评选活动，及时表彰“责任驱动，岗位建功”活动中的先进个人、明星团队。

三、活动要求

（一）提高认识，加强领导。

“责任驱动，岗位建功”主题活动，是着眼于调动广大职工积极性，提高职工队伍素质，提升企业竞争力，体现企业和职工互利共赢的一项重要活动。全公司各级工会、共青团组织和政工部门要巩固扩大近两年来开展“责任驱动，岗位建功”主题活动的成果，抓重点，破难点，追求新效果，实现新突破。各单位党委领导是第一责任人，工会、团委是推进主题活动的主体部门，要认真研究，精心策划，精心组织，精心实施，做到组织领导到位，宣传发动到位，措施落实到位，检查督促到位，考核激励到位，确保主题活动开展得既轰轰烈烈，又扎实有效。

（二）扣紧中心，提高实效。

要紧扣完成全年任务目标，选准切入点，找准结合点，各单位不要求面面俱到，但要重点突出，使“责任驱动，岗位建功”主题活动切实融入到各单位生产经营、发展惠民全过程，成为调动职工积极性的助燃剂，促进职工岗位奉献的催化剂，凝聚职工智慧力量的黏合剂。要坚持贴近职工，贴近生产，贴近实际，实现主题活动形式、内容与效果的有机统一。要深化管理提升，创新活动形式，丰富活动内容，形成济钢群团工作的品牌和特色。

（三）强化宣传，注重总结。

各单位要加强“责任驱动，岗位建功”主题活动的信息交流，定期总结主题活动的开展情况并及时上报集团公司工会、团委、党委宣传部。要充分利用各种宣传媒体及时报道先进人物事迹和开展主题活动的好经验、好做法，适时召开会议推进主题活动，更好地促进济钢在克服困难中实现转型大发展。

（2016 年 2 月 3 日）

“责任驱动，发展惠民”主题活动综述

2016年以来，按照济钢集团、济钢集团党委的统一部署和上级工会组织要求，济钢集团工会以“责任驱动，发展惠民”为主题，扎实开展群众性创新创效活动，落实发展惠民的各项要求。

一、深入开展“责任驱动，发展惠民”主题活动，为企业降本增效、转型发展凝聚精神力量

制定下发了“责任驱动，岗位建功”主题活动实施意见。主题活动的内容设计，以山钢集团2016年度工作会议、集团公司十八届一次职代会精神为指针，着力落实职代会、党群工作会议各项部署，发挥各级群团组织政治性、先进性、群众性的优势，紧紧围绕“完成全年目标，推进多元发展”这一中心，广泛动员和团结带领职工，坚定必胜信心，强化岗位价值，搭建发展惠民的岗位建功平台，在发展惠民的实践中建功业、做贡献。通过座谈会、报告会、征文、演讲比赛等形式进一步落实职代会精神，让“责任驱动，发展惠民”的企业使命深入人心，让“非钢产业是主业”的理念深入人心，让“改革、转型、创新”的思想深入人心，让“山钢一家人”“济钢一家亲”的意识深入人心。

开展“花儿为什么这样红”庆三八系列活动。多角度展示了集团公司女职工岗位建功的风采和爱厂爱家爱生活的优秀品质。组织开展2015年度女职工工作总结及先进评选工作，评选出先进女职工集体10个，先进女职工工作者26人，巾帼建功能手42人。总结表彰了2015年度女职工工作先进集体和个人，邀请工艺美院老师针对女性形象设计进行讲座，现场还安排了抽奖活动，各单位女工委组织了丰富多彩的活动，营造了浓厚的“济钢一家亲”的氛围。

组织开展2016年劳动模范、先进集体和个人评选活动。评选表彰劳动模范13人、先进集体（车间、科室）45个、先进班组41个、先进个人127名。联合分公司工会召开庆祝“五一”国际劳动节暨先进集体、先进个人表彰大会。联合宣传部在i济钢微信平台，以“鲜花送模范”为主题，专门开设“劳模”评选专栏，设置了“活动公告”“候选人风采展”“网络投票”等栏目，开展了“鲜花送模范”劳模候选人随手拍活动，对16名候选人事迹及风采进行了专题展示，微信阅读量达14944次，职工留言800余条，微信投票36314票，点击人数23000余人次，很好地宣传了候选人的先进事迹，营造了浓厚的氛围。

开展了以“责任驱动，岗位建功”为主题的系列文体活动。春节期间开展新村亮化工程，新春象棋擂台赛活动，与分公司工会联合举办职工摄影展，征集作品300余幅，精选作品100幅入选庆祝“五一”劳动节摄影展览。选取21幅作品参加济南市“中国梦·劳动美·颂党情”济南市职工硬笔书法大赛暨优秀作品展。国庆期间联合开展职工书法绘画展，展出作品100幅。

做好推选上级组织表彰的先进集体、先进个人诸项工作。五一前后共推荐申报济南市级及以上荣誉21项，其中徐强荣获省“富民兴鲁”劳动奖章，冶金研究院和济钢国际分别获得济南市劳动关系和谐企业和民主管理先进单位荣誉称号，两单位同时获得济南市“五一”劳动奖状，郭洪卫、蒋升华、王兴强获得济南市“五一”劳动奖章。

二、开展群众性创新创效活动，团结带领会员职工为企业多元发展做贡献。

组织开展了形式多样的劳动竞赛活动。在新形势、新环境、新常态下，联合运营部等部门开展了“拓市场、比贡献、增效益”销售系统劳动竞赛；按照上级组织要求组织开展“安康杯”竞赛活动和“职工查隐患”活动；联合分公司工会在后勤服务系统开展“优胜食堂”劳动竞赛；联合安全部开展“安全十佳班组”评选活动；联合宣传部开展“岗位明星”评选等活动。对各参战单位竞赛进展情况进行动态报道，对竞赛优胜单位、先进个人进行深入报道，充分展示了广大职工岗位建功的工作激情和各单位劳动竞赛成果。群众性劳动竞赛受到各参赛单位的积极响应，他们精心组织，广大职工热情高涨，形成你追我赶、争先恐后的生动竞赛局面。

深入开展“职工创新工作室”创建活动。对已命名的12个创新工作室进行考核，进行评比排序（8个优秀，4个合格）；对新申报的7个创新工作室进行审核，根据标准评选出符合条件的4个进行命名，并在对各单位合理化建议创新工作室工作开展调研的基础上对原管理办法提出修订意见。联合分公司工会共同召开创新工作现场会，会上对新命名的创新工作室进行授牌。

开展合理化建议及先进操作法征集活动，不断激发职工群众为企业献计献策。集团公司工会组织评委对各单位上报的54项合理化建议、24项优秀成果进行评审，形成初步评审意见。最后，有23项先进操作法、52项合理化建议、23项职工创新成果受到了表彰，活动中，各单位合理化建议和先进操作法获得的经济效益超过5000万元，营造了良好的氛围，取得了预期效果。

积极参与集团公司运营转型和管理提升工作。将合理化建议和职工创新工作室的创建这2个群众性创新平台列为集团公司管控的运营转型管理提升项目——《完善群众性创新平台，助力企业降本增效》，由刘书记亲自带队组建项目团队，按照项目化运作的方式对群众性创新工作进行进一步的提升，经过一年的管理运作，在制度健全、效益提升、参与率提高等方面完成预定目标，成功结题。

（撰稿人　闻成莲）

“扭亏增盈，岗位建功”主题竞赛活动

关于深入开展“扭亏增盈，岗位建功”主题竞赛活动的意见

山钢股份济工发［2016］4号

各单位工会：

为认真贯彻落实公司一届二次职代会精神和2016年党群工作指导意见，引导激励广大职工立足岗位，创新奉献，坚决打赢扭

亏增盈生存保卫战，公司工会研究决定，在全公司职工中深入开展“扭亏增盈，岗位建功”主题竞赛活动。现将有关意见安排如下：

一、竞赛活动组织

成立竞赛活动组委会。工会主席任主任，工会副主席任副主任，工会、绩效管理部、财务部为成员单位。组委会办公室设在工会权益部，负责竞赛活动的日常工作。

二、竞赛活动时间

2016 年全年，以季度为单位表彰奖励。

三、竞赛活动类别

围绕公司中心任务，扎实深入开展“扭亏增盈，岗位建功”主题竞赛活动。

公司在各二级单位所属的车间（作业区）、班组（炉座）、驻外工作团队及临时组建的创新创效团队中开展争创“岗位建功示范岗”竞赛活动，在全公司职工中开展争当“岗位建功标兵”竞赛活动。

各二级单位围绕生产、经营等重点指标和薄弱环节自行组织开展单位内部劳动竞赛。

四、竞赛活动办法

（一）参赛条件

1. 岗位建功示范岗

符合下列条件之一的，即可争创“岗位建功示范岗”：

（1）岗位主要经济技术指标进入行业同类型企业前三名。

（2）实施重大创新项目，在降本增效方面做出突出贡献。

（3）在原料采购、产品营销等市场攻坚中，贡献突出的团队。

2. 岗位建功标兵

符合下列条件之一的，即可争当“岗位建功标兵”：

（1）自觉践行社会主义核心价值观和企业文化理念，遵纪守法，履职尽责，团结协作，业绩突出，群众威信较高。

（2）立足岗位，取得重大技术、管理创新成果和突破。

（3）为本岗位主要经济技术指标提升做出突出贡献。

（4）承担重大课题、急难险重任务，取得显著成绩。

（5）在市场攻坚中，贡献、订单量、交付等方面业绩突出的个人。

（二）评选方法步骤

1. 单位申报。各二级单位每季度组织推荐季度候选团队及个人各 1 个。公司机关限报 2 个团队、3 名个人，机关工会初审后，择优上报公司工会。

2. 组织审核。由组委会办公室根据各单位推荐情况，对证实性材料查验、审核后，确定“岗位建功示范岗”“岗位建功标兵”候选名单。

3. 量化考评。组委会将综合各项指标情况，对候选岗位和个人进行量化赋分，评审出 12 个“岗位建功示范岗”、15 名“岗位建功标兵”作为公示对象。

4. 材料公示。经公示无异议后，正式确定为季度“岗位建功示范岗”“岗位建功标兵”。

5. 表彰奖励。奖励“岗位建功示范岗”5000 元/个，奖励“岗位建功标兵”1000 元/名。报纸、电视、网络等媒体广泛宣传先进事迹。

（三）推荐要求

（1）推荐时间。每季度首月 5 日前，各单位将推荐材料（电子版并加盖本单位 OA 公章），发至组委会办公室。

（2）推荐材料。填写推荐表（见附件）。推荐团队或个人近期照片 2 幅（生活照、工作照），照片最大不超过 200k。

五、几点要求

（一）加强组织领导。各单位党政领导要高度重视，精心组织，形成工会牵头组织，生产、技术、管理、营销等相关部门共同配合，广大职工积极参与的工作格局。

（二）严格把关，确保质量。各单位在推荐中要严格按照规定条件、要求进行推选，对推荐材料和数据真实性负责；要确保质量，宁缺毋滥，把真正做出突出贡献或业绩的先进团队和个人推选出来。对上一季度已推选但未当选的，下一季度可继续推选。

（三）加强典型宣传。各单位要及时宣传报道竞赛活动中出现的好人好事、典型事迹，以及活动进展情况和好经验好做法，充分利用命名表彰“岗位建功示范岗”和“岗位建功标兵”的契机，营造比、学、赶、帮、超，努力创新创效的浓厚氛围。

（2016 年 2 月 3 日）

“扭亏增盈，岗位建功”主题竞赛活动综述

2016 年以来，为认真贯彻落实山钢股份济南分公司一届二次职代会精神和 2016 年党群工作指导意见，引导激励广大职工立足岗位，创新奉献，坚决打赢扭亏增盈生存保卫战，山钢股份济南分公司工会在全公司职工中深入开展“扭亏增盈，岗位建功”主题竞赛活动。竞赛活动紧紧围绕企业中心任务，抓住影响成本、效益的关键指标和薄弱环节，在重点产线、重点单位、重点岗位开展了“拓市场、比贡献、增效益”销售系统劳动竞赛、“扭亏增盈，岗位建功”主题竞赛和后勤系统“优胜食堂”劳动竞赛等。加强调查研究，严格评定考核，定期对竞赛进行月度、季度总结评比表彰。2016 年共表彰了 47 个“岗位建功示范岗”和 48 名“岗位建功标兵”，大大激励了基层职工创新创效、创先争优的积极性。

（撰稿人　刘红霞）

专业管理

ZHUANYE GUANLI

核心理念

☆ 企业使命——为客户提供满意的产品和服务

济钢集团有限公司专业管理

综合事务管理

【综合文字】 增强综合文字材料的针对性、有效性，当好参谋助手，为领导决策提供高质量的文字信息服务。全年共起草会议材料、会议纪要等文字材料近300篇、总字数约70余万字。审核党政公文232个，发布公告11个，上传大事记140余条，向山钢集团汇报月度、季度工作情况总结，报送信息25期。

【公文、公章、保密工作】 严格按照《公章使用网络审批系统管理办法》要求，加强公章使用管理，从未发生丢失文件、失泄密等事件。全年共登记处理公文5871份，其中：内部请示报告1121份、外部来文4327份，公司发文423份。下发处理公文18213份。2016年清退文件134份，清退率保持100%。全年242个部门、单位用章44543次。

【会议、接待、外事工作】 坚持高标准、严要求，高效组织，精心安排办会工作，拟制集团公司一周活动安排53次。累计办会约800余次，其中组织召开集团公司党政联席会55次，党委会（扩大）28次，董事会30次，党委中心组学习22次，形成会议纪要2.8万字。全年共办理出国护照及签证手续23个，出国（境）任务团组共计55人次。

【信访、反邪教】 全年共接待职工群众信访事项102件，积极妥善办结上级转交办24起信访案件，信访总量大幅减少，信访突出矛盾和压力明显缓解，初信初访及时化解，上级转交办信访事项及时办结，取得了良好的工作成效。毫不动摇地坚持团结教育挽救绝大多数、依法打击极少数的基本政策，坚持依法科学文明地开展教育转化工作，顺利完成攻坚任务，得到了市委610办的充分肯定和高度评价。

【史志】 做好《济钢年鉴（2016）》编辑工作。史志编纂严格资料“三审制度”，重点把好史实关、资料关、体例关、文字关、出版关“五个关口”，力求全面、系统、准确，在框架设计上力求贴近公司发展脉搏，丰富年鉴信息容量，沉淀珍贵的历史资料，充分体现可信、可用、可鉴的价值，完成了《济钢年鉴（2016）》编辑出版，全书共计46.9万字，文字校对量约90万字。及时向《山钢年鉴（2016）》编辑部、省史志办提供了济钢年鉴资料稿件。

【行政服务】 全心全意做好集团总部机关的后勤保障服务工作。在确保高效服务的基础上，想方设法开源节流，全年较大幅度降低开支。认真做好对办公楼的维修、维护、整理，办公设备、设施安全检查维护，以及各种办公服务工作，做到夏季送凉爽，冬季送温暖。对办公区域电梯、热水炉、灭火器、空调、避雷设施等及时进行检测或维修、更换。提供良好办公条件，确保有一个优美、舒适、清洁的工作环境，保障集团公司决策中枢的高效运行。

（撰稿　李继亮　审稿　柳润民）

生产运营管理

【概况】 根据集团公司各板块生产经营特点，在生产管理方面，钢材深加工各单位以问题为导向，抓住订单获取、产品研发、生产降成本等重点工作，一企一策，生产经营绩效提升成效显著，冶金炉料板块各单位生产经营保持持续向好态势。全年，冶金炉料板块完成产量 640.5 万吨，完成计划的 103%；钢材深加工板块完成产量 24.9 万吨，完成计划的 83%。

【计划管理】引导各单位积极抢抓订单，提升产能，降低固定费用，增加效益；在采购模式上推行“小批量、快节奏”，贴近市场，降低采购成本，提高产品竞争力；开展降低实物库存工作，通过实施梳理库存结构、分类施策、快速处理等措施，至 2016 年末由年初的 4 万余吨，降低至 2.2 万吨左右，降低了资金占用的同时，避免了库存在市场下滑期的跌价损失。加大计划考核力度，强化计划刚性，每月中召开钢材深加工、冶金炉料板块调度例会，协商解决生产经营过程中存在的问题。冶金炉料板块以为钢铁主业供应大宗原燃辅料为核心，以满足山钢股份济南分公司计划要求为原则进行生产组织。冶金工程技术板块：济钢国际大力度开拓社会市场，深入开展管理降成本实践活动，实行以项目为单元的全面预算和管理费用零基预算制度；冶金研究院大力开展内部市场化管理，强化技术创新，在标准样品开发与销售、供应检验、第三方服务方面，提升了发展能力。社会服务板块汽运公司大力推行“服务增值”，提升服务营销意识，在逆境中实现新发展。

【协调管控】 加大内部市场管控，确保市场运行平稳有序。统一协调集团公司各子分公司参加山钢集团范围内的招投标，优先确保各子分公司自主生产、主营业务、稳定供应等方面的产品和服务参加内部市场投标工作，保障了内部市场运行平稳有序。

【供热工程】 集团公司与山钢股份济南分公司发扬“山钢一家人”的精神，高度重视供热这一涉及民生工程业务，相互配合，高效解决运行过程中存在的问题，经受住了 2015~2016 年度 50 年一遇的极端严寒天气考验，采暖季安全稳定运行。集团公司以“发展惠民”为出发点，投资 485.8 万元对新村采暖系统进行改造，整修腐蚀、结垢严重、水流不通畅、设计不合理影响居民采暖效果的内外管网，受到了广大职工和居民的一致好评。

【环保管理】 开展环保现状调查，加强重点污染源环保监控，实现污染物达标排放。组织集团公司各单位开展环保合规性评价。对污染物排放、建设项目环保“三同时”等情况进行自查评审，促进集团公司环保合法合规，全年集团公司各子公司实现污染物达标排放，各项环保工作有序推进。严格遵守建设项目管理规定，对翼板公司项目，开展了环境影响评价工作，并通过了历城区环保局的批复。

（撰稿 李学付 焦何生 审稿 徐 强）

资产/发展规划管理

【重点项目推进】 一是全面推进铸管公司环保搬迁项目。通过引进外部战略投资者和管理层持股设立新公司，其中，济钢集团出资 2.4 亿元，战略投资者出资 2.04 亿元，职工出资 1.56 亿元；2016 年 5 月 27 日举行开工仪式，项目建设进展顺利；铸管公司停产和资产处置工作正在有序推进。二是完成中轧厂拆迁与翼板公司产线改造。中轧厂于2016年3月12日停产开始拆迁，5月20日翼板公司产线改造热负荷试车成功并投产。三是积极争取日照精品基地建设项目。炉料公司日照石灰窑项目、汽运公司日照铁水运输车项目、鲁新公司日照矿渣微粉项目等日照精品基地配套项目获得山钢集团立项批复，正在按照网络计划有序推进。四是研究集团公司重点转型发展项目。结合济钢实际情况，以产城结合理念为指导，构建城市服务型企业集团。按照“重点推进，分类管理”的思路，启动集团公司转型发展一级管理项目10项、二级管理项目5项以及大众创业项目，全力推进现代物流园、环保新材料、永磁铁氧体、标样检测、文化旅游、出租车等重点转型发展项目。五是积极争取参与济钢片区土地开发利用。通过引进外部优秀企业参与土地开发合作，最大限度发挥钢铁区域、炉料公司区域等存量土地资源优势，培育济钢转型发展支柱产业，最大限度安置富余职工。

【资本运营管理】 一是推进鲁新公司新三板上市。按照省国资委和山钢集团相关政策要求，通过制定、完善上市方案等措施，于2016年6月2日实现鲁新公司在全国中小企业股份转让系统挂牌，标志着鲁新公司步入产业经营和资本运作双轮驱动的快车道。二是完成铁合金厂公司制改制。抓住国家深化企业改革的有利时机，完成铁合金厂公司制改制工作，成立山东济钢合金材料科技有限公司，将新公司注册资本提高至4000万元，为合金科技公司的混合所有制改革奠定了基础。三是完成2016年子公司增资计划。汽运公司增资到7070万元；国际物流公司增资到1亿元；融资租赁公司增资到1亿美元，有力地提高了各子公司市场竞争力，提升了企业的综合效益。四是积极推动对外投资公司年度分红工作。通过督促对外投资公司实施分红，积极争取投资权益，2016年收回对外投资分红13905万元，较上年同期增加6969万元。

【股权投资管理】 一是完成山钢集团内部产业股权结构调整工作。根据山钢集团统一工作部署，完成鲍德房地产等13家单位股权协议转让的协议签订工作，已经收回部分股权转让款3.15亿元。全部股权转让后可收回转让款102642万元，比原始投资增加收益61297万元。二是完成刘岭铁矿减资退出工作。以减资方式实现集团公司持有的刘岭铁矿股权退出，收回股权投资款1932万元，比原始投资增加收益1217万元。三是完成石门铁矿股权公开挂牌转让工作。通过山东产权交易中心完成石门铁矿股权公开挂牌转让工作，此股权转让后可收回股权转让款5538万元，比原始投资增加收益830万元。

【僵尸企业治理】 一是确定拟治理的僵尸企业25家。主要包括：济钢全资企业4家，控股企业4家，参股企业12家，集体企业5家；股权投资总额为33353万元；被投资企业总资产315608万元，负债287042万元，所有者权益28566万元，累计挂亏55110万元。二是全面完成2016年僵尸企业治理目标。截至12月底，共计完成15家僵尸企业治理工作目标，计划完成率107%。15家僵尸企业股权投资总额为23401万元；被投资企业总资产234275万元，负债177054万元，所有者权益57221万元；累计挂亏13358万元。

【盘活土地存量资源】 一是完成二区土地收储和开发工作。按照预约分成模式签署二区土地收储合同，收回土地补偿金预付款5亿元；完成二区生活区房屋征收补偿工作，收回补偿金6.3亿多元；利用相关政策多获取收益1亿多元。二是推进快达土地收储工作。完成快达土地的勘测定界、指界、评估、地上物清理等工作，与济南市收储中心、历城区政府签订了土地收储合同，办理完挂牌出让前的一切手续。三是协调工业北路高架路修路工作。组织涉及工业北路高架路修路征收土地及地上资产的测量、评估、认定工作。与历城区房屋征收中心签署框架协议，收回土地及地上物补偿预付款 5000 万元。四是协调阿科力公司搬迁工作。按照阿科力公司“易地还建，拆一补一”的原则与石济客专、济青高速等单位签订补偿框架协议，并收回补偿金预付款 5000 万元。

【固定资产管理】 一是科学实施 2016 年固定资产投资工作。2016 年济钢集团固定资产投资项目立项实施 18 项，其中 3000 万元限额以上 3 项，3000 万元限额以下 15 项目。主要项目为铸管环保搬迁项目，2016 年资金支出 44826 万元；日照钢铁精品基地铁水运输项目，2016 年资金支出 630 万元；日照钢铁精品基地项目（一期）石灰窑项目，2016 资金支出 305 万元。限额以下项目为翼板产线升级改造、商贸公司新东区污水管道等项目，资金支出为 2515 万元。二是完成二区设施设备的迁移工作。按照中央商务区拆迁指挥部安排，完成二区公建设施设备迁移费补偿工作，收回补偿款 500 多万元；完成商贸公司二区装饰工程公司搬迁拆除工作，并完成资产报废、搬迁损失补偿、拆除费用结算等相关工作。三是合理划转重组部分子公司资产。将重机公司资产划转二汽改厂，改善了重机公司负债结构，减轻了重机公司财务负担，解决了二汽改税务问题；将部分重机公司地上资产划转萨博公司，理顺了与萨博公司资产管理关系，实现了国有资产增值。

【社会职能移交】 一是与济南市卫计委、历下区教育局、历城区教育局等协商并经山钢集团批准，完成济钢医院、中心幼儿园、二区幼儿园、铸管公司幼儿园移交框架协议签订工作。二是积极推进济钢所辖小区房产证办理工作，累计上报办证资料 8826 套，完成总进度的 75.13%。三是与济南供电公司、济南水务集团、济南热力公司和港华燃气公司进行了对接，协调供电、供水、供热、供气的移交工作。

（撰稿　陈天学　审稿　张新福）

财务管理

【主要财务指标】 2016 年末，济钢集团有限公司（简称集团公司）资产总额 255.42 亿元，国有所有者权益 146.07 亿元，少数股东权益 56.25 亿元，负债总额 109.35 亿元，资产负债率 48%；2016 年集团公司实现营业收入 147.33 亿元，实现利润总额 1.03 亿元，归属母公司净利润 5232 万元，较目标增利 2007 万元。

【财务分析】 一是保质保量完成预算编制与分解落实工作。为实现山钢集团下达的归属母公司净利润 3225 万元的目标，财务部认真组织各子分公司详细分析各自生产经营特点和所面临的内外部发展环境，寻找转型发展方式，挖掘内部潜力，制定有效措施，形成完整的财务预算方案。同时，与山钢集团有关部门加强沟通，全面、真实地反映集团公司整体效益预测情况，真正实现“横到边，纵到底”的全面预算，涵盖了集团公司所属各级子公司生产经营的各个方面，形成集团公司预算分解方案。二是强化预算执行、分析、考核工作。完成子公司月度预算及考核分析等资料的搜集、整理，并对子公司财务指标完成情况进行分析，在做好预算、分析、考核的基础上，查找预算执行差异原因，制定整改措施，强化预算刚性约束，全面完成了预算目标任务。

【资金管理】 面对严峻的市场形势，进一步创新工作思路，强化资金收支预算管理，优化融资结构，拓宽融资渠道，增加融资租赁等方式融资，适当增加融资规模。一是做好资金预算管理，合理控制融资规模，确保资金链安全。受去产能和转型发展影响，银行限贷抽贷严重，外部融资遇到前所未有的困难。面对外部环境的变化，做好资金预算，合理控制融资规模是确保资金链安全的关键。全年续贷 23.24 亿元，其中英大信托的融资额度由 1.8 亿元提高到 2 亿元，弥补了部分银行压贷的资金缺口，保证了资金链安全。二是向子公司提供多渠道资金支持。财务部利用集团公司平台优势向子公司提供 3.74 亿元搭桥资金支持，按照同期贷款利率计算为子公司节约财务费用 124.67 万元；利用集团公司授信额度为子公司票据贴现 3.03 亿元，协助子公司紧抓市场机遇提高资金收益。除搭桥资金之外，为子公司新增贷款 3.36 亿元，续贷 10.38 亿元；为子公司续保 5.35 亿元，协助子公司在财务公司和银行新增授信并提供担保 1 亿元。财务部以资金为主线向子公司提供多渠道支持，助推非钢产业发展效果明显。三是支持服务钢铁主业。全年向山钢股份济南分公司及山钢集团济钢板材公司新增贷款 8.1 亿元，续贷 10.95 亿元，新增授信担保 27.6 亿元，为保障山钢股份济南分公司资金链安全起到一定支持作用。四是积极开拓融资渠道，创新融资品种，力保非公开发债业务获批。经过 5 个月努力最终于 3 月 23 日拿到发行 3 年期 30 亿元私募债的无异议函，为集团公司及山钢集团筹措了 30 亿元的储备资金；同时，财务部打破常规思维，以二钢土地补偿款未来资金收益为基础开发新的融资品种，扩大融资规模。

【风险防范】 加强对子公司监督管理力度，规避风险，提升盈利能力。全面推进亏损企业治理工作，按时完成治理目标。制定集团公司《亏损企业治理工作方案》，明确 2016~2018 年平台、经营类亏损企业利润目标和“僵尸企业”处置进度目标。实行亏损企业治理情况跟踪机制，督促各单位按期完成进度目标。到年末，9 家平台类、经营类亏损企业完成治理目标，需处理的 14 家“僵尸企业”有 12 家完成退出，后两年需处置的 11 家单位中已有 4 家进入处置程序，亏损企业治理工作稳步推进。

【税务管理】 强化税收管理工作，合理运用财税政策，降低企业税负。财务部持续完善筹融资平台体系，扩大平台业务范围，增大平台税务筹划效果，为集团公司各类筹融资活动提供业务支撑，努力实现集团公司利润最大化。全年共通过平台筹划利润 4612 万元，降低所得税 1153 万元，减少增值税支出 547 万元及附加税费支出 71 万元，共节约资金支出 1771 万元。同时，按照历城区国家税务局要求，制定了出口退税风险控制体系，加快出口退税款的退税时间，被税务局评为生产出口一类企业。全年实现出口退税 2248.78 万元。

【基础管理】 一是不断强化财务基础管理工作，为了规范产能调整补贴资金的核算管理，制定下发了《济钢集团有限公司转型发展财务管理制度》。二是积极配合相关审计单位顺利完成了 2015 年度财务决算审计、绩效审计以及原山钢董事长任浩离任审计工作。三是完善了山钢集团合并报表信息系统的建设。

（撰稿　李晓礼　审稿　高　勇）

人力资源管理

【概况】 2016 年末，济钢集团职工总数 14090 人。在册职工年工资总额 6.11 亿元，人均工资收入5.69万元。

【体制机制改革】 加强人力资源结构研究与优化，重点关注长期亏损单位的人力资源优化工作。全年共计优化减少岗位用工1095人，减少劳务承包工345人。加快中轧厂与翼板公司两个单位的人力资源融合，不仅大幅度减少了用工，而且机构设置更加复合高效，实现了人力资源和组织机构的平稳整合运转。按照济钢产能调整推进计划，起草产能调整人员安置方案，深入辨识人员安置过程中会暴露引发的历史遗留问题，并积极寻求解决方案。

【人力资源配置】 完善市场化选人用人机制，畅通各类人才流动渠道，挖掘现有人员潜力，实现人力资源最优配置，累计组织各类招聘14次，提供岗位69个。促进人员合理流动，办理调动273人次。

【劳动关系管理】 规范劳动合同管理，续订、重签劳动合同78人，新签劳动合同19人，解除劳动合同227人。

【社会劳动保险】 与济南市人社局、财政局积极沟通和协调社保优惠政策，争取2015年稳岗补贴按最高比例40%返还，一次性返还888.37万元。按时足额缴纳各项社会保险费，全年申报缴费人数20846人次，缴费基数12.37亿元，合计缴费（含个人）3.73亿元。全年办理退休724人，其中特殊工种、病退、女职工聘干解聘和军转干部等提前退休203人。内部退养281人。集团直管期末离退休人数8933人，人均月企业补贴920元。

【薪酬分配管理】 认真贯彻落实山钢集团2015年12月22日铸管环保搬迁会议纪要精神，完成34稿方案的修订；积极协调市人社局就业办（人才市场）为铸管公司职工安置举办专场招聘会，努力为职工再就业提供方便。完善《工资基数核定办法》，完成2016年度考核工资基数核定，全年逐月批复考核工资累计总额156000万元；参与组织实施《深入人力资源价值化研究，实施人力资本管理》项目，全年万元人工成本产值提升2%；认真组织完成了2016年度国资委系统薪酬调查工作；强化HR系统工资统计分析，提高工资效率；做好人工成本统计分析及监测，有效促进各单位人工成本调控，促进劳动生产率提高。严格按照《工资基数核定办法》逐月完成各单位考核工资基数调整；认真完成工资预算执行情况月报汇总；加强HR工资信息管理，完成职工岗位变动、档次晋升工资审批。2016年，集团公司全员产值劳动生产率提高10.1%，职工平均工资水平稳步增长。

【职业技能鉴定】 组织开展职工技能大赛，激励广大职工立足岗位，提升技能，争创业绩，28个工种，4000余人参加，形成“全员学习、全员培训、全员练兵、全员比武”的浓厚氛围。组织开展职业技能鉴定196人，鉴定合格121人，合格率61.73%，较上年提高7.68个百分点。

【人才培养开发】 坚持把业绩作为人才评价的第一标准，大力推进项目工程师考核聘任工作，鼓励项目工程师优先聘任，批复聘任高、中级专业技术人员1052人，其中项目聘任480人。强化节点考核管理，建立“能上能下、优胜劣汰”的竞争激励机制，充分激发专业技术人员干事创业的激情。按照“管理严、标准高、责任明、考核实”的原则，强化职数总量控制，突出对能力、业绩、贡献的全面考核。经考核调整，聘任各类技师358人，调整78人，换聘率21.79%，充分调动一线技能人才工作的积极性和主动性。通过多种途径培养、选拔、用好特殊岗位关键人才、高层次核心人才，2人获得省级首席技师。鼓励职工立足岗位、钻研技术，研究并命名表彰23项职工先进操作法。

【职工教育培训】 制订实施2016年度教育培训计划，紧密结合集团公司“四降低两提升”“运营转型、管理提升”“扭亏增盈，岗位建功”三大活动，坚持“突出实用，学以致用”的原则，全面落实强制性培训；坚持“干什么学什么，缺什么补什么”的原则，重点抓好管理提升培训，扎实做好适应性培训，为全面完成今年各项任务和目标提供强有力的支持。全面组织开展强制性培训，确保持证人员100%持证上岗。培训过程中严格落实安全管理人员、特种作业岗位人员的培训、考核制度，取证培训263人次，考核合格232人次，考核合格率88%，复审培训3053人次，考核合格2857人，考核合格率93.5%，注销196人次（项目）特种作业岗位作业资格。

【信息技术开发】 HR系统信息核查更新。在整个集团公司范围内对在册正式职工、B类职工、劳务派遣、劳务承包、保安等各类职工进行基础信息核查，确保数据全面、准确，并同步更新HR系统职工信息2万余条，为下一步的产能调整转型发展工作提供可靠的数据支撑。

（撰稿　任　波　审稿　张永护）

企业管理

【绩效考核】 坚持“以业绩论英雄”考核导向，优化考核体系，创新考核机制，为集团公司顺利完成任务目标提供政策支持和机制保障。紧密围绕年度任务目标和重点工作，制定实施《“双创”奖励办法》《“双过半”专项激励办法》《亏损企业治理工作专项考核办法》等考核政策，完善绩效环比、同比提升专项考核办法，形成以关键绩效为核心、提升绩效为补充、专业管理绩效及重点工作绩效相结合的绩效评价与考核模式，确保“责任落实和激励到位”，最大限度激发广大干部职工的创效潜能，为集团公司全面完成各项任务目标、在更高层次上实现发展惠民提供重要政策支持和机制保障。

【管理创新】 以运营改善和管理提升项目为载体，持续推进组织架构和运营体系管理创新，促进集团公司降本增效和转型发展。集团公司获得山东省企业管理现代化创新成果二等奖3项，三等奖1项；获得山东省钢铁、有色行业企业管理现代化创新成果一等奖1项，二等奖3项，三等奖4项；获得济南市企业管理现代化创新成果一等奖1项，二等奖2项。

【风险管理】 修订完善集团公司《风险管理制度》，进一步优化完善风险管理流程；组织辨识、收集风险事件254个，经两轮风险评估筛选出10项重大风险事件和22项主要风险事件，通过实施分类分级管控确保集团公司风险受控。

【信息化管理】 及时维护信息化办公系统，保障信息系统和办公系统稳定顺行；配合落实信息保密安全自查工作，实现集团公司领导内、外网访问的双机物理隔离，提高内、外网的访问速度和多机操作便捷性，确保信息安全；组织开展互联网网站（17个）安全检查和关键信息基础设施网络安全检查工作，提高网络信息安全防护水平，确保G20峰会期间的网络安全；积极配合山钢集团做好信息化“十三五”发展规划和山钢集团OA系统上线测试等有关工作。

（撰稿　石　晶　审稿　张新福）

科技质量管理

【质量基础管理】 各子分公司围绕“用最

高的质量、最低的成本，为客户创造价值”质量方针，坚持质量基础管理长抓不懈，开展管理创新和技术创新，增强质量控制能力。荣获全省冶金系统优秀质量管理工作者9人，荣获全省冶金系统质量能手11人，荣获全省冶金系统优秀质量管理小组4项。

【质量改进长效机制建设】 钢材深加工板块、冶金炉料板块各子分公司本着“及时反应，重点关注，深入分析，长期跟进”的原则，针对钢板表面、加工过程、内部缺陷等主要质量缺陷，实施质量攻关，深入工艺技术研究，全面查找技术问题，进行长期质量改进。

【科技人才激励】 评选重大科技项目8项，奖励115万元；评选安铭、李广阔科技创新突出贡献奖2人，每人奖励10万元，科技工作标兵18人，每人奖励1万元；评选济钢科技进步奖90项，其中一等奖20项、二等奖29项、三等奖41项，总奖金127.3万元，调动了全体员工的创新热情和潜能，激发企业的技术创新活力。

【科技成果】 根据省、市和省冶金总公司报奖要求，申报省冶金科技进步奖41项，有30项成果获奖。

【产品研发机制改革】 建立完善重大科技决策机制、科技项目专家评审机制、科技资源共享机制、研发成果转化机制等科技管理工作机制。坚持原始创新、集成创新和引进消化吸收再创新相结合的原则，鼓励创新、注重效益，立足当前、兼顾长远，本着“在子分公司实施的短平快、挖潜增益等效益型项目由受益单位出资”的原则确定投资渠道。调动各子分公司积极性，加快新产品研发速度，持续提升产品盈利能力。2016年全年立项实施技术创新项目29项，累计创效2000余万元；推行项目责任书制度和项目团队机制，严格进行过程管理和阶段考核激励，做好项目的过程管理工作。

【专利管理】 2016年获国家专利合计201项，其中：发明专利114项，实用新型87项，外观设计0项。截至2016年底，拥有有效专利591项，其中发明专利246项。

【标准管理】 济钢国际成功发布《干熄焦节能技术规范》等两项国家标准，获得政府奖励资金100万元；合金科技公司新制定非晶母材、合金粉末再生锰硅球两项行业标准。与山钢股份济南分公司安全部联合发布了《冶金企业煤气管道防泄漏排水安全要求》行业标准。

（撰稿　蒋雪军　审稿　徐　强）

安全管理

【概况】 2016年，共发生轻伤事故1起，轻伤1人，累计千人负伤率0.09，实现了安全生产“六个零”目标。

【安全责任落实】 牢固树立“以人为本、安全发展”理念，严格落实《安全生产法》等法规，认真贯彻上级政府、山钢集团安全工作指示，不断强化“红线”意识，落实安全生产主体责任，不断完善“党政同责、一岗双责、失职追责”的安全责任体系。以重点领域、高风险作业管理为重点，以两体系建设为契机，以专项督查为手段，以夯实班组安全建设为基础，强化重点安全风险管控，不断提升本质安全管理水平，确保了安全生产形势基本平稳，风险基本受控。集团公司与各单位签订年度安全生产责任书22份，各单位逐级签订安全责任书1257份；董事长寄语各单位主要负责人（《落实责任依法治安》——《安全生产法》实施一周年安全寄语）。集团公司严格执行季度安委会和月度安全例会制度，及时总结安排安全工作。全面落实《安全生产法》等法律法规要求，公司领导组织27次专项安全调研，深入一线督导安全生产工作，督促落实安全生产主体责任。集团公司根据国家法律法规的最新变化，结合实际，不断修订完善《安全生产责任制》等20项管理制度，针对高危风险管控专门制定《高危安全风险管控制度》。实施《生产经营单位主要负责人及安全总监安全责任履职管理办法》，对集团公司各生产单位主要负责人及安全总监季度安全责任履职“五个一”落实情况进行了督查，督查整改问题62项。

【安全专项整治】 深入推进“大快严”行动，扎实开展隐患排查治理工作，明确安全管理重点，加大安全督查、考核力度。认真贯彻落实省市安全生产隐患“大快严”集中行动要求，今年以来，集团公司结合实际，制定方案，突出重点，全面组织自查自纠。加强管控，严格矿山、煤气、高温金属液体、危险化学品、人员密集场所消防等重点领域安全管控，加大隐患排查治理力度，按照“四不两直”原则组织各类专项安全检查73次，整改问题1150项，并落实验证，实现闭环管理；各单位全年共排查整改各类隐患3326项，均已闭环。2016年，集团公司联合组织开展“安全卫士——啄木鸟”专项活动，进一步营造安全隐患人人抓、人人管、人人治、人人防的浓厚氛围，共举报隐患1079项，奖励12万元。

【班组安全基础管理】 集团公司本着安全工作重心前移到班组、下移到现场的管理要求，按照“单位周期督查、公司按比例督导、全面覆盖”的原则共抽查督导班组226个，占全部班组总数的74.6%，扎实推进班组安全基础建设。为进一步推进班组安全基础建设，不断提升基础管理水平，工会、安全部联合开展季度安全“十佳班组”评选活动，对矿业公司采矿车间电钳辅助班、选矿车间破碎班等“安全十佳”班组进行了表彰奖励，全年奖励季度“安全十佳”班组20万元。通过《安全“十佳”班组简报》、班组长座谈、互助管理等形式交流班组安全管理经验和好的做法，广泛宣传、学习，全面带动班组安全基础管理水平提升。扎实做好安全生产标准化建设工作，炉料公司、冷弯型钢公司、标准件厂、铁合金厂等单位已经通过安全生产标准化换证复审。创新安全工作，实施安全生产互助组管理，建立新的安全监管模式，共同促进安全生产。各单位互助活动56次，检查整改问题238项。通过安全互助互学互查活动良好平台，相互督查交流，取长补短；通过更宽领域的学习与交流，互相借鉴与沟通，有效地促进了各单位的信息交流、经验共享、互通有无，推动了各单位整体协调发展。

【项目安全管理】 强化中轧厂搬迁改造、铸管公司搬迁工程及停产前安全监管。集团公司严控中轧改造施工安全管理，集团公司领导先后7次到翼板公司、中轧厂安全调研；集团公司建立工程周安全例会制度，从3月12日中轧永久停产到5月19日工程安全投产，共组织召开工程安全例会12次，现场检查36次，督查整改问题112项，考核17000元；结合铸管搬迁工程安全管理实际，先后8次对铸管公司兰陵项目进行了安全督查，整改问题266项。建立月度工程安全例会制度，集团公司共组织召开了7次工程安全例会；组织对铸管公司所属8个车间的领导安全履职、停产前安全措施落实等进行了专项安全督查，共督查整改隐患47项；邀请冶金总公司安全专家对铸管公司安全管理现状进行了细致的诊断式督查，督查整改问题52项。

【标准化建设】 集团公司认真落实国家和省、市政府关于推进安全生产标准化建设的有关文件要求，以安全生产标准化建设工作全面推进安全生产基础建设，提高事故防范能力。2016年矿业公司、石灰石公司、商贸公司分别通过了二级安全标准化评审，确保依法生产经营。

【安全两体系建设】 扎实开展两体系建设，深入排查危险源、危险因素，强化安全风险管控。集团公司制定专项要求，督促各单位全面开展安全风险管控和隐患排查治理两个体系工作。各单位认真按照安全风险分级管控和隐患排查治理实施指南的相关要求，积极开展安全风险分级辨识工作，经各单位内部层层辨识、完善，集团公司共辨识各类安全风险6627项（其中一级8项、二级22项、三级230项、四级3460项、五级2907项），对所有的安全风险都明确了隐患排查要求以及安全管控措施，确保各级风险安全受控。

【相关方管理】 严格协力服务安全管理，提升自主安全管理水平，加强相关方安全监管，落实企业统一协调、管理责任。结合集团与分公司分立运行实际，集团公司及时对冶建公司、机制公司、水文公司等涉及股份公司协力作业服务的单位进行了走访、调查，明确要求迅速转变原有分工协作、协力服务观念，进一步强化服从产权单位安全管理的意识，提升本单位自主安全管理水平，不断完善安全管理制度和规程，狠抓对本单位职工作业过程的安全管控，提高职工安全操作、防护、应急等技能，确保共同实现安全生产目标。

（撰稿 宋宪伟 刘自民
审稿 高岩军）

保卫管理

【治保体系建设】 建立适应集团公司新运行机制的治保管理体系。加强基层治保组织管理，设置治安保卫机构，配备专、兼职治安保卫人员，建立完善内部治安保卫组织体系；建立情报信息上报制度，了解掌握情报信息，做好信息研判工作，保障信息畅通并及时上报，为集团公司领导的决策提供社情信息基础。不断加强各治保组织政治思想教育，忠诚使命教育，不断提高业务技能和自身素质，保卫集团公司以及职工生命财产安全，维护内部良好治安秩序。

【消防安全】 坚持每月巡检与专项检查相结合，加强对重点要害部位及危险化学品管理情况的检查。加强消防宣传教育，提高广大干部职工和居民群众的消防安全意识，增强抗御火灾和自防自救能力，举办各类消防安全展板宣传活动，开展消防安全培训、演练，有效提高广大职工群众消防安全意识，增强了扑灭初期火灾及逃生相关技能。

【维稳工作】 及时处置各类突发事件和群体性上访事件，将事件及时通报有关单位，将矛盾及时化解在萌芽，将事态控制在最小化。对涉法人员的教育转化与警示教育相结合，不断探索开展反邪教警示教育工作的新思路、新途径、新方法、新举措，广泛普及，纵深拓展，进一步加大反邪教工作措施与实施力度，圆满完成了市委610部署的教育转化任务。坚决维护好济钢发展的大好形势，确保济钢平安稳定，积极构建平安济钢、文明济钢、和谐济钢。

（撰稿 刘 辉 审稿 董 波）

离退休职工管理

【概况】 截至2016年底，济钢集团有限公司（简称公司）有离休干部195人，其中厅局级10人，县处级102人，平均年龄87岁。退休干部3151人。离退部党委下设

2个党总支，38个党支部，管理党员1193人。部门设置为4科1室，即综合办公室、离退休干部管理科、二区离退休干部管理科、三区离退休干部管理科、文体科，有工作人员12名。认真贯彻《进一步加强和改进离退休干部工作的意见》，落实离退休干部政治生活待遇，努力做好“双高期”服务管理工作，为离退休干部安享晚年创造良好条件。

【领导重视】 济钢集团党委始终把老干部工作摆上重要议事日程，经常听取工作汇报，及时帮助解决工作中的困难和问题；特别是做到了按时足额拨付两项经费、医药费、党员活动经费、文体活动经费。

【落实政治待遇】 一是加强离退休干部党支部建设。按照就近分片，方便组织学习、活动的原则，根据离退休干部党员的居住区域设立了38个党支部，确保没有一位离退休干部党员游离在党组织之外，实现离退休干部党员全覆盖，让每一位离退休干部党员都有强烈的组织感和在党意识。二是认真落实老干部阅文制度。为便于老干部学习，为离退休的老领导订阅了《老干部参考》和《参考消息》；为每名离休干部订阅了《老干部之家》，每月由工作人员送到老干部家中。三是认真落实老干部参加有关会议制度。召开职工代表大会等重要会议，请离退休干部代表列席。

【加强教育引导】 一是坚持“三会一课”制度。每月召开支部书记会，进行政治理论学习和业务学习，传达上级指示精神，布置支部学习活动内容并提出要求；每月11至15日，各支部组织党员到老干部党员活动室集中学习。支部书记按要求认真备课，有的还上网查找相关材料，丰富学习内容，提高了大家的学习兴趣，使老同志的思想觉悟在潜移默化中得到提升。二是扎实开展“两学一做”学习教育。在“手抄党章100天”活动中，离休干部张志岐虽已年过九旬，仍认真抄写党章，而且抄了3本。他说，抄写党章活动很好，让我们接受了教育，提高了党员意识和党性觉悟，更加坚定了理想信念。90岁高龄的离休干部王庆林，用颤抖的手艰难地抄写完《党章》后，主动交给支部书记，接受组织的检查；在“讲奉献、有作为”大讨论中，离退休老同志们表示，现在虽然离退休了，但作为一名共产党员，要牢记宗旨，严于自律，坚决拥护和支持以习近平同志为核心的党中央，宣传好集团公司党委的决议、决策，令行禁止，多作贡献，增添正能量。三是加强学习培训。举办离退休干部党支部书记学习班，近60名离退休干部党支部书记、委员参加。组织部分老干部到孔繁森纪念馆进行红色教育，重温入党誓词，提高大家的党性觉悟。参加“全省离退休干部学习党的十八届五中全会精神知识竞赛”网络答题活动，共有228名老同志参加，获优秀组织奖，1人获“三等奖”。

【注重精神慰藉】 一是建立包干服务制度。工作人员与老干部结对子，每月定期到老干部家中走访看望，与他们促膝谈心、交流思想、拉家常，主动了解他们的身体和生活状况，及时消除他们的消极情绪。二是给每一名老干部发放“亲情服务卡”。将离退部工作人员的电话号码印在卡上，无论有事没事，老干部都可以随时打电话，工作人员都会高兴地接听电话，与他们交谈，让他们感受到家人般的温暖。三是为近30名长期患病在床的老干部建立家庭病床。离退部工作人员和医生一同定期到老干部家中巡诊，在进行常规检查、治疗的同时，医生还会对他们进行专业的心理辅导，让他们心理上得到慰藉，心情保持舒畅，心态保持稳定，精神愉快地安度晚年生活。四是开展健康向上的文体活动。举办离退休职工庆“七一”红歌演唱会，近500名老同志用歌声回顾了经典，表达对党的无限敬仰与热爱之情。举办离退休职工“重阳节”广场健身展示会，近300名老同志参加表演。“五一”“十一”期间举办了老干部书画展。

【落实服务制度】 一是坚持走访慰问制度，做到日常重点走访与节假日普遍走访相结合。春节前，山钢集团党委书记、董事长侯军和济钢集团领导班子成员走访看望了部分老领导。离退部的同志对130余名离休干部进行普遍走访。值得一提的是，在企业经营困难的情况下，连续两年春节前，集团公司党委都安排离退部的同志对居住北京、莱阳、烟台、临沂等地的离休干部进行走访，送去组织的关怀与温暖。二是坚持住院探视制度。每周两次到济钢医院保健科看望住院老干部；重病转到市里治疗的及时看望；对在治疗过程中遇到的问题及时帮助解决；出院回家后到家中回访，了解康复情况。全年共看望住院老干部1530余人次，回访出院老干部76名。三是坚持为离休干部过生日制度。工作人员上门为124名离休干部祝寿，送去生日慰问金、鲜花和蛋糕，转达组织对老干部的关心和生日祝福。四是做好查体工作。组织129名离休干部、24名公司老领导健康查体。

（撰稿　祝晓宝　审稿　潘爱武）

山钢股份济南分公司专业管理

综合事务管理

【综述】 办公室负责公司公文、印信、文秘及保密管理，重要事项督办落实，信息调研工作及综合文字材料的撰写；负责公司信访管理、应急管理、邪教防控的归口管理；负责公司外事管理、机关行政后勤管理；负责公司年鉴采编及档案管理。下设综合、调研、文书、信访、行政、外事、档案管理等7个科室。截至2016年底，在册职工29人。其中，处级干部2人。

【公文处理、综合文字工作】 登记处理公司级公文8000多份，下发文件2.9万余件。完成公司职代会、年度计划会等内部重要会议和报山钢月、季、年度工作总结，以及省、市等上级领导到公司调研等各类讲话、发言、汇报材料500多篇、150余万字；向山钢报送《公司信息》25期；编译《翻译信息摘编》11期；及时发布公告栏信息和大事记。

【会议、接待、外事工作】 全年组织各类会议、活动810余项，组织党政联席会、经理办公会、各类专业会等530次，大型会议102次；办理23个、55人次的出国（境）团组。

【信访、反邪教、应急管理】 全年接待职工群众来访、来信、来电102件；办理上级信访部门批转信访案件24件。防范邪教工作圆满完成了教育转化攻坚等任务。围绕产能调整各项工作，制定了《山钢股份济南分公司重大决策社会稳定风险评估实施意见》《山钢股份济南分公司转型发展风险评估实施方案》《山钢股份济南分公司舆情监管工作实施方案》《济钢产能调整维稳与舆情控制工作方案（预案）》等规章制度，进一步细化完善相关工作方案，先后制定了产能调整维稳工作方案及风险评估、舆情管控、信访稳定、安全保卫等系列应急工作方案。

【史志、档案、行政服务】 完成《山钢年鉴（2016）》济南分公司相关内容的编纂，文字量7万字。接收、整理、归档科技档案947卷、管理档案125卷/487件，会计档案1863卷，照片档案321张。利用底图1922张；复制蓝图46.7千克；举办3期档案业务培训班，集中对32家单位35人进行了业务培训。做好1号、2号、3号办公楼及文化中心的维修工作，及时维修电脑、打印机、空调及开水炉等500余台次。

【队伍建设】 紧密联系实际，按照“学深、做好、走在前”的标准，把“两学一做”的落脚点放在建设“忠诚可靠、心情舒畅、奋发有为”的一流服务团队，建设“有尊严、有担当、有价值”的一流活力团队上。扎实推进“智慧党建”平台建设及党员在线学习，引导党员干部坚定理想信念、加强党性修养、强化作风建设，充分发挥好党员干部模范带头作用，继续保持好廉洁自律、低调务实、甘于奉献的办公室党员干部形象。坚持“规定动作不走样、自选动作有特色”原则，组织党章党规党纪知识、公司半年职代会工作报告相关知识学习和测试、“手抄党章100天”活动，开展以“请党组织在困难之中考验我”为主题的

"微型"党课培训、"努力·珍惜·感恩"为主题的教育培训、互动交流式业务实务培训，举办季度"创先创优创效"先进个人评选，引导全体职工牢记使命、不负重托，团结奋进，不断提升整体素质和能力。全年共有5人获得公司以上级先进称号；一项档案成果获得山东省档案学会优秀成果二等奖；办公室荣获2015-2016年度公司先进党支部和2016年度公司工会"模范职工小家"荣誉称号。

（撰稿　邹玉萍　审稿　柳润民）

生产管理

【综述】　面对严峻的市场形势，生产系统认真贯彻落实公司的各项决策，在铁前系统拉升高炉的产能，降低运行成本；在钢后系统以效益为基准，灵活调整各钢轧产线资源分配，大力度实施产线结构优化；同时，通过快速的应变机制，密切关注上下游市场变化，强化过程控制，保持了生产组织的平稳高效运行。全年生产铁642.68万吨、钢652.1万吨、钢材699.7万吨，烧结矿1000.6万吨，焦炭274.7万吨，发电22.91亿千瓦·时。

【计划管理】　加强与市场的对接，强化预测预控管理，确保计划目标兑现。根据原燃料市场情况，灵活把握采购策略，努力保证矿石和煤炭采购的经济性，降低原燃料周转库存量。根据产线贡献情况，及时调控铁钢资源匹配，加大钢轧产线间结构优化力度，在有限资源条件下，大力度地调整优化生产组织结构和产线间品种结构，确保轧钢的整体收益最高。以订单完整交付为中心，通过优化计划排产，监控计划执行情况，加强订单清理，提升订单交付率。

【调度指挥】　根据生产系统运行实际，坚持目标管理，持续不断提升生产运行的质量和效率，不断探索和推进生产组织模式的创新，做到转换有序，衔接有效，实现了生产系统安全平稳运行；认真履行节能减排社会责任，针对重大活动和雾霾天气环保限产，严格执行限产措施，全年基本做到污染物达标排放；坚定维护公司"增铁保钢"发展战略，组织炼铁厂不断优化炉料结构，实现了高炉系统的持续稳产高产；建立以提高燃电上网电量为中心的生产组织模式，合理安排检修，钢轧联动高效发电，以生产运行节奏优化调整为核心，强化轧钢和发电联动意识，在轧钢满负荷生产期间，择机安排燃气发电设备轮修；在轧钢集中检修、设备消缺期间，燃气发电设备保持高负荷运行，根据系统平衡状况合理组织发电运行模式的转换，为发电年度计划目标的完成奠定了基础；深入挖掘各工序能源降本潜力，实施阶段性集中开停、迎峰检修、避峰生产等措施，全年峰谷电量差完成近6000万千瓦·时；强化设备大中修生产组织，不断总结经验，优化压缩工期，提高检修质量，检修项目均提前保质保量完成；开展隐患风险监控处置工作，全年处理隐患46项，有效杜绝重大生产事故的发生；针对环保限产，提前筹划，制定应急响应预案，确保了限产期间生产运行的安全和稳定。

【铁前工艺管理】　铁前系统以稳定高效为核心，优化铁前各种原燃辅料结构，持续降低生铁成本，实现了生铁成本低于行业平均水平的突破。实施高炉"强动力"冶炼攻关，加强外围各种基础条件的保障，高炉日产不断创出历史高水平。资源保障方面，以铁前小组为工作中心，平衡大宗原燃料接续和库存控制工作，统筹考虑船期受控、拼船、资源共享、外卖串换等手段，实现了原燃料低库存条件下的平衡新模式。

【绩效统计管理】 紧紧围绕公司中心工作，按照及时、准确、全面、系统的工作方针，全力提升统计服务水平；充分利用丰富的数据信息资源，深挖统计信息潜力，不断开发适应公司发展需求的统计产品；深入开展实物型投入产出分析，查找公司管理中存在的问题，达到堵塞漏洞、降低消耗、提升效益的目的。

（撰稿 宋汝贵 审稿 刘学燕）

发展规划管理

【综述】 发展规划部的主要职能为：负责跟踪国内外产业发展走势，收集研究国家相关政策，提出应对策略，并根据政策变动情况及时调整发展规划；负责公司战略规划管理和转型发展规划管理，组织公司战略规划和转型发展规划研究策划、组织实施、监控评价、优化调整；负责公司战略性新兴产业项目的研究辨识、论证、实施、效果评价；负责公司固定资产投资管理，负责固定资产投资计划编制、实施、评价、改进；负责公司固定资产投资项目管理，组织对公司固定资产投资项目论证、立项、实施监督、后评价管理；负责主责专业业务流程的梳理、监控、改进及绩效评价。发展规划部下设咨询研究室、投资管理科、战略规划科 3 个科室。截至 2016 年底，在册职工 12 人，其中高级职称 8 人，中级职称 4 人；研究生 5 人，大学本科 7 人。

【固定资产投资管理】 全年固定资产投资计划 2.5 亿元，完成投资 1.3 亿元，完成计划的 52%。加快生产组织结构调整，优化炼钢生产系统，重点实施了特殊钢材基础能力提升改造项目，以及炼钢厂 210 区蒸汽优化利用项目等节能减排项目。坚持降本增效挖潜，紧紧围绕“四降低三提升”的生产经营目标，实施了优化转炉煤气供气方式，提高转炉煤气回收量等项目。立项实施了 3200 立方米高炉区域煤气管网优化稳压等项目，解决安全隐患问题。

【规划方案】 贯彻落实国家《钢铁行业化解过剩产能实现脱困发展的意见》，牢固树立“创新、协调、绿色、开放、共享”发展理念，以控制总量、优化资产、调整布局、安置职工、维护稳定为出发点，编制济南分公司 650 万吨产能减量环保搬迁方案及预可行性报告。多方寻求发展之路，实现产能输出合作。

【创新创效】 坚持政策创收、投资创益、管理创效，全年实现创效 5.49 亿元，其中争取国家政策支持及奖励资金 5.46 亿元。在淘汰落后和化解产能上争取资金，分别得到国家和山东省的财政资金奖补；完成节能技术改造，通过节能减排和合同能源管理项目得到国家财政节能奖励；配合济南市工业北路快速路建设争取财政资金补偿。

【基础管理】 坚持学习创新、管理提升、部门转型，建立内部课堂学习机制、创新工作机制和目标管理办法，建立健全“工作计划按周监测、四大基础管理台账按月更新、重点工作按季通报、工作绩效按年考核”的管理机制，促进部室转型。

（撰稿 韩晰宇 审稿 王文涛）

财 务 管 理

【综述】 财务部主要负责全公司财务管理制度制定并组织落实；负责全公司会计管理、全面预算管理、成本管理、价格监管、税收管理、融资管理；负责资金管理，资金风险管控；负责汇率、利率管理及信用的归口管理等。设办公室、财务预算科、资金科、会计科等 17 个科室。截至 2016 年底，在册职工 85 人，其中处级干部 2 人、科级干部 24 人；高级职称 18 人，中级职称 39 人，初级职称 28 人；大学本科学历 62 人。

【财务管理】 加强精细化成本管理，构建精细化成本管理体系；配合开展“四降低三提升”工作，全年实现降本增效额 9.7 亿元，成本降低率完成 3.55%，其中财务部主责的钢轧系统降成本工作，全年实现成本降低 2.09 亿元，折吨钢降成本 32.05 元；强化经营绩效分析工作，建立公司月度经营绩效分析报告的框架和分析模型，深度剖析经济运行状况，以动态分析为手段，以重点分析为突破，通过分析寻找差距，通过差距寻找解决问题的措施，为公司经营提供决策依据；强化财务资产管理，盘活各类资产，不断提升财务资产创效水平，建立三项资金占用考核和实时监控机制，及时协调各单位调整产品结算环节流程，加快结算速度，产品库存明显降低。开展亏损企业治理工作，系统分析公司亏损的原因，制定亏损企业治理方案，并积极推进治理工作，完成了 2016 年钢铁主业亏损企业治理目标。

【资金管理】 面对严峻的市场形势，进一步创新工作思路，强化资金收支预算管理，优化融资结构，拓宽融资渠道，适当增加融资规模；加强与银行沟通，拓展境内贸易融资、供应链融资、应收账款保理、出口订单融资、信用证代付等融资业务。全年通过各种融资渠道新增贷款 30 亿元，办理建行融资租赁，融资 2.8 亿元。以全面预算管理为基础，加强资金管控，建立资金支付网上审批流程，所有款项支付必须严格按照资金支付流程办理，合理规划资金支出，按照以收定支的原则，优化资金支付结构，充分发挥资金使用效益。强化收款管理，及时回收资金，把握时机适当增加订单储备。在确保公司资金链安全的前提下，努力实现财务费用的降低。财务费用同比降低 11684.41 万元，降幅 16.04%。

【风险防范】 针对行业连续亏损，重点强化财务基础管理工作和内部控制制度建设及执行。按照以事前防范、事中控制为主的风险管理原则，组织重点科室查找风险事项，研究制定防范措施，组织梳理内部控制制度，检查重点岗位内控执行情况；组织相关科室按岗位、按流程编写系统操作手册，做到规范操作，防范财务风险发生。

【税务管理】 强化税收管理工作。根据国家统一部署，自 5 月 1 日起，将营改增试点范围扩大到建筑业、房地产业、金融业、生活服务业，并将企业新增不动产纳入增值税抵扣范围，全面推开营改增试点。通过认真学习和研究政策，加大税收筹划节税工作力度，对老合同、老项目及特定行业采取过渡性措施，确保所有行业税负只减不增。针对公司租赁济钢集团土地业务，为实现节税，在 5 月以后签订新的租赁合同，降低公司增值税及附加 560 万元，减少现金支出；针对采暖季供热业务，通过与税务机关沟通协调，积极备案，免征增值税及附加 361.61 万元；充分利用关于安置残疾人就业有关企业所得税优惠政策，减少所得税费用 53.27 万元。全年合计减免各项税费及附加 974.88 万元。

（撰稿　李晓礼　审稿　高　勇）

人力资源管理

【综述】 人力资源部（与党委组织部、教育培训中心合署办公）主要负责公司人力资源规划；岗位劳动定员；人才引进与人力资源优化；劳动合同管理和劳动纪律检查；职工薪酬管理；制订并实施职工培训计划；高层人才培养和管理；职工职业技能鉴定，专业技术职务评审、聘任；职工养老、生育等社会保险工作；人力资源统计，人事档案和职工信息管理等工作。下设综合管理科、员工管理科、薪酬编制科、社会保险科、培训管理科、技能教研室、管理教研室、网络教研室共8个科室。截至2016年底，在册职工32人（含组织部3人），其中高级职称13人，占40.6%，中级职称15人，占46.9%；本科及以上学历30人，占93.8%；处级干部2人。

【体制机制改革】 优化组织结构，将第一小型轧钢厂整建制划归薄板厂；自动化信息公司整建制划归山信软件股份有限公司。调整管理职能、优化机构设置：炼钢厂撤销45吨炼钢车间等4个车间，增设精整车间，拆分天车一车间成立120吨天车车间、210吨天车车间；自动化信息公司信息化管理职能调整至绩效管理部；210吨炼钢至4.3米产线电气自动化管理职能由检修工程公司调整至装备部。为做好济钢产能调整和转型发展工作，设立济钢转型发展工作办公室。

【人力资源配置】 根据协议从胥家村招工24人，内部人员流动691次，解除（终止）合同1724人。

【薪酬分配管理】 紧密结合实物劳动生产率考核，完善落实《工资基数核定办法》，继续实施缺员工资激励政策，促进劳动生产力提高和职工工资收入增长。

【人才开发管理】 建立以项目工程师为核心的专业技术职务聘任考核机制，聘任项目工程师911人，占聘任人数56%。完成岗位工程师年度换届聘任工作，聘任705人。组织参加第八届全国钢铁行业职业技能竞赛和2016年山东省特种设备“德鲁克杯”起重装卸机械操作工职业技能大赛，并取得良好成绩。选拔推荐高层次人才，8人获公司级以上荣誉称号。考核聘任技师1567人，动态调整率7.6%。

【社会劳动保险】 社会保险申报缴费18万人次，缴费基数8.91亿元，企业缴费比例30.04%，个人缴费比例10.5%，缴费3.61亿元。办理退休458人，退养280人。截至年底，离退休人员8933人，人均月统筹养老金4085元、企业补贴911元。

【职工教育培训】 安全管理取证培训93人，复审/换证培训915人，支部书记培训270人，入党积极分子培训96人。

（撰稿　严　胜　审稿　徐西刚）

绩效管理

【综述】 绩效管理部主要负责公司绩效管理、体系管理、制度建设、流程管理、管理创新创效、精益管理、风险管理、内部市场化等工作。截至2016年底，在册职工13人。其中部长1人，副部长1人；高级职称5人，中级职称6人，初级职称2人；大学本科13人。

【绩效管理】 深化创利优先考核导向，以效益为中心，按照市场化原则，优化“分档定基数，指标挣奖金”考核模式，充分发挥考核体系导向作用；强力推进降本增效攻关，全年“四降低三提升”攻关活动累计降成本9.7亿元，折合吨钢148元；实施采购全流程成本控制，不断完善采购绩效分析，进口矿入库采购价格比普氏指数低0.56美元，炼焦煤采购价格比行业平均低30.99元/吨，喷吹煤采购价格比行业平均低26.6元/吨。

【基础管理】 梳理流程制度，根据销售管理体制改革，完成了订单评审等10个销售流程的梳理；根据信息化专业管理职能的调整，完成信息化专业绩效考核等9个信息化管理流程的梳理；根据管理需要，完成出口钢材港口包干费用等5个流程的梳理；组织修订和发布了65个公司级管理制度；完成了质量、职业健康安全、环境、能源、测量、两化融合六体系一体化内审，组织了质量、职业健康安全、环境、能源四体系换证外审；组织完成了内控体系外审，对内审、外审发现的问题组织主责部门落实整改；实施全面风险管理，对10项公司重大风险、23项专业风险、33项二级单位风险实施全过程管控，全年所有辨识的风险事件均处于受控状态，未发生重大风险事件。

【管理创新创效】 持续推进机关管理创效，全年机关管理创效累计18249.76万元，折合吨钢27.88元，全面完成公司下达创效目标任务；大力度推进管理创新，组织开展年度管理创新成果评审，86项成果获得公司管理创新成果奖；积极向上级部门推荐优秀成果，3项成果获全国冶金企业管理现代化创新成果，1项成果获山东省企业管理现代化创新成果；广泛开展“双创”活动，制定下发《创新创效“双创”活动推进方案》，3个项目获得山钢集团“双创”奖励，合计创效额3428.96万元。

【运营转型管理提升】 抓运营改善项目，全年确立公司核心项目34个、公司监管项目41个、自主管理项目136个，共计验收公司管控项目59个，累计实现落袋效益6.6亿元；抓模范车间创建，分阶段、系统性提升现场精益管理水平，全年培育并命名表彰现场模范车间80个，其中能源动力厂电力车间、宽厚板厂4300毫米热轧车间、炼铁厂干熄焦车间3个车间获得山钢集团精益管理模范车间荣誉称号；组织召开8次车间管理提升现场会，推动整体基础管理水平持续提升；抓理念能力建设，组织开展科级及管理骨干转型提升培训及考试，班组长转型提升选点培训及考试，共计培训17期、29个班、1637人、410课时。

【内部市场化】 开展内部市场化运营试点，通过专业培训、对标学习、建立体系、现场观摩、季度评价等一系列工作，将市场机制全面导入内部生产经营的各个环节，实现由发工资向挣工资观念的根本性转变。炼铁厂获得山钢集团内部市场化运营管理良好单位荣誉称号，气体厂、化工厂获得公司内部市场化运营管理先进单位荣誉称号。

【信息化管理】 自动化信息技术公司9月份整建制划归山信软件股份公司后，与其签订实施了《信息系统运行维护和技术支持服务协议》；组织每月一次的信息化例会，并根据《2016年信息化管理绩效考核细则》实施专业考核；根据公司管理职责调整，完成了信息化业务模块流程梳理和调整；组织制定和实施了铸管公司搬迁后物流中心的电话和网络使用的解决方案；完成了《容器板质量证明书可追溯信息化标识应用系统》立项与实施；组织完成了工业北路电缆改造方案。

【清理“三外”和应收账款清缴】 全年共计替代“三外”费用合同额9915.18万元，净收益额7791.09万元，替代相关方人员1621人；以“清理老账，防止新欠”为重点，全方位推进逾期应收账款清缴，全年共清回逾期应收账款1482.88万元。

（撰稿　房克余　审稿　柳润民）

科技质量管理

【综述】 科技质量部主要负责全面质量管理；负责组织新产品研发计划、质量计划管理；负责公司工艺技术管理；负责科技质量类标准管理；负责公司物料编码管理；负责公司技术经济指标管理；负责公司科研项目、科技成果、知识产权、专利及专有技术、对外技术交流与合作管理；负责产品认证、产品创奖、产品生产许可证管理；负责公司科协管理及博士后工作站科研管理。设综合管理科、技术管理科、研发管理科、质量管理科4个职能科室。截至2016年底，在册职工33人，其中处级干部3人，管理工技人员29人，生产服务岗位人员1人；高级工程师25人，工程师4人，助理工程师3人；博士研究生3人，硕士研究生7人，大学本科21人，专科1人，中专1人。

【质量管理】 根据公司体制机制改革和职责变化，重新对ISO9001质量管理体系文件进行梳理，修订程序文件12个，并顺利通过质量体系年度内审和外部审核；完成API质量管理体系换证审核，接受ASME · MO质量体系2016年度审核工作并顺利通过。完成60毫米E550和80毫米E460超高强度船板认证工作，获得工厂认可证书；组织完成印度、挪威、英国、法国等船级社工厂认可证书换证审核工作；完成挪威船级社MSA证书的换证审核和中国船级社证书年审工作。完成欧标建筑结构用钢和压力容器用钢证书的换新审核。制定的《工程机械用耐疲劳结构钢板》和《连铸板坯焊接复合轧制厚钢板》两个行业标准获得发布。组织起草的《超高强度结构用热处理钢板GB/T 28909—2012》获得2016中国标准创新贡献奖三等奖。申报的“船舶及海洋工程用结构钢热轧宽厚钢板”“高强度结构用调质钢板热轧钢板”“石油天然气输送管用热轧中厚钢板”“桥梁用低合金结构钢热轧中厚钢板”获得金杯奖证书。全年产品质量整体稳定。

【对标学习】 继续深化对标挖潜，各工序对标指标均有不同程度的提高，炼铁系统1750立方米高炉指标及排名大幅度提升，炼钢、轧钢系统保持稳定；年内对标的22项重点指标，进入第一名的有2项，进入前三名的有8项。

【科技成果及专利管理】 承担的国家科技支撑项目1项完成验收。获济南市技术发明三等奖1项，获济南市科学技术进步二等奖1项、三等奖1项，获省冶金科技进步奖10项。获授权专利201件，其中发明专利114件。授予“极限薄规格热轧带钢生产技术研发与应用项目”等7个项目重大科技项目奖，评选科技创新突出贡献奖2名、科技工作标兵13名、公司科技进步奖79项、专利奖10项，总奖金257.1万元。

【技术研发】 从技术管理角度入手，大力推行窄成分设计，制定下发《成分设计和合金计划设计规范化实施方案》，初步实现成分设计和合金计划设计标准化，达到了进一步压缩合金成本的目的。全年共开展48个炼钢牌号的合金减量化降成本工作和87个钢种牌号的窄成分设计工作，促进了合金降成本工作的顺利开展，实现合金降成本1855万元，其中炼钢厂降成本1503万元，宽厚板厂226万元，薄板厂126万元，超额完成年度计划目标。15个SBU项目全年总销量完成233万吨，比较贡献总额较上年降低4427万元。

（撰稿　胡建军　审稿　张瑞堂）

安全管理

【综述】 安全部全面负责公司安全与职业卫生管理工作，下设技术管理科、安全科、危化品管理科、职业健康科4个职能科室。截至2016年底，在册职工13人，其中研究生2人，大学本科9人，专科以上人员学历占100%。2016年实现重大及以上生产事故、设备事故、火灾事故、厂内交通事故、人身伤害事故及工亡事故“六个零”的目标。发生轻伤事故2起，千人负伤率0.14（控制目标0.5），无重伤及以上安全生产事故；确认职业病11例，比上年减少1例。主要负责人、安全和职业卫生管理人员、特种作业人员、从业人员安全培训率均达100%。

【安全基础建设】 在巩固车间和班组安全基础建设达标成果的基础上，公司对基础管理实施分级管控，落实安全生产责任主体要求，各单位对车间、班组检查每半年全覆盖，车间对班组检查每月全覆盖；公司对车间、班组进行抽查，全年抽查车间44个，合格41个，合格率93.2%，抽查率41.1%；抽查班组143个，合格138个，合格率91.6%，抽查率24.1%。为促进安全基础建设工作进一步提升，公司按照2016年建设安全标杆班组的工作要求，在安全合格班组的基础上全面启动安全标杆班组创建工作。全年计划创建40个标杆班组，各二级单位自查申报标杆班组35个，一次验收通过32个，通过率80%，复检通过2个，最终通过率达到85%。10个生产单位树立了安全基础管理学习标杆。通过开展安全标杆班组的创建，职工在对禁令的理解和遵守、安全规程的执行以及高风险作业的控制等方面都有了明显提升。

【安全生产主体责任落实】 强化“一岗双责、党政同责、齐抓共管、失职追责”的安全管理责任体系，建立各级党政领导、职能部门对分厂、车间、班组的安全承包连挂制度，安全专业委员会与安全责任履职及相应事故连挂考核制度；完善季度安全量化考核办法，将较大以上火灾、交通、生产、设备等事故纳入考核；重新修订《安全生产风险抵押金管理办法》，实行全员安全生产抵押金制度，各级领导的抵押金与其安全履职情况及本单位事故情况挂钩。公司与12个生产单位、生产单位与科室车间签订责任书203份，车间主任与班长签订责任书736份，实缴风险抵押金人数13113人、金额601.4万元。各单位领导认真按照安全履职清单进行履职，落实安全工作，自觉落实“一岗双责”。各专业委员会发挥专业优势，积极践行“管生产经营必须管安全，管业务必须管安全”的要求，每季度对生产单位进行专业领域检查考评。生产运行安全管理专业委员会坚持一手抓生产、一手抓安全，结合生产运行结构、节奏和强度的变化，全面应对生产系统存在的重大风险、隐患；设备与工程专业委员会以强化点检维护责任落实为重点，加大设备隐患排查与治理力度，加强特种设备、大中修及重大设备隐患的管理，保障设备运行安全平稳；消防专业委员会定期组织召开全体成员会议，坚持抓制度执行，抓隐患排查，抓专项治理，全年查出、整改火灾隐患216项；交通专业委员会继续强化厂内道路交通监管措施，完善交通管理应急预案，开展大密度、高频率的检查。

【职业卫生】 积极开展职业卫生工作，保障职工健康。开展职业病危害检测工作，共检测1338个点，超标25个点，占总检测点1.9%。对公司在用的7枚放射源和13台射线装置、181个射线剂量笔进行定期检测，保障接触射线岗位人员的健康与安全。组织8022名职工进行职业健康查体，共计诊断职业禁忌症28人、疑似职业病29人，并做好调离和复诊的组织工作。

（撰稿　魏士红　审稿　高岩军）

能源环保管理

【综述】 能源环保部主要负责公司能源、

环境、厂区绿化及道路保洁管理、监督、检查、协调和服务。设置能源管理科、环境保护科、用电管理办公室、绿化保洁管理科等4个科室。截至2016年底，在册职工23人，其中男职工16人，女职工7人；管理工技人员21人，工人2人；高级职称6人，中级职称13人，初级职称2人；大学及以上学历20人（其中硕士4人），大专学历3人。

【主要指标完成情况】 全年吨钢综合能耗完成575千克标准煤/吨钢，水资源循环使用率达98.12%；实施重污染天气应急机制，环保指标、运行费用和排污费用持续降低，全年减排二氧化硫24800吨、化学需氧量1050吨，完成了与济南市人民政府签订的减排任务；全年绿地面积141.61万平方米，绿地率25.43%，绿化覆盖面积155.04万平方米，绿化覆盖率27.76%，厂容厂貌持续改善。公司被中国钢铁工业协会评为环保工作先进单位，被济南市、山东省冶金工业总公司评为2016年度能源统计先进单位。

【能源降成本情况】 根据公司“四降低三提升”工作要求，精心组织能源降成本工作。全年累计降低能源成本1.56亿元，折吨钢24.08元/吨，完成了公司21.11元/吨的目标。2016年，省、市环保部门提高了排污收费标准，经与济南市环保局努力沟通，全年缴纳排污费比预算节约支出2765万元，降幅36.6%。全年共缴环保罚款11万元，环比减支56.5万元，降幅83.7%。

【电力系统优化】 分布式发电总发电量22.93亿千瓦·时，总上网电量约17.11亿千瓦·时，综合上网率74.6%，发电自供率52.7%。全年供电系统创效1.31亿元。其中，经济性优化节省基本电费支出1亿余元；峰谷平节电量约5800万千瓦·时，公司落袋效益约2000万元；力调电费奖励约700万元；二区减免基本电费456万元。利用直购电政策节省电费支出财务到账约7600万元。

【水系统优化】 强化管网经济运行管理，实施中水系统优化等节水项目，吨钢耗新水达到2.93立方米，为历史最好水平，环比降低2.3%，年收益228万元。外部与济南市物价局、源泉供水公司经过长达半年的艰苦谈判，结算价格增加0.2元/立方米，年创效380万元。同时，增加支付转供炼油厂费用91万元。

【外销富余能源】 全年对外供暖300万平方米。动态平衡厂内余热资源，确保采暖季供暖稳定运行，年采暖收入5000万元，收益2000万元。积极开拓蓝星等外部用户，将富余蒸汽转化为效益，全年外销能源收入1200万元。

【利用政策创效】 与济南市发展改革委、中铁四局、中铁二十局等协调沟通，配合石济客运专线和济青高铁工程施工，争取专项补贴153万元。

【专项治理】 开展“三个歼灭战”活动。从1月份开始，分别组织开展了车辆洒漏、无组织排放和有组织排放三个歼灭战，有效控制扬尘和废气污染。先后实施了消纳化工厂酚氰污水处理场污泥、化工厂二系统冷凝尾气升级改造、重点设备设施扬尘整治等推进污染整治项目，得到上级环保监察部门的认可。开展厂容环境治理。公司投资约80万元，新进吸尘车、洒水车各1辆，使厂区主要道路机扫率提高到74%，主次干道洒水频次白天不少于6次，有效抑制了道路积尘扬尘；利用春季绿化和工业北路高架桥施工苗木移植有利时机，补植厂内主要参观通道苗木，共栽种乔灌木5.26万株，爬山虎和蔷薇9652株，持续提升参观沿线绿化效果；将原装备部和炼铁拆除区域新建绿地施工养护划归机关党委和炼铁厂养护，将炼铁区域的主次干路划归炼铁厂清扫保洁，年节约外委费用130万元。修订重污染天气应急预案。根据环保部京津冀及周边地区污染防治要求，会同生产部对重污染天气应急预案进行了修订，将重污染天气应急对公司的影响降至最低。

（撰稿 陈 飚 审稿 李健民）

装备管理

【综述】 装备部主要承担设备设施运行管理、工程项目建设管理、物资采购供应管理和以实物为主的固定资产管理等职能。截至2016年底，在册职工126人，其中高级职称53人、中级职称46人；研究生16人、大学本科84人。

【设备设施运行管理】 设备大中项修计划25项，实际完成20项，计划兑现率80%。因企业转型等原因，以下设备未执行大中修计划：炼铁厂100吨干熄焦中修，炼钢厂2号45吨炉役、4号210吨炉役，宽厚板厂4300毫米产线、薄板厂冷轧产线，另外，宽厚板厂2500毫米产线中修转项修。设备事故、故障51次，停机340.38小时，经济损失206.73万元，事故故障次数、停机时间、经济损失比上年同期分别下降9.80%、2.64%、13.44%。建立“采购—运行—去库存”三位一体管理体系，通过采购供应、设备运行、库存管理三大职能联动，强化管理职能，提升管理水平；推行首席工程师负责制，创新检修模式，提高检修质量和效率；开展“双反”活动，确保设备高效稳定运行。

【工程项目建设管理】 投资2.98亿元的“特殊钢材基础能力提升改造”项目于一季度顺利竣工投产，为公司淘汰45吨转炉产能、系统优化平衡创造了条件。全年完成技改项目11项，总投资3315.64万元。项目管理推行“全过程精细化项目管理”理念，实行项目经理负责制，延伸管理，严控细节，创新EPC总承包发包方式，防控合同风险，所有项目实现了工期最短、投资最省、安全“五个零”、质量优良、按期投产的既定目标。

【物资采购供应管理】 全年采购辅助材料、备品备件、小型机电6.71亿元，比上年降低成本6058万元。采购冶金辅料16.15亿元，比上年降低成本7592.85万元。截至年底，辅助材料库存4224.41万元，比上年降低2385.59万元，降低36.1%。备件库存1.29亿元，同比降低3100万元，降低19.37%。坚持全面招标，实现阳光采购，组织各类招标1455次，招标金额19.58亿元，比预算降低3.56亿元，降低率15.38%。

【固定资产管理】 按照《设备类固定资产处置管理办法》，细化、规范设备类固定资产的日常管理及处置程序，提高了固定资产利用效率及处置效益。截至年底，设备类固定资产原值209.57亿元，净值103.14亿元。主要设备完好率100%，故障停机率0.93‰。

（撰稿 韩飞华 审稿 赵培建）

销售管理

【综述】 销售公司主要负责济南分公司主要钢材产品销售。截至2016年3月，在册职工140人（含中层领导），其中高级职称11人，中级职称76人；硕士、研究生21人，大学本科86人。内设综合管理部、产销管理部、合同管理部、市场管理部、驻外管理部、工程机械事业部、海工造船事业部、能源用钢事业部、锅炉容器事业部、高强耐磨事业部、薄板销售事业部、型材销售事业部、重点工程事业部、期货事业部、现货销售部、客户服务部等5个科室、11个销售事业部。管理着无锡、南京、青岛、西安、天津、杭州、上海、德州、威海、潍坊等10个驻外公司。2016年3月31日，销售公司整建制划转山钢股份营销总公司。

【营销管理】 按照公司“四降低三提升”目标任务要求，大力推进营销创新创效。创新营销管理机制，聚焦客户需求和市场变化，变机制、变模式，提效益，增活力。按月组织与南钢、唐钢、国丰的价格对标，将价格提升目标分解到各产线，分解到钢协指数、订单储备、产线结构优化、产线自身结构优化、SBU项目、现货销售价格等关键绩效指标，按月对各产线、各项指标完成目标情况实施测量评价，深入推进价格提升工作。一季度实现了公司提出的价格提升40元/吨的目标。坚持每日跟踪、预测市场变化，及时调整订货价格政策，做到订货量与价格的合理匹配，抢抓市场机遇，实现市场效益最大化。在品种市场开发方面，推进重点工程投标，开发直供用户，着力推进高强钢、桥梁钢、油罐钢、双相钢、2500毫米产线小规格、热卷产线的薄规格、冷轧产线深冲钢、精轧螺纹钢等SBU项目，均取得显著成效，创历史最好水平；订单储备方面，平板、卷板分别达到了7天、5天的标准要求；产线结构优化方面，始终坚持各产线边际贡献排序，优化产线结构；现货控制方面，引进招标销售模式，优化招标频率，降低现货损失；创立了薄板订单锁价与后结算相结合的订单价格模式，对市场下行期打储备、提价格发挥了重要作用。搭建订单交付监控平台，创建实施订单交付三级保障体系，按时交付率显著提升。推进库存结构优化，通过深入推进责任目标分解、量化与考核，库存量显著降低。重视客户异议处理与改进工作，坚持公平公正快速处理原则，及时结案率100%。

【基础管理】 创新推行“底薪+提成”绩效考核模式，重新设计绩效指标体系，引入结算价格、结算贡献等关键绩效指标，进一步确立了财务绩效指标导向，最大限度调动价格和贡献双提升的积极性、主动性和创造性。实施关键工序订单计划考核，进一步提升热处理工序的订单保障水平。实施订货进度的严控和考核，有效地保证了订单储备。规范顾客需求评审、合同签订、资金回收的全流程管理，严控合同风险。对各类印章的使用范围和各类材料盖章的审批权限均作了明确规定，严控用章风险。强化销售计划的刚性执行，每周两次对订单、价格、贡献、库存等关键绩效指标进行重点调度。从节约费用、用好资源、坚持定金订货等方面大力推进管理创效工作，月月完成公司管理创效目标任务。强化合同的归档管理，要求所有供货合同、提单按期归档，确保合同档案的查全率。

【独资及控股公司管理】 截至2016年3月，7个独资及控股公司在册人员27人（含公司派出财务人员6人）。强化各公司利润、订单量等指标的目标考核，新增相对价格水平的激励考核，为驻外公司增量增效奠定了坚实的基础。一季度完成了公司下达的利润目标。

（撰稿　赵山绩　审稿　高传华）

治安管理

【综述】 保卫部主要承担维护分公司治安稳定、保障消防、交通安全等职责。下设办公室、指挥中心、安全保卫科、综合治理管理科、交通大队、消防大队、护卫大队 7 个科级机构，在编人员 329 人，其中处级领导 2 人、科级管理人员 22 人、一般管理工技人员 27 人、生产服务岗位 278 人。2016 年度，着力强化预控在先、防范到位、打击有力、治理有效，实现可防性案件发生率始终保持较低水平，实现重大恶性刑事案件、重特大治安灾害事故、大规模聚集扰闹群体性事件零发生。全年“110”指挥中心接报警 1238 起，其中刑事类 60 起、治安类 103 起、火警 6 起、交通事故 19 起、求助类 489 起、纠纷类 270 起、其他类 291 起，对各类警情妥善处置，有力维护了公司内部良好的治安秩序。

【舆情防控】 结合产能调整形势任务，及时跟进加强情报信息搜集掌控，搜集掌握情报信息 170 余条。强化一情一议，落实研判分析，及时提出预警建议和防范措施。着力做好全国两会、G20 杭州峰会等重点时期的维稳安保工作，强化重点人员管控措施，对重点人员动态情况坚持当日调度，确保纳入视线，有效防止了流窜失控等问题发生。积极管控不稳定因素，协助二级单位化解劳资纠纷等 16 起，疏导劝阻到公司上访 134 人次，妥善化解处置患病亲属到济钢医院扰闹等事件 2 起。

【专项治理】 在济钢新村区域开展治安秩序提升净化行动，开展校园周边治安秩序清查整治 17 次，违规养犬专项治理 31 次，对网吧、饭店、商铺等重点场所专项清查 56 次，排查督导隐患整改 277 项，查处违法违规行为 48 起。强化警区化巡防，对重点部位 72 个电子巡更点坚持每天必巡、夜间必查，提升了管控时效，进一步压低发案率。治安、刑事案件发案率较上年下降 85.7%。强化门禁管理，对职工及车辆打卡进厂严格监督，对外运物资车辆每车必查，查处进出厂违章 1400 余人次。开展“百日破案会战”和严打“盗抢骗”专项行动，开展打盗窃、抓现行专项行动 42 次，厂区周边治安环境治理 16 次，抓获入厂盗窃等现行不法人员 106 人次，查破治安、刑事案件 76 起，依法打击处理 79 人次。先后侦破了中型轧钢厂轧辊被盗案，鲍德炉料公司渣钢被盗案，为公司挽回了重大财产损失。

【安全监管】 强化要害部位隐患治理，对煤气管网、发电供电设施、危化品生产区域开展治安安全检查 14 次，督导落实隐患整改 58 项。强化消防安全监管，每季度对生产厂落实消防量化考核，并开展专项消防安全检查，督导隐患整改 216 项。年内处置火警 12 起，灭火率 100%。加大对厂内交通违章整治力度，检查厂内行驶车辆 3100 余辆，查处交通违章 1200 余起。

（撰稿　刘培林　审稿　何玉东）

产品技术研发管理

【综述】 用户应用技术中心为公司新产品研发及销售的主责部门，负责公司新产品的策划、研发、监造、销售、服务一体化项目管理。设有综合管理部、商务部，特殊用钢、承压容器钢、管线钢、海洋用钢、结构钢、卷板 6 个研发推进部，1 个产品研发基地，共计 9 个部室。截至 2016 年底，在册职工 47 人，其中首席工程师 3 人，高级工程师 21 人。全年研发新产品 77 个牌号，发布新产品推广指导书 4 项，高等级产品结算 26.82 万吨，实现贡献总额 1.07 亿元；平均单位贡献 401 元/吨，拉动公司吨钢收益提升 11 元/吨；累计平均不含税价格 2742 元/吨，拉动公司钢材售价提升 21 元/吨。高等级产品中，30 个产品实现净利，占公司有净利产品净利总额的 82%。

【高强钢研发】 高强钢先后开发 Q460E、Q620E、Q690E-Z25、特殊要求 Q690E、60-120 毫米 Q890D 等产品，突破 Q890 厚度规格供货极限，实现了易焊接超高强系列产品全规格供货；完成美国液压支架用新型 Q550D、Q690D 系列低屈强比高强钢的开发交付，受到客户高度称赞。全年交付高效益高强钢共计 7.4 万吨。

【容器钢研发】 容器钢实现产品升级、扩展，800MPa 水电钢通过权威机构焊接评定；-68℃冲击的 A537CL2 容器钢出口泰国 1285 吨；600MPa 水电钢供货规格拓展至 52 毫米，完成丰宁、敦化、绩溪等项目 7724 吨 600MPa 钢的订单交付。全年销售容器钢 42.5 万吨，其中高等级容器钢 5.2 万吨。

【管线钢研发】 4 个规格的 X80M 钢板顺利通过中石化新气管道项目的单炉试制评定；千吨试制 X80HD2 抗大变形管线钢实现了对中石油中靖管线工程的供货；完成高技术要求海底管线 X65MO 的开发及交付，进一步开拓和巩固了沙特市场；新开发的 YY415-PSL2 管件用管线钢应用性能良好，得到用户充分肯定。

【海工钢研发】 E460、E550 超高强海工钢通过船级社认证；低成本 DH36 船板、高止裂 EH40、EH47 船板试制成功，达到船级社认证标准；高止裂 EH47 船板、大线能量焊接用 EH36 船板试制完成；开发 70~80 毫米厚规格海上风电用 DH36，完成龙源振华风电项目订单的交付。

【核电钢研发】 核电钢研发及市场开拓成效显著，开发推广超过 1 万吨；军工钢、耐磨钢市场开拓取得突破，防雷板 FL850E、FL950E 实现首次小批量供货；低碳 TMCP 型易焊接桥梁用 Q370qE、耐候桥梁用 Q345qDNH，成功应用于芜湖长江公铁大桥、三门峡黄河公铁大桥等重点工程。

【卷板研发】 研发的低成本双相钢工艺稳定、创效良好，使公司成为国内唯一一家利用层流冷却工艺（无超快冷）稳定、批量生产全规格热轧双相钢的厂家，全年双相钢结算 2.78 万吨，创效 1461 万元。开发了低屈强比双相桥梁钢，并协助冷弯型钢公司中标杨泗港大桥桥梁 U 肋用 Q345qD-LW 钢板 6000 余吨。新开发的厨具用钢、镀锌用钢、钢铜复合基料用钢产品均实现接单入市，汽车传动轴用钢、汽车车轮钢、高强结构钢开始批量接单，品种结构进一步优化。

（撰稿　孙根领　审稿　孙德民）

党群工作

DANGQUN GONGZUO

核心理念

☆ 企业核心价值观——共创、共进、共赢

济钢集团有限公司党群工作

组 织 工 作

【概况】 2016年，党委组织部（机关党委）下设办公室、组织科、干部科、机关党委办公室4个科室，共2人。深入学习贯彻党的十八届六中全会和习近平总书记系列重要讲话精神，紧紧围绕集团公司十八届一次职代会精神、2016年党群工作指导意见等有关部署，坚持围绕中心、服务大局，深入开展“两学一做”学习教育，大力加强党的建设，加强改进干部管理，为集团公司开创转型发展新局面提供坚实的组织保障。

【党的组织建设】 2016年底，集团公司党委下辖203个党组织，其中党委16个，党总支3个（直属总支1个），党支部184个（直属支部10个），党员5204名。按照中央和上级党委统一部署，在集团公司全体党员中扎实开展“两学一做”学习教育。组织优秀党课评选，共评选出18个优秀党课，促进党课跨支部、跨单位交流和推广。组织党支部书记轮训，共举办三期大规模的脱产培训班，培训党支部书记135名。在OA网建立“两学一做”网站，传达上级精神，展示学习教育情况，交流党课课件，共享经验做法。自行设计专用手抄本，开展了“手抄党章100天”活动，为全体党员、领导干部配发学习教育材料。开展庆祝建党95周年系列活动，共表彰先进集体29个、先进个人160名。深入抓好基层党建重点任务落实。按照山钢集团党委部署，年内涉及省管企业共4项基层党建重点任务。一是党费收缴工作专项整改工作。截至7月25日，全面完成党费收缴专项整改工作。二是基层党组织按期换届专项检查。通过优化党组织设置，最终176个基层党支部（党总支）全面完成换届选举工作。三是党代会代表和党员违纪违法未给予相应处理情况排查清理。组织部牵头联合纪委等相关部门，共排查出2013年以来受到刑事责任追究的党员4名，其中排查前处理2名，排查后处理2名。四是党员组织关系集中排查。对于排查出的失联党员，按照济南市委组织部处置失联党员程序，对查找出的3名失联党员进行组织处置。认真开展党组织书记述职评议工作。组织召开2015年度党组织书记抓党建工作述职评议会，3个单位党组织书记在会上发言，其余23个单位书记作书面报告，进一步强化党组织书记管党治党意识，落实管党治党责任。针对山钢党委对2015年度党建工作责任制检查情况通报的问题，制定整改提升方案，扎实推进落实整改工作。认真做好2016年发展党员工作。按照山钢集团党委要求，加强集团公司组织员队伍建设，16个二级党委配备16名组织员。形成了一级抓一级，一级对一级负责的发展党员工作机制。年内共发展党员44名，完成了市委组织部下达的发展党员计划。规范党费管理，全年收缴党费57万元，及时通报了支出使用情况。完成了集团公司党组织和党员年报信息统计上报等工作。

【机关党委工作】 全年机关党委下辖直属党支部9个，党员79名。扎实开展“两学一做”学习教育，牢记机关工作的责任重大、作用重大、影响重大，切实担负起

“承上启下，上情下达，下情上传”的重大责任，充分发挥“参谋作用、助手作用、率先作用”。不断加强和改进机关党的建设，发挥机关党组织战斗堡垒作用和党员先锋模范作用，保障和促进机关切实履行职责，带领和推动集团公司转型发展。

加强党委自身建设，彰显政治核心作用。一是认真落实党委学习制度。全年与集团公司党委中心组一并开展学习22次，认真学习了全国、全省国有企业党建工作会议和山钢集团年度会议、改革发展工作会议以及党的建设工作会议精神等。班子成员先学先悟，再深入联系部门督学，细致研讨，查找、分析、改正本单位党建工作薄弱环节，推进了机关学习常态化。二是严格落实民主集中制。对于机关发展党员、评先树优、党费管理等重要事项，坚持在充分调研的基础上党委集中研究、集体决策，做到过程公开透明，结果公平公正。三是深入推进机关党风廉政建设。深入贯彻落实中央“八项规定”、山钢“十条禁令”，坚持把纪律和规矩挺在前面，加强源头预防，对苗头性、倾向性问题，早发现、早提醒，防患未然。着力强基固本，基层党建活力进一步增强。

抓基层、打基础、强保障。一是充分发挥党内民主，使广大党员充分行使民主选举、民主决策、民主管理、民主监督的权力，依规组织了“历城区人大代表选举”“出席济南市第十一次党代会代表候选人选举”“济南市出席党的十九大代表候选人选举”等工作。二是开展党内表彰活动。坚持“公开、公平、公正”原则，认真组织民主评议党员工作，没有不合格党员。“七一”前夕召开总结表彰大会，评选党内先进集体和个人，授予16个党支部“先进党支部”称号；授予17名同志“优秀共产党员”称号，凝聚崇尚先进、赶超先进的正能量，激励机关各级党组织和广大党员立足岗位，再创佳绩。三是严格程序和标准条件，按照计划发展党员3名。四是层层签订《党建责任书》《党风廉政建设责任书》，传递压力，确保责任落实。强化党员培训教育，定期向支部下发学习资料，指导和督促各支部开展党员教育工作。

扎实开展“两学一做”学习教育。根据学习教育配档表，明确学习教育具体内容和时间节点，严格组织好学习环节，坚持好学习制度，党支部把党员学习内容具体到每月每周，不断创新学习方式方法，坚持个人自学与集体学习相结合确保学习内容不漏项、学习时间不缩水、学习人员不掉队、学习运用不脱节。党员领导干部以上率下，带头在本支部讲党课，并在公司党委组织的优秀党课评选活动中，3个党课被评为一等奖，1个党课被评为三等奖，深化了学习教育效果。认真开展党员“手抄党章100天”活动。为深化学习教育效果，开展“智慧党建”平台答题竞赛活动，共有30名党员获得个人奖，5个党支部获得优秀组织奖。组织各党组织领导班子紧紧围绕如何做“讲政治、守规矩、敢担当、懂经营、善管理、有作为”的国有企业经营管理者开展专题讨论，助推工作落实。组织开展学习教育“回头看”，全面查漏补缺，持续整改提升。严格开展党费收缴专项检查工作，机关全体党员按照标准补交了党费。

（撰稿　任　波　审稿　张永护）

纪检监察工作

【概况】　集团公司纪委监察部设2个室：纪检监察室、信访审理室，下设34个二级单位纪委。认真贯彻落实上级党委、纪委的各项决策部署，坚持从严治党、从严治企，全面深化落实党委主体责任、纪委监督责任，着力增强制度机制的约束力、宣传教育的警示力、执纪问责的威慑力、监督检查的保障力，为止损扭亏、转型发展提供坚强保障。

【加强责任体系建设】 年初协同组织召开党风廉政建设工作会议，安排部署重点工作。逐级签订党风廉政建设责任书1073份，做到了“一岗双责”全覆盖。测评考核2015年度党风廉政建设责任制落实情况，34个二级单位、部门领导班子和107人次中层领导干部考核优秀率均在90%以上，在党中央反腐倡廉力度空前强大，群众对党风建设期望空前高涨的情况下，集团公司两级领导班子和领导干部落实党风廉政建设责任制情况得到了职工群众的高度评价。在山钢集团对年度党风廉政建设工作的考核中，集团公司被评为“优秀”等级。

【筑牢思想防线】 认真组织学习贯彻党的十八届五中、六中全会和十八届中央纪委六次全会精神，集团公司党政领导带头研学《中国共产党问责条例》《党内监督条例》《关于新形势下党内政治生活的若干准则》等规章制度，中心组多次开展专题学习讨论；充分利用网络媒介信息直达、高效传递的特点，构建“廉·济钢”微信宣教平台，开设“廉洁济钢”专栏，各单位采用观看警示教育片、党课等多种形式开展廉洁从业教育；深入开展“学条例、遵准则、保廉洁、促发展”主题教育活动，党员干部接受教育的覆盖面达到100%；在全体在职党员干部中组织知识测试，2041名在职党员平均成绩96.04分；组织46名中层干部观看《国企党员干部违法违纪案件警示录》等教育片，组织100余名党员干部到预防职务犯罪教育基地，接受现场警示教育；选拔纪检干部参加山钢集团“学党章、学准则、学条例”知识竞赛，荣获二等奖。

【强化纪律防线】 坚持严肃执纪，全年共查结案件6起，执行党纪处分5人，行政处分4人，受理各类信访举报19件次，纪律审查和信访举报查结率均保持100%，保证了党纪党规和企业规章制度的严格执行，对党员干部守纪律、讲规矩起到明显的警示作用。按照市纪委关于排查处理违法犯罪党员的工作方案，指导相关单位对两批4名党员依纪依规进行了纪律处分和组织处理，切实将纪严于法的要求落实到位；实践运用监督执纪“四种形态”，对信访监督中发现的苗头性、倾向性问题，及时约谈相关责任人，达到了扯袖提醒、红脸出汗的效果。

【夯实作风防线】 认真贯彻上级要求，开展深入整治拉帮结派搞小圈子等不正之风工作，全体在职党员干部全部签订了《优化政治生态承诺书》；驰而不息抓好作风建设，紧盯春节、中秋等年节假期，通过专项检查、明察暗访、走访调研等多种方式，反复抓，抓反复，进行“回头看”、防止“回头风”，不断提高廉洁自律的“免疫力”、增强改进作风的“源动力”。在上级明察暗访、公司内部自查、信访受理中，没有发现集团公司党员干部违反中央八项规定、山钢集团“十条禁令”的行为，作风建设逐步形成常态化、长效化。

【加强监督检查】 在全公司深入开展效能监察，实施项目52个，提出管理改进建议152条，新建制度56个，完善制度86个，二级单位自主实施项目27个，堵塞漏洞、完善管理；按照山钢集团纪委统一部署，实施4个专项监察项目，其中与相关部门联合开展物资采购专项治理活动，对与本企业有物资购销关系的761家供应商进行了全面排查，107名中层及以上领导干部主动查找和纠正可能产生利益冲突的行为，亲笔填写报表、郑重做出承诺；联合相关部门开展招标采购专项督查，在全公司范围内进行通报，指出问题、鞭策后进，起到了明显的推动效果。组织开展公章管理专项检查，抽查11

家二级单位公章保管使用情况，进一步规范和加强公章管理，维护企业利益和合法权益。

【加强队伍建设】 以忠诚、干净、担当为标准，着力加强纪检监察队伍建设，完善工作机制，建立纪委/监察部书记部长联席会议制度，实行每周工作例会、双周业务学习制度。加强自身素质能力建设，组织观看《打铁还需自身硬》等专题片，购置《鉴史问廉》《家庭腐败警示录》等廉洁教育音像材料发二级单位学习使用；选送17名纪检干部参加中央纪委、山钢集团纪检监察工作业务培训，多次调派骨干人员执行上级纪委交办的任务；开展特邀监察员换届聘任，新聘任特邀监察员40名，规范日常监督信息报告，加强考核激励约束；加强基层纪委业务指导，纪检队伍整体素质能力得到提升。

（撰稿　刘登第　审稿　孟庆钢）

工 会 工 作

【概况】 截至2016年底，集团公司工会下辖二级工会26个，车间支会149个，工会小组454个；工会会员8066名，其中女会员2201名，全年发展新会员6名。年内在集团公司党委的正确领导下，工会组织以“责任驱动，发展惠民”为主题，扎实开展群众性创新创效活动，落实发展惠民的各项要求。

【职工宣传教育工作】 深入开展主题活动，为企业降本增效、转型发展凝聚力量。制定下发了“责任驱动，岗位建功”主题活动实施意见。以山钢集团2016年度工作会议、集团公司十八届一次职代会精神为指针，紧紧围绕“完成全年目标，推进多元发展”这一中心，广泛动员和团结带领职工，坚定必胜信心，强化岗位价值，搭建发展惠民的岗位建功平台，在发展惠民的实践中建功业、作贡献。通过座谈会、报告会、征文、演讲比赛等形式进一步落实职代会精神，让“责任驱动，发展惠民”的企业使命深入人心，让“非钢产业是主业”的理念深入人心，让“改革、转型、创新”的思想深入人心，让“山钢一家人”“济钢一家亲”的意识深入人心。开展“花儿为什么这样红”庆“三八”妇女节系列活动。多角度展示集团公司女职工岗位建功的风采和爱厂爱家爱生活的优秀品质。组织开展2015年度女职工工作总结及先进评选工作，评选出先进女职工集体10人，先进女职工工作者26人，巾帼建功能手42人。总结表彰了2015年度女职工工作先进集体和个人，邀请工艺美院老师针对女性形象设计进行讲座，各单位女工委组织丰富多彩的活动，营造了浓厚的“济钢一家亲”的氛围。组织开展劳动模范、先进集体和个人评选活动。评选表彰劳动模范13人、先进集体（车间、科室）45个、先进班组41个、先进个人127名。会同山钢股份济南分公司工会组织召开庆祝“五一”国际劳动节暨先进集体、先进个人表彰大会。会同宣传部在“i济钢”微信平台，以“鲜花送模范”为主题，专门开设“劳模”评选专栏，设置“活动公告”“候选人风采展”“网络投票”等栏目，开展“鲜花送模范”劳模候选人随手拍活动，对16名候选人事迹及风采进行专题展示，微信阅读量达14944次，职工留言800余条，微信投票36314票，点击人数23000余人次，很好地宣传了候选人的先进事迹，营造了浓厚的氛围。开展以“责任驱动，岗位建功”为主题的系列文体活动。春节期间开展新村亮化工程，新春象棋擂台赛活动，会同分公司工会举办职工摄影展，征集作品300余幅，精选100幅作品参加庆祝“五一”劳动节摄影展览。选取21幅作品参加济南市“中国梦·劳动美·颂党情”济南市职工硬笔书法大赛暨优秀作品展。国庆节期间开展职工书法绘画展，展出作品100幅。做好推选上级组织表彰的先进集体、先进个人等工作。“五一”前后共推荐申报济南市级及以上荣誉21项，其中徐强荣获“省富民兴鲁劳动奖章”，冶金研究院和济钢国际分别获得“济南市劳动关系和谐企业和民主管理先进单位”荣誉称号，两单位同时获得济南市“五一”劳动奖状，郭洪卫、蒋升华、王兴强获得济南市“五一”劳动奖章。

【创新创效活动】 开展群众性创新创效活动，团结带领会员职工为企业多元发展作贡献。组织开展形式多样的劳动竞赛活动。在新形势、新环境、新常态下，会同运营部等部门开展“拓市场、比贡献、增效益”销售系统劳动竞赛；按照上级组织要求，组织开展“安康杯”竞赛活动和“职工查隐患”活动；会同山钢股份济南分公司工会在后勤服务系统开展“优胜食堂”劳动竞赛；会同安全部开展“安全十佳班组”评选活动；会同宣传部开展“岗位明星”评选等活动。对各参战单位竞赛进展情况进行动态报道，对竞赛优胜单位、先进个人进行深入报道，充分展示广大职工岗位建功的工作激情和各单位劳动竞赛成果。群众性劳动竞赛受到各参赛单位的积极响应，形成你追我赶、争先恐后的生动竞赛局面。深入开展“职工创新工作室”创建活动。对已命名的12个创新工作室进行考核，进行评比排序（8个优秀，4个合格）；对新申报的7个创新工作室进行审核，根据标准评选出符合条件的4个进行命名，并在对各单位合理化建议和创新工作室工作开展调研的基础上对原管理办法提出修订意见。会同山钢股份济南分公司工会共同召开创新工作现场会有关工作，会上对新命名的创新工作室进行授牌。开展合理化建议及先进操作法征集活动，不断激发职工群众为企业献计献策。集团公司工会组织评委对各单位上报的54项合理化建议，24项优秀成果进行评审，形成初步评审意见。最后，有23项先进操作法、52项合理化建议、23项职工创新成果受到了表彰，活动中，各单位合理化建议和先进操作法获得的经济效益超过5000万元，营造了良好的氛围，取得了预期效果。积极参与集团公司运营转型和管理提升工作。将合理化建议和职工创新工作室的创建两个群众性创新平台列为集团公司管控的运营转型管理提升项目——《完善群众性创新平台，助力企业降本增效》，由集团公司分管领导亲自带队组建项目团队，按照项目化运作的方式对群众性创新工作进行进一步的提升，经过一年的管理运作，制度健全，效益提升，参与率提高等，完成预定目标，成功结题。

【强化民主管理】 贯彻落实《职工代表大会条例》，开好职工代表大会。十八届一次职代会成功召开并完成预定任务。组织召开十八届职代会代表团长、工会主席联席会议并监督落实。会上，财务总监徐亮天对集团公司上半年经济运行情况进行了汇报分析，总经理徐有芳作工作报告。工会主席刘秀元主持会议并作工作部署。根据有关规定和民主程序，增补了3名同志为第十八届职工代表大会主席团成员。督导各单位召开职代会贯彻落实情况。组织开展女职工健康查体工作。共组织26个单位1718名女职工参与查体。深入推进厂务公开民主管理工作。通过三级厂务公开栏以及《简报》、OA网等，对职工关心的各项事宜及时公开公示。做好职工诉求、劳动争议调解和服务工作。全年有效处理职工诉求10件，维护了职工的合法权益。

【扶贫帮困工作】 扎实做好扶贫帮困送温暖工作。全年发放温暖救助金105036.09元。春节期间发放各类送温暖金521888元，集团公司工会下拨 318920 元（含慰问离退休省部级劳模 15 人），各单位自行拨付 202968 元，共走访 930 人，集团公司重点走访 49 人。共收到上级工会组织各类送温暖金 17.4 万元。春节前上级领导到集团公司慰问困难劳模和困难职工代表 5 人，发放慰问金 1.4 万元；发放省冶金总工会送温暖金 15 人 1.5 万元；市总工会特困帮扶 11 人 2.2 万元；市总工会省部级困难劳模 3 人 2.8 万元；市总工会下拨帮扶金 5 万元。市慈善总会发放救济物资 150 份，价值 4.5 万元。截至三季度，“阳光互助互济基金”救助 15 人，救助金额合计 4.5 万元，“日常帮扶救助”共救助 13 人，救助金额合计 9.2 万元。为 71 名职工办理济南市总工会互助互济会救助赔偿，救助（救济）金额为 156800 元。低收入家庭补助 7 人次，金额 8672.9 元。救助 9 名金秋助学学生，金额 5.2 万元。在三季度困难救助工作中，重点对曾获得 2015 年全国钢铁行业最美青工称号、2012 年山东省见义勇为先进分子、2011 年济南市见义勇为道德模范称号和感动济南年度人物以及山钢集团道德模范等 10 多项省、市、山钢和济钢的荣誉称号的优秀困难青工朱荣鑫进行了救助，工会主席刘秀元代表集团公司党委和领导到家中看望并送去了慰问金。组织开展精准帮扶活动，共有 7283 名职工参加，捐款 42.94 万元，并将全部捐款送到了济南慈善总会。撰写上报 2015 年度济钢慈善工作站年鉴。集团公司荣获了济南市“爱心捐赠单位”“慈善工作先进单位”和“先进慈善工作站”等称号。

【工会组织建设】 按照集团公司党委要求和党委组织部、机关党委部署，积极开展“两学一做”学习教育。组织集团公司全体领导同志学习习近平总书记系列重要讲话、《中国共产党纪律处分条例》、中共山东省纪委重要文件；学习山钢集团关于加强反腐倡廉教育的意见和集团公司十八届一次职代会报告以及重要会议讲话等，根据“两学一做”学习教育的要求，由全体党员轮流上党课。每周一组织开展学习活动，加强对形势任务、业务知识的学习。加强工会干部培训，提升干部队伍素质。举办职工代表培训班，邀请专家教授为学员上课，并参加国家统一取证考试，共计培训 109 人。组织参加 2016 年度山东省钢铁黄金有色金属行业班组长培训班、中国钢企行业生活保障研究会第二十九届年会，参加全国钢劳联第 32 次年会。

（撰稿　闻成莲　审稿　黄善兵）

宣传思想工作

【概况】 宣传部下设办公室，宣教科/文明办，新闻传媒中心、统战科、武装科。截至 2016 年底，共有在岗员工 19 人，高级职称 5 人，中级职称 6 人，初级职称 2 人。5 月份与山钢股份济南分公司宣传部合署办公。

【新闻报道工作】 开展企业内外新闻报道工作，全年共出版发行《钢铁工人》报报纸 97 期，刊登新闻报道（图片）2500 余篇（幅），制作播出电视新闻约 1200 条（包括一周要闻），发布“i 济钢”微信约 760 条。编稿总字数：报纸约 260 万字，电视约 170 万字。按时上传电子报 97 期，分别上传 OA 网站和济钢外网稿件和图片约 180 幅（加图片说明），稿件约 500 篇，按时上传 OA 网站电视新闻约 920 条。济钢集团各单位在《山东钢铁报》发表新闻稿件 230 多篇，在《中国冶金报》发表新闻稿件 40 多篇。

【宣传思想工作】 围绕多元发展、止损扭亏等工作目标做好宣传思想工作，先后组织开展“责任驱动，发展惠民”“改革转型我担当”等主题活动。利用《宣传思想工作讯息》电子刊物、绿色钢铁网站，重点突出思想性、政研性，全面反映各单位思想政治工作的亮点、经验，截至12月底，共编辑48期。完成了济钢集团2015年度优秀政研成果评审、表彰工作。在推报山东冶金和山钢集团政研会评比中，23篇政研成果分获一、二、三等奖，4人获山东冶金优秀政研干部称号。在全国冶金政研论文评比中，送评三篇论文，分别获得一个一等奖，两个二等奖，三个三等奖。全年完成下发了2016年一至四季度《党员干部理论学习计划》，修订了《济钢集团两级党委中心组制度》，使领导干部的理论学习更趋制度化、规范化。抓好舆情信息管控，及时掌握热点、难点问题及职工思想动态，加强舆情引导。

【企业文化建设】 积极践行社会主义核心价值观，开展“同铸山钢魂，共圆山钢梦”企业文化深度融合践行活动。在济钢集团所属各单位内，对山钢企业文化视觉识别系统的设点布局进行详细调研，制定规划设计方案，完善集团公司范围内视觉识别系统的建设。

【文明单位创建】 继续深入推进文明单位创建工作，16个集体获得2015年度济钢集团文明单位、山钢股份济南分公司文明建设先进单位命名表彰。积极组织各二级单位复审、推荐山东省、省管企业、济南市、山钢集团级文明单位的工作，3个集体通过山东省文明单位复审；1个集体获得2016年山东省文明单位称号；3个集体通过济南市文明单位复审；9个集体通过山东省管企业文明单位复审；12个集体通过山钢文明单位复审；2个集体当选2016年山钢文明单位称号。

【统一战线工作】 组织农工、民进、九三学社三个济钢支部进行了换届选举；认真贯彻落实省委统战部和山钢集团《关于印发全省无党派人士坚持和发展中国特色社会主义学习实践活动实施方案》的通知精神，协助民革、民建、民进、民盟、农工党、九三学社6个民主党派支部加强思想、组织建设，充分发挥民主党派成员的作用，鼓励他们围绕企业中心工作任务，积极献计献力。落实济南市各民主党派的换届人选推荐和考察工作，三名济钢集团民主党派主委分别被选为市级民主党派常委、委员；落实调整推荐济钢集团担任济南市政协委员改选工作，按照山东省、济南市统战部部署，完成了济钢集团所辖在岗各民主党派、党外人士、少数民族、归国华侨、出国留学人员的统计报送工作。

【武装民兵工作】 按照着眼遂行多样化急、难、险重任务，提升民兵履职尽责使命能力的思路，建立完善各负其责的综合应急保障体系等制度，逐条逐项对建有民兵组织的12个单位整组情况进行检查指导，先后对12个基层武装部和15个民兵队号示范点进行全面督导检查总结，于9月中旬在炼铁厂召开了民兵号现场经验交流会。为108名离退休的转业军人办理了优抚领取手续，领取发放了16万元春节慰问金，为两年入伍的24名新兵办理了28万元优抚金的领取和发放。

（撰稿　梁　军　审稿　高海港）

共青团工作

【概况】 截至2016年底，集团公司团委下辖23个基层团组织，44个团支部，专兼职团干部79名，共青团员231人，青工人数 1294 人。荣获全国钢铁行业级先进集体 11 个，先进个人 6 人；省管企业先进集体 1 个；市级先进集体 1 个。

【教育引导青年】 制定年度济钢共青团工作要点，紧紧围绕集团公司党委开展的“攻坚克难，岗位建功”主题活动进一步加强共青团工作力度，提升全公司各级团组织的凝聚力、战斗力和贡献力。围绕济钢“扭亏增盈，岗位建功”主题活动，充分利用微信群、电子期刊、微信公众号等新媒体平台开展形势任务教育和各类丰富多彩的主题教育活动，先后开展了“弘扬雷锋精神、做姜和信式好员工”青年座谈会，“雷锋日”青年志愿者活动，“改革转型我担当”演讲比赛及主题征文活动。年初举办了 110 名团干部参加的团训班，邀请集团公司党委副书记刘秀元讲授了《新形势下，团干部要树立政治大局意识，坚定发展信心》专题讲座。积极打造“共青团+互联网”新模式，按照小团委、大团队的指导思想，植入新理念、搭建新平台，组建了集团公司团委新媒体宣传团队，并于 11 月份复刊《青春济钢》电子刊物，申请注册微信公众号“青春济钢”正式上线。同时，基层团组织也各自建立 QQ 群、微信群、微信公众号、期刊等阵地、平台。截至年底，“青春济钢”微信公众号已推送宣教信息 120 篇，关注粉丝达 2763 人，阅读量累计达 64371 次。

【组织动员青年】 依托“五小”创新创效、青年降本增效擂台赛全面深化青年创新创效活动，50 项完全投入生产应用的“五小”项目累计投入 43.71 万元，创效额达到 742.89 万元；其中有 27 项“五小”成果 0 元投入，合计创效金额高达 397.65 万元，青年创新创效活动成为广大青工推动公司减亏、止亏的有效载体。11 月底至 12 月初，集团公司团委成功申办了行业第一家“青年就业创业示范培训”——“改革转型我担当”济钢青年就业创业示范培训班，并取得良好效果。团委邀请创业指导、电商运营、心理咨询等相关领域专家、学者，举办了 7 场专题讲座，先后共有 600 余名青工参加现场专题培训讲座，3000 余名青工通过“青春济钢”微信平台上传的授课视频进行了学习。通过培训，切实提高了青年职工的职业技能、再就业和创业能力，拓展就业创业思路和渠道。组织开展青年文明号立项申报、复核工作；完成市级以上青年文明号数据采集；集团公司团委还作为济南市青年文明号第四检查组成员，参与济南烟厂、体育局等单位青年文明号集体创建验收工作。高度重视青年安全生产工作，年中开展“青年安全生产示范岗”的创建和申报工作，联合安全部、工会、宣传部组织参加“守护生命、平安山东”安全生产网络知识大赛活动，全力保障青年安全生产。

【竭诚服务青年】 积极倡导团组织经常性开展“基层青年座谈”，通过面对面、心交心的沟通交流，将形势、任务、要求向广大青工讲透彻，做好青年思想教育的“引路者”。采取问卷调查、座谈交流、走访谈心等方式，对所属 23 家单位青工的思想状况进行调研，共组织 13 场调研座谈，各层次 200 余名青年代表参加。通过调研进一步摸清了青工思想、工作、生活状况及迫切需求，对有针对性地开展团系统各项工作提供了帮助、指导。在全公司范围内开展了“青情微基金”贫难青工走访慰问活动，通过深入摸底、调查，全方位了解贫困青工实际情况，本着公平、公正、公开的原则，最终认定 20 名无房因病致贫的贫困青工为特困青工帮扶对象，并向每人发放帮扶慰问金 1000 元；10 名无房因子女生病致贫的贫困青工被认定为困难青工帮扶对象，并向每人发放帮扶慰问金 600 元；16 名贫困青工被认定为一般困难青工帮扶对象，并向每人发放价值 300 元帮扶慰问品，使贫困青工切实感受到了团组织的关爱。贫困青工慰问帮扶活动发放帮扶慰问金和慰问品共计3.08万元。

【加强组织建设】 致力于“增进团结、提高水平、做好表率”，以创建学习型、创新型、服务型“三型团队”为目标，在各项青年服务工作开展上始终强调责任、担当、协同，狠抓“四个环节”：抓思想教育，坚持落实每周五集中学习制度，努力提高班子成员的政治素质；抓制度建设，进一步建立健全团委书记例会等各项工作制度；抓执行落实，坚持每周一召开班子会，总结上周工作，研究决策当周及重点工作，切实营造民主、透明的工作环境；抓班子建设，坚持组织领导下的部门、个人分工负责制，做到了事事有人管、人人有责任。坚持正确用人导向，组建团委核心团队。11月份，集团公司团委组建新的领导班子及团队，分设组织部、生产部和宣教部；团委3个部门工作职责互为AB角，按照“小团委大团队”的思路打破传统的行政单位界限，组建新媒体、舆情监控、信息参考等青年核心团队，充分挖掘团干部人力资源利用效率。坚持组织把关，注重选拔德才兼备的团干部。所有任职团干部均严格按照团干部任职组织程序进行层层把关，切实维护选人用人制度的权威性、严肃性。在各级党组织的大力关怀与支持下，共有22名团干部工作环境和待遇得到不同程度的改善，团干部的工作状态和团队凝聚力得到进一步加强。积极推进团干部交流，增强团干部队伍整体活力。年内共有15名团干部成功转岗，走到更加重要和关键的工作岗位上任职，担负更重要的工作职能。积极构筑青年典型示范群体，“五四”前夕，集团公司团委组织了国资委“五四青年奖章优秀青年”推荐、“山钢十大杰出青年候选人”推荐、“山钢青年岗位能手标兵”推荐以及2015年度济钢共青团工作先进集体和个人评选等活动，为广大青年树立了学习的榜样，起到了很好的示范带动作用。

（撰稿　李晓华　审稿　魏　涛）

山钢股份济南分公司党群工作

组 织 工 作

【综述】 党委组织部负责公司党的组织工作和机关党委工作；负责领导干部的选拔、任用和管理工作；负责后备干部选拔、管理及科级干部的审批、备案工作；制定党员及领导干部教育培训计划，并协调组织实施；负责因公出国人员政审等工作。下设组织科、干部科2个科室，共有职工3人。

【干部队伍建设】 截至2016年底，公司在职中层领导干部93人。全年调整任免中层领导干部56人次，调整科级管理人员363人次。实施“四降低三提升”及“目标完成率”专项考核，将完成情况与班子成员联挂计分。组织完成2015年度领导班子和领导干部考核，共考核29个领导班子，其中A级13个、B级15个、C级1个，考核114名在职领导干部，其中A级40人、B级71人、C级3人，严格考核结果运用，诫勉谈话2人。

【党的组织建设】 公司党委下辖117个基层党组织，其中二级单位党委10个、党总支3个（直属1个)、党支部104个，党员3424人。持续巩固“三严三实”专题教育成果，不断加强党员干部作风建设。扎实开展“两学一做”学习教育，建立“两学一做”专题网站，打造信息共享平台；举办3期党支部书记脱产培训班，共培训135人；开展优秀党课评选，促进党课跨支部、跨单位交流和推广。自行设计专用手抄本，在全体党员中开展“手抄党章100天”活动；开展党组织书记党建述职评议工作，14个党组织书记述职，10个党组织书记综合考核为优秀。加强组织员队伍建设，10个单位党委配备10名组织员。落实基层党建重点任务，开展党费收缴专项整改工作，7月25日前全部完成整改；开展基层党组织按期换届专项检查，106个基层党支部、党总支按期完成换届选举；开展党员组织关系集中排查。召开庆祝建党95周年暨先进集体和先进个人表彰大会，表彰先进基层党组织6个，先进党支部18个，优秀共产党员88人，优秀党务工作者35人。全年发展党员66人，完成了济南市委组织部下达的发展计划。

【机关党委工作】 截至2016年底，机关党委下辖党总支2个，党支部24个，党员408人。认真履行党委主体责任，加强党委自身建设，不断彰显政治核心作用。扎实开展“两学一做”学习教育，党员领导干部带头在本支部讲党课；开展党员“手抄党章100天”“智慧党建”平台答题竞赛等活动。开展党费收缴专项检查工作，机关全体党员按照标准补缴了党费。落实党组织换届工作要求，按期完成所有支部的换届选举工作。

（撰稿　郭晓光　审稿　徐西刚）

纪检监察工作

【综述】 截至2016年底，纪委/监察部机关共有4人，设办公室、信访和案件检查室、效能监察室。公司下设11个二级单位纪委，1个直属党总支和1个直属党支部均设立配备了纪律检查委员。

【协助落实主体责任】 年初组织召开党风廉政建设工作会议，安排部署全年重点任务；召开半年纪检监察工作会议，规划部署下半年纪检监察工作，有效推进全年党风廉政建设工作落实。规范纪委监察部工作机制，全面梳理纪检监察工作流程，建立了纪委监察部书记、部长办公会议事制度，推出了每周工作例会和双周业务学习制度，聚焦中心任务，提升工作规范化水平。

【监督检查与廉洁教育】 对29个单位、部门领导班子和128名领导干部进行了廉洁自律民主测评，满意率平均为97.82%；盯紧“三种人”，加强对身处重要岗位、面临提拔重用人员的廉政监督，对干部选拔任用等工作涉及的295人次进行廉洁从业情况审核；聚焦监督执纪“四种形态”，严格按程序执行婚丧嫁娶喜庆事宜报告5人；深入整治拉帮结派搞小圈子等不正之风，全公司1197名党员干部签订优化政治生态承诺书；组织党员干部到济南市历城区人民检察院预防犯罪警示教育基地开展警示教育活动，全年党员干部警示教育覆盖面达95%以上；在全体在职党员干部中组织知识测试，3599名在职党员平均成绩97.37分。

【信访监督与纪律审查】 全年受理各类信访举报件34件次，查结率100%。查结处理案件8起，给予党政纪处分10人，组织处理1人，解除劳动合同1人，经济处罚8人，收缴各类退赔款、违纪处罚款19.52万元。强化监督体系建设，根据特邀监察员每届任期两年的规定，开展换届聘任特邀监察员工作，规范日常监督信息报告工作，进一步适应改革发展形势需要。

【效能监察】 以“四降低三提升”“运营转型，管理提升”“扭亏增盈、岗位建功”三大活动为抓手，选题立项效能监察项目18项，结题15项，提出124条监察建议，修改完善39项管理制度。把进厂原燃料督查作为效能监察重点项目立项，全年共组织进行了30次督查，发现供货车辆驾驶室单独存放物料样本等18项问题，提出督查建议33项；取样化验41批次，共检验出石灰石粉质量波动大等4批次质量波动，总合格率90%，不合格率10%，挽回经济损失90万元。

（撰稿　宋玉文　审稿　孟庆钢）

宣传工作

【综述】 宣传部作为公司党委的职能部门，主要承担着宣传思想工作、企业文化建设、文明单位创建等职能。设办公室、统战部/文明办和新闻宣传科。截至2016年底，在册职工5人，其中高级职称2人，中级职称1人，初级职称2人。

【宣传思想工作】 紧紧围绕止损扭亏、克难攻坚、凝心聚力开展内外宣传工作，全年公司各单位在《山东钢铁报》发表新闻稿件190多篇，在《中国冶金报》发表新闻稿件40多篇。组织开展“向姜和信学习，做岗位建功标兵”主题活动，推出了《我给省长提建议》《有一种精彩叫“寻找”》《“创新达人”姜和信》等系列稿件，分别在《山东钢铁报》《山东工人报》《中国冶金报》发表，取得良好反响。利用《宣传思想工作讯息》电子刊物、绿色钢铁网站，全面反映各单位思想政治工作的亮点、经验，打造党群工作宣传阵地。起草下发一至四季度《党员干部理论学习计划》，修订《两级党委中心组学习制度》，使领导干部的理论学习更趋制度化、规范化。组织开展了“改革转型我担当”大讨论活动。抓好舆情信息管控，及时掌握热点、难点问题及职工思想动态，加强舆情引导。

【企业文化建设】 积极践行山钢文化和社会主义核心价值观，开展“同铸山钢魂，共圆山钢梦”文化深度融合践行活动。在公司范围内，对山钢企业文化视觉识别系统的设点布局进行详细调研，制定规划设计方案，完善公司范围内视觉识别系统的建设。

【文明创建工作】 继续深入推进文明单位创建工作，对当选的 6 个 2015 年度公司“文明建设先进单位”命名表彰。积极组织二级单位复审、推荐省、市、山钢集团级文明单位的工作，炼铁厂、气体厂通过山东省文明单位复审；宽厚板厂、物流管理中心通过济南市文明单位复审；化工厂、宽厚板厂、物流管理中心、第一小型轧钢厂通过山东省管企业文明单位复审；炼钢厂、炼铁厂、气体厂、宽厚板厂、薄板厂通过山钢文明单位复审；能源动力厂荣获 2015 年度山钢文明单位称号。

【统一战线工作】 根据省委统战部和山钢集团《关于印发全省无党派人士坚持和发展中国特色社会主义学习实践活动实施方案的通知》精神，认真抓好落实。协助民革、民建、民进、农工党、九三学社 6 个民主党派支部加强思想、组织建设，充分发挥其优势，鼓励各民主党派成员围绕公司中心工作任务献计献策。

（撰稿　梁　军　褚慧娟
审稿　高海港）

武装工作

【综述】 武装部主要承担着民兵组织建设、政治教育、民兵带建、兵员动员、军事训练、武器装备管理、应急抢险、国防教育和战备执勤等职责。截至 2016 年底，有武装干部 2 人，其中部长 1 人。下辖 13 个基层武装部，13 名武装干部。

【组织建设】 根据《山东省民兵整组工作实施办法》和济南警备区《2016 年民兵、预备役部队民兵整组工作指示》，对总参动员部赋予列入编制的重点民兵应急营反恐连、高炮支援分队、防化分队 3 支队伍进行了人员定点定位编制的整合调整，组建了 14 个民兵营，96 个民兵连和 3559 人普通民兵及 531 人的基干民兵队伍；融合公司应急管理体系建设相关要求和遂行多样化应急任务的需要，从公司防灾、抢险、救助、稳定的实际需求出发，相应建立和完善了各负其责的 24 支 280 人的生产应急抢险队伍。民兵组织建设得到有效落实，逐步形成了完整、有效、各负其责的综合应急抢险保障体系。

【拥军优属】 按照济南市政府《关于做好春节期间拥军优属活动的通知》和公司党委有关要求，在为军烈属、复退军人、伤残军人解疑释惑相关拥军优属政策和做好贴心服务的基础上，积极协助市、区民政局，为 108 名离退休的转业军人办理了优抚领取手续，领取发放了 16 万元春节慰问金。为两年入伍的 24 名新兵办理了 28 万元优抚金的领取发放，把对军烈属、伤残军人、离退休转业军人的关怀落到实处。

【民兵带建】 围绕公司“扭亏增盈，岗位建功”主题活动，适时推进适应生产建设与民兵组织建设需要的无缝对接。各单位结合自身工作实际分别开展了人员疏散、供电线路抢修、变压器抢修、煤气救护、消防救援、医疗救治、抢注围坝等科目为主要内容的人防应急抢险综合演练。

【黄河防汛（凌）】 按照济南市黄河防汛防凌指挥部和公司应急管理相关要求，充实完善了黄河防汛（凌）应急抢险物资、运输车辆、医疗救护、通讯联络等保障预案；针对公司负责防守的历城区整个区段内31.21公里的黄河堤防、险工、控导工程存在安全度汛隐患的实际，准确把握预案定位，组织相关专业预案知识学习培训；抓好综合应急保障的规范，制定了备勤值班和抢险物资、医疗救护、运输车辆、后勤保障等保障制度。规范了遂行任务时的集结地点、序列直呼网络的通讯指挥保障等管理措施，确保了遂行黄河防汛、防凌应急抢险和遂行多样化急难险重任务的有效落实。

【创先评优】 为纪念抗日战争暨世界反法西斯胜利71周年和建军89周年，进一步落实党管武装、书记抓武装、基层强武装原则，组织了“八一”评优表彰活动，下发《关于表彰“党管武装工作先进单位”和“先进民兵”的决定》，对党管武装工作先进单位和民兵个人代表进行了表彰，并颁发了奖牌和荣誉证书。

（撰稿　都志斌　审稿　高海港）

工 会 工 作

【综述】 公司工会是公司民主管理、职工维权的主管部门，主要负责筹备组织职工代表大会、职工代表团长工会主席联席会议；负责推进落实、监督检查民主管理与厂务公开工作；负责维护职工群众的合法权益，组织开展群众性经济技术创新创效活动及文化体育活动；负责群众性的组织工作；负责公司女工工作；负责计划生育工作。设综合部、权益部（含计划生育办公室）、财务科。截至2016年底，工会机关在册职工10人。其中，处级干部3人；高级政工师4人，中级4人，助理2人；党校研究生1人，大学工学学士1人，大学本科6人，大专2人。

【民主管理工作】 组织召开公司一届二次职工代表大会，指导各二级单位召开单位职代会或职工大会。开展职代会职工代表提案征集工作，将优秀提案转交公司相关部门（单位）研究落实。深入开展劳动关系和谐企业创建活动，扎实推进《厂务公开实施条例》等制度的落实。加强职工代表巡视工作，两次组织14名职工代表，对7个单位就公司重点工作、厂务公开、民主管理及关系职工切身利益的热点、难点问题进行巡视检查，撰写专题报告向公司党委汇报，为公司决策提供参考和依据。

【职工创新创效工作】 围绕公司中心工作，抓住影响成本、效益的关键指标和薄弱环节，在重点产线、重点单位、重点岗位开展了“扭亏增盈，岗位建功”主题竞赛和后勤系统“优胜食堂”劳动竞赛等，促进公司各项经济技术指标不断刷新：炼铁厂3座高炉干出往年4座高炉的产量，其中两座1750立方米高炉同比增产67万吨；炼钢厂有效应对“5炉对6机”生产新格局，钢产量同比增加45.5万吨；热轧产线下半年产量月月超20万吨，同比增产63.6万吨。加强调查研究，严格评定考核，定期对竞赛进行月度、季度总结，在生产现场予以表彰奖励，大大激励了基层职工创新创效、创先争优的积极性。开展职工先进操作法、合理化建议优秀成果以及职工创新工作室创新成果征集评选活动，召开职工先进操作法、合理化建议暨职工创新成果命名表彰大会，命名表彰19项职工先进操作法、66项合理化建议优秀成果、42项职工创新成果，激发了广大职工创新创效活力。深入开展“职工创新工作室”创建活动，荣获中华全国总工会创新项目补助的姜和信创新工作室“焦化废水输送干熄焦除尘灰”项目，经过系统论证、反复试验终获成功，年节省设备采购及维护费用 20 万元，节省人工成本 40 万元，节省配煤成本 1000 万元。认真总结创建姜和信创新工作室的成功经验，在炼铁厂职工创意中心召开职工创新工作室工作经验交流现场会，交流创建工作经验，重新认定 30 个职工创新工作室等级；修订下发《职工创新工作室规范化建设管理办法（试行）》。截至 2016 年底，公司共有职工创新工作室 30 个，其中国家级 1 个、省部级 1 个、市级 3 个、公司级 25 个。开展“工人先锋号”“巾帼文明岗”创建活动，对已命名表彰的“工人先锋号”“巾帼文明岗”进行重新审核认定。截至 2016 年底，公司级以上“工人先锋号”77 个，其中国家级 2 个，省市级 20 个；公司级以上“巾帼文明岗”35 个，其中国家级 3 个，省市级 17 个。

【维护职工权益】 规范公司劳动争议调解工作，通过《职工诉求督办单》，对职工反映的问题督促相关单位限期解决并回复。坚持“及时、公开、公正”的原则，开展困难职工救助工作，仅“两节”期间，就组织走访慰问困难职工、劳动模范、离退休干部和职工遗属等 1070 人，发放“送温暖”救助金 58.02 万元。全年日常救助困难职工 14 人，发放救助金 11.8 万元；为 73 名会员职工发放阳光补偿金 26.5 万元；为 90 名职工办理济南市互助救助手续，领取救助金 22.87 万元；为 30 名困难职工办理《济南市特困证》。针对低收入困难职工增加的状况，制定实施《低收入困难在岗职工帮扶救助意见》，延伸了帮扶救助工作手臂。金秋助学救助了 16 名困难职工家庭子女顺利升学，发放助学金 9 万元。

【职工文体活动】 以“扭亏增盈，岗位建功”为主题，先后举办了职工棋类、毽球、羽毛球比赛，“庆‘五一’暨劳动光荣、岗位建功”优秀摄影作品展览和庆国庆暨“改革转型我担当”职工书画展等文体活动；成立济钢职工阳光太极拳协会，创新活动方式，对“阳光”职工协会进行有效指导。组织职工积极参加济南市总工会举办的系列活动。选派炼铁厂职工王娟参加济南市“弘扬劳模精神，建设现代泉城”先模事迹报告团巡回演讲活动，组织职工参加济南市首届职工乒乓球比赛，荣获“体育道德风尚奖”，为企业赢得荣誉。

【计划生育工作】 加强日常管理，严格责任考核，对公司所属单位（部门）开展了年度基础工作检查和量化考核，全部达标。组织举办计划生育业务培训班，培训业务人员 65 人。在第 27 个“世界人口日”之际，组织举办以“关心女性幸福，关爱妇幼健康”为主题的宣传服务活动，宣传国家计生政策。2016 年合法生育率 100%；及时发放了独生子女父母退休一次性养老补助金、保健费等，办理独生子女平安保险等业务，认真落实病残儿鉴定，做好帮扶救助计划生育特困家庭等工作。

（撰稿　刘　刚　审稿　黄善兵）

共青团工作

【综述】 截至 2016 年底，公司团委下辖 12 个基层团委，56 个团支部，专兼职团干部 60 人，共青团员 233 人，青工 3398 人。年内，荣获国家级先进个人 1 人；全国钢铁行业级先进集体 11 个，先进个人 14 人；省管企业先进个人 1 人；市级先进集体 18 个，先进个人 1 人；山钢级先进个人 2 人。

【思想教育】 围绕公司党委开展的“攻坚克难，岗位建功”主题活动，进一步加大共青团工作力度，提升全公司各级团组织的凝聚力、战斗力和贡献力。利用微信群、电子期刊、微信公众号等新媒体平台，开展形势任务教育和各类丰富多彩的主题教育活动，先后开展了“弘扬雷锋精神、做姜和信式好员工”青年座谈会，“雷锋日”青年志愿者活动，“改革转型我担当”演讲比赛及主题征文活动。打造“共青团+互联网”新模式，按照小团委、大团队的指导思想，植入新理念，搭建新平台，组建了公司团委新媒体宣传团队，并于11月10日复刊《青春济钢》电子刊物；11月22日，申请注册微信公众号“青春济钢”正式上线。各基层团组织也建立了自己的QQ群、微信群、微信公众号、期刊等阵地、平台。截至2016年底，“青春济钢”微信公众号已推送宣教信息120篇，关注粉丝达2763人，阅读量累计达64371次。

【岗位建功】 依托“五小”创新创效、青年降本增效擂台赛，全面深化青年创新创效活动，50项完全投入生产应用的“五小”项目累计投入43.71万元，创效额达到742.89万元。成功申办行业第一家青年就业创业示范培训——“改革转型我担当”济钢青年就业创业示范培训班，邀请创业指导、电商运营、心理咨询等相关领域8位专家、学者，举办了7场专题讲座，先后共有600余名青工参加现场专题培训讲座，3000余名青工通过“青春济钢”微信平台上传的授课视频进行了学习。组织开展“青年文明号”立项申报、复核工作；完成市级以上“青年文明号”数据采集；作为济南市“青年文明号”第四检查组成员，参与济南烟厂、体育局等单位“青年文明号”集体创建验收工作。高度重视青年安全生产工作，6月份开展“青年安全生产示范岗”创建和申报工作，联合安全部、工会、宣传部组织参加“守护生命、平安山东”安全生产网络知识大赛活动，全力保障青年安全生产。

【服务青年】 经常性开展基层青年座谈，通过面对面、心交心的沟通交流，做好青年思想教育的“引路者”。采取问卷调查、座谈交流、走访谈心等方式，对基层青工的思想状况进行调研，共组织13场调研座谈，各层次200余名青年代表参加。发放2000份调研问卷，收回1987份，进一步摸清了青工思想、工作、生活状况及迫切需求。在全公司范围内开展了“青情微基金”贫困青工走访慰问活动，全方位了解贫困青工实际情况，最终认定20名无房因病致贫的贫困青工为特困青工帮扶对象，向每人发放帮扶慰问金1000元；10名无房因子女生病致贫的贫困青工被认定为困难青工帮扶对象，向每人发放帮扶慰问金600元；16名贫困青工被认定为一般困难青工帮扶对象，向每人发放价值300元帮扶慰问品。贫困青工慰问帮扶活动发放帮扶慰问金和慰问品共计30800元。

【组织建设】 坚持正确用人导向，组建团委核心团队。11月份，公司团委组建新的领导班子及团队，分设组织部、生产部和宣教部，3个部门工作职责互为AB角，按照“小团委大团队”的思路打破传统的行政单位界限，组建新媒体、舆情监控、信息参考等青年核心团队，充分挖掘团干部人力资源利用效率。坚持组织把关，注重选拔德才兼备的团干部，切实维护选人用人制度的权威性、严肃性。积极推进团干部交流，增强团干部队伍整体活力。全年共有15名团干部成功转岗，到更加重要和关键的工作岗位上任职。积极构筑青年典型示范群体，“五四”前夕，公司团委组织了国资委“五四青年奖章优秀青年”推荐、“山钢十大杰出青年候选人”推荐、“山钢青年岗位能手标兵”推荐，以及公司共青团工作先进集体和个人评选等活动，为广大青年树立了学习的榜样，起到了很好的示范带动作用。

（撰稿　李晓华　审稿　魏　涛）

生产经营

SHENGCHAN JINGYING

核心理念

☆ 企业经营宗旨——精品赢得市场，诚信创造未来

济钢集团有限公司生产经营

冶金炉料板块

综述

冶金炉料板块涉及六家单位，分别为：济南钢城矿业有限公司、济南鲍德炉料有限公司/鲍德冶金石灰石有限公司、山东球墨铸铁管有限公司、山东济钢合金材料科技有限公司、标准件厂、测温仪器厂。炉料板块业务主要包括铁精粉及块矿、煤炭、球墨铸铁管、合金炉料、板头边加工、钢渣及水渣处理、石灰石及石灰等。

济南钢城矿业有限公司

【概况】 截至2016年底，济南钢城矿业有限公司（以下简称矿业公司）在册且在岗人数442人，其中高级职称10人、中级职称52人、初级职称12人。矿业公司下设9个部室、3个生产车间、一个后勤服务中心，下辖一个控股子公司山东鲍德煤炭有限公司，主营品种涉及自产铁精粉、各类加工铁矿石（粉）、煤炭等冶金原料、燃料、辅料。

【生产经营】 累计全年销售各类矿石（粉）43.63万吨（其中自产铁精粉25.5万吨）、煤炭70万吨，完成销售收入7.99亿元，实现考核利润2086.54万元，超额完成了集团公司下达的利润奋斗目标。主业生产稳定高效运行。打破常规，统筹规划，合理搭配一、二步回采矿房和Ⅰ号、Ⅱ号和Ⅱ0号矿体采矿量；优化完善开采方案和施工组织，设计施工了-360米水平13号溜井，加速F4109矿房工程施工，实现10月下旬F4109矿房拉槽投产的目标；继续开展井下注浆堵水工作，-360米水平排水量由上年平均日排水量3万立方米降至2.5万立方米。全年累计生产原矿39.44万吨、掘进3067米、中深孔2.73万米、充填7.02万立方米。加工贸易成效显著。矿石经营方面，确立4条潜在创效渠道，责任到人，加强过程管控，加快工作进度。三条创效主线累计完成矿石14万吨，并成功开发外部市场贸易，供应给新兴铸管5000吨塞矿。4条潜在创效渠道中，蛇纹石成功中标5~12月份供应权，每月供应量5000吨左右；应收账款串换钢材，累计订购钢材4.7万余吨、转款1.5亿元；炼钢除尘灰压球7月份投入生产，至年底累计回供除尘灰压块5200吨。煤炭经营方面，积极应对市场形势变化，深挖内潜，强化与山钢营销总公司、山钢股份济南分公司等相关部门沟通，抢抓商机。固化既有煤种渠道，积极开发新煤种，安阳中硫焦煤6月份纳入正常采购序列，8月份开通朝鲜煤替代国内无烟煤业务，10月份开通瘦煤供应业务。

【专业管理】 运营改善和管理提升扎实推

进，坚持问题导向，运用市场化理念，确定项目11个，其中纳入集团公司监管项目4项，获评二等奖2项、三等奖2项。按照“试点先行，全面推广；项目引领，以点带面；严格管理，务求实效”的原则，启动模范车间创建工作，选矿一车间顺利通过验收。内部市场化改革稳步推进。积极践行山钢集团全面改革部署，结合实际，开展内部试点，对主业生产单位导入内部市场化考核机制，对加工经营业务单位实行完全成本下的净利润考核，在主业生产的尾矿、充填工序开展内部市场化考核试点，取得预期效果。节能降耗工作取得较好成绩。矿业公司细化考核，层层分解指标，各单位压力共担，总用电量同比降低2.91%；避峰填谷节约电费同比增加6.27%，外委检修费用同比减少27.99%，材料、备件采购费用同比降低15.88%，库存同比降低10.25%。安全生产形势保持稳定。认真落实企业安全主体责任，层层签订安全生产责任制，深入推进“风险分级管控和隐患排查治理”两个体系建设。严格贯彻落实省政府“大快严”集中行动的要求，全面开展安全隐患排查整治行动，开展采空区专项整治，完成了矿区河道改造，对上下井人员通道实行封闭管控，确保爆炸物品不流失。扎实开展冬季、夏季“四防”，确保安全生产。积极开展“百安”、“安康杯”竞赛活动，提高职工安全意识和技能。强化安全基础建设，3个班组被集团公司评为季度安全“十佳”班组。

【转型发展】 为加快推进转型发展，成立转型发展办公室，制定下发《创新创效“双创”管理办法》《转型发展激励暂行办法》，结合“改革转型我担当”大讨论活动，广泛发动干部职工为转型发展建言献策。围绕矿山井上、井下稀缺工业资源的开发利用，对国内同类型企业的转型发展情况进行考察了解，邀请上海、南京等有关设计公司，做了转型发展初步策划。经过深入的考察论证，基于矿业公司独特的区位优势和地下巷道资源，最终确定建设“城市矿山主题公园”的转型发展方向，并围绕方案落地，进行资料搜集、整理、信息推介等大量的准备工作。

【党群工作】 围绕矿业公司中心工作，制定下发年度党群工作指导意见，认真落实党委的主体责任和纪委的监督责任，组织签订了《党建工作责任书》和《党风廉政建设责任书》，制定了党建工作责任制。深入开展“两学一做”学习教育和“改革转型我担当”大讨论活动，开展“手抄党章100天”活动，并通过党员戴党徽、挂“党员示范岗”标识牌上岗，落实党员责任区工作，进一步增强党组织的创造力、凝聚力和战斗力。深入推动“责任驱动，岗位建功”主题活动，开展劳动竞赛、合理化建议、岗位明星评比、创新工作室创建等活动。制定了《宣传工作管理办法》，编发形势任务教育材料3期、信息简报12期，利用网页、广播站、黑板报、宣传栏等途径，构建强大宣传阵地，全面强化思想政治工作，保持职工队伍的和谐稳定。坚持“责任驱动，发展惠民”，协调供热公司，积极推进供暖系统改造，解决了铸管公司搬迁后家属区的供暖问题。真情关爱职工，走访慰问职工75人次，发放各类救济和慰问品等5.9万元，提供金秋助学金1.2万元，“精准扶贫”捐款2.94万元；开展元旦职工运动会、篮球赛、“三八”节活动等丰富多彩的文体活动，丰富职工生活。

（撰稿　王海环　审稿　李　静）

济南鲍德炉料有限公司/济南鲍德石灰石有限公司

【概况】 截至2016年底，济南鲍德炉料有限公司/济南鲍德石灰石有限公司共有职工828人。设8个专业部室、10个生产车间、2个子公司，主营业务是对山钢股份济南分公司炼铁、炼钢生产过程中产生的冶金废渣进行绿色回收和循环利用，并提供石灰石、脱硫剂等炉辅料产品。经过多年发展，已形成冶金固废循环经济产业园和冶金辅料供应基地的格局。

【生产经营】 全年完成钢渣处理98.64万吨，渣钢类产品3.5万吨，矿渣微粉265万吨，运输周转量4347.78万吨公里，石灰14.01万吨，破碎石灰石原矿170万吨。实现营业收入7.48亿元，利润3203万元。公司按照市场主导、销售带动、生产服从、质量提升的管理理念，围绕产线贡献率、利润率组织生产。焖渣产线顺利完成210区域钢产量翻倍后的钢渣处理；石灰产线努力保障内部市场增量供应，外租2号石灰窑创效100余万元；钢渣加工产线增加积存渣处理8.02万吨，优化球磨机出料结构，颗粒钢产出量提高5%；物流产线积极应对交通、环保部门不断加大路查的情况，保证内外部运输；鲁新公司相继中标济青高铁、山东荣成核电站两项国家工程，济南鲁新全年销售矿粉213万吨，为近几年最好水平。泉州鲁新积极探索设备管理模式，创出同行业立磨磨耗最佳。石灰石公司积极应对政府突发性政策停产，保持生产连续性，全年产销170万吨，创历史最高纪录。

【安全环保】 强化安全管理，落实主体责任，深入开展“大快严”专项行动，进行各类专项安全检查与评审44次；突出环保管控，加强减排统计、监测、考核体系建设，开展环保专项治理，实现环保达标。全年实现安全环保“六个零”目标。

【专业管理】 推进模范车间创建，全面提升车间现场基础管理水平和精益管理能力。加强财务管理，合理筹措资金，保障公司正常生产经营，继续保持承兑零贴现，实现了资金链安全。深化降本增效工作，严格控制“能源、辅材、备件、外修”四项费用，降低521.71万元。开展“修、调、节、清”四个专项活动，利旧及降成本97万元。鲁新公司与合肥工业大学联合研发的新型超焓热风炉投入运行，降低成本80余万元，公司全年可比成本降低率3.31%。从优化产品结构、开拓市场、创新经营等方面开展团队创效，实现创效350.2万元。

【转型发展】 “鲁新新材”新三板于4月14日，正式在全国中小企业股份转让系统挂牌（证券简称：鲁新新材，证券代码：836596）。通过挂牌，进一步规范了公司治理，解决了济南鲁新4号线、泉州产线的环评验收等历史性难题，提高了企业的影响力和知名度。年内山钢日照公司石灰窑、矿粉项目均完成桩基施工，进入土建施工阶段；贸易工作稳中有进，转型团队积极开发新产品新市场，较上年增加7项贸易业务；鲁新公司开展山东、福建市场矿渣、矿渣微粉贸易，贸易量20万吨，创效150万元；石灰石公司相继开发了改质剂、精炉料、渣钢等新产品，多种经营实现创效62.9万元。转型新项目快速推进，专门组织人员成立土地开发利用、环保新材料产业园两个项目组，均形成详细的规划方案，并被集团公司列为转型发展一级项目。

【体制机制改革】 一是引入产线承包机制，以内部市场化为前提，对各产线实行承包制，模拟法人管理考核，实现产线生产经营与市场无缝对接。二是深化绩效考核改革，在实施日常绩效考核的基础上，制定提升绩效指标激励办法，按照超目标值的10%提成奖励，充分体现创效骨干的贡献和价值，职工收入同比上年有所增长。三是积极探索内部市场化管理。建立产线内部价格体系和结算体系，形成科学的竞争机制、激励机制和利益分配机制，各产线劳动效率大幅提升，效果明显。

【党群工作】　深入推进“两学一做”学习教育，精心组织党员干部开展专题学习、民主生活会等活动。加强党风廉政建设，认真落实党委、纪委“两个责任”、中央“八项规定”和山钢党委正风肃纪“十条禁令”。深入开展“责任驱动，岗位建功”主题活动，开展5次劳动竞赛，征集合理化建议519条，采纳106条。实施“温暖工程”，走访困难、重病职工及职工家属70余人次，对2个重病职工家庭进行及时救助，全年公司员工满意度达95.86%。在全体职工的共同努力下，公司先后获得了省管企业文明单位、济南市安康杯优胜单位、济南市总工会互助互济先进单位、山钢文明单位、山钢优秀党组织、省冶金总公司环境保护工作先进单位等荣誉称号。通过省安全标准化二级企业达标评审，李培彦工作室被命名为济南市总工会创新工作室。

（撰稿　王景鹏　审稿　张玉华）

山东球墨铸铁管有限公司

【概况】　截至2016年底，山东球墨铸铁管有限公司在册在岗职工1368人，其中管理工技人员170人（高级职称18人，中级职称74人，初级职称78人）；各类非在岗及离退休人员1926人（内退63人、病休33人、工伤1~4级6人，离休12人、退休1702人，遗属59人、精简下放51人）；劳务派遣工406人。下设10个管理部室、10个生产车间及生产服务单位、3个子公司。年末总资产17.14亿元，净资产3.84亿元，固定资产原值6.38亿元，净值2.23亿元。为贯彻落实济南市委、市政府城市整体发展战略，2015年9月21日，铸管公司与济南市历城区人民政府签订了搬迁协议，于2016年12月27日全部停产，搬迁基准日为2016年12月31日。

【生产运营】　炼铁产线积极适应外部市场变化，及时调整品种结构，先后组织了冶炼镍铁、铸造铁的工作，并实现不同品种生铁的快速转换，保证了高炉稳定顺行。全年累计生产生铁79.77万吨、烧结矿129.7万吨，累计销售生铁61.41万吨。铸管产线坚持以销定产，以产促销，强化产销衔接，有效平衡生产、销售、储运各环节的能力，实现产销总量的双提升。全年累计生产铸管26.16万吨，销售铸管25.36万吨，其中出口2.19万吨。公司全年实现营业收入20.23亿元，外部市场收入19.15亿元；因2016年底实施停产搬迁，全年利润-5242.90万元，归属母公司利润-5376.2万元。

【专业管理】　炼铁产线重点强化铸铁机管理，提升翻铁能力，确保了高炉全风操作。坚持对标挖潜，优化结构，加强生铁成本测算和高炉操作管理，有力推动了炼铁降成本工作。铸管产线加强生产工艺管理，优化人力资源，提高设备保障能力，对瓶颈环节实施团队攻关，使铸管生产效率得到大幅提升。围绕市场对产品质量的更高要求，深入开展质量提升活动，坚持问题导向，系统分析产生质量问题的原因，有针对性地制定改进措施，铸管一次打压合格率、退火合格率、球化合格率等主要质量指标持续改善。市场管理方面，坚持把销售工作作为拉动生产经营的头等大事来抓。一是实施品牌战略，加强企业形象和品牌宣传，提高企业知名度；二是创新营销模式，采取更加灵活的营销策略，加强销售队伍建设，调整优化销售区域和人员，细化考核，层层分解销售、回款任务，积极开拓国内外市场。行业影响力、市场占有率得到进一步提高。

【安全环保】　加强班组管理，不断夯实安全管理基础，加强安全教育培训，不断强化职工安全意识，努力消除停产搬迁造成职工思想波动给安全生产带来的不利影响。组织开展煤气、火灾等应急预案演练，提高干部职工突发事件应变能力。坚持实施职业健康安全环境综合检查，查隐患，抓整改，实现了安全生产“六个零”的目标。加大环保协调工作力度，制定环保提升计划，加强现场保洁，做到规范覆盖、定期清扫，确保停产前现场环境得到保持和提升。制定铸管公司关停安全管理方案，坚持生产、设备设施关停和安全“同步实施、分步确认、有序推进”，将安全确认制贯穿始终，按照公司、车间、班组三级安全管理网络的安全管理责任制规定，全员参与，分级负责，统一指挥协调，实现了安全关停。

【环保搬迁】 为妥善安置职工，在上级领导和部门、山钢集团及集团公司的大力支持下，铸管公司多次组织人员赴首钢、杭钢、青钢、肥矿集团进行考察学习，充分吸取他们的经验做法并结合铸管公司实际，深入调查研究，反复论证，在广泛征求广大职工和职工代表的意见、建议的基础上，经过35稿讨论修改完成了《山东球墨铸铁管有限公司企业搬迁劳动关系调整和职工分流安置方案》和《实施细则》。2016年12月28日成功召开职工代表大会，通过了《安置方案》决议。成立职工安置工作领导小组，制订了详细的工作计划，形成了《职工分流安置工作配档表》和《职工安置工作计划网络图》，为完成职工安置工作奠定坚实基础。

【党群工作】 不断完善党委会议事规则，坚持民主集中制，研究事项坚持党委主导、集体讨论，建立决策体系、执行体系、考核体系和奖惩体系，党委核心作用得到有效发挥。认真落实上级党委及铸管公司党委年度抓基层党建工作重点任务，加强基层党建工作探索，扎实落实“三会一课”等制度。建设过硬党支部，充分发挥各党支部战斗堡垒作用和党员先锋模范作用，基层党建体系建设不断加强，形成铸管公司“六抓六带六强”党建工作模式，荣获山钢集团优秀党建工作品牌称号。坚持围绕中心抓党建，融入管理起作用，服务转型发展、破解搬迁难题。以金点子、合理化建议为载体，为企业搬迁建设、职工安置献智慧；以争创先进操作法、创新工作室和评选岗位明星为载体，深化“责任驱动，岗位建功”主题活动，激发职工创新热情和创造活力；以“质量提升”大讨论活动为载体，推动产品和服务质量提升；以“运营转型、管理提升”活动为载体，解决重点难点问题。党员干部抓问题、破难题能力进一步提升，特别是在铸管公司搬迁建设、职工安置工作中，广大党员干部能够以身作则，耐心细致地做好职工群众引导工作，职代会上顺利通过了职工安置方案，确保了生产经营稳定和职工的安置。

（撰稿　谢拥军　审稿　贾元奎）

山东济钢合金材料科技有限公司

【概况】 截至2016年底，山东济钢合金材料科技有限公司职工总数811人，其中在岗职工316人；在册职工80人，其中在册在岗职工74人，内退职工6人；离退休职工489人；在岗职工中管理、专业技术人员57人。公司下设七个部室以及合金一部、合金二部、非晶合金、特种铸钢、维修再制造、节能中心、合金炉料七大事业部，并控股济南黄河爆破工程有限公司。拥有生产、检化验设备532台（套），平均设备完好率97%。资产总额4.52亿元，其中固定资产原值1.08亿元。

【生产运营】 全年完成产销总量23.53万吨；实现营业收入6.83亿元，较上年增加

5841.5万元，增幅9.3%。其中，社会市场收入4.27亿元，占总收入的62.4%，较上年增加7059.6万元，增幅19.8%。实现利润1653.92万元，较上年增加449.03万元，增幅37.27%；归属母公司净利润1423.67万元，同比增长39.57%。完成集团公司考核计划的103.37%。安全生产实现“六个零”。

【体制改革】 实现公司制改制。原铁合金厂于9月份正式改制为“山东济钢合金材料科技有限公司”。新公司依法健全法人治理结构，注册资本金增加至4000万元，提升了企业竞争活力。收购济钢持有的黄河爆破公司全部股权，注册资金增至1000万元，顺利实现二级爆破作业资质升级。

【专业管理】 **市场管理方面**，当年8月设立莱钢、日照办事处，打开莱钢、日钢、连云港地区的合金炉料市场；开发青岛特钢、鑫华特钢、连云港兴鑫等客户；加大自产金属锰、低磷低碳硅锰、重熔硅锰、重熔高锰的产量，减小资金占用。扩大钢材托盘贸易，加速内部资金流转；承揽二钢、快达、商贸等拆除工程和废旧物资处置成为效益新增长点；加大国际贸易易货量，全年进口锰矿石3.21万吨，铌砂137吨，创一单获利170万元的新纪录；开发陕西震旦纪、山西俊燕等客户，共计实现营销创利约337万元，实现融资近4000万元。采购管理方面，新建、修订3项招标制度、4项流程；建立“采购-回款”统筹例会机制，仅电解金属锰一项，节省成本24万元；公司采用“互联网+”方式锁定直购货源，增加直购比例、降低赊购矛盾；有效处置供应市场价格波动造成的资金需求、风险、利润等一系列难题。安全环保管理方面，继续扎实开展两反一查、现场文明、十项专业等重点检查；职评检测全部合格；环保厂房顺利通过环评、安评、职评；顺利通过省级“安全生产标准化”企业复审；获得全国钢铁行业“青安杯”竞赛先进集体，历城区、济钢安全生产先进单位、市级统计工作先进集体等荣誉称号；获得省冶金总工会标准化班组2个等。**资产管理方面**，修订了辅材采购管理制度，制定物料编码价格表，强化费用控制；制定废旧物资处置管理办法，进一步完善规范化管理。实施化验室整体搬迁与改造升级；改造、扩建环保科技楼、爆破-岩土工程楼，利用空闲场地，新建停车场1处，环保容器车间落成竣工投用。**员工管理方面**，新公司与全体员工签订了新的劳动合同；为职工宿舍办理房产证，解决职工后顾之忧，妥善处置历史遗留问题；每月制订学习计划，开展形势任务教育；组织职工进行健康查体；扎实做好工会帮扶结对子工作，走访慰问困难职工、离退休老干部、老党员；全年评选出“年度岗位建功明星”10人、季度“岗位建功先进集体”17个、“岗位建功明星”45人、“岗位建功能手”65人。

【党群工作】 在全体党员中深入开展“两学一做”学习教育；开展党课教育和“手抄党章100天”活动。认真组织学习党中央新修订的《廉洁自律准则》和《纪律处分条例》，发放学习读本120册，组织“学条例、遵准则、保廉洁、促发展”主题教育活动，党委中心组多次开展专题学习讨论，组织学习集团公司纪委下发的《每周一题》，达到解疑释惑、警钟长鸣的作用。组织层层签订党风廉政建设责任书，做到“一岗双责”全覆盖；组织完成党员信息排查，顺利完成组织人事档案专项工作，积极推进党委三项整改工作。深入开展“改革转型我担当”大讨论活动，工会、共青团积极组织丰富多彩的群众性文体活动，活跃职工业余文化氛围，先后组织开展年度总结表彰会暨新春联欢会、职工篮球赛、庆“三八”“五一”“五四”系列活动；每月制定一个“主题愿景”，全体职工每天班前会集体背诵；开展为期两个月的全员军训；

获得山钢精神文明单位、集团公司精神文明单位和济南市五四红旗团委及山东省五四红旗标兵团支部等一大批荣誉称号；获得"模范车间"1个、"优秀创新工作室"1个、青工降本增效擂台赛优胜奖1项；"济南市五一劳动奖章"1人，济南市公安局治安保卫先进个人1人、个人三等功1项；山钢优秀党务工作者1人，集团公司"劳动模范"1人。

【创新创效】 全年完成管理、技术创新成果111项；新增国家专利9项，其中发明专利6项，锰硅合金球取得国家标准；获得省冶金总公司科技进步二等奖1项、三等奖2项；济南市企业管理创新一等奖1项，历城区专利专项奖三等奖；集团公司技术创新分获二等奖2项、三等奖3项；管理创新分获二等奖2项、三等奖3项。成立集团公司节能流体中心，中心获得全国唯一的国家循环经济技术中心认定，并承办了国家级循环水智能节能技术推广会。

【社会责任】 积极履行企业社会责任，承担了山东省公安厅集中销毁毒品、济南市公安局集中销毁枪支等责任。积极开展向社会献爱心活动和大力提倡员工见义勇为、尊老爱幼活动；开展"精准扶贫慈善捐款"活动，职工捐款2.46万元，捐款率达到100%；开展"关爱贫困学生，1对1结对子帮扶小学生"活动。

（撰稿　王婷婷　审稿　郭洪卫）

标准件厂

【概况】 截至2016年底，标准件厂共有职工954人。其中，在岗职工112人，离退休、退养、内退等职工837人。管理及专业技术人员58人，高级职称1人，中级职称24人，初级职称30人。下设4科1室、4个车间，分别是财务科、安全生产科、机动科、供销科和综合办公室，废钢加工车间、机加工车间、氧化铁加工车间和钢龙广告有限公司。主要产品有钢材板头深加工产品：剪切件、冲压件、铆焊件等，氧化铁皮粗筛和细磨加工等系列产品，机加工件、广告制作等。截至2016年底，固定资产原值3805.34万元，净值1350.33万元。

【生产经营】 全年共实现销售收入8198.85万元，实现外部市场收入4020.95万元，占总收入的49.04%，同比基本持平。全年主要产品完成情况：板头深加工件1.11万吨，板边加工及运输24.35万吨，氧化铁皮加工8.97万吨。全年全厂稳固发展现有的主导产业，在钢材深加工、含铁物料加工等支柱产业项目上，加大内外部市场开拓和产品结构调整，深化管理创新和营销创新，全面提升适应市场、开拓市场的能力，确保了生产经营目标的完成。聚焦主业优势，注重发挥传统项目潜力，把营销工作作为龙头，主动走出去，研究市场、开拓市场，用订单驱动生产，优化生产组织，促进主要产品的营销量。在钢铁市场低迷的大形势下，充分利用有限的板头资源实施加工，精心组织剪切小件、冲压件、热切割件和坡口板等高附加值产品的生产。从订单量、订单结构、订单价格三个层面进行全面分析，核算订单效益，保住社会用户份额，保证了主导产业的市场稳定，创造了月销售新纪录，同时，注重协同效应，积极与集团公司内部其他子公司开展协同采购，消化复合板厂、钢结构公司等单位的下脚料，实现了双赢。持续强化氧化铁产品的进出预算控制管理，在确保氧化铁加工总量平衡的情况下，最大限度地实现创效。面对集团公司炼钢系统对赤泥球产品的需求量不断萎缩这一现实，全力开拓社会市场，以高质量的产品和满意的服务赢得外部客户，将铁精粉球产品外销到莱钢、邯钢等地，月销量均在1500

吨以上，弥补内部市场不足的效益损失。积极开展技术创新，改变生产工艺，不断提高成材率，四季度每月都超额完成集团公司下达的3档利润考核指标，较好地完成了各项指标任务。

【产业调整】 围绕企业转型发展，立足生产实际，积极发挥产业优势，在产品延伸开发上做文章。针对钢材市场不景气，价格不断下滑的局面，深耕板头效益，不断挖掘板头蕴含的价值，将板头进行充分分拣、区分，开发了“坡口板”新业务，并根据客户需要实现了量产，成为附加值最高的产品。大力恢复传统产品法兰盘加工项目，年内进入设备改造阶段。针对国家推行的新型产品建筑外墙保温材料，大力开展市场调研、可行性论证等工作，年末进行到相关的审批和论证手续阶段。日照精品基地铁氧体项目在山钢集团和集团公司的支持下，也在推进和实施之中，为企业的转型发展奠定了基础。

【基础管理】 全面建立以财务为中心的管理模式，对内细化成本核算，强化资金管理，认真执行预收款制度，确保资金顺畅和安全。积极创建精益管理模范车间，以6S管理为切入点，大力整顿生产作业现场和改善厂区环境，发动全员，了解和推行精益核心文化，使环境大为改善，人员意识和素质得到全方位提升，顺利通过集团公司的验收，获得模范车间荣誉称号。深入推进“运营转型、管理提升”活动，通过集团公司结题验收项目2项，获得三等奖，以运营改善项目为载体，实现板头边库存的控制和包芯线质量损失的降低。关注和重视安全基础建设工作，以安全标准化为基准，深入开展班组安全基础建设达标以及夏季“四防”、冬季“四防”、“百日安全无事故”等活动，将现场监督检查制度化、定量化，年内顺利通过了“安全标准化”复审，被山东省安全生产监督管理局授予“安全生产标准化二级企业（冶金企业）”；被集团公司评为2016年度“安全生产先进单位”称号；剪切加工车间起重班被省冶金总工会授予“安全标准化班组”称号。不断修订和完善年度绩效考核办法，逐步推行“利润定岗效基数、产销量定奖金”新绩效考核模式，逐步提高职工的岗效基数，督促各生产单位细化二次分配管理制度，促进了职工的工作积极性。

【精神文明建设】 围绕“责任驱动，岗位建功”主题，组织职工技术比武、职工先进操作法及合理化建议征集评选、“岗位明星”评选等工作，有效激励了职工创新创效热情，“侯广尧创新工作室”顺利通过集团公司工会的授牌。积极改善职工工作和休息环境，投资新建职工浴室、刷新休息室、新购更衣橱等设施。同时，不断强化绿化美化工作，增加假山景观、移植苗木、合理布局绿化带，厂区面貌焕然一新。党委、工会关心离退休职工、特困职工、残疾职工，积极开展“送温暖”活动，为职工发放月度误餐补助、生日卡、购买“互助互济保障金”等。同时，修建职工停车场、羽毛球场和篮球场，积极开展羽毛球比赛、篮球比赛、乒乓球比赛等文艺活动，活跃职工气氛，提高职工士气。开展标准件厂“职工合理化建议”活动，让职工畅所欲言，为职工解决生产生活中的困难。不断营造和谐、融洽、温暖的大家庭氛围，提高了企业的向心力和凝聚力。

（撰稿 马小莉 审稿 郭洪卫）

测温仪器厂

【概况】 截至2016年底，测温仪器厂共有职工211人，其中残疾职工74人，管理及专业技术人员17人；下设综合办公室、安全生技科、供销科、财务科、合金线车间、热电偶车间、金属加工车间。主要产品有快速测温热电偶、工业用热电偶（阻）、合金包芯线、板头深加工件、塑料编织袋、钢水（铁水）取样器、测温枪（头）、铝制品等。

【生产经营】 紧紧围绕各项经济效益指标，坚持以市场为导向，不断扩大产品销售渠道，强化生产经营基础管理工作，深挖企业潜力，不断增加经济效益，实现了企业健康稳定的发展目标。全年实现营业总收入1.57亿元，比上年增加5863.9万元，增幅59.6%。其中，外部市场收入6915.2万元，比上年提高1685.3万元，增幅32.2%。经集团公司审计确认，实现利润569.3万元。剪切件产销量26194吨，冷固球产销量21640吨，合金包芯线生产销售4423吨，铝粒生产销售2794吨，快速热电偶生产销售39.34万只，编织袋生产销售69.44万只，营业利润710.49万元。实现安全生产“六个零”。

【专业管理】 强化内部管控，规避企业经营风险，提高盈利能力。全力推行“严格工作标准、强化专业激励、突出绩效考核”的分配政策，进一步完善考核体系。修订了《绩效考核办法》，将经营绩效考核与专项考核相结合，经营绩效指标刚性化，建立更贴近市场实际、调动全体员工积极性的分配考核机制。建立健全全员检修的设备管理模式，制订并完善设备润滑管理制度和计划检修规定，在产品产量大幅度提高的情况下保障了设备运行。采购、销售部门均实行市场化运作模式，摸清合金、钢材原料市场规律，把握采购商机，规避多次合金涨价风险。在合金线车间实行生产目标看板管理，个人收入与目标绩效挂钩，做到公开公正。实施生产、销售、设备、安全基础管理、劳动纪律专业季度考评制度，考评及奖励结果全厂公示，带动了基础管理的提升。积极开展“岗位建功明星”“岗位建功能手”等活动，激发职工立足岗位建功立业的激情。在合金线车间开展百米无乱线岗位竞赛活动，有效带动了整体质量管理水平的提高。

【降本增效】 坚持以财务管理为核心，以“降本增效，提升管理”为主线，开展主题活动。在降库存方面，以工业热电偶备品备件和库存产成品为重点，全年基本没有新采购备品备件，采取修、改、代的方法，全年降低库存126.4万元。在采购方面，实行大宗原材料全面招标采购，在较高付款信誉基础上实现采购价格较低、无预付款的目标，合金采购降低率比预算降低2.5%。加快销售回款的节奏，逐月降低在途商品和应收货款的数量，实现了财务管理目标。加强进厂原料监督检查，减少采购质量损失，提高产品质量和售后服务水平，全年降低质量损失14.5万元。平衡资金收支，控制付款节奏，确保生产、经营环节资金收支平衡，保持了较好的资金状况。

【安全环保】 以落实企业主体责任为核心，突出抓好风险分级管控和隐患排查治理两个体系建设和落实，实现了安全标准化复审验收达标。严格按照“隐患在现场，事故在一线”的总体工作思路开展工作，认真落实冬季“四防”和夏季“四防”工作。重视隐患整改，做好做细残疾作业人员的针对性安全教育工作。传授消防专业知识，大力加强安全生产“双基”建设，建立持续改进的安全管理长效机制，全年实现了事故为零的目标。高度重视环境治理工作，严格落实管理责任，加强厂区环境治理与美化工作，为职工创造了优美的工作环境。

【扶残济困】 采取多种形式积极开展助残活动，做好残疾人公益事业，积极走访慰问重度残疾及困难残疾职工家庭，及时帮助解决实际困难。在全国助残日之际，全厂举行“身残志坚先进个人”主题活动，倡导身残志坚不向命运低头的自强自立精神，为创建和谐企业奠定基础。

（撰稿 陈广平 审稿 郭洪卫）

钢材深加工板块

综述

钢材深加工板块涉及五家单位，分别为：山东鲍德翼板有限公司（中轧厂）、山东鲍德金属复合板有限公司、冷弯型钢公司、济南鲍德钢结构公司、彩板厂。钢材深加工板块主要包括中型材、复合板、方矩管、钢结构、镀涂板等产品。

山东鲍德翼板有限公司（中轧厂）

【概况】 截至 2016 年底，山东鲍德翼板公司（中轧厂）在册职工 244 人，管理及专业技术人员 36 人，高级职称 7 人，中级职称 23 人。下设四个运营中心（营销中心、生产运行中心、运行保障中心、综合管理中心）。主要设备有 44 台（套），总质量 2210.50 吨，固定资产原值 4073.85 万元。主要产品有槽钢、等边角钢、不等边角钢、车辆专用热轧扁钢、厚缘扁钢、锚梁型钢、翼板钢、阴极扁钢等。中轧厂 2016 年 1 月、2 月正常生产，3 月 12 日停产，启动往翼板公司的搬迁工作，全年实现产量 3.71 万吨，销量 3.92 万吨，实现销售收入 7097 万元，利润-1268 万元。翼板公司 1～5 月份实施产线升级改造，5 月 19 日正式开产，全年实现产量 7.54 万吨，销量 7.48 万吨，销售收入 1.98 亿元，利润-3648 万元（含职工安置费 429 万元、2014 年及以前年度计提坏账准备 425.78 万元）。

【深化改革】 按照科学、规范、高效的原则，完成机构设置和人员编制，制定职责范围，理顺工作流程，完善管理制度，实现生产经营的规范、有序运行。开展管理机构和管理岗位设置改革工作，成立综合管理、营销、生产运行和运行保障等四个中心，取消科级干部行政级别，实行业务经理、业务主管等层级管理制度，管理干部压缩 70%，机关人员大幅压缩，进一步提升管理效能和劳动效率。全面深化改革分配机制，实现中轧厂和翼板公司考核工作的统筹安排和部署；在生产系统中实行计件工资分配模式，在销售系统中实行业绩提成薪酬分配模式；出台提高班产量等激励机制，进一步激发广大职工干事创业的积极性和主动性。探索实施生产运转两班作业制度，在此基础上，轧钢产线实行产线纵编，实现整条产线生产组织的统筹安排、协调和管理，进一步提升了生产效率。

【生产运营】 不断优化生产组织模式，总结生产经验，努力提高生产运行质量、效率和水平。通过制订达产达效攻关计划、对生产中出现的问题及时进行分析改进、实行领导干部带班制度等各项措施，实现了班产水平大幅提升，主要技术指标持续改善。面对低迷的市场形势及产线停产改造、达产达效的营销压力，积极转变工作思路，自我加压，未雨绸缪，两个单位的营销队伍实现了快速融合，营销工作实现了统一安排部署，并保持了良好的工作势头，销售订单呈现出逐月递增的良好态势。全年产销率达到 101.33%，为产线提前投产和连续生产创造了有利条件。

【降本增效】 加强设备点巡检工作，检修工作见缝插针，常规设备故障时间逐月降低。自主设计、精心组织，完成了传动装置改造、电气控制改造等60余项改造项目。其中“供电系统改造、提高功率因数”改造项目，每年可节约电费100万元。通过各项改造项目的成功实施，提高了设备的稳定性和可靠性，为达产达效起到了保驾护航的作用。完善生产成本核算模式，对每种产品规格制定计划成本，每批产品核算实际成本，通过对比分析，查找成本波动的原因，明确改进方向，各规格产品成本实现了逐步降低。

【质量提升】 全面强化质量管理，开展“质量月”活动，提升全员质量意识。完善质量体系文件，制定《“关键岗位质量奖”管理办法》，对全年质量目标进行分解落实，内部质量标准、出厂检验更加严格，实现了产品实物质量高于国家标准、满足客户要求的质量管控目标。全年内外部质量损失合计19.50万元，较上年下降8%，质量管理水平得到进一步提升。

【创新创效】 成立工艺技术攻关团队，加大技术研发力度，研发成功8号~20号槽钢、140毫米汽车扁钢和120~200毫米翼板钢等10余种规格的产品，并实现批量生产。通过逐步完善工艺技术水平，各项生产技术指标得到逐步改进和提高。将工艺技术管理与生产准备管理深度融合，实现工艺技术与生产组织的无缝衔接。工艺技术人员紧盯现场，提升工艺设计和改进的精准性和有效性。建立生产准备作业制度，轧辊、导卫等工艺备件实行线下预装，大大减少非生产误时，提高了生产效率。

【管理提升】 紧紧围绕“推项目—创效益、抓试点—夯基础、建队伍—提能力”三条主线，全面深入推进“运营转型、管理提升”活动。《资源优化模式的构建与实施》和《调整产品结构、优化生产模式、提升生产运营绩效》两个管理提升项目实现结题验收，分别创效106.36万元、274.95万元，并分别获得集团公司管理提升一等奖和二等奖；《对销售效益最大化实施效能监察》和《对翼板型材产线优化改造实施效能监察》两个效能监察项目实现结题验收，分别获得集团公司效能监察项目二等奖和三等奖。开展“质量、环境、职业健康安全、能源”四个管理体系的审核工作，并顺利通过认证。完成安全、工艺、设备三大规程的编写，进行全员培训，对安全稳定生产起到指导作用。重点加强中轧厂搬迁和翼板产线升级改造期间的安全管理，全年顺利实现安全生产“六个零”的年度管理目标。

【党群工作】 扎实推进“两学一做”学习教育，定期组织党员干部认真学习、贯彻上级组织的各种会议精神和各项规定。“责任文化讲堂”贯穿全年始终，《责任文化讲堂引领二次创业》被评为山钢集团优秀党建工作品牌。开展《以党规党纪为准绳，做济钢合格党员》专题党课，被集团公司党委评为优秀党课一等奖。开展“手抄党章100天硬笔书法有奖比赛”活动，并进行评选表彰。“智慧党建平台”建设初步完成，为广大党员提供学习、宣传、交流的新平台。在领导班子中开展“讲政治、守规矩、敢担当、懂经营、善管理、有作为”专题讨论活动，各支部组织召开生活会和民主评议党员活动，开展“讲奉献，有作为”专题讨论，党员干部认真查找自身问题和不足，明确努力方向。《新翼板》简报定期出版，宣传工作得到持续加强。加强厂区环境整治，厂容厂貌焕然一新。“六亩园”种植蔬菜10余个品种，收获3万余斤，除满足食堂使用外，分期分批发放给职工。加强思想政治工作，高度关注职工思想情况，对职工关心的热点难点问题，及时解疑释惑，确保职工队伍整体稳定，为改革发展起到保驾护航的作用。成立“女子志愿者服务队”，女职工半边天的作用得到充分发挥。开展跳绳、投篮、套圈等娱乐活动。开展扶贫帮困活动，走访工亡职工家属、工伤职工、困难职工23人，发放救济金2万元，购买慰问品金额8000元。开展“精准扶贫慈善捐款”活动，参加捐款人数121人，共计捐款12960元。

（撰稿 谢安鹏 于素云
审稿 王志强）

山东鲍德金属复合板有限公司

【概况】 截至2016年底，山东鲍德金属复合板有限公司在册员工91人，其中正式员工中在岗42人、内退6人；自招合同制员工43人。专科以上学历33人。管理工技岗位人员18人，其中高级职称3人，中级职称8人；生产岗位人员中高级技师3人，技师4人，高级工3人。下设综合办公室、市场部、生产技术部、质管部、安全部、设备部、财务部、制造部。主要产品有：不锈钢复合板、不锈钢复合管、不锈钢复合容器罐等制成品及结构件。

【生产经营】 面对国内经济下行，复合板企业增多，市场竞争异常残酷的困难环境坚持以能力作风提升为抓手，以订单突破为重心，认真落实各项措施，当年完成产量8260吨，同比减少2410吨，下降22.59%；实现销售量8452吨，同比减少2820吨，下降25.02%；实现营业收入6954万元，同比减少3708万元，下降34.78%；实现报表利润-537.37万元。

【生产组织】 针对碳钢板生产周期延长，加快排产协调，加大炼钢轧钢沟通力度，加快生产进度。加大生产组织力度，科学组织生产。出口越南、意大利的合同物流复杂、技术要求高、工序增多，围绕提高效率，深层次分析解决问题，不断优化工序流程，科学合理安排生产计划，打破岗位界限，调配人力资源，安排骨干人员分兵把口，打通生产瓶颈，提升产量，实现了工序平衡、物流均衡。

【市场开拓】 不断深化订单贡献跟着市场变，提高市场占有率，提高订单量对利润的重要贡献的营销策略，重新核算产销量对成本和费用的影响，明确报价策略。通过调整营销薪酬考核办法，加强目标导向，增强约束和激励力度。积极开拓国外市场，利用谷歌在10个国家进行产品推广，扩大营销宣传覆盖区域，成功签订出口意大利订单近500吨，实现了公司自成立以来第一次直接出口。

【质量管控】 把控制质量波动作为质量管理的重点和切入点，聚焦质量问题，深化质量督查工作，强化重点工序管控，严格落实质量保证体系，加大操作责任追责力度，加强工序自检和自主管理，控制质量波动。针对覆层3毫米复合板复合质量不高的问题，研究发现问题所在，找到解决办法，使厚覆层结合强度明显升高。

【产品研发】 高度重视产品创新，对管线钢+825镍基合金复合板的生产路径和生产工艺进行研究，在高端产品开发方面积累了丰富的经验。批量生产Q345R+2205双相钢复合板，零下20摄氏度低温冲击和伸长率满足并高于标准，突破2205双相钢复合板生产瓶颈。针对供武汉大桥局8+4的桥梁钢复合板，着力解决矫直问题，突破规格极限，各项性能优异。新产品研发能力在同行业处于领先水平。

【设备保障】 认真抓好设备精准点检，加强设备隐患治理，提高设备运行质量。整改组坯机、翻板机的控制柜，实现集中控制。利用停产时机，开展设备中修，有45项设备隐患得到治理。处理了烘干炉的链条，对非传动侧的链轮固定装置进行改造，大大降低了链条的故障率。

【安全强化】 认真落实集团公司安全工作会议精神，开展安全风险分级管控和隐患排查治理两体系建设。根据《安全生产法》和省政府260号令的相关规定及要求，对安全管理体系文件进行修订。认真学习上级政府关于加强安全生产和安全防范工作的重要指示精神，深入落实“大快严”活动，学习借鉴兄弟单位的安全管理经验，开展经常性隐患排查和整改，实现安全生产“六个零”的目标。

【基础管理】 加大工作推进力度，对绩效考核体系进行完善，对KPI指标及考核力度进行修订，突出营销人员薪酬考核目标导向，完善创效奖励计算；坚持问题导向，增加《管理人员绩效评价考核办法》和《突出绩效考核办法》等6个专项考核办法。坚持月度工作有计划、有重点，对月度重点工作计划和月度重点工作进度完成情况实施清单管理。积极开展降本增效工作，对辅助材料消耗做到周周监控，异常消耗重点分析，实现消耗可控。对抛光成本实施攻关，抛光材料消耗下降60%以上。

【党群工作】 认真贯彻落实党建工作责任制，加强党建知识学习。制定“责任驱动，岗位建功”活动方案，在党员中开展“责任驱动，岗位建功做表率”承诺签字活动。组织“两学一做”学习教育，建立党员微信群，开展“手抄党章100天”活动，加深对党的纲领理解，促使党员理想信念进一步坚定，党性觉悟进一步提高；组织开展“讲政治、守规矩、敢担当、懂经营、善管理、有作为”专题讨论，围绕“改革转型我担当”主题，开展形势任务教育，围绕如何止损扭亏、二次创业、发展惠民进行宣讲。学习党的十八届六中全会公报和习近平总书记在全国国有企业党的建设工作会议上的讲话以及《中国共产党党内监督条例》等内容。围绕建过硬党支部和学习先进典型组织讨论，党建工作和思想政治工作更加扎实，党群工作优势明显。

（撰稿　郑金英　审稿　刘　纯）

冷弯型钢公司

【概况】 截至2016年底，冷弯型钢公司在册职工共32人，其中女职工1人；管理专业技术人员20人，工人12人；在聘高级职称2人，中级职称4人，技师2人；博士1人，硕士5人，本科16人。下设5个部门：制造部、技术品质部、市场营销部、安环科、综合管理部。公司实施扁平化管理，管理单元与执行单元统一。

【生产运营】 全年生产方矩管2.6万吨，比上年增加0.43万吨，增幅19.83%；实现销售收入1.16亿元，比上年增加4358万元，增幅60.31%，实现了年度计划。

【市场开拓】 坚持以造船、桥梁、钢构、国际贸易作为市场拓展对象，形成了路桥、矿建和造船三大支柱市场。在路桥市场签订订单11000吨，护栏管及U肋产品成为公司生产运营稳定的支柱，成功拿下济齐黄河大桥、杨泗港大桥、芜湖二桥等多个重点订单。营销人员实行零底薪，按照订单量和订单收益水平取酬，以回款额度和时间点给予兑现。通过建设狼性团队，打造“济钢冷弯”的知名品牌。创新先接单—开发—交付直通车模式，开拓高端市场，增加深加工配套贸易，提升企业利润与中船工业、中船重工共同开发新产品。全年与武船重工签订6400吨U型肋，与潍坊大通1438吨钢板贸易。大力开拓冷弯外贸市场，客户达到30余家。在高端国际市场赢得订单，代表性国家或地区包括韩国、新加坡等，与韩国DOOWON公司直接合作，出口釜山1030吨、新加坡地铁站项目220吨。

【安全管理】　围绕"十佳班组"建设、强化"双基管理"和车间班组"三三四"要求，认真开展班组安全建设，建立完成了符合冷弯安全特点的"12224"安全管理模式，规范班组安全基础建设，全年完成安全培训12次，培训人员450余人次。大力推进生产现场专项治理，完成了隐患整改52项，其中，1200线换辊平台、厂房广告板损坏、安全监控摄像恢复、污水处理等隐患整改，提高了公司的本质化安全管理。全年查处违章违纪累计考核1.3万元，发放安全专项激励12万元，确保了安全稳定运行。

【企业管理】　优化产线岗位人员配置，实施岗位弹性和作业时间弹性布置，产线三个班组实现重要岗位互补，保障订单交付，降低人力资源成本。全面实施精益生产理念指导下的精益高效生产模式，适应"快进快出"生产节奏和"精准交付"要求，减少原料库存和带出品库存；适应订单增量确保交付要求，实现作业技能、作业效率、组织管理"三提升"。建立、完善设备管理相关制度，全面提升设备运行精度及质量，保障生产高效稳定。设备故障率较上年度降低26%。开展备件、材料、运输等费用降成本活动，紧抓轴承、锯片、发蓝带钢、合金刀头主要成本消耗因素，创新改造、创新采购、创新修旧利废，大宗物资消耗比上年降低8%。

【质量管理】　强化工序质量管理，严格工序间互检，确保上工序合格方可进入下道工序，全年产品一次合格率指标比上年提升3.88个百分点，综合成材率提高了1.4个百分点。坚持从成材率、原料、工序三个方面开展工作，对影响成材率等指标提升的因素认真进行分析，逐一制定改进措施，同时给质检岗位强压担子，做好质量监督及质量叫停，产品通过了新加坡、马来西亚官方认可，通过了美国SUNPOWER的审验。围绕市场做好技术攻关，先后完成了J150毫米×200毫米×13毫米规格产品的开发生产工作，产品成功交付。全方位开展技术攻关，成功开发了桥梁不等高U肋产品、2.8毫米规格超薄高精密方管产品、250毫米×400毫米×14毫米超大断面等产品，实现了纵剪线2.8毫米厚度产品的生产，彻底解决了5毫米以下厚度产品生产时边浪严重问题。全年开发新产品19项。高端船用冷弯方矩形管的开发与应用，高强度薄壁冷弯方矩形管的开发与应用，冷弯型钢189线方矩形管自动收集研究与实施，189产线电气系统优化实现高效生产，分获集团公司年度科技进步一、二、三等奖。

【党群工作】　结合集团公司转型发展各项任务，细划学习时间，严格按照配档表要求、时间节点认真组织实施"两学一做"学习教育党员学习会，组织党员集中理论学习20余次。把"手抄党章100天"活动作为上好"两学一做"学习教育的重要一课，并对活动进行评比，使广大党员切实将党章的精神与思想内化于心。认真开展"党员+平台"活动，通过"党员+专家""党员+能手""党员+明星"等一系列活动，积极鼓励平台人员的作用，并对优秀人员进行激励，切实发挥其模范带头作用。"搭建支部、党员+平台，创新推进基层党建"活动被评为山钢基层党建优秀品牌，并在山钢党务培训班上典型发言。两项职工操作法获集团公司职工先进操作法命名；获集团公司优秀合理化建议一等奖一项、二等奖两项；多人获集团公司先进表彰，"王泰来创新工作室"获集团公司工会正式命名。

（撰稿　刘　宁　审稿　陈传玉）

济南鲍德钢结构有限公司

【概况】　截至2016年底，济南鲍德钢结构有限公司在册职工114人，其中专业技术和管理人员32人。组织机构为六部一车间。主营业务为钢板预处理、来料切割和结构件制作。

【生产运营】 全年完成钢结构产量6579吨，钢板预处理5.72万吨，来料切割5488吨。实现销售收入5626万元，其中外部收入3490万元，占比62%。按照集团公司的统一安排和部署，公司领导班子通过对现状和问题进行分析诊断，确立了“先节流，后开源”“先休克，后激活”的工作思路，开展欠款回收、去库存减占用、竞争上岗、人员优化、盘活资产等一系列治理整顿和改革创新举措。广大干部职工在公司领导班子的带领下，及时转变思想观念，坚定信心，迅速行动，以解决问题为根本，打响持续5个月的止损扭亏生存保卫战，取得明显成效。

【企业管理】 深入推进“运营转型、管理提升”活动，实施运营改善和管理提升项目2项，效能监察项目1项，并分别荣获集团公司三等奖；制定和完善规章制度，规范员工行为，强化组织纪律。采购合同、来料加工合同、钢板预处理等全部合同，按流程走网上评审程序，集体研究决定，避免了重大经营风险。加强生产、技术、质量和设备管理，规范生产计划编制、下达和生产统计流程，建立生产台账，使生产管理快速走向正轨；组织建立月度经营计划预算制度，引导和控制日常生产经营工作有序开展。成立清欠工作机构，建立定期会议协调制度，加强逾期账款回收。采取催收欠款、法律诉讼和效能监察等多种形式进行清欠，成效显著。

【市场开拓】 经公司领导班子集体研究确定，暂缓承接生产流程和周期长、占压资金多且技术复杂的钢结构工程项目（或产品），以承接国内来料加工、钢材预处理、钢板数控切割下料等占用资金少的短平快业务，以及焊接H型钢等短流程产品且信用证付款的出口业务为主，维持企业运转和生存。重组海外市场部，在加强与现有合作伙伴沟通联系的基础上，实施出口焊接H型钢定型产品开发技术方案落实和产线、设备维修改造工作，形成澳标焊接H型钢系列产品，并逐步扩充至国家标准、美国标准、DIN标准、日本标准和韩国标准系列产品。完成蒂森克虏伯公司澳标焊接H型钢项目、中铁宝桥青兰高速平阴黄河大桥项目钢板预处理和数控火焰切割下料业务，取得良好效果。完成国际标准化组织ISO9606焊工资格取证和WPS（焊接工艺规程）认证，解决了工厂大批量生产与小批量订货的矛盾，提高了盈利增长点。

【安全管理】 以“大快严”行动为切入点，加强专项安全督查，深入推进隐患排查整治，积极开展“安全卫士——啄木鸟”专项活动。加强安全管理制度建设，制定门禁管理规定、进厂外部施工队伍管理规定，重新梳理安全管理规程，严格安全管理十项规定、门禁管理暂行规定。加强班组安全基础建设，加工车间抛丸班荣获集团公司“安全十佳”班组。开展“百日安全无事故”、夏季、冬季“四防”等活动，实现了安全生产“六个零”；开展车间定置定位管理和卫生清理整顿，厂容厂貌焕然一新。

【党群工作】 深入开展“两学一做”学习教育。制定工作方案，做到规定动作不走样、自选动作有特色。开展讲党课、“手抄党章100天”“讲政治、守规矩、敢担当、懂经营、善管理、有作为”专题讨论会等活动，学习教育进展良好。深入开展“改革转型我担当”大讨论活动，以“七个一”方式搭建落实载体，形式多样，内容丰富，达到预期效果。开展精准扶贫捐款、庆“三八”妇女节、岗位明星推荐、青年志愿者等多项群团活动，营造了良好氛围。加强干部队伍建设，全年共调整交流干部8人次，确保了各项改革稳定顺利。强化党风廉政建设，签订《党风廉政建设责任书》，开展“学党章、学准则、学条例”知识测试，组织党员干部进行警示教育，严格遵守各项廉洁规定，营造良好的政治生态氛围。关心职工，积极开展送温暖和结对帮扶活动，走访慰问退休职工、困难职工 22 人，发放慰问金共计 1.2 万元。

（撰稿　杨俊国　审稿　张永熙）

彩板厂

【概况】　截至 2016 年底，彩板厂在册职工 156 人。设四部一科：综合管理部、生产设备部、营销部、安全环保部、财务科。配备有热镀锌和彩涂板两条生产线，各类主要设备 130 台（套），资产总额 2.9 亿元。主要产品为热镀锌板和彩涂板，适用于汽车工业内板和底板、家用电器外壳和底板、冷藏库里板和顶板、建筑业轻钢龙骨、建筑层面板、墙板、瓦楞板及卷帘板等。

【生产运营】　全年共生产镀锌板 9.35 万吨，合格率为 99.55%，成材率为 99.17%。全年共销售镀锌板 9.78 万吨，产销率 104.6%，其中出口 7.04 万吨。实现销售收入 3.12 亿元，实现外贸收入 2.23 亿元。围绕进一步挖潜降耗，通过推进《践行市场化管理理念，挖掘人才潜力，打响生存保卫战》《还原退火炉能耗系统优化》《降低镀锌出口产品非计划品率》等“运营改善、管理提升”项目，提高了基础管理水平和工作效率，增强了全体职工节能挖潜、创新创效的意识，推动各项工作不断上台阶。经过全体职工的共同努力，能耗成本由 2013 年的 132 元/吨降至 80 元/吨左右，材料维修费由 70 元/吨降至 30 元/吨左右。在产成品价格倒挂的不利局面下，为减少亏损作出积极贡献。

【专业管理】　按照质量、环境、职业健康安全三体系管理工作的要求，加强体系建设和管理工作。加大质量体系运行监控力度，组织专兼职内审员培训，不断改进体系文件，在体系复审时顺利通过。坚持以“安全第一，预防为主，综合治理”的安全生产方针为指导，以“两反一查”为切入点，切实保障安全生产平稳运行。开展安全技能培训演练，组织煤气中毒应急演练、防洪应急演练、煤气泄漏演习等，加强和提升了员工安全防护技能，全员安全受教育率 100%，特种作业人员持证上岗率 100%。严格环境相关法律法规的执行，控制污水、废弃物的回收、监测，实现了“零”排放。

【营销战略】　面对国内外镀锌市场持续疲软、价格波动频繁的不利形势，在深入分析市场走势的基础上，抓住 4 月份稍纵即逝的反弹行情，以平均高于成本 500 元的价格，快速消化库存 4000 余吨。二季度，加强生产组织的协调，根据订单情况组织原料和生产，合理安排备料、生产、运输、结算等各环节，实现原料进厂到产成品出厂的快进快出，确保库存始终处于 300 吨超低位，有效规避市场波动对效益的影响。围绕畅通销售、采购渠道，最大程度规避市场的不确定性造成的经营风险，多方寻求订单和原料基地。邀请国外客户来厂考察，用产线过硬的实物质量争取订单，同时进行多方洽谈，实现了订单与原料的紧密对接。随时更新原料合作事宜，以匹配镀锌订单价格，实现订单和原料同时锁定。

【创新创效】　深入分析市场需求，优化品种结构，提高市场适应能力和盈利水平。为了满足巴西市场对 275 克/平方米超厚锌层镀锌产品的需求，成立了技术攻关小组，进行超厚锌层镀锌产品的开发工作，自主研究工艺参数、设备升级改造等，克服生产运行速度不稳定、锌液成分不均匀、板面附着性不良、退火不彻底等一系列难题，于6月初实现了超厚锌层镀锌产品的一次生产成功，顺利生产出口产品3800吨，为拓展销售市场、提升综合竞争力打下了坚实基础。

【党群工作】 厂党支部按照集团公司党委总体部署，制定学习方案。通过集中学习、观看视频、上党课、个人自学等方式，先后学习了习近平总书记系列重要讲话精神、党章、集团公司党委下发的各类文件，通过全面系统的学习，广大党员干部进一步提高了思想认识，对深入开展“两学一做”学习教育的现实意义与紧迫性有了进一步的理解，坚定了理想信念。为促进学习实效，党支部先后开展党章知识竞赛、“两学一做”学习教育简报大赛、手抄党章评比展览和党员示范岗等活动，丰富了党支部学习教育工作方式，提升了党员学习的主动性和积极性，使学习教育活动最终转变为促进生产经营的源动力。党支部非常注重职工队伍思想政治教育和培养，对要求进步的职工进行综合考察，采取“选优、推优”的方式，吸收两名入党积极分子加入党组织；有两名预备党员经过培养考察后按期转正；输送两名职工参加入党积极分子培训，党组织力量不断增强。同时，充分发挥工会作用，全年共走访慰问职工30余人次，发放困难救济金6000元，为5名职工申请济南市互助互济救助金，2名申请济钢阳光互助互济救助金，合计为职工解决困难提供1.49万元救助金，为职工送去组织的关怀。利用春节、三八节、“五四”青年节等节假日组织员工参加集团公司文体活动，丰富员工文化生活，增强职工凝聚力。年内，针对镀锌市场竞争日趋白热化，利润空间不断缩减的艰难复杂形势，厂领导班子围绕加深观念转变，及时开展思想教育，强化生存和发展意识，从职工队伍抓起，多次召开形势教育专题会，从加深危机意识和统一职工思想入手，牢固树立“踏实、务实、做实”的观念，引导职工做有责任、有干劲、有作为的人。通过思想教育，部分离岗人员申请返岗参加劳动。

（撰稿　王　海　审稿　华立新）

冶金工程技术板块

综述

冶金工程技术板块涉及五家单位，分别为：济钢集团国际工程技术有限公司、济钢集团重工机械有限公司、济钢集团山东建设工程有限公司、山东省冶金科学研究院、山东省冶金地质水文勘察公司。冶金工程技术板块主要包括节能环保、标样、建安工程、除尘设备、岩土工程、爆破、汽车改装、冶金设备制造等业务。

济钢集团国际工程技术有限公司

【概况】 截至2016年底，济钢集团国际工程技术有限公司在职职工278人。其中管理专业技术人员263人，生产服务岗位15人；高级职称110人，中级职称108人；博士3人，硕士52人，本科168人。设事业部9个，管理科室8个，经营部门4个。下设山东信恒节能服务有限公司，济钢集团国际工程技术有限公司自动化分公司两个分支机构。

【生产运营】 全年实现营业收入 3.77 亿元，同比增长 3.97%。实现利润 3463 万元。签订合同总额 6.33 亿元，合同额同比增长 5.9%。全年累计下达生产任务 101 项，完成生产任务数量同比提高 14.8%，其中完成可行性研究报告等前期技术文件 83 项，完成施工图设计 18 项。全年完成施工图 15505.5 甲$_1$，同比提高 102.2%。

【专业管理】 加强制度建设和绩效考核，持续推进管理提升工作。按照“考核有依据、奖罚有标准”的原则，陆续修订完善《财务核算管理制度》《市场部绩效考核办法》等各种管理制度 34 项，顺利通过质量管理体系、环境管理体系的换版认证及安全与职业健康体系的监督审核。全年实现“较大人身伤害、较大生产、较大设备、较大火灾、较大交通事故”为“零”、重大质量事故为“零”的年度质量安全目标。扎实有效地开展“运营改善、管理提升”活动。对总承包项目管理试行费用包干的绩效考核办法，按照项目合同工期和项目回款联挂包干费用，有效降低了项目管理费用，提升了总承包项目管理团队的工作积极性和主动性。对月度重点工作计划纳入月度专项考核，促进重点设计任务、重点总承包项目和项目回款等重点工作的完成。严格按照各专业工程量分配设计产值，多创多得，多担多得，提高重点设计任务计划完成率。开展设计、采购、建造和管理降本增效活动，全年竣工投产的 EPC 总承包项目投资额同比降低 7.2%；办公耗材、安全和职业健康护品、后勤物品的采购和管理，通过优化采购渠道和强化管理，同口径费用分别降低 33.2%、12.5% 和 73.2%；财务管理坚持“以成本费用管理控制为重点，以资金管理控制为中心”的原则，严格执行费用零基预算制度，严格控制各项费用支出，全年 3 项费用同比节约 3.8%。

【创新创效】 全年立项科技创新课题 9 项。开展烟气脱硫脱硝工艺技术试验研究。依托江苏镔鑫钢铁厂球团竖炉烟气脱硫总承包项目，开发湿法脱硫技术，项目投产后各项排放指标符合国家标准要求，此项目为第一套湿法烟气脱硫项目，填补了湿法脱硫技术和市场业绩空白。开发的烧结烟气循环技术在河北武安新兴铸管 120 平方米烧结机改造项目中得到成功应用。主编完成的《干熄焦节能技术规范》(GB/T 32975—2016)、《烧结余热回收利用技术规范》(GB/T 32962—2016) 两项国家标准和参编的《炼焦入炉煤调湿技术规范》《转炉熔融热闷钢渣》两项国家标准均通过工业和信息化部颁布，9 月获得国家质检总局和国家标准委共同颁发的中国标准创新贡献二等奖。顺利通过高新技术企业的再认定，继续享受高新技术所得税减免。围绕提升咨询资质，先后完成建筑设计资质及新能源发电设计资质的延续申报，“火电”及“生态建设和环境工程”专业咨询资质的扩充申报，以及压力管道设计资质的延续申报，并顺利取得相关资质证书。全年获得冶金总公司科技进步一等奖 1 项、二等奖 1 项；获得集团公司科技进步奖一等奖 2 项、二等奖 3 项；获得省冶金总公司优秀设计单项工程一等奖 2 项、二等奖 4 项。申报专利 21 项（其中发明专利 8 项），获得专利授权 17 项（其中发明专利 5 项）。

【党群工作】 切实发挥党委主体责任，认真开展“两学一做”学习教育，持续推进“三型”党组织建设。认真学习和贯彻落实党的十八大和十八届三中、四中、五中、六中全会精神，认真学习习近平总书记系列重要讲话精神，以“两学一做”学习教育为主线，以强化党支部建设为着力点，在全体职工中大力开展“责任驱动，岗位建功”主题活动，全公司上下形成创新创效谋发展的积极氛围和思想共识。充分发挥党委的政治核心作用、党支部的战斗堡垒作用和党员的先锋模范作用，率先垂范，带领广大干部职工团结一致，迎难而上，创新创效，共克时艰。全面贯彻落实党风廉政建设责任制的有关规定和要求，组织召开全体党员和领导干部参加的党风廉政建设专题会，并层层签订《党风廉政建设责任书》，保证党员队伍的风清气正。按照“全覆盖，不遗漏”要求，深入扎实地开展“送温暖”活动，全心全意为职工服务。开展春节“送温暖”工作，以工会小组为单位调查困难职工情况，4名职工得到救助，为困难职工发放救济金9000元。积极参加“慈善一日捐”活动，全体职工积极踊跃参加捐款，共计捐款32500元。充分发挥群众性职工阳光协会组织的作用，开展文化体育活动，丰富职工精神文化生活。

（撰稿　郭爱华　审稿　蒋升华）

济钢集团重工机械有限公司

【概况】　截至2016年底，济钢集团重工机械有限公司在册职工491人，管理和工程技术人员96人。主体设9个部门、1个生产单元；下辖2个独立子公司，分别是济南消防器材厂、济南第二汽车改装厂。

【生产运营】　全年实现营业收入8027万元，其中，内部市场3708万元，外部市场4319万元。全年承接山钢股份济南分公司协力服务合同1120万元，辊子修复合同960万元。

【创新创效】　成立盘活存量资产领导小组，按照“盘活存量资产，提高资产收益”的工作目标，采取对外租赁或招商合作、转让、债务重组等多种形式，盘活现有存量资产。全年通过资产租赁、合作模式盘活存量资产405万元，收益125万元。

【深化改革】　进行产业结构调整，果断关停长期亏损生产单元，陆续关停耐磨件事业部、铸造公司、成套设备事业部，以及连铸事业部的通用设备加工作业区、传动设备作业区。同时，科学合理地优化人力资源，最大限度精简非正式用工，规范用工管理，规避用工风险，科学定岗定编，妥善安置富余正式职工。通过人员优化，人工成本大幅度降低。

【专业管理】　为应对诉讼案件，加强风险控制，成立法律与审检部，采取法律函告、法律诉讼、债务重组、债权转让以及达成和解等各种法律措施，千方百计维护公司利益。全年办理被诉案件20件，涉及金额1623万元。办理清欠案件27件，涉及金额3629万元，通过诉讼回款302万元，通过非诉讼手段回款387万元。

【党群工作】　深入开展“两学一做”学习教育。积极开展讲党课、“手抄党章100天”、“讲政治、守规矩、敢担当、懂经营、善管理、有作为”专题讨论会等活动。深入开展“改革转型我担当”大讨论活动，以“七个一”方式搭建落实载体，形式多样，内容丰富，有效提高了党员干部的素质和水平，达到了预期的效果。

（撰稿　徐振华　审稿　张永熙）

济钢集团山东建设工程有限公司

【概况】　截至2016年底，济钢集团山东建设工程有限公司在册职工420人，其中专业技术与管理人员74人。组织机构为7个职能管理部门，8个生产经营单元。具有建筑工程施工总承包二级、冶炼工程施工总承包二级、钢结构工程专业承包二级、防水防腐保温工程专业承包二级、建筑电机安装工程专业承包二级、预拌混凝土专业承包二级等资质。拥有主要施工设备423套，其中有8~300吨液压汽车起重机、挖掘机、钢结构焊接设备、机加工设备、螺旋焊管生产线、土石方工程机械、混凝土泵车和大型自动化混凝土搅拌机组。

【生产运营】 全年共承揽工程9项，合同额1335.15万元。其中协力维保合同4项，合同额982.13万元；集团公司大中修工程3项，合同额259.91万元；技措工程2项，合同额93.11万元。分包合同签订6份，合同签订金额295.77万元。内部工程共计签订14项合同，合同额130.98万元。全年实现营业收入6470.59万元，营业外收入201.30万元，实现利润总额-1196.12万元，其中通过债务重组和付款贴息创利230万元，完成集团公司下达的全年利润总额-1200万元的考核目标，较上年减亏235万元。

【班子建设】 自7月份调整公司领导班子以来，着力加强领导班子建设。先后下发了《关于表彰2015年度先进集体、先进个人的决定》《建设工程有限公司2016年党群工作指导意见》《济钢建设工程公司2016年度全体党员集中培训工作实施方案》《关于深入开展"改革转型我担当"大讨论活动的推进方案》《关于在全体党员中开展"两学一做"学习教育的工作方案》等文件。在组织上忠于党、忠于企业，坚持党的组织路线，坚持任人唯贤的选人用人原则。认真履行党风廉政建设"两个责任"，坚决反对和纠正"四风"。坚持改革创新，敢于攻坚克难，勇于突重点、破难点。增强转型发展的推动力，重点经营项目实现新突破。

【创新创效】 大力推进清欠工作，应收账款有了大幅度的降低。每周召开清欠专题例会，集思广益、重点突破，考虑到剩余应收账款清收难度较大，制定下发《关于调整清欠奖励政策的通知》，充分发挥政策激励作用；发动全员力量，实行公开催要，有力促进应收账款清收工作。实现工程项目回款1001.51万元，搅拌中心回款634.82万元，工程质保金、档保金60项共计回款585.79万元，外部工程回款58.12万元，"十一五"工程回款1622.33万元，合计回款总金额3902.57万元。应收账款在上年大幅度降低的基础上，持续降低至年底的3158.93万元，其中，内部应收账款为2133.80万元，外部应收账款为1025.13万元。

【资产盘活】 为配合济南市工业北路高速路建设，需拆除现综合办公楼、物业办公楼、食堂楼等约6000平方米，造成公司办公场所和部分租赁业务的消失。为此下发《关于下达物业分公司、市场部工作职责的通知》《关于下达物业管理及服务工作规范的通知》《关于对常驻车辆办理通行证事宜的通知》《关于对常驻单位收取卫生费事宜的通知》；使物业管理、服务和收费逐步走向规范，并完成"停车场服务"业务的工商注册，物业管理有偿服务取得初步成效。相公庄及公司南院厂房、办公室新增租赁合同共计13份，租赁合同金额为630.28万元/年，全年租赁收入约计1380万元（不包含水、电、暖等费用），车辆出入收费5900元。

【开拓市场】 在集团公司产能调整的大背景下，内部市场业务大幅度缩减、合同续签金额大幅度压缩、维保服务岗位大幅度减少，生产经营举步维艰。公司领导班子多次到车间生产一线与职工进行面对面交流，帮助职工树立不怕困难、敢于取胜的信念，发挥自身优势，做好各项服务维保、维护工作，站稳内部市场。续签宽厚板协力部维保合同，共计982.13万元。继续加大拓展外部市场力度，通过整合优势资源，积极参与日照精品基地建设工程，领导班子积极沟通联系，并带领相关专业人员深入考察，采取

"大胆尝试、走出去"的战略，取得了项目进展初步信息，争取在下一步的维保业务和工程施工中承揽部分业务。同时，积极参与铸管公司搬迁建设工程，中标搬迁项目2×350米高炉喷煤系统设计采购施工（EPC）总承包工程，合同金额1890万元。

【安全管理】 在集团公司产能调整、转型发展的严峻形势下，坚持"安全第一、预防为主、综合治理"的方针，深入贯彻落实上级关于安全生产工作的指示精神，牢固树立"发展绝不能以牺牲人的生命为代价"的红线意识，强化"党政同责、一岗双责、失职追责""管业务必须管安全、管生产经营必须管安全"的安全管理理念，紧紧围绕转型发展中心工作，认真落实《安全生产法》等法规，积极推进依法治企；落实企业主体责任，推进安全环保管理精细化；夯实基础管理根基，推进安全文化建设；加强"两体系"建设，推进风险分级管控和隐患排查治理常态化；完善应急保障体系，推进应急反应和处置能力建设；实施全面规范监管，推进相关方管理上水平；同心协力，从严管理，严格考核，不断提升本质安全水平，持续保持全年安全形势稳定，全年实现安全生产"六个零"的目标，被评为集团公司十佳先进单位，1名安全管理人员被评为十佳安全科长，圆满通过三体系审核和济南市安全生产标准化验收。

【党群工作】 全面加强党的建设，以开展"两学一做"学习教育和创建"三型"党组织为抓手，深入推进党建工作，增强党组织的政治保障能力。根据民主集中制原则，健全党建工作责任制，严肃党内政治生活，完善民主生活会、"三会一课"等制度，下发《中共济钢集团山东建设工程有限公司委员会党支部换届选举工作实施方案》；并于8月份完成党支部换届选举工作，坚持每月组织召开支部书记例会，定期交流经验，培养典型，树立标杆，总结推广好经验，展现工作新亮点，不断提高党建工作效能，增强党建工作活力，打造党建工作品牌。全年涌现出优秀"三型"党支部3个，优秀党务工作者4名，优秀党员19名，其中1名优秀党员受到集团公司党委的表彰。深入推进"改革转型我担当""责任驱动，岗位建功"等活动，下发《济钢集团山东建设工程有限公司"责任驱动，岗位建功"主题活动实施意见》；召开职工群众座谈会和个别谈心谈话等，共征集群众意见和建议21条，按照责任分工，将职工意见分解到人，落实责任，明确整改时间，督促整改，达到了增进了解，化解矛盾，解决问题，堵塞漏洞，提高效率的目的。加强效能监察工作，结合公司自身特点选准"切入点"，针对《对应收账款汇款实施效能监察》《加强对外租赁管理，提升租赁收益》采取有效的监管，并分别荣获集团公司效能监察项目三等奖和运营改善、管理提升三等奖。

（撰稿　马树隽　审稿　潘卫东）

山东省冶金科学研究院

【概况】 截至2016年底，山东省冶金科学研究院在册职工217人，其中在岗178人，待岗休养、内退等人员39人。在岗人员中，管理人员25人，生产服务人员56人，工程技术人员97人。管理及工程技术人员中，高级职称19人，中级职称37人，初级职称27人。下辖山东鲁冶瑞宝电气自动化有限公司（以下简称瑞宝电气）、标准样品研究所（以下简称标样所）、山东省冶金产品质量监督检验站、《山东冶金》杂志编辑部。资产总额1.44亿元，其中流动资产1.29亿元，非流动资产1523万元。

【生产运营】 稳健经营，完成了集团公司下达的利润考核任务。签订合同额1.10亿元，实现销售收入 1.02 亿元，其中，瑞宝电气业务实现销售收入 8409 万元，标样业务 1289 万元，检测业务 455 万元。全院实现利润总额 375 万元，超额完成了集团公司下达的考核目标。召开安全工作会议，全方位部署全年安全工作，各项工作措施落实到位。年内成立了安环科，设专职安全管理部门，做到安全工作全覆盖。安全生产实现“六个零”目标。

【企业管理】 面对冶金行业的严峻形势，院部院党委综合分析研究院现有产业发展的优劣势，确定了“瑞宝公司规模适度、做大标样业务、跨越式发展检测业务”的发展思路。突出内部市场化和全成本核算的原则，瑞宝公司经营运行由做大工程项目为主，变为效益型为主，研究院以部门为创效单元，真正实现由发工资到挣工资的根本转变。大力推行“内部市场化、全成本核算考核、自我管理”的运营模式，建立了更加科学合理的分配考核机制。绩效考核办法取消了执行多年的对瑞宝机加工车间、瑞宝装配车间、瑞宝设计研发部和瑞宝供应部四个部门的固定补贴（1240 元/（人·月）），真正将“挣工资”落到实处；瑞宝成套业务一单合同一核算，改变了原来大锅账的核算模式；各服务环节按照市场价格核定服务收费，并引入协商议价机制。各部门都以目标管理为导向，采取模拟法人管理方式独立核算，自负盈亏。所有部门都在履行好部门职责的基础上，向经营型转型发展。为激励各部门负责人创效潜力，建立起风险共担，利益共享的干事机制，设立了绩效指标风险抵押专项考核，进一步将企业的核心骨干与企业命运紧密地联系在一起。各工作单元之间协调顺畅，各部门降成本成效显著。各绩效部门严格执行“合同四评审制度”，确保每个合同实现利润最大化；生产车间鼓励员工进行工艺改革和改造，通过自行采购生产材料，积极探索节约材料、提高材料利用率的措施，辅材整体成本降低 30%以上；生产车间由生产服务型向生产经营型转变，大力开拓市场，两个车间全年承揽合同 300 余万元；大力开展优化设计降成本和合理利用库存工作，全年可比预算降低采购成本 358 万元，设计优化降低成本 35 万元；院职能部门加强基础管理，全年盘活现有货币资金，降低财务费用 15.5 万元；超前的税金筹划，利用节能服务合同资质节省税金支出 17.10 万元；采取加快合同结转、成本结算速度等措施，流动资金占用比年初减少 287 万元。积极清理“僵尸企业”。根据集团公司要求，清理山东鲁冶瑞宝液压润滑新材料制造厂、山东省冶金科学研究院实验厂、济南市奥康自动化服务中心三个“僵尸企业”，稳步办理国税、地税的完税证明，年内奥康公司完成工商注销，实验厂国税注销基本完成，材料厂的国税注销工作在沟通协调中。

【创新创效】 制订了《2016 年科技创新计划》，共实施 25 项研发计划，完成 8 项专利。按照做大标样业务的原则，加大标样新产品的研发力度，投入 200 万元研发费，研制 14 个项目，70 多个品种，可创产值 3500 万元，确保标样实现利润 600 万元。标样从产品结构上下工夫，以煤标样为重点，在研发光谱标样上有突破，积极寻求第三种拳头产品；研制炉渣系列标准样品等垄断产品，提高了自有产品市场占有率；突破关键技术，研发出高低标光谱标准样品等高端新产品，提升产品档次和行业竞争力；不断创新市场思路和措施，由传统的柜台销售模式逐渐过渡为区域销售，产品逐渐由单一的冶金标准样品逐渐增加环保类标准样品的销售，构建了线上线下相结合的电子商务销售渠道。按照跨越式发展检测业务的原则，进行检测资质扩项，扩展检测业务领域，成立了检测部，检测业务向钢结构工程、环境、大气、土壤等领域拓展，努力实现跨越式快速发展，构建研究院新的经济增长点。检测业务市场，继续加大风电理化检测市场的开拓，已占据华东地区风电理化检测市场份额的70%以上；拓展核电、高铁和路桥等领域的市场，实现收入65万元。成立检测部后，向环境检测技术服务和环境类相关标准物质/标准样品开发转型发展，投资100多万元购买仪器设备，环境检测实验室和标准物质/标准样品研究平台的建设初步完成，并通过了山东省计量认证专家评审，第一批环境类标准物质/标准样品的研制正在起步。发挥创新工作室的创新平台作用。“王向阳创新工作室”负责统筹标样、检测、质检站的技术研发和创新，“白洪光创新工作室”负责统筹瑞宝电气技术研发和创新。积极利用国家政策促进创新和发展，“冶金实物标准及检测技术服务平台”项目获国家科技部火炬计划项目立项，配套资金70万元；“基于多发电机组的智能微电网重构系统项目产业化”项目获得高新区扶持资金80万元。

【人才管理】 围绕适应研究院经营转型发展的需要，对组织架构进行了重新设置，调整部门负责人，任命想干事、有能力、市场和技术都有一定经验的年轻干部，并上报集团公司组织部备案。院党委对这次调整进行了多次研究讨论，部门负责人的选拔任用本着重实绩、重德才、看民意的原则，把公道正派、清正廉洁、有大局意识、有担当精神、有使命感，政治上靠得住，业务上有能力的优秀同志选拔到干部岗位上来。严格执行民主推荐、民主测评、公开公示、组织考察、集体研究、任前谈话等程序。研究院共有8名同志，由部门主要负责人被选拔为正科级干部。坚持实施薪酬分配完全与绩效关联，在科级岗位上并不一定拿所谓定岗的科级岗位工资，同为科级所取薪酬也不一样，也可能不如其他部门负责人高。每年对部门主要负责人进行综合评价，按干部考核办法连续两年末位就进行调整，负责人实行末位淘汰、动态管理，进一步激发了干部干事创业的积极性。

【党群工作】 院党委紧紧围绕生产经营主线，开展各项党群工作。制定下发了《2016年度党群工作指导意见》，组织召开党风廉政建设大会，签订《党风廉政责任书》52份。深入开展“六关怀”工程，走访、慰问生活困难职工，看望生病职工34人次；发放慰问金和购买礼品2.1万元。一职工子女患先天性心脏病，院党委、工会号召全院职工为其捐款2.6万余元，院工会救助0.5万元。组织开展了“拓市场、比贡献、增效益”市场销售劳动竞赛活动，激发市场人员攻坚克难、搏击市场的干劲。开展了“齐心协力，全员加速”春节职工游艺活动和“责任驱动，岗位建功”春季、秋季全员健身活动，增强了凝聚力。关爱女职工，“三八”妇女节邀请心理健康专家为女职工做“幸福女人，健康家庭”讲座，并为每名女职工赠书。开展了“改革转型我担当”大讨论活动，组织员工认真学习形势教育材料、姜和信。组织全体党员认真开展“两学一做”学习教育，各党支部按学习计划，组织党员学党章、学习总书记讲话。全院58名党员全部按时间要求，认真完成“手抄党章100天”活动。邀请铁路党校的教授为全体党员讲授党课。8月份院各党支部按计划顺利完成了换届选举工作。认真组织开展“两学一做”学习教育“回头看”工作，对照学习教育实施方案和配档表规定的时间和内容，逐项逐条对照标准、反思差距。通过座谈会、政工例会、干部会议、市场分析会、创新工作会议等方式和渠道，深刻查找分析研究院发展中存在的问题，建立整改台账，共整改、解决5项重大突出问题，促进了研究院转型发展，“两学一做”学习教育初步达到了效果。研究院先后被评为济南市文明单位、济南市劳动关系和谐企业、山钢集团文明单位、济南市五一劳动奖状（章）。

（撰稿　董法龙　审稿　王兴强）

山东省冶金地质水文勘察公司

【概况】　截至2016年底，山东省冶金地质水文勘察公司在册职工154人，其中在岗职工133人，退养21人；其中在岗女职工21人，管理人员17人，工程技术人员30人。公司设综合管理部、机动部、生产安全部、财务部、市场管理部等5个管理部室，设党委、工会、青工委3个党群部门；公司下辖散热器厂、环保工程公司、协力服务部、岩土工程公司、蓄电池厂等5个车间（科）级独立核算生产单位。全公司拥有设备252台（套），年末固定资产原值3136.43万元，净值总额1100.97万元。

【生产运营】　全年实现销售收入1.63亿元，实现外部收入1426万元。实现盈利18.37万元，完成集团公司一档考核利润，同比增加利润666万元，扭转了十多年连续亏损的局面。岩土工程公司全年完成15项岩土工程勘察，9项桩基施工，1项测绘，2项工程支护，完成产值2150万元，实现考核利润228.6万元，完成公司二档考核指标；环保工程公司完成集团公司内部工程施工、检修、备件供应，社会环保设备制安等，实现产值4130万元，实现考核利润600万元，完成一档计划的77%；协力服务部完成210区域、400区域、3200区域维保，实现产值370万元，实现考核利润103万元，完成三档计划的91.56%；散热器厂围绕集团公司、日照精品基地开展散热器销售，下半年开展了精炉料销售，全年实现收入860万元；蓄电池厂围绕集团公司各单位的电瓶销售、维修服务开展工作，全年实现产值110多万元，实现考核利润34万元，完成一档考核指标；全年实现房租、水电费、采暖费、物业费等回款595.33万元，其中，房租426.88万元，物业管理费46.70万元。

【专业管理】　全年公司管理确定22项管理考核项目，全部与工资基数一起进行考核，各职能部门根据各自的考核项目制定考核细则，通过运行，各项管理工作有所提高，推进了公司管理提升。8～12月份将环保工程公司细分为4个独立考核单位，将岩土工程公司细分为4个考核单位，极大地调动了干部职工积极性。根据集团公司要求，完成亏损企业治理方案编制，完成压力容器厂、蓄电池厂僵尸企业的关停退出。公司加强物资招投标管理、库存物资管理。废旧物资处理工作，降低采购成本24万余元，盘活资金90多万元，库存资金占用较去年同期压缩43%。加强合同管理、法律诉讼，降低经营风险，避免并挽回经营损失。全年通过法律诉讼，避免经济损失近100万元，挽回经济损失10多万元。加强回收账款考核，积极催要应收账款，全年收回2年以上外部应收账款近260万元，挽回损失90余万元，收回多年积累的质保金、档保金400多万元，有力支持了生产经营开展。

【党群工作】　根据集团公司党委统一部署，公司党委在全体党员中开展“两学一做”学习教育，学习上级党组织文件，制定自己的方案配档表，系统学习党章党规、习总书记系列讲话，积极开展中心组学习，党员干部集中学习，党委书记上党课，认真做好党员信息采集，党费补缴、支部改选、智慧党建平台建设、支部书记培训等工作，对全体党员进行党章知识考试，进一步坚定了党员的理想信念，提高了党性觉悟，增强了党员的政治意识、大局意识、核心意识、看齐意识，坚定了正确的政治方向，营造了风清正气的氛围，强化了宗旨观念和担当意识。解决了一些党员理想信念模糊动摇问题，意识淡化问题、宗旨意识淡薄问题，精神不振问题，道德行为不端问题。党员干部在“两学一做”学习教育中，结合工作实际，积极开拓市场，努力扩大回收款份额，工程项目施工、协力服务工作为用户着想，积极开展降本增效，廉洁自律、爱岗敬业、乐于奉献成为党员干部的自觉行动，推动了公司各项工作的落实；加班加点，舍小家顾大家，从家里拿钱垫付施工材料款、备件款的已不是个别现象，公司干部队伍综合素质得到明显提升。同时，围绕巩固、保持一季度良好生产经营形势，二季度公司工会组织开展了“决战二季度，实现双过半”劳动竞赛，实现了市场开拓、应收账款回收新的突破。坚持每季度开展全员测评，每半年开展干部测评，使干部职工能看到不足，学有榜样，奋起直追，不敢懈怠。每季度开展合理化建议征集活动，让职工把影响生产经营的问题提出来，并拿出解决办法，让职工爆料管理漏洞，促进企业采取有效措施降本增效，收到较好效果。

（撰稿　庞长平　审稿　郭洪卫）

社会服务板块

综述

社会服务板块涉及五家单位，分别为：济钢集团商业贸易有限公司、济钢总医院、供热公司、济南鲍德汽车运输有限公司、青岛保税区济钢国际物流有限公司。社会服务板块涉及的产业主要有：港口货代、保税区仓储、物流运输、国际贸易、医疗服务、城市供热、旅游餐饮、文化传媒、园林绿化等。

济钢集团商业贸易有限公司

【概况】　截至2016年底，济钢集团商业贸易有限公司（以下简称商贸公司）在册职工841人（其中在岗690人，集团内退80人，商贸内退71人），合同工131人，劳务派遣工7人。管理和专业技术人员154人，其中，高级职称4人，中级职称41人，初级职称52人。机关设立六部一中心，下辖21个生产经营服务单位。党委下设2个党总支、14个党支部。注册资本金9962.47万元，固定资产原值17570.95万元，净值8171.11万元，并托管集团公司资产原值20417.09万元，净值7745.20万元；负债12907.87万元，资产负债率57.42%。

【生产经营】　全年实现营业收入49586.17万元，较集团公司下达预算指标34000万元增加15586.17万元，增幅45.84%；较上年45741.76万元同比增加3844.41万元，增幅8.40%。实现利润234.04万元，完成了集团公司考核计划指标的156.03%。实现归属母公司净利润174.73万元，完成了集团公司考核计划指标的154.63%。

【企业管理】　深化体制改革。认真组织梳理人员、资产、债权债务、业务等“四清”工作，做好企业存续能力评估，并坚持目标导向，从商贸公司就地转型、职工利益出发，成立体制创新领导小组，编制具体工作方案，形成存续发展整体思路。完成了公司化改造，重点理顺三大子公司法人治理结构。推进机制改革。坚持问题导向，充分发挥考核导向作用，将重点指标与相关单位联挂，增加了个性化内容，初步探索宾馆骨干团队与职工分立双向考核；在文化传媒公司庆典中心、车之家等单元进行了模拟法人经营。实施职能部室与事业部能源管理联挂考核，形成上下联动机制，加强对外能源的梳理、管控，同比减少能源费支出 301.02 万元。实施采购改革，分立生活品贸易公司，在原有大宗餐饮类集中招标采购基础上，推进餐饮类原材料统一采购，完善管理程序和业务结算流程，防控了风险，同时为后续向生活品贸易转型奠定了基础。落实税改政策。组织多层级税改业务知识培训，同时在合同、招标、税收政策的选择、运用等方面进行了梳理、论证，合规合法纳税前提下做好税收筹划，据不完全统计节税 300 多万元。强化管理，完善资质，蓄力发展。完成了餐饮管理分公司的工商注册，办理了食品 QS 证；投资 50 万元，完成了度假村屋面防水工程和温泉资源的矿产许可延续；启动商标注册工作，组织无形资产保护，为全力进军社会市场做好准备。强化管理，防范风险。修订完善合同管理办法，理顺法人特别授权程序，规范完善格式合同文本，提高合同签约质量，防范合同签订、履约风险。精益运营，管理提升。组织模范车间创建，4 家试点单位全部创建成功；申报运营改善项目 3 项，分获一、二、三等奖；效能监察项目 2 项，分获二、三等奖；组织申报管理成果两项分别获得省冶金工业总公司二、三等奖；完善招标、非招标采购制度，强化过程管理，降低采购成本 307.28 万元；规范仓库管理，缩减仓库 23 个；压缩钢铁贸易实物库存 2000 多万元，规避了减值风险。外部审计，消除隐患。与各单位主要负责人签订了责任书，并引入外部审计，对科级干部离任、在任的部分单位进行审计，取得良好效果。

【创新创效】 创新思路，盘活资源，抢抓稍纵即逝的商机，努力发挥商贸公司的潜在效能，取得明显效益效果。坚持内外联动，引进外部投资，建设完成元康元健康产品体验中心，由西城高科投资 100 多万元，借力搭建健康服务平台；引进政府购买服务 70 多万元，修缮鲍山山门、亭廊，在承办具体绿化项目取得收益的同时，绿化美化了鲍山，经济效益和社会效益实现双丰收。着力打造酒店餐饮等人员密集产业，自筹资金提升宾馆客房、餐饮硬件，完善充实软件，尤其民族饭庄聚焦“民族风情、风味膳食”为特色，重新定位、改造，产生了轰动效应。引入“两个理念”，引入“政府购买服务”，争取国内重大赛事进驻文化体育中心，盘活体育场馆资源，带动了周边餐饮、住宿及场地租赁业务等相关产业。引入“拆迁经济”，抓住二区拆迁和工业北路拆迁的有利时机，有效处置无效、低效资产的同时，抓住商机，增加收益，尤其工业北路拆迁，争取苗木移植项目，并将路沿石、苗木移至鲍山、新村公园等处，形成双收益；抢抓节日商机，集中发力，自有产品销售均创历史最佳业绩，其中花生油两季共生产销售 613.8 万元，中秋月饼实现 351.8 万元，成为创收亮点。

【发展惠民】 落实发展惠民的总体要求，做好服务工作。积极组织做好二区拆迁工作，定期召开专题会议研究部署，按照时间节点平稳推进职工动迁、租户搬迁、资产移交、人员移交等工作，为集团公司获得超值奖励 3000 万元以上；协调各方资源，抓住工业北路拆迁有利时机，积极争取政府购买服务，共投入 400 多万元对鲍山进行了综合治理，整修亭廊，铺设路面，补种苗木，修缮鲍山瀑布景观，鲍山整体面貌焕然一新；针对体育场馆广场地砖损坏严重、影响形象问题，在集团公司大力支持下，投资180万元全面整修；将新村道路部分整修，重新敷设交通标线，增设道路安全标识，增加隔离护栏，使社区环境得到明显提升；绿化管护、物业管理、居民服务等各项工作有序开展，特别是圆满做好郭树清省长到社区慰问的相关工作。厂区食堂为职工设有特价菜、免费汤、应急药箱，针对特殊人群，提供个性化服务，大中修及检修时，按要求保质保量送餐到现场，除夕免费提供水饺，为生产厂提供坚实的后勤保障；组织实施供排水管道整修、低压系统改造、高三楼电梯更换等30多项福利大中修工程，全部公开招标，降成本223.13万元，改善社区环境和条件的同时，将惠民工程真正惠及民生；“四供一业”等社会职能移交时间紧、任务重、政策性强、涉及面广、遗留问题多，专门成立转型办公室，总体协调各项工作。开展房产证办证工作，累计上报资料3320件，年内共计1000多个房产证具备发放条件。二区幼儿园、济钢中心幼儿园已经全部移交完毕，人员得到妥善安置。

【党群工作】 扎实推进“两学一做”学习教育，先后组织开展了“发展聚焦、创新驱动、责任担当”主题教育、“我为公司转型发展做贡献”大讨论等丰富多彩的活动。围绕总体布局，坚持战略引领，实施62项重点任务，下半年梳理调整为37项，全部取得理想效果。组织评先选优，营造励志创业的浓厚氛围。设立谏言箱，开展合理化建议征集，发挥集体智慧。加强党风廉政建设，突出一个主体、强化两个责任，组织党员干部签订《优化政治生态承诺书》，组织“学党章、学准则、学条例”知识测试。坚持诚意正心，打造清风正气，建立约谈制度，对思想、经营、管理中存在问题的干部组织约谈。工会、团委、计划生育、反邪教、公积金等工作有序开展，公司工会获得集团公司“模范职工之家”荣誉称号；工会女工委荣获集团公司女职工工作先进集体、集团公司计划生育先进单位荣誉称号；荣获济南市巾帼文明岗1个，集团公司劳动模范1名；团委获得了集团公司“五四红旗团委”的荣誉称号，获全国钢铁行业共青团工作指导和推进委员会“2016年度全国钢铁行业五四红旗团委”荣誉称号。完成了重大节日、重要会议期间的维护稳定工作。

（撰稿　于广成　审稿　王其成）

济钢总医院（卫生防疫部）

【概况】 截至2016年底，济钢总医院（卫生防疫部）共有员工736人，其中正式员工400人（含内退人员），派遣制员工293人，劳务用工33人。总医院与卫生防疫部合署办公，设17个管理部门，33个临床医技科室，2个分院，1个社区卫生服务中心。总占地面积约88亩，总建筑面积约4.5万平方米。总院编制床位600张，开放床位545张。郭矿分院编制床位80张，开放50张。实现收入2.28亿元，收支节余229万元。6月集团公司调整了医院领导班子。

【医疗服务】 与济南市医保办签订职工医保定点协议，保持定点医院资格；与历城、高新、历下、市中、章丘、济阳、商河、平阴8个区县签订了居民医保定点协议，比上年增加3个区县；与历城、高新14个乡镇医院签订了技术合作协议；与山大齐鲁医院签订了合作协议，成为齐鲁医院的合作医院，与施尔明医院进行了眼科专业技术合作。门（急）诊量32.46万人次，住院病人1.50万人次，住院手术2785人次，放射检查10.96万人次，超声检查4.48万人次，检验检查256.68万件次，处方32.31万张，查体4.65万人次。病床使用率68.94%，病床周转29.17次/年，平均住院日8.84天。

【医院管理】 6月1日零时，启动实施了公立医院综合改革工作，被省卫计委确定为4家监控改革医院之一，取消药品加成，降低大型设备检查费用和调高诊查费、手术费、床位费、护理费等技术性费用。9月18日市政府下发《济钢社会职能移交工作方案》，标志着医院移交工作正式启动，12月30日济钢集团有限公司与济南市卫生和计划生育委员会签署移交协议，医院移交工作基本完成。

【医院建设】 投资240余万元建设了8间高标准一体化产房，投资60余万元建设了综合楼电梯，投资120余万元对3间老手术室进行了改造，医院在用手术室达到7间，开设了康复病房，设置床位25张，实现了设备康复、功能康复、门诊住院康复、中医康复一体化发展格局，投资450万元建设了体检大厅。对郭矿分院进行了房屋整修和环境整治，具备了开放80张床位的条件。配合CBD建设，6月份完成了二区分院整体拆迁，配合凤凰路工程，对三区分院进行了部分拆除。投资600多万元购置了B超、透析机等140余台（套）设备。

【党群工作】 深入开展“两学一做”学习教育，开展领导班子民主生活会和党员评议活动。加强党政领导班子自身建设，党委中心组开展10次集体学习，提升管理和创新能力，形成推动医院发展的坚强领导力。加强职工形势任务教育，倡导良好院风，形成职工关心医院、热爱医院的强大凝聚力。加强干部队伍建设，开展了年度考核，科主任、护士长的执行力明显提高，带头作用显著增强。加强党风廉政建设，开展了干部离任审计，实行党务公开、院务公开，接受职工监督。支持群团组织独立自主地开展工作，注重发挥职代会和工会职能，维护职工利益，为职工办实事办好事，畅通民主渠道，强化民主管理，关心职工生活，走访慰问职工80余人次，开展丰富多彩的文艺活动，汇聚了正能量，构建了和谐工作氛围。

（撰稿　袁乃波　审稿　张忠法）

供热公司

【概况】 截至2016年底，供热公司共有在岗职工61人，其中管理工技人员30人。主营业务为集团公司对外能源、水、电、气、汽供应和管理。

【经营业绩】 坚持以“企业平台化、员工创客化、用户个性化”的理念为指导，坚定信念，自强不息，顺利完成了2015年采暖季服务工作、2016年制冷季服务工作、二区采暖设备拆除工作，顺利完成了厂区热源改造、厂区采暖系统大修维保、新村区域采暖系统大修维保、水泥厂、黄台小区采暖系统年度大修维保、3200冲渣水采暖系统改造、矿业公司集中供热改造等施工项目；顺利启动2016年采暖季服务工作。全年实现收入7268.61万元，实现考核利润1910.13万元，比上年增加458.77万元，超集团公司下达的三档奋斗目标10.13万元。全年认真落实集团公司年度安全工作会议精神，强化现场安全检查力度，实现安全生产“六个零”目标。

【管理创新】 围绕探索建立“企业平台化、员工创客化、用户个性化”的、具有自身特色的内部市场化管理模式，对体制机制进行了大胆探索改革。一是研究实施了《供热公司机构调整实施方案》，职能科室由四个精简到一个，项目部由六个整合为两个。通过精简职能科室，缩短了管理流程，降低了管理成本；通过整合项目部，发挥了协同作用，强化了自主运营，提升了盈利能力。同时根据自身业务特点，按照可核算、可衡量的基本原则，形成了供热公司、项目部（科室）、班组、岗位的四级市场主体。其中，一、二级市场主体实施全面预算管理，三、四级市场主体以项目认领、工时计奖为核心进行管理，进一步明确了各级市场主体的结算机制。二是以实现架构与人才的有机配备为目标，对项目部管理层实施了岗位竞聘。其中区域经理、项目经理竞聘由公司直接组织，面向全公司管理工技人员，以竞选方案作为评价依据；管理工技、工人由区域经理按照双向选择的原则组织，自主组建团队。对项目部管控更加突出自主管理，强化自主运营，提升盈利能力。同时，为明确各级职责，在划分各业务单元职责范围的同时，要求各业务单元责任到岗到人，确保了工作组织有序推进。三是组织签订了区域经理聘任协议，明确了一级市场主体与二级市场主体间的责、权、利，实现了经济、管理责任的逐级分解、落实到人，避免了一、二级市场主体间结算纠纷，确保了二级市场主体负责人全身心投入实际创效工作中。引导各二级市场主体依托创新创效项目，积极签订内部责任制协议，实现了经济责任制的逐级落实。同时，探索实施对赌，为实现经济责任制奠定了关键激励基础。实施连挂项目部年度创效额的“对赌”机制，提前预交对赌本金，根据年终实际完成创效额度，分不同倍数兑现对赌奖金，对未完成一档指标的全额扣罚对赌本金，以较大力度的奖罚激励了关键岗位人员创新创效引领力。四是按照“内部市场化管理和职工由企业发工资转变为挣工资”“责任落实和激励到位”的总体要求，紧紧围绕年度经营目标，以“情暖万家”为使命，以内部市场化为导向，以全面完成公司三档指标为目标，以市场开拓、技术研发、降本增效、创新创业、深化改革为主线，制定实施了以关键绩效指标考核为核心、重点专业管理绩效考核及重点工作绩效考核相结合的绩效评价与考核模式。同时，探索建立了配套的以增效项目为举证的创效奖预借机制，解决了项目部实际创效与实际劳动付出存在较大时间差，进而无法实现创效价值过程体现的实际问题。五是梳理专业管理职能，探索实施了“管理职能竞价下放”机制，降低了管理成本。

【技术创新】 组织技术人员外出考察、学习交流，水源、地源、空气源热泵技术研究有所突破；围绕解决矿业公司在铸管搬迁后的供暖工作，深入研究并探索实施了低温余热回收供暖项目，将矿井水通过水源热泵提取余热用于供暖，大大节约了能源，在确保矿业公司区域顺利供暖的基础上，在新技术实际应用上实现新突破；积极推进成果总结提炼工作，梳理出《3200冲渣水系统优化改造》《郭店片区管网优化》等9个技术创新成果，先后获得济钢科技进步一等奖一项、二等奖一项、三等奖两项，集团公司年度职工先进操作法两项、合理化建议三项，同时创建集团公司精益管理模范车间1个、职工创新工作室1个，营造了全员创新的浓厚氛围。

【党群工作】 全面落实上级党组织关于基层党建工作部署要求，完善党组织设置，健全“三会一课”、组织生活会、党性分析、民主评议党员、党务公开等制度，严格落实党内政治生活和组织生活制度，增强党内生活的严肃性，先后获得山钢集团先进基层党组织、济钢集团文明单位等荣誉称号。结合公司机构调整情况，成立了机关党小组、东区项目部党小组、西区项目部党小组，任命了党小组组长、副组长，组织层级更加明确，组织能力逐步提升。不断完善党员干部学习制度，坚持党支部、党小组集中学习制度，结合“两学一做”学习教育，共组织党员干部集中学习16次，认真学习上级党委文件、会议精神以及各级职代会精神，组织观看专题片12次，开展专题讨论12场次，组织外出观摩学习1次，培养了一批中坚力量，为公司转型发展起到了示范引领作用。制定信访稳定工作应急预案，指定分管领导和专职人员，着重解决热点难点和突出问题。通过舆情信息联动机制、“供热之家”微信群等渠道多方位了解职工思想动态，及时、妥善解决职工群众合理诉求。认真贯彻落实上级党委关于党风廉政建设的部署和要求，切实增强“一岗双责”意识，加大反腐倡廉宣传教育力度，层层签订党风廉政建设责任书，确保党风廉政建设工作到位。

（供稿　严凤涛　审稿　傅国水）

济南鲍德汽车运输有限公司

【概况】　截至 2016 年底，济南鲍德汽车运输有限公司（以下简称汽运公司）在册员工 896 人，其中管理工程技术人员 100 人，设 6 个职能科室、6 个经营实体、4 个运输车队、3 个车间，拥有各种车辆 508 部。形成集货物仓储、运输，通勤服务，托盘贸易，第三方物流，车辆维修、租赁，能源经营，交管服务于一体的综合型物流企业。拥有一类汽车维修资质、危险品运输 A 级资质、危险品经营资质，是北方奔驰特约维修站，省属车辆二级维护定点单位。凭借雄厚的实力、跻身国内领先钢铁物流企业行列，是山东省首批优秀物流企业、国家 AAA 级综合物流企业、山东省物流和采购行业综合实力 50 强企业。

【生产运营】　全年实现营业收入 25.97 亿元，其中外部收入 22.09 亿元；其中，运输收入 3.23 亿元，钢材贸易销售收入 20.34 亿元，煤炭、矿粉、燃油销售收入 2.25 亿元，车辆维修等其他收入 1460.8 万元。实现利润 1519.02 万元，超额完成集团公司下达奋斗目标。全年车辆行驶里程 1587 万公里，万车公里事故费 783 元，实现了万车公里事故费控制在 1430 元以内的目标，无重大交通责任死亡事故，无重大设备事故，无重大火灾事故，无重大险肇事故。

【专业管理】　坚持将内部市场化管理作为提升基础管理的工作主线，制定详实活动方案，坚持试点先行，稳步推进，真正实现职工由“发工资”转变为“挣工资”，极大调动广大干部职工积极性和主动性，激发员工干事创业激情。顺利通过山钢集团内部市场化试点项目验收。坚持以问题为导向，以价值驱动为原则，深入推进“运营改善、管理提升”活动，实实在在提升基础管理水平，改善运营绩效，促进企业管理能力全面加强，运营效率大幅提升，扎实推进一批运营改善项目。其中《推行内部市场化，激发创效新动能》项目被纳入山钢集团试点单位，荣获集团公司运营改善和管理提升项目一等奖。大力开展模范车间创建工作，以 6S 管理为切入点，从办公场所到车间、车场整理、整顿、清扫、清洁得到了逐步的推进，实实在在提升车间基础管理水平。汽运公司综合维修中心、外运服务车队、轿车服务中心被评为集团公司“精益管理模范车间”，其中综合维修中心被评为山钢集团“精益管理模范车间”。

【创新创效】　面对持续低迷的经济形势、极其困难的经营环境和集团公司产能调整带来的巨大压力，以全力以赴破解制约企业发展难题为重点，以改革转型为目标，凝心聚力，深化改革创新，砥砺前行，全年完成利润 1519.02 万元，环比提高近 30%，在内部市场严重萎缩情况下，企业绩效实现逆势增长。在“围绕物流供应链相关多元发展”战略的推动下，以“效益”为中心，以“做稳运输，做精维修，做优贸易，做大物流”为目标，加大新兴业务培植力度，调配骨干力量，从体制到政策给予全方位支持，各业务板块规模不断扩大，品牌效应逐步显现，对公司盘子形成有力支撑，多元化经营格局基本成形。运输业务面对史上最严交规出台，工业北路快速路封闭施工造成生产组织难度大，集团公司产能调整货源不稳定等实际困难，超前谋划，科学组织，变被动为主动，完成产值3.23亿万元，有力支撑了效益稳定；维修业务苦练内功，不断提高技术服务水平，全力保内拓外，盈利能力显著提升，效益贡献逐步显现；贸易业务坚持以市场为向导，以客户为中心，以全局利益为目的，目标向内，眼光向外，牢牢抓住市场机遇，延长服务链条，拓宽信息渠道，扩大优质客户源，汽运公司利润源地位进一步巩固；物流业务创新工作思路，创新管理模式，优化组织方案，探索出水陆联运、火车运输模式，积累大件运输经验，拓宽服务内容，克服铸管搬迁带来货源不稳定影响，实现年度利润780万元，成为公司整体盘子的有力支撑。针对集团公司内部市场迅速萎缩，市场竞争日趋激烈的严峻形势，公司将工作重心由集团公司内部市场逐步向社会市场转移，在稳定集团公司现有内部市场同时，加大外部市场开发力度，制定有效措施，加大考核激励力度，通过引入外部收入占比考核，充分调动各单位开拓外部市场积极性。运输稳定既有客户同时，新开发烟台普飞、莱芜创兴等外部市场，外部货源稳步提升；钢材贸易打通莱钢、日钢销售渠道，积累部分优质终端客户，为业务持续奠定基础；能源经营取得危险化学品经营资质，推动能源经营进一步发展壮大；紧跟市场，服务市场先后注册成立日照分公司、兰陵分公司，扩大日照精品基地业务合作内容，与新铸管签订战略合作协议，为汽运公司持续健康发展注入新动力。公司社会收入占比逐月攀升，为集团公司产能调整后汽运公司各项工作的平稳过渡奠定良好基础。

【党群工作】 坚持以问题为导向，在全体党员中开展“两学一做”学习教育，组织开展“手抄党章100天”活动，激励党员立足岗位，争当先锋，永葆政治本色。一是加强党风廉政建设，细化分解党委主体责任、纪委监督责任，层层签订《党风廉政建设责任书》，逐级传导压力，修订完善党风廉政建设责任检查考核办法，细化落实“两个责任”评价指标，与76名关键岗位人员签订了《廉洁从业责任书》，严格考核兑现，提高了干部廉洁自律意识，实现了干部清廉、队伍清正、作风清明，保持干部队伍和谐稳定；二是扎实开展“学党章、学准则、学条例”专题教育活动，组织党员干部参加德廉知识测试，组织参加“两学一做”学习教育知识竞赛，以赛促学，以学促廉，党员干部学规矩、守纪律的自觉性明显增强。三是围绕降本增效工作目标，将效能监察项目实施与日常管理相结合，结合实际，制定方案、强化监督，建章立制，堵塞漏洞。全年增加效益61.2万元，降低成本189.25万元，效能监察成效凸显。牢固树立以人为本的企业文化理念，在生产经营异常困难的情况下，想方设法稳定提高职工收入，千方百计为职工群众办实事、办好事，让企业改革成果惠及职工，增强职工自信心和自豪感，企业凝聚力，向心力不断提升。大力开展困难职工帮扶活动，投入10余万元实施冬送温暖、夏送清凉、金秋助学、大病救助等帮扶工程，解决困难职工的后顾之忧，大大激发了职工的企业自豪感。积极推进民生工程建设，先后投入20余万元用于更换办公室空调、粉刷修缮部分办公室、建设维修职工浴室等惠民工程建设，积极改善职工办公生活环境，丰富职工业余生活。

（撰稿　董　凤　审稿　魏信栋）

青岛保税区济钢国际物流有限公司

【概况】 截至2016年底，青岛保税区济钢国际物流有限公司在册员工70人，共设置10个部门，3个党支部。主要从事保税仓储、水陆联运、港口货代、铁路货运、矿石配送、国际贸易、钢材贸易、第三方物流等业务。

【生产运营】 全年实现销售收入10.8亿元，实现利润1348万元，实现可归属母公司净利润1131万元，超考核指标7.7%。安全生产实现了“六个零”。

【创新创效】 面对严峻复杂的市场形势，认真贯彻落实集团公司职代会精神及各项决策部署，以“稳定经营、转型发展”为目标，科学决策，灵活应对，苦练内功，努力把管理做到极致、把服务延伸到用户，最大限度地消化市场减利因素，各项工作保持了稳步发展的良好态势。港口代理工作以“保产降耗”为中心，驻港人员严格执行运输计划，港口装车计划兑现率达到99%，在消化掉遗留完船数据后，港耗指标控制在0.09%以内，千吨损耗控制在0.25%以内，火车满载率超过100%。全年港口代理971.5万吨，代理铸管火车发运18万吨，汽车发运进口矿3.9万吨，完成矿石贸易18.82万吨。物流经营业务充分发挥铁路平台优势，研究制定提高山钢营销总公司钢材铁路发运服务方案，不断延伸铁路下站“门到门”服务；积极利用“互联网+物流”的政策，加强与“惠龙易通”等物流电商的合作，积极发展货主会员，实现货源、运力信息的资源共享，提高车辆重驶率，提升运输效率，降低运输成本，全年物流经营运输接单86.3万吨。进出口贸易通过与集团公司彩板厂、钢结构、复合板等单位加深合作，共同开拓海外市场，全年出口钢材1.86万吨，贸易额达1018万美元。产品涉及镀锌钢卷、镀铝锌钢卷、彩钢卷、合金钢板、钢结构、化工产品等10余个品种，销往泰国、韩国、新加坡及科威特等9个国家或地区。在做好钢材进出口贸易同时，大力开展非钢产品营销，已取得氰甲基乙基纤维素醚戈麦斯化工的非洲总代意向权。钢材贸易以市场为导向，全力开发直供客户，优化代理订货业务，采购方式由“内部采购”逐步转向“外部采购”，不断拓宽采购渠道，分别与南钢、首钢、日钢、莱钢等建立合作关系。全年新开发客户50余家，销售客户遍布全国各地，全年销售钢材41.2万吨，比上年增加92.6%。保税仓储业务面对仓储行情持续萎靡，大宗货物入区量骤减，自营业务收入大幅下滑的市场形势，快速转变经营思路，变“出库日结算”为“按月度收费”，做到了早收费早受益；灵活开展自营业务，由“自营”变为“部分自营”和“部分对外租赁”，实现了增收增益；利用渤交所平台和橡胶指定交割库资质开展高价值服务，取得成效。全年完成烟片交割390吨，托排橡胶201.6吨，仓储面积28700平方米，创收560万元。入库率、仓储容积率在保税园区内均保持了领先水平。

【管理提升】 根据生产经营需要，围绕重大工作决策、财务管理、合同管理、资金管理等重点，先后制定完善了《“三重一大”决策管理办法》《物流运输招标管理办法》《风险防控管理办法》和资金、合同、公章使用审批流程等56项管理制度。加大对各项制度的执行监督，不断提高执行力，形成用制度管人、靠制度办事的良好氛围，科学管理水平再上新台阶，保障各项业务安全、有序、可控。

【党群工作】 结合“两学一做”学习教育，开展学习教育实践活动，深入开展“讲政治、守规矩、敢担当、懂经营、善管理、有作为”专题讨论，扎实推进“改革转型我担当”大讨论活动。通过定期“回头看”、不断“找差距”、持续“促改善”等方式加强领导班子建设，打造坚强领导集体。坚持民主集中制，强化干群思想沟通，开展多层次多形式谈心活动，干群之间进行

"面对面"沟通、"一对一"谈心，增进了解、化解矛盾，促进和谐稳定发展。进一步深化干部人事改革，鼓励员工"自主"创业，为"能人"搭建创效平台，激发职工工作热情，提高企业效能。坚持以人为本，走访困难职工，关爱职工，适时开展丰富多彩、健康有益的文体活动，充分调动和激发广大职工工作的积极性和主动性，进一步加强职工的凝聚力。先后荣获山钢集团党委和集团公司党委"先进基层党组织"，山钢集团和集团公司"文明单位"、"济钢集团五四红旗团委"等荣誉称号。

（撰稿　张海东　审稿　徐　强）

金融及衍生服务板块

综述

金融及衍生服务板块涉及两家单位，分别为：济钢金融服务中心和济钢香港控股有限公司。金融及衍生服务板块涉及的产业主要有：投融资、租赁、贷款等。2016 年 12 月底，金融及衍生服务板块整建制划归山钢金融控股（深圳）有限公司。

济钢金融服务中心

【概况】　济钢金融服务中心（以下简称金融服务中心）由济钢国际融资租赁有限公司、山东融鑫投资股份有限公司、济南市历城区钢城小额贷款股份有限公司等三个业务平台公司组成，内部设置综合管理部、财务部、法律合规部、资产管理部来统筹上述 3 家法人单位的党政工团、战略管理、财务管理、绩效管理、人力资源管理、资产管理以及对外宣传等。截至 2016 年底，金融服务中心共有职工 42 人（包括外聘专家型人才 3 人）。

其中：山东融鑫投资股份有限公司于 2003 年 1 月经山东省人民政府批准成立，目前注册资本金 5000 万元，集团公司和炉料公司各持股 50%。公司经营范围包括：高新技术产业投资；冶金、焦化技术咨询服务，企业管理及咨询服务；钢材、建筑材料、铁矿石、机电设备、煤炭、机械及电子成套设备、软件产品的销售等；承接电器、自动化及信息化技术咨询、软件开发、系统集成、项目实施、服务外包业务；承接能源评估、工程设计、工程总承包、工程技术咨询、机电安装工程、工程项目管理、环保工程业务等。

济南市历城区钢城小额贷款股份有限公司（以下简称钢城小贷公司）于 2013 年 1 月 25 日正式设立，目前注册资本金 3 亿元，是山东省内资本金规模第二的小额贷款公司，已获市金融办批复改名为济南市钢城小额贷款股份有限公司，手续正在办理中。公司经营范围包括：在济南市区域内办理各项小额贷款，开展小企业发展、管理、财务等咨询业务。

济钢国际融资租赁有限公司（以下简称融资租赁公司）于 2014 年 5 月 27 日正式成立，是由济钢香港控股有限公司作为唯一股东出资 4000 万美元设立的台港澳法人独资企业，2015 年 6 月经集团公司和有关部门批准增加注册资本至 1 亿美元。公司注册地位于济南市高新区崇华路 1587 号黄金时代三区 1 号楼 1-108。公司经营范围包括：租赁业务、向国内外购买租赁财产、租赁财产的残值处理及维修、租赁交易咨询、从事与本公司主营与兼营业务相关的商业保理等。

【经营业绩】 济钢金融服务中心 2016 年共实现考核利润 6981 万元，比考核目标减少 1019 万元，比上年减少利润 1069 万元；实现归属母公司净利润 5026 万元，较考核目标减少 515 万元，比上年减少利润 670 万元。其中：融资租赁公司实现利润 4739 万元，实现归属母公司利润 3554 万元，比考核目标多 329 万元；融鑫投资公司实现考核利润 1245 万元，实现归属母公司利润 933 万元，比考核目标少 192 万元；钢城小额贷款公司实现利润 997 万元，实现归属母公司利润 539 万元，比上年减少 55 万元。

融资租赁公司：积极拓宽境内外融资渠道，不断提高公司流动性，稳步开展售后回租业务，创新业务经营模式，尝试商票保理业务，取得较好的经营业绩。一是积极开拓融资渠道，培育自我融资能力；截至 2016 年末，融资租赁公司对外借款余额人民币 93000 万元、港元 5917 万港币、开具保函 4877 万元，新增威海银行直接授信 3000 万元，对外融资取得历史性突破。二是积极与济钢集团、山钢股份济南分公司、济南鲍德汽车运输公司等山钢集团内部多家单位开展融资租赁业务。当年新增融资租赁款 4.25 亿元，创效 1774.14 万元。积极创新业务操作模式，开展商业承兑汇票保理业务 1 笔，发放保理预付款 900 万元，创新、灵活的业务操作模式，取得客户一致好评。三是积极开展税收筹划工作，更好服务主业。营改增政策出台后，积极消化政策、做好税收筹划方案，在政策宽限期内对山钢股份济南分公司、济钢集团、鲍德汽运的三笔近期到期融资租赁合同提前终止，并签订新合同且将租赁期延长至 3~5 年，三笔业务本金总计 1.8 亿元，为济钢集团及山钢股份济南分公司节约增值税金年均 180 万元。

融鑫投资公司：以风险可控、资金安全为主线，充分利用财务杠杆系数，深耕集团公司内、外部市场，努力扩大投资收益。一是积极稳健地拓展债权投资业务，截至 2016 年 11 月，累计实现投资收益 1834 万元。二是围绕钢铁主业，积极开展山钢股份济南分公司及济钢板材公司上游客户债权及商业票据受让业务，全年共受让债权和商业票据共计 11554 万元，累计实现收益 1658 万元。三是发挥集团公司优势，提高资金使用效率，充分保证各项资金支付需求。全年共支付利息 1672 万元，其中支付济钢集团 1600.8 万元、江苏经贸公司 59.52 万元、小贷公司 12.34 万元。融鑫投资公司融资主要来源于济钢集团，2016 年新增济钢集团贷款 11700 万元，截至 9 月末向济钢集团贷款余额 31200 万元；综合年借款利率 6.37%，较上年的 6.48%减少 0.11%；在满足自身资金需求的同时也为集团公司创造了效益。

钢城小额贷款公司：为应对当前不断加大的信贷风险，积极调整信贷市场结构，前置风险防范关口，强化贷后跟踪管理，确保资金使用安全。一是遵循年初既定的工作方针，信贷市场持续由外转内，进一步深挖济钢集团产业链业务。全年发放内部市场贷款额 24206.91 万元，占全年发放贷款额的 78.32%。二是本着更加谨慎的态度开发外部市场，提高准入门槛，在担保类型上主要做抵押贷款，在抵押物上更加注重其有效性、易变现性。2016 年共发放外部市场贷款 6700 万元，已到期收回 5900 万元。三是丰富清收手段，加快清收速度，强化清收力度，采用以诉促谈、委托代理、法院强制执行等措施，化解逾期贷款，全年新立案 10 笔，通过法院强制执行，钢城小贷公司人员积极催讨，共收回逾期贷款本金 302.68 万元，逾期利息 163.95 万元。

【基础管理】 金融服务中心始终致力于探索建立一套真正适合科学规范发展的规章制度，作为工作目标的关键环节来抓。重点围绕“权、钱、人、物”建立规范的管理制度。

以“风险管理”为主线，健全中心风控体系建设；以“集体决策”为前提，强化对领导干部的权力约束；以“合规节约”为原则，严格规范财权、采购权的行使程序；以“薪酬分配”为引导，建立“金融板块绩效考核分配办法”，实现了“按劳分配、业绩优先、兼顾公平”的薪酬分配目标。

以全面突出“主业”为前提，严格按照扁平化管理原则，坚持按项目团队为主体进行核算，建立有效的业绩激励和风险控制约束机制，强化内部业务的协同管控，使团队目标更清晰、绩效考核更具体、综合理财和税收筹划更有效、风险责任追究更能落到实处，由内而外提升核心竞争力。

以运营“短板”分析为突破口，召开月度经济运行分析会，强化各公司同比指标与环比指标的汇总分析。通过详尽的数据量化分析，全面如实反应板块运营过程中暴露出的问题与不足，弥补运营“短板”，查缺补漏，及时总结原因，制定详细应对措施，切实强化例会分析对板块实现健康规范运营的实际指导意义。

【风险管理】 在运营实践中，对风险控制的认识逐步深入，风险控制意识越来越强，风险管控机制逐步确立。一是全面梳理流程，清晰部门职责，严格执行贷审流程，强化规范操作，提升风险防范敏感度，前置风险防控关口，固化前期风险控制措施。二是进一步完善风险防控体系建设，对于风险不但要防更要控，切实推进业绩考核与风险挂钩，按部室、按职责，细化指标，分解落实，赏罚分明。不定期组织召开“风险防控”专题研讨会，分析目前行业现状，交流学习风控先进经验，创新风险管理手段。三是通过动态优化贷款结构，适时调整信贷业务种类、比重，并通过提取资产拨备率、资产充足率等方式增强应对风险能力。

【党建工作】 深入推进基层党组织建设工作，围绕中心任务，在全体领导干部中开展“两学一做”学习教育，夯实思想政治基础。强化党员干部学习，形成月度学习制度，安排学习计划，党支部书记带头讲党课。强化责任和担当意识，深刻查摆剖析问题，制定改进措施，真正发挥党组织的政治核心作用及党员干部的模范先锋作用。落实党委主体责任和纪委监督责任，加强党风廉政建设，逐级签订党风廉政建设责任书，开展廉政答题测试，学习《中国共产党廉洁自律准则》《中国共产党纪律处分条例》。执行廉洁谈话制度，抓住思想根源，秉持职业操守、坚守道德底线、廉洁从业。

【企业文化】 运用多种平台广泛宣传企业文化，树立金融形象。积极推进文明创建工作，组织“三八”妇女节活动，开展女性职工巾帼建功能手活动；青年团员积极参与志愿者服务活动，持续开展“扶贫救助”“绿化行动”“关爱孤寡老人”等活动。关注民生，凝聚人气，参加历城金融暖冬行动之助残募捐公益活动；开展“慈心一日捐”；关心单位职工，多次走访慰问，参与扶贫帮困活动；凸显关爱社会、关注民生的良好风貌。

（撰稿 李玉红 审稿 徐亮天）

济钢香港控股有限公司

【概况】 济钢香港控股有限公司（以下简称“济钢香港”）于 1993 年 10 月 19 日在中国香港注册成立，注册资本 1000 万港币。主要经营钢铁产品进出口、铁矿石进出口、其他产品进出口和转口贸易，钢铁产品来料加工业务、利用外资、对外投资、引进技术、新产品开发、市场调研、信息咨询等业务，是重要的海外融资平台。先后在新加坡出资 40 万美元注册成立济钢新加坡有限公司，在济南出资 1 亿美元注册成立济钢国际融资租赁有限公司，在深圳参股 2000 万美元设立山钢金控融资租赁（深圳）有限公司。

【经营目标】 始终秉承“全力服务于集团公司，为资金链安全保驾护航”的理念，积极推进“服务集团产业、支持子公司发展、创新融资模式、开拓金融市场”的四位一体战略布局。全力保障济南分公司的铁矿石供应，加大集团和济南分公司的钢材出口；通过内保外贷、内保直贷、外保内贷等方式进行境外融资，为集团公司金融板块发展提供支持；在市场低迷的不利条件下，坚持开展第三方贸易；探索引入战投，开展金融牌照业务。在银行收紧对钢贸、矿贸的支持，铁矿石价格大幅下跌、市场低迷，钢材价格下跌的不利环境下，公司各项业务经营稳健前行，利润指标完成董事会年度目标。

【经营业绩】 全年实现销售收入 41.9 亿港币；实现利润总额 7507.13 万港币，完成报表利润总额 597.1 万港币。共结算矿石 838.61 万吨（其中三方贸易 106 万吨）、钢材 23.82 万吨。

【融资创新】 积极落实集团公司的金融战略，除保持原有的贸易融资、保函融资形式外，积极筹措调配资金，充分发挥集团公司境外“资金池”作用。全年为金融板块增资 5100 万美元，新增借款 3 亿元人民币，累计为济钢融资租赁公司注资 7100 万美元，为山钢金控融资租赁公司注资 2000 万美元。9 月底完成了 3.5 亿人民币跨境资金池的矿石预付款进出结算。

【风险控制】 调整融资结构，在控制汇率风险的前提下，由过去的美元、人民币双币种融资全部转为美元融资，有效降低了融资成本，融资成本持续保持在 5%左右；为有效控制汇率风险，公司及时调整融资结构，加大了人民币融资比例，虽短期内融资利率上升，但可有效避免贷款到期后的汇率损失，未出现重大汇率风险。

【思想建设】 济钢香港位于中国的特别行政区，地域文化上存在着一定的特殊性，继续严格地要求内派员工在思想上、行动上与党中央、特别行政区政府保持高度一致，树立、维护内派员工的良好形象。积极参加中联办组织的各项爱党爱国，拥护特别行政区基本法的活动。

（撰稿　时鹏刚）

其　他

菏泽五金厂

【概况】 截至 2016 年底，菏泽五金厂在册职工 45 人。管理及专业技术人员 16 人，中级职称 3 人，初级职称 13 人；大学学历 1 人，大专学历 5 人，中专（含技校）10 人，高中（含职高）22 人，初中及以下 7 人；下设 4 个科室，1 个车间；主要生产经营项目有钢材营销、板材加工、机电维修、制冷设备与维修、电磁铁制造与维修、机械备件加工制作等业务；注册资本金 83.3 万元。

【生产经营】 主要业务以经营集团公司钢材和集团公司内部市场的制冷安装与维修、

机械备品配件板头深加工为主。根据市场发展的客观规律，结合自身的实际情况，以更加灵活的工作方法捕捉新的经营机遇。同时经营服务要跟上，服务到一线，最大限度提高客户的满意度。加强销售及深加工基地建设，充分挖掘企业潜力，发挥企业资产效能，创造更大效益。坚持开源节流，打好成本翻身仗，为实现全年任务提供保证。继续搞好管理提升工作，以管理促生产经营，向管理要市场，要生产经营效益，以管理的不断提升为实现任务提供保证。

【企业管理】 在全体党员中开展“讲奉献、有作为”专题讨论。根据集团公司党委文件精神，于11月份在全体党员中开展了“讲奉献、有作为”专题讨论。将专题讨论与贯彻落实公司亏损企业治理会议精神和亏损企业治理方案相结合，根据生产经营实际，围绕践行党的宗旨，干事创业、积极作为、担当奉献，发挥好先锋模范作用，就讲奉献、有作为等内容开展了专题讨论。重点查找党员在工作中存在的不足，分析原因，讨论制定了改进方法和措施、工作方向和目标，注意把“讲奉献”落实在加强党性修养上，把“有作为”落实在敢于担当的具体行动上。通过专题讨论，切实增强了全体党员党性觉悟；增强了立足本职、发挥先锋模范作用的自觉性；增强了推动企业转型发展的信心和动力，取得了全面深化“两学一做”学习教育的效果。

【送温暖工作】 继续坚持“企业以职工为本，职工利益无小事”的原则，努力为职工办好事，办实事。在全厂以清欠作为中心工作，面对经营局面及经济形势尚不稳定、增支减利因素不断增加的情况下，最大限度保证职工基本收入，在重大节日期间对困难职工和老职工开展送温暖活动，全年共走访慰问职工28人次，发放救助金及救助物资。通过为职工办实事办好事，大大调动了职工的工作热情和积极性，有力地提高了企业的凝聚力。

（撰稿　马宝红　审稿　闫东林）

济钢（马来西亚）钢板有限公司

【概况】 济钢（马来西亚）钢板有限公司位于马来西亚彭亨州关丹市格滨工业区，占地51英亩。公司始建于1993年6月，1996年11月投产。受亚洲金融风暴影响，1998年10月停产。2000年经过重组后恢复生产。股份结构为：济钢集团有限公司（以下简称集团公司）持股58.5%，丹斯里刘天成以JEN-DELA BUMI公司的名义持股41.5%。截至2016年底，总资产3.68亿令吉，员工154人，其中中国员工23人，马来西亚当地员工100人，尼泊尔外籍劳工31人。

【生产经营】 全年加工钢板22.77万吨，比上年增加2.58万吨，增长率12.78%；其中出口加拿大、中国台湾3.21万吨，占比14.10%；马来西亚本地销售17.53万吨，占比85.90%。全年实现营业收入8907.37万令吉（折合人民币13414.49万元），实现利润总额499.87万令吉（折合人民币752.40万元），比上年增加101.44万元人民币，增长率15.57%。

【基础管理】 深化降成本、管理提升活动，增加管理效益。根据订单结构及生产形势的变化，修改完善生产指标考核制度、优化生产组织模式，减少不必要的停机时间；通过两台加热炉料型及轧制规格的优化搭配，减少待热时间、提高加热均匀性，有效提高生产效率，平均班产比去年增加30吨；对现场采集的数据进行统计分析，优化料型匹配，提高轧制控制精度。全年综合成材率达到88.5%，比上年提高了0.33%。成立生活管理委员会，对职工食堂用餐、日常生活活动进行日常监督、管理。成立采购价格管理委员会，对公司的备件材料采购合同、厂房、办公楼维修费用进行监督。在公司日常检修如冷床区域 PLC 系统改造、AGC 活塞杆镀铬层维修、喷号机清洗剂采购以及集团公司批准实施的加热炉、高压水改造项目中，严格控制外委项目，调动公司员工的积极性修旧利废，或者自己采购材料对力所能及的项目进行施工，降低工程成本及检修费用。

【设备保障】 对现有设备进一步自主施工改造，确保生产顺利运行，节约维修费用。加强点检，强化维护，精心操作，保持设备状况良好，满足生产需要。为保障轧机轧制精度，更换了牌坊滑板，四辊接轴改用十字包端盖无螺栓结构，通过液压系统提高配合精度；更换一套新矫直支撑辊，增设矫直压力显示装置，通过控制矫直温度及压下量，减少钢板翘头瓢曲现象；高压水系统高压同步电机的励磁控制系统改造，模拟柜改为全数字直流装置，改造后励磁系统运行稳定，基本杜绝影响时间；现场 PLC 控制系统增加 UPS 电源，解决供电电源问题；轧机副传动系统 S5 系列 PLC 升级，根据现场系统分类用两套 S7PLC 替代了原 12 套 S5PLC；冷床区域 PLC 系统改造，控制回路简单，连锁稳定。

【安全管理】 根据国际安全形势的变化，为加强中国员工驻外安全，制定了《中国员工境外安全管理办法》，结合当地实际情况，对中国员工的护照管理、请假制度等作了详细规定。

（撰稿　肖存忠　审稿　孙　玮）

济南萨博特种汽车有限公司

【概况】 济南萨博特种汽车有限公司（以下简称萨博公司）前身为济南第二汽车改装厂，组建于 1958 年 3 月，曾隶属于济南市冶金局。2004 年 5 月，经济南钢铁集团总公司批准，成立济南萨博特种汽车有限公司，其中国有股份占 84%，其他自然人股份 16%。萨博公司位于济南市章丘明水经济开发区工业四路 1819 号，占地面积 131268 平方米，厂房建筑面积 48000 平方米，资产总计 9776 万元，职工总数 140 人，专业技术人员 45 人，其中具有高级工程师职称 9 人，工程师职称 31 人。现隶属于济钢集团有限公司（简称集团公司），由集团公司直接管理和考核，按照独立法人单位运营。公司实行扁平化管理，共设生产制造部、综合管理部、市场开发部、采购部、财务部、质量保证部等 6 个综合性部门。根据保密要求，设置了保密委员会、保密办公室等机构，保障军品生产的必备条件。

【生产运营】 公司专门从事军用、民用特种汽车的改装生产，军品产品涵盖了机械修理、工程构建、伪装勘察等多个类别；民品产品涵盖了市政、路政、冶金等领域。具有年产 200 多台方舱、100 辆军用特种车、200 辆民用特种车的生产能力，除生产各种型号的机械方舱、电子方舱、扩展方舱等标准方舱，还可根据用户的要求生产各种军民用非标方舱和工程车辆。产品吸取了国内外众家之长，性能结构均处于国内领先水平，并形成了自己独特的特点和优势，是中国汽车工程学会会员单位和山东省汽车工程协会理事单位。公司始终不渝地坚持“军品第一，质量第一”和“军品就是精品”的宗旨；坚持“以军为主，以军代民，以民保军”的战略思想，根据军队装备发展需要，坚持走与军、地科研院（校）所紧密结合的科研道路。全年完成总产值 5145 万元，其中军品产值 4316 万元，实现利润 101 万元。

【专业管理】 萨博公司具有完善的生产组

织和管理体系，在质量保证体系方面民品通过了 GB/T 19001—2008 体系认证、中国质量认证中心（CQC）对汽车产品的强制性认证；军品通过了 GJB9001B—2009 体系认证，取得国防科工局的武器装备科研生产许可证和装备承制单位注册资格证，具有武器装备科研生产单位二级保密资格。主要研制生产定型产品有工程装备保养车、工程装备拆装车、构工作业支援车、舟桥修理车、伪装勘察检测车等。工程装备类产品累计获得军队科技进步奖 6 项，国家科技进步奖 1 项；实用新型专利 4 项。拥有完善的技术（售后）服务体系，成立由工程技术人员、技术工人组成的服务小组，及时协调解决部队在产品使用过程中遇到的问题，确保技术服务快速高效，客户满意度逐年提升；在军方组织的产品试验服务中多次收到服务部队的锦旗。

科研项目方面，“110”项目完成设计定型工作；“312”项目完成了军方试验，进入设计定型阶段；轻量化方舱、屏蔽方舱、防弹方舱作为核心技术储备，前期工作已完成；既有的工程装备产品，已列装部队多年。以此为基础的工程车综合提升项目已基本确定列为军代局第二批计划；与合作方签订的清扫车、污泥处理设备等民品开发项目，均有广阔合作前景。

萨博公司强化质量过程的策划工作，强化现场技术指导和过程控制，加强现场工艺和操作记录的检查与考核，产品实物质量得到有效提升。继续以上年的“GQL231 型重型支援桥保障车”为试点，推行精益制造，深化“精品工程”成效，努力提升产品质量。在严峻市场形势下，萨博公司以“精品工程”为蓝本，通过放大军工产品的质量优势，坚持“以质量求生存”，大力提升企业竞争软实力。

安全工作方面，心存敬畏，坚守红线，按照集团公司的要求，认真组织开展了“大快严”检查、“安全生产月”“安全卫士—啄木鸟”“百日安全无事故竞赛”等活动，取得了良好效果。成车装配、方舱制造作业区被集团公司评为“安全十佳”班组；电气设备作业区得到集团公司的认可与肯定，并获得山东省冶金黄金有色金属行业“安全生产标准化班”称号；通过了机械制造企业二级安全标准化、环境、职业健康管理体系现场评审。全年未发生安全事故，安全形势保持了稳定，实现了“六个零”的工作目标。

【党群工作】 严格按照上级党委要求，扎实开展“两学一做”学习教育，组织全体党员“手抄党章 100 天”、参观莱芜战役纪念馆等活动，提升了党员的党性意识；开展“讲奉献、有作为”等一系列专题讨论活动，坚持问题导向，带着问题进行学习讨论，全面深化了“两学一做”学习教育效果，增强了全体党员的责任意识，党员队伍精神面貌和作风能力进一步完善。

紧紧围绕完成全年任务目标，组织开展了“改革转型我担当”“责任驱动，岗位建功”为主题的合理化建议征集评选等活动，激发了职工岗位建功、创新创效的热情和干劲。宣传工作得到进一步加强，被集团公司评为“2016 年宣传思想工作先进单位”；全年有 28 篇简讯、稿件等，在济钢电视台、《钢铁工人》报等媒体宣传、刊登。内部交流刊物《萨博简讯》质量稳步提升，成为职工内部交流、展示才华的平台。

发挥工会组织作用，购买篮球等文体用品，丰富职工的业余文化生活，成功举办首届乒乓球比赛、与驻地社区篮球友谊赛；扶贫助困，积极参与“慈心一日捐”活动。认真贯彻集团公司“发展惠民”精神，全体职工加入了“济南市互助互济会”，为工会会员购买“重大疾病意外伤害”“女职工特种疾病”保险，为自招员工发放取暖补贴和洗理费等。

围绕应对市场困难的严峻形势，萨博公司党组织以开展军事训练、实施半军事化管理为突破口，运用军事化管理手段来规范和提升各岗位的工作标准和职工的行为标准。通过半军事化的训练，将半军事化管理理念植入每名职工心中，有效提升了干部职工的责任心、进取心，明显改善了精神状态，工作中能够自我加压，认认真真、不折不扣地履行自己的职责，提高了执行力和工作效率，收到了良好效果。

【创新创效】 按照集团公司“大众创业、万众创新”的要求，萨博公司4月份组建了“5+*N*”创新团队，成立了“李敏敏创新工作室”，坚持以“创新创效”为主题，结合萨博公司的产品特点，坚持问题导向，着力解决了影响生产经营的突出问题；不断摸索试验新材料、新工艺，围绕“降本增效”这条主线寻找创新点，创造了可观的经济效益。持续加大自主创新投入和技术攻坚力度，推动产品不断向高端发展。瞄准军方新上项目，瞄准高技术含量、高附加值的项目，加大新产品的研发力度，通过与国内外知名企业和院所联合，带动技术开发工作取得实质性突破，保持核心竞争力。

（撰稿　赵　亮　审稿　赵传飞）

山钢股份济南分公司生产经营

炼铁厂

【概况】　截至2016年底，炼铁厂在册职工2867人，其中女职工565人，管理工技人员232人；中共党员664人。设4科1室、2个直属单元、20个生产车间。固定资产原值74亿元，净值53亿元，共有设备10932台（套）。主要设备有高炉4座、烧结机4台（套）、焦炉7座、发电机组8套、热风炉12座。

【生产组织和降本增效】　全年生产铁642.71万吨（其中1750立方米高炉较上年增产67.1万吨）、烧结矿1001.24万吨、焦炭275.59万吨。吨铁成本同口径由上年比永锋高84.38元，降至平均低于永锋52.18元，进步了136.56元。全年成本同比降低8.78亿元。降低原料成本，共开发和使用盐迪粉、罗伊山粉等低价优质资源125.79万吨，直接经济效益3503万元以上；减少矿粉品种，成功实现高比例澳粉的配矿和烧结，澳粉配比接近50%，降低了公司库存，减少了资金占用；烘矿项目正式投运并完全取代矿业块矿加工，直接效益约3083万元。降低燃料成本，降低高炉燃耗，全厂高炉燃料比517.2千克/吨，比永锋低15千克/吨；降低焦炭成本，积极寻找炼焦煤经济新矿点，共考察矿点70余个，应用21个，持续优化配煤结构，全年配煤成本降低5235万元；降低烧结燃耗，全厂烧结机固体燃耗稳定降低，单耗均达到50千克/吨的历史最好水平；焦灰替代喷吹煤，创效1200万元。降低能动费用，与上年相比，吨铁能源动力费用降低了6.51元，全年能动成本降低了4186万元；通过优化实现发电降成本3300万元；有效切断冲渣转鼓及皮带吹扫等近百个压缩空气使用点，降低费用近2000万元。

【设备管理】　强化全员点检、精密专业点检及隐患治理，深入实施单元检修和预知维修，开展“双反”活动，提升专业保障能力，广泛实施炉顶齿轮箱长寿化攻关等技改技创短平快项目。全年未发生造成高炉被迫休风的设备事故障，3座高炉均实现5个月以上的大计划、长周期目标。烧结区域日历作业率比上年提高13.82%，煤焦区域设备停机率比上年降低51%。加强费用管理，确保设备费用均衡有序、低位受控。创新物资管理模式，推进备件修复再制造，其中高炉冲渣脱水器在线修复再制造项目效益巨大。运行维保车间三个作业区全年累计创效885万元，降低外委施工维保费540万元。

【企业创新】　以高产、低耗、低成本冶炼技术路线为核心，以“大风量操作、平台漏斗布料、大矿批冶炼”3项技术新突破为手段，实现高炉产量的突破性进步。烧结工序大力推进技术创新和管理创新，先后组织实施了降低烧结机点火煤气消耗试验、低负压点火等大量试验研究，为生产提供了重要支撑。在炼焦煤长期处于极限低库存的情况下，创新焦煤动态分类评价及堆放管理标准，创建应用焦煤质量量化评价指数，创新库存信息沟通方式，并通过煤种矿点的适配性、替代性研究，实现了配煤结构的预知精准调整。职工创新成果丰硕，3项成果获得山东省冶金科技进步三等奖；15项成果获得公司科技进步奖；共申请专利43项，获得授权专利26件，其中发明专利14件。质量成果获冶金公司一等奖1项，二等奖1项，获冶金行业优秀成果奖1项；实施技术创新项目93项；7个职工创新工作室累计解决生产难题173项，取得技术创新成果34项，创效约4300万元，其中姜和信创新工作室研发的“焦化废水输送干熄焦除尘灰”项目获得中华全国总工会20万元的补助金。全年表彰奖励“职工岗位建功”创新项目357项，获得公司优秀合理化建议一等奖3项、二等奖1项、三等奖4项。

【安全环保】 深化践行“三抓一重”的安全管理理念，继续发挥生产、技术、设备等专业委员会的重要作用；全面开展“大排查、快整治、严执法”专项行动，一大批较大现场隐患得到了整改；加强现场安全监督、检查和危险作业的监护、旁站式管理，实现了检修、抢修、故障处理和高风险作业的全过程控制，消灭了较大以上各类事故，实现了重伤及以上人身伤害事故为零。环保方面，较好完成了费用控制指标。全年污水处理、排污费较公司计划降低1710万元，降幅达到35%。强化环保、环境、道路绿化的督查督导，共督导问题2299项，制定针对性措施加以解决。实现了在线监测数据日平均全部达标，顺利通过了环境管理体系审核。

【运营转型　管理提升】 面对一线人员紧张的局面，通过业务流程再造、提高自动化控制水平等，实现了岗位和人力资源的优化调整。理顺管理职能，优化机构设置，进行机关减员，解决管理交叉重叠等问题。按月兑现高炉炉长负责制奖惩，并建立问责机制，充分调动高炉炉长的积极性和创新性，1号1750立方米高炉11月和12月份的利用系数均超过了3.2，位列全国第一。引入市场机制，推进内部市场化，以“效益最大化、市场最小化”原则，划小核算单元，实现指标到岗到人。以项目为载体，大力推进“运营转型、管理提升”，全厂共提报项目21个。扎实开展“双创”活动，其中《1750立方米高炉高产低耗低成本冶炼》项目获得上半年山钢双创大奖。深入开展模范车间创建工作，其中3200立方米高炉车间通过了山钢模范车间验收，120平方米烧结车间等12个车间通过了公司模范车间验收。

【精神文明建设】 持续巩固“三严三实”专题教育成果；扎实开展“两学一做”学习教育，以党员创新团队为抓手，引导党员立足岗位、建功立业，“党员创新团队”获山钢优秀党建品牌荣誉称号。全面开展“改革转型我担当”大讨论和“向姜和信学习，做岗位建功标兵”主题活动。继续开展全员素质提升工程，为各类人才成长成才搭建平台。全年举办各类厂内培训班培训职工3864人次，送培职工859人次。聘任项目工程师163人，岗位工程师53人，并严格项目把关，对项目节点进行量化考核，确保项目效益的兑现。全力做好维稳防控和治安防范工作，建立困难职工档案，精准帮扶，全年发放慰问金和救助金33.7万余元。内部利用《炼铁》报、炼铁网站、“红色炼铁”微信群、“姜和信”微信公众号等媒介加强正面宣传引导，对外在《中国冶金报》《山东工人报》《山东钢铁报》等发表稿件100余篇，传递了正能量，提升了企业美誉度。

（撰稿　崔　峰　审稿　李丙来）

炼钢厂

【概况】 截至2016年底，炼钢厂下设6科1室，12个生产车间。在册职工1779人，其中，管理人员、工程技术人员210人，中级职称111人、高级职称39人。全年共生产钢652.1万吨，较上年增产45.5万吨；累计降成本9871.4万元，超额完成公司“四降低三提升”奋斗目标；实现了安全生产“六个零”和烟尘、废水达标排放。主要经济技术指标明显改善，120区域综合合格率99.95%，210区域综合合格率99.89%；两区域品种钢比分别为89.82%、89.5%，钢板探伤合格率分别达到99.3%、99.47%。

【生产组织】 强化生产组织，严控各类事故，提高生产运行质量。1月31日，210吨脱磷炉成功热负荷试车，有效拉升了210区域产能。45吨转炉4月10日安全停炉后，短时间内建立起“5炉对6机”生产新格局，保证了公司铁、钢、轧系统平衡，实现了新老交替的平稳过渡。120区、210区两区域组织“提产量、提效率”劳动竞赛，通过优化炉机匹配、提高单炉出钢量、提高铸机拉速、加快生产节奏，产能得到快速拉升，120区域最高日产达到12033吨，210区域最高日产达到9734吨。根据订单结构情况，克服困难，创造条件，科学优化铸机断面，4号、5号、6号连铸机成功更换150毫米、250毫米、200毫米断面，为品种开发和拓宽接单种类创造了条件。抓好铸坯红送，3500毫米产线红送比达到56.6%，4300毫米产线达到56.37%。立足现实，合理优化，深度挖潜，做好2500毫米产线坯料的供应工作，组建了钢坯物流调度，强化过程协调和管控，加快坯料周转速度，保障了钢轧界面物流畅通。多措并举，大力降低坯料库存，控制生产余量，组织余材直接送轧，全年消化库存2.5万吨。

【质量品种】 深化专业管理，强化过程管控，提高产品质量，优化品种结构，实现产线效益最大化。推广应用转炉滑板挡渣出钢技术，两座210吨转炉和2号120吨转炉先后实施了滑板挡渣改造，挡渣成功率达到100%，提高了合金收得率，低磷、超低磷钢冶炼保证能力大幅提升。围绕降低冶炼改判、提升产品交付效率，强化钢轧联动，压实界面，建立产线质量例会制度，及时协调解决产线质量和交付问题。强化探伤不合、裂纹、结疤等质量缺陷攻关，120区域、210区域冶炼改判率分别降至0.44%、1.08%，均完成公司考核目标。强化产销研协同联动，加快高等级产品研发推广，品种结构持续提升。全年研发新产品77个牌号、拓展规格87个；成功生产高等级产品26.82万吨；成功开发交付美国液压支架用高强钢，容器钢批量出口泰国，抗大变形管线钢供货中石油中靖管线工程，桥梁钢用于芜湖长江公铁大桥、三门峡黄河公铁大桥等重点工程。

【降本增效】 全厂干部职工打破原有思维定式，创新管理模式，对成本构成进行再梳理，对标先进企业找差距，定目标，补短板，促提升，重点指标实现了全连挂考核。优化完善成本预算、核算、分析和评价考核管理制度，积极推进按炉管控，按日核算，按旬分析的管理模式，有力促进了止损扭亏工作的深入开展。依靠技术创新、指标突破降成本。120区域深化实施少渣冶炼，根据市场价格持续优化熔剂结构；组织精炼攻关，全过程优化提升，降材料、降电耗；完成转炉投料系统氮封改造、除尘风机变频改造等，有效降低了能源工序成本，全年降成本5063万元。210区域积极推进合金替代和窄成分控制、稳定转炉操作减少喷溅、提高终点一次命中率、炉底渣全部回炉等措施，全年降成本3857万元。全年吨钢降成本15.1元/吨，比公司下达的“四降低三提升”目标13.7元/吨多降低1.4元/吨。

【运营转型管理提升】 以“精心维护、精益生产、精良制造”为核心，以行业先进水平为目标，全面梳理生产、技术、质量、设备、成本等各专业管理存在的薄弱环节，直面问题，大胆突破，勇于创新。全年共立项实施精益改善项目24个，其中公司监管项目3个，自主管理项目21个，所有项目均按时间节点顺利结题，实现年化效益8836万元。

【设备管理】 坚持推进全员设备管理，强化各级点检责任的落实，加强对转炉、精炼、铸机、天车等重点设备特护，及时发现和处理设备隐患，保证设备稳定可靠运行。全年累计组织计划检修160余次，圆满完成3座120吨转炉炉役、1~4号连铸机项修、120区域集中停产等。炉役组织打破常规，创新优化施工网络，科学管控过程节点，多次刷新炉役工期历史纪录，其中1号120吨转炉炉役工期8天22小时，创全国同类型转炉检修最好水平。面对修理费大幅降低的客观现实，积极推行战略合作和长寿命攻关等，保证了设备稳定运行；加强修理费使用管控，强力组织备件盘点，科学开展清仓利库，积极拓展机旁备件复用，实现了有限维修费用的高效使用，备件库存降低232万元。

【安全环保】 深入开展风险分级管控与隐患排查治理体系建设和“大快严”集中行动。全年共处置各类安全隐患1296项，查处违章112人次，考核6.5万元，提高了全员遵章守纪落实安全规程的自觉性。以“安全生产月”和“119”消防活动等为契机，组织开展各类应急演练592人次，提升了全员应急反应和处置能力。积极推进标杆班组建设，第一批标杆班组创建一次验收通过。安全生产实现了“六个零”目标。强化职工环保意识培养和责任落实，编制实施《突发环境事件岗位应急处置方案》和《炼钢厂重污染天气限产减排响应措施手册》，坚守环保底线，不断强化过程管控、区域紧盯、炉旁监控、参数优化、落实责任，实现了烟尘、废水达标排放。

【党群工作】 把“三型”党组织建设、“三严三实”专题教育、“两学一做”学习教育与止损扭亏创新创效相结合，开展了“党员创新解难题”、“岗位挖潜降成本，献计献策增效益”合理化建议、“团员青年创新创效”等创新活动，凝心聚力，聚焦矛盾，解决问题，创造效益。围绕生产、成本、质量、设备管理等重点工作，组织开展“扭亏增盈，岗位建功”职工劳动竞赛29项，有效促进了技术指标的改善提升。组织职工参加山东省冶金行业职工职业技能竞赛，1人获山东省技能竞赛二等奖，2人获三等奖；在山东省“德鲁克杯”起重装卸职业技能竞赛中，2人分获第二、第七名的好成绩。为全厂职工购买重大疾病和意外伤害保险3.64万元，理赔3.68万元；救助困难职工21.4万元，发放慰问金4万元，发放生日和晚婚祝福金10.39万元；劳动竞赛奖励5.6万元，职工技能比赛奖励2.5万元，进一步激发了干部职工的干劲，增强了干事创业的凝聚力。

（撰稿 谭 刚 审稿 李作鑫）

宽厚板厂

【概况】 截至2016年底，宽厚板厂在册职工1537人，其中管理人员72人、工程技术人员89人，初级职称49人、中级职称64人、高级职称18人，首席工程师3人，操作工程师12人。全厂设置5个科室、12个车间。分为三条产线，即2500毫米产线、3500毫米产线、4300毫米产线。

【生产组织】 全年累计生产钢板375万吨，较计划超产13.78万吨。钢轧口径吨钢降成本14.82元，累计降成本4463万元，较上年多降低1744万元。2500毫米产线生产钢板121.5万吨，钢板综合成材率92.73%，居全国同类企业第一。3500毫米产线生产钢板119.2万吨，钢板综合成材率92.10%，居全国同类企业第二。4300毫米产线生产钢板134.4万吨，钢板综合成材率

91.63%，居全国同类企业第一。

【生产管理】 按照“流程最短，成本最低，效率最高，效益最大”的原则，强化“生产必须高效、停机必须节能”理念，在薄规格增加、优化避峰节能生产，特别是在45吨转炉停产、2500毫米产线产量降低的多重不利条件下，实现了三条平板产线生产的稳定高效。2500毫米产线克服坯料结构变化等诸多困难，持续发挥了薄规格传统优势。特别是6月份不大于10毫米小规格比达到60.84%，10月份在全月双炉生产的情况下，累计生产钢板10.2万吨，均创出历史最好水平。3500毫米产线着力开展“提升班产块数”劳动竞赛，生产效率明显提升，实现班产支数259支的近年来最好水平。4300毫米产线先后采取了“大避峰”“集中停产”“单炉生产”等生产模式，最终稳定在单炉生产平均日产超3000吨的高效水平上，创出日产6010吨的历史纪录。配合产品结构优化，实现了从“高产能、低贡献”到“低产能、高贡献”的目标转化。热处理协同效应凸显。全年热处理累计出炉量4.23万吨，其中，产品收益更高的贝斯基板1.4万吨，创出历史最好水平，6月份单月出炉量达到5.69万吨，热处理月产水平和日产水平均创历史新高。

【科技进步】 坚持开展“岗位建功献良策，全员创新建功勋”活动，提升全员质量意识。在各生产岗位推行“操作+质量把关”的“一岗双责”管理制度，建立和规范了质量异常信息快速反馈机制。以提升性能余量为抓手，2500毫米产线一次合格率提升到98.85%，达到历史最好水平；3500毫米产线、4300毫米产线性能一次合格率达到97.5%，性能不合格挽救量较上年降低30%以上。全年产品性能不合格异议23起，较上年减少了66起，性能异议降低率74.16%，质量损失明显遏制，订单交付效率同步提升。强化尾单清理，实施交付全过程数据监控，使交付工作更加明晰化。对重点客户、重点工程、直供客户，建立重点订单交付监控平台，得到用户认可，塑造了良好产品形象。

【产品研发】 加大高端高效产品研发，开展低屈强比高强钢工艺研发和批量交付，仅用21天完成了郑煤机北美支架特殊需求高强钢的研发、试制和批量生产。成功开发80毫米厚度Q420qE桥梁钢、EQ70超高强度海工钢、EH40/EH47大型集装箱船用止裂钢等新产品，先后在调质型管线基板、桥梁结构耐腐蚀钢、低碳TMCP工艺高强度船板等新工艺开发方面实现突破，持续满足用户个性化需求。

【降本增效】 以提高成材率和金属收得率、降低能源成本为抓手，大力实施精益管理，实际加工费较上年降低9.55元/吨，综合加工成本较指标降低11.59元/吨，其中4300毫米产线降低幅度最大。三条产线投入产出率均历史性突破100%，年成材率累计92.72%，较计划提高0.33%，稳定保持在国内同类型企业的前列。探索“集中开、停产”模式节能降耗新路子。推行8小时成本核算，把成本指标分解到岗到人，实现成本由日控制向8小时班控制转化，三条产线折焦煤气最低均突破吨板90立方米大关，折焦煤气合计完成吨板96.2立方米，较公司指标降低2.3立方米，多降成本566万元。深挖合金工艺降成本潜力，在保证产品质量基础上，加快推进合金工艺降成本工作。三条平板产线累计对42个内控牌号和规格钢种进行了减合金工艺优化，实施合金减量钢种62139吨，降低合金成本283.88万元。

【设备管理】 持续推进“全员点检”工作，制定《宽厚板厂全员设备点检管理办法》《宽厚板厂事故、故障处理办法》等管理制度进行严格考核；每季度评选“点检明星”，激发全体岗位职工参与点检的积极性和主动性。全员点检效果凸显，三条产线共发现各类隐患 2900 余起。在公司资源结构不平衡的情况下，三条产线设备运行保持基本稳定。特别是 4 月份 45 吨转炉停产，对 2500 毫米产线生产组织产生了较大冲击，在 6 月份以后两座加热炉生产的常态下，设备运行稳定性及生产组织效率逐月提高，创出连续 6 个月无设备事故、月月大幅度超产的好成绩。三条产线均对加热炉实施了中修，3500 毫米产线进行一次为期 10 天的设备中修；7 月份提前 2 天 14 小时圆满完成 1 号加热炉中修任务，创出了加热炉中修工期最短历史最好纪录，为产线产能目标的完成奠定了坚实基础。严格控制设备修理费用和备件库存资金占用。年初制定了费用指标分解，费用受控。广泛开展修旧利废、再制造工作，降低新购备件计划近 3000 万元。对消耗大、费用高的油品、轴承指标实施目标管理，油品消耗比上年降低 450 万元，轴承消耗降低 300 万元。大力度开展备件清库及定置定位管理，库容库貌发生了较大变化，备件库存完成了公司及装备部下达的每月降低库存 1% 的目标，实际完成降低 18.7%，降低库存额 435.66 万元。

【安全环保】 实行安全风险抵押金制度，全厂缴纳安全风险抵押金 64.715 万元。修订完善《宽厚板厂 2016 年安全环保管理绩效考核细则》及安全基础工作考核标准，加大安全奖惩力度，实现安全管理重心向基层单位下移。开展专项检查，排查治理隐患活动，分别组织开展了煤气、消防、起重设备、压力容器、相关方、检修作业等专项安全检查，排查治理隐患 176 项。各车间坚持每月组织排查隐患，共排查治理各类隐患 597 项。加强安全教育培训，举办厂长安全课，对 152 名转岗职工进行了三级安全教育，开展全厂班组长、安全员培训，参训率、合格率 100%。组织开展煤气、消防、防汛应急预案演习，638 人参加了演练活动。各车间开展了各专项应急处置方案演练，1310 人参加了演练活动，通过两级演练，有效提高了岗位人员的应急处置能力。扎实开展冬季、夏季“四防”工作，共清挖排水沟 4780 米，处理渗漏 185 处，查处管道泄漏点 5 个，管道包扎 1200 米。厂安委会组织各相关科室对冬季、夏季“四防”工作进行检查，查处整改问题 17 项，确保两季安全生产。贯彻上级环保部门的工作要求，增设 4300 毫米产线加热炉在线监测装置，加强放射源专项管理，严格控制好废水、废气排放指标，开展油污专项治理，确保了环保设施良好运行。

【精神文明建设】 在全体党员干部中开展“两学一做”学习教育，以及“向姜和信学习，做岗位建功标兵”主题活动、“改革转型我担当，创新创业我争先”党性实践活动，强化形势任务教育，不断改进党员、干部工作作风。围绕提高投入产出比和降低综合煤气消耗开展劳动竞赛，凝聚职工智慧，促进技术指标改善。质管部 2500 毫米产线质检班、天车车间 3500 毫米产线天车甲班被授予“工人先锋号”称号；制定完善《职工创新工作室管理办法》，杜平、李延芝、张振峰 3 个“职工创新工作室”成为降本增效的创新平台。加强企业文化建设，开办“道德讲堂”活动。实施厂、车间、班组三级厂务公开，重申奖金公开制度；深入开展职工思想调研，及时掌握影响职工情绪的热点问题，有的放矢做好职工思想工作。扎实开展送温暖活动，走访慰问职工 73 人，发放慰问金和购买慰问品 65800 元。开展“慈心一日捐”活动，全厂共捐款 7.3 万元。开展文体活动，丰富职工业余文化生活。以开展“两学一做”学习教育为契机，10 月份组织全厂干部职工对 2500 毫米产线 3 号加热炉替代外委清渣，发动 266 人历时 6 天完成炉渣清理工作，节约外委费用 20 万元。

（撰稿　马广伟　审稿　何绪友）

第一小型轧钢厂

【概况】 2016 年 2 月 14 日，公司下发《第一小型轧钢厂实施模拟法人、独立经营的管理规定》，型材销售、库房物流、设备检修管理职能及 97 名职工整体划归第一小型轧钢厂。随着模拟法人体制的运行，全体干部职工以改革创新的精神投入到新的运行模式中。11 月 22 日，为适应公司产能调整、转型发展的需要，经公司研究决定，第一小型轧钢厂整建制划入薄板厂。截至 11 月底，第一小型轧钢厂在册职工 337 人（含内退 42 人)，其中管理工技人员 55 人，初级职称 8 人，中级职称 27 人，高级职称 8 人。主要产品、规格有：ϕ(12～36) 毫米 HRB400、HRB500 热轧带肋钢筋以及 HRB400E、HRB500E 抗震钢筋，Gr400W、Gr60 出口钢筋，MG600、MG335、MG500 锚杆钢筋，PSB830 精轧螺纹，16 毫米×30 毫米、8 毫米×50 毫米、10 毫米×50 毫米、16 毫米×140 毫米、18 毫米×140 毫米普通扁钢，7.4 毫米×50 毫米、9.25 毫米×50.8 毫米、13 毫米×90 毫米、70 毫米×10 毫米、16 毫米×90 毫米弹簧扁钢。

【生产经营】 模拟法人运营后，面对原料外购和产品销售两头在外的运营模式，迅速组织专人广泛搜集坯料供应信息，全面联系周边各大坯料生产企业，并实地调研、深入考察建立了以山东、河北以及苏北为主导的方坯供应基地，构建起稳定可靠的坯料供应渠道，全年共外购坯料 2.6 万吨。继续推进小型材品种结构优化工作，积极开拓精轧螺纹、锚杆钢等品种市场，获取了较好的收益。精轧螺纹也实现了规格和钢种的拓展，其中，新开发的 PSB500ϕ25 毫米规格实现了批量生产。针对生产不连续，品种多，切换频繁等问题，坚持推行生产确认制度，开产前各项工作落实结果由各部门确认签字，责任落实到人。全年共生产各种小型材 27826 吨。层层签订《安全生产目标管理责任书》，明确工作目标和措施，确定责任主体，落实安全生产风险抵押金制度，实施目标指标管理。深入开展隐患排查治理整改工作，共检查处理隐患 56 起，全部进行了整改。组织热轧车间进行了煤气着火、中毒应急演练，组织精整车间、设备保障部进行了防洪、防火演练，切实提高了职工对突发事件的应急能力和救援水平，全年安全生产实现“六个零”的目标。

【降本增效】 开展修旧利废、内部创效工作，充分利用停产时间组织职工对有修复可能、有利用价值的设备备件进行修复，共修复 9 类备件 24 件，价值约 34 万元。积极进行备件清查建账工作，对备件库存进行清查整理，对现场备件全部录入 PTS 库存，做到账物相符，并挂牌标识。PTS 库存清理前 98.6 万元，清查验收后库存 776.4 万元，增加 677.8 万元，提高 687%。

【专业管理】 针对影响生产的薄弱环节及产品开发、工艺调整暴露的设备不适应问题，组织技术人员承担课题进行技术攻关，定期推进，最大限度地满足生产需要。完成的主要项目有：14 号立辊轧机提升油缸改造，解决了因液压系统压力低提升不动的问题；1 号飞剪控制装置改造，解决了原系统剪切精度低，且实现了 1 号飞剪、2 号飞剪备件通用，节约备件费用；水冷系统自动补水改造，解决了因人员紧张，手动补水不及时造成的水池抽空或外溢问题，保证了控冷生产的稳定运行。小型厂整编制划入薄板厂后，迅速组织相关人员制定了《小型厂固定资产及相关费用处置方案》，得到了公司的批准，为小型厂后续资产及费用处置提供了良好的基础。

【党群工作】 在党员干部中扎实开展“两学一做”学习教育，召开启动大会，制定方案，编制配当表，每周提示重点任务，党委书记和党支部书记带头讲党课，开展“手抄党章100天”活动，学习教育有序推进。坚持学做结合，以学促做，引导党员立足岗位，提升个人素养，提高工作能力，争当企业改革转型的先锋党员。在全体职工中深入开展“扭亏增盈，岗位建功”主题活动和“向姜和信学习，做岗位建功标兵”活动。党群组织关注职工思想动态，关心职工生活，坚持走访慰问病、困职工，做好帮贫扶困送温暖工作。

（撰稿　赵　丽　曹建煦
审稿　王丰祥）

薄板厂

【概况】　截至2016年底，薄板厂在册职工962人，其中管理、工技人员142人，具有研究生以上学历人员19人。下设7个职能科室、7个生产及辅助车间。固定资产1044项，3640台（套），总质量22473吨，资产原值33.96亿元。主要生产优质碳素结构钢、冷成型用钢、石油管线钢、耐大气腐蚀钢、汽车结构用钢、酸洗板、冷硬板、冷轧板和深冲钢等品种。主要产品有（1.2~19毫米）×（900~600毫米）热轧卷、（0.2~2.5毫米）×（900~1650毫米）冷轧卷。

【生产组织】　以提升效率为核心，对影响生产节奏的各种因素分类研讨，逐一击破，全方位提速增产。强化设备点检和维修管理，深入推行全员操检合一，加强安全生产责任制落实，稳步推进“双基”建设，全年两线生产保持安全稳定高效，共生产热轧卷239万吨，冷轧卷59.1万吨，分别完成公司年度计划的116.5%、118.2%，工序能耗分别完成42.03千克标准煤/吨、45.21千克标准煤/吨，热轧产线成材率完成98.05%，冷轧产线成材率完成93.55%，两线全年降成本5633万元，贡献7.21亿元，主要技术经济指标在国内同类生产线保持先进水平。坚持安全管理标准不降低、安全管理考核力度不降低、安全保障投入水平不降低“三不降低”原则，大力开展“两反一查”，全年各类安全检查90余次，查处各类违章及事故隐患565项，事故隐患整改率达到95%以上，重大隐患整改率100%，安全生产实现“六个零”目标。

【降本增效】　全力推行高效生产组织模式，大力实施提升效率为核心的攻关。全年实施控温提速、板坯直送热装、150毫米厚板坯应用、加热炉液压系统节能改造、退火废氢回收利用等技术攻关，提升了轧制效率，降低能源消耗。热轧产线机时产量达502吨/小时，月产量连续6个月超过20万吨，创出班产4463吨、日产1.12万吨、月产24.2万吨水平，三项均打破了2006年该产线投产以来的最高纪录；冷轧机、退火平整也屡创新高，创出6.21万吨、3.68万吨月产新纪录。热轧全年红坯热送比93%，板坯平均在炉时间94.3分钟，较上年减少20分钟，成材率较上年提高0.35%，燃动费成本完成87.67元/吨，较上年降低34元/吨，燃动费成本、成材率创全国同类产线第一。

【品种结构】　加大品种结构的研发力度，开发了双相钢、高级别管线钢、桥梁钢、耐蚀钢、高强汽车钢和优质冷轧深冲用钢等。通过工艺技术创新，热轧双相钢实现了150毫米厚板坯应用轧制，坯料冷装到热装、热装到热送的转变，DP540~DP600各个级别、厚度3.0~11.0毫米各个规格均实现全覆盖，形成了批量稳定的生产能力，热轧双相钢全年产销量2.5万吨，省内市场占有率达90%，成为创效的支柱产品。冷轧深冲钢月产1万吨以上，新开发的JSK6冷轧超深冲钢及新能源汽车用钢产量不断提升，对调结构、增效益形成强有力的支撑。

【产品质量】 深化质量一贯制管理，加强质量控制体系建设，加大质量信息的沟通传递、质量追溯问责，持续改善产品实物质量，降低质量改判和异议损失。热轧改判率由上年的 0.66%降低到 0.39%，冷轧改判率由上年的 2.43%降低到 1.71%，两线质量异议数量与损失较上年降低 50%以上。

【设备保障】 深化设备全员管理，全面推行操检合一、联合点检，创新点检标准口袋书、点检微信群、重大隐患点检奖励制度等，全年点检发现重大设备隐患 20 余项。以抓检修质量、检修项目、检修过程、检修效率为手段，提升计划检修的兑现率，保障设备可靠运行。克服设备老化、备件供应紧张、人员资金短缺等不利因素，在两年没有大修的情况下确保两线整体设备稳定受控。全年设备作业率由上年的 54%提高到 76%。全年未发生重大设备事故。

【创新创效】 开展质量、成本、效益等创新创效项目 12 项，全面推行“1+*N*”价值量化绩效评价机制，全方位激发干部职工创新创效热情。扎实推进“运营转型、管理提升”活动，全年实施运营转型、管理提升项目 13 项，其中，公司监管类 3 项，实现落袋效益 1558.7 万元。开展模范车间创建工作，6 个车间通过模范车间验收。围绕重点经济技术指标的提升，建立日跟踪报表，周分析，月总结，提升工序加工成本管控力度。热轧工序成本完成 209 元/吨，冷轧工序成本完成 573 元/吨，均较上年大幅降低。

【党群工作】 扎实推进“两学一做”学习教育，认真开展“手抄党章 100 天”“手抄准则、条例 100 天”等活动。持续开展党风廉政建设，加强形势任务教育和思想政治工作，传播好声音，积聚正能量。组织开展群众性创新创效活动，激发职工岗位建功的热情。超前考虑，提前布局，从人员结构优化和技能培训着手，开展岗位轮换，导师带徒，一专多能技能培训等工作，全员劳动生产率接近 700 吨/人。坚持“稳定压倒一切”的方针，加大工作力度，抓牢责任落实，构筑起覆盖全厂各级组织、责任落实到人的多重维稳体系，保障企业和谐稳定。

（撰稿　刘韶山　刘恒文
审稿　王丰祥）

化工厂

【概况】 截至 2016 年底，化工厂在册职工 434 人（含二线及内退人员），其中女职工 89 人，管理工技人员　60 人，高级职称 10 人，中级职称 34 人，初级职称 16 人。设置 3 科 1 室和 3 个直属机构、5 个车间。全厂共有设备 3000 多台（套），固定资产原值 66033 万元，净值 34636 万元。主要产品有：轻苯、粗苯、焦油、硫酸铵、工业萘、蒽油、洗油、沥青、粗酚等。

【生产经营】 全年实现利润 462.74 万元，超额完成公司下达的全年利润考核目标；生产粗轻苯 3.573 万吨、焦油 12.504 万吨、硫酸铵 3.082 万吨；新签技术贸易合同 16 项，合同总金额 1016 万元，实现技术贸易利润 311 万元；第三方贸易和错时贸易实现利润 107 万元；管理提升、内部市场化以及改革转型各项工作稳步推进，所有车间通过模范车间验收，顺利完成内部市场化改革。

【安全工作】 积极推进安全标杆班组创建，实施全员安全风险抵押金制度；编写安全培训教材，创新性开展安全职业化“3+2”培训方式；持续强化“两卡八票”作业许可制度落实；强化相关方管理，增设安全科学习室，改进相关方培训方式；开展安全活动月和安全进家庭活动，营造了亲情化的安全文化氛围。根据新安全生产法完善安全生产责任制，建立厂领导和车间领导履职清单，强化领导干部安全管理的“一岗双责”和“履职尽职”。有力提升对厂、车间、班组和个人安全管理的量化评价能力。坚持安全隐患排查治理长效机制，邀请全国焦化安全知名专家来厂进行专业检查，实施厂、科室、车间、班组四级安全检查。全年实现了安全生产“四个零”目标。

【对外经营】 面对日益严峻的市场形势，不断加大市场开拓力度，取得了对外经营的新突破。在技术贸易方面，克服焦化行业不景气带来的困难，紧盯市场机遇，先后完成了河南洁石焦化焦炉烘炉开工保运、涟钢热泵蒸氨可研等多个项目的谈判及合同签订。利用法律手段，解决项目进度款和尾款催要工作，全年收回合同款近 800 万元。APP 客户端平台开展了山东省焦化行业技术创新成果及创新企业线上评选活动，负责创新评选的线上评选工作，收到良好效果，提升了平台的影响力。第三方贸易盈利能力稳步提高，并成功实现化产品错时销售，提高了化产品的销售利润。

【基础管理】 充分借助“运营转型、管理提升”活动的深入开展，稳步提高基础管理水平。以公司管理提升车间现场会为契机，深入学习各单位模范车间创建的先进经验，促进了管理工作的提升，所有车间全部通过了公司现场模范车间验收。积极推进内部市场化试点各项工作，系统梳理并建立起了符合市场化思维的基础运行保障体系和绩效考核机制，形成了以全面预算管理和市场化绩效考核为核心，以“挣工资”为努力方向，以经营效益最大化为最终目标的内部市场化机制，并在全厂全面推行。职工的市场化意识日益增强，促进了企业提质增产降耗和创新创效工作。推进人力资源优化各项工作，选调 33 名职工到日照公司工作，并通过人力资源优化，完成了公司下达的劳动生产率目标。

【设备管理】 持续强化设备基础管理，保障了正常生产。全年完成 10 项大中修计划，完成内部检修 2521 项，完成率 97.8%。月平均故障率 1.75 次，较上年降低 12.5%，实现了全年较大设备事故为零的目标。合同管理降费用 60 万元，库存利用降 91 万元，物资处理创效 44 万元。

【创新发展】 严格工艺技术基础管理，结合生产现场实际，对工艺操作规程进行危害辨识及风险评估工作，进一步提升了工艺操作规程的适应性与合规性。继续强化质量管理，认真执行公司每周抽检制度；强化质量控制点的监督管理，实施了关键质量点单位领导一把手负责制；鼓励自主管理提升，废水处理、焦油蒸馏两 QC 小组荣获省冶金总公司质量管理成果一等奖。加强技术创新规划、专利讲座及培训等工作，实现了技术创新成果和专利的双丰收。全年共实施厂内技术创新成果 64 项，上报专利 39 项，获授权发明专利 11 项，实用新型专利 2 项，发明专利数量创历史最好水平。

【精神文明建设】 认真组织开展“两学一做”学习教育和“改革转型我担当”大讨论活动，不断加强领导干部队伍建设，注重提升干部队伍的责任担当意识，确保干部职工的思绪稳定和生产的安全稳定运行。在“两学一做”学习教育中，积极开展“学党章、学准则、学条例”“手抄党章 100 天”等活动，组织党员赴革命老区沂蒙山参观孟良崮战役纪念馆接受红色教育，严格落实“三会一课”制度，积极推进“智慧党建”平台应用和党员网上学习答题工作，不断加大对全体党员的党性意识教育，引导每一名党员用“合格党员”的标准来衡量自己、要求自己，并以加强党员责任区管理为抓手，制定《加强党员责任区管理实施意见》，提升了全体党员的党性意识，提高了全体党员干部的责任意识和担当意识，在改革转型的关键时期充分发挥出了共产党员的先锋模范作用。顺利完成党支部换届选举工作，并严格按照打造过硬支部的要求，修改完善了党支部绩效评价办法，推动基层党支部学习、创新和服务能力的提升。

【环境建设】 面对史上最严环保法的实施，始终把提升环保水平作为重中之重的任务。积极宣传并引导全体职工牢固树立“环保是企业生命线”“环境污染零容忍”等理念，加强环保制度建设，持续强化生产现场异味治理，并在坚持对各类环境污染严查重罚的同时，依靠技术创新，实现环境保护水平的提高，取得了良好效果。三个系统粗苯及焦油加工先后投用氮封技术，现场异味得到有效控制；生脱系统实现全量接收公司煤气水封水，并达到全量处理；提盐清液实现内循环利用，为公司环保水平提升作出了积极贡献；焦油渣资源化利用项目运行良好，各类有机残渣得到资源化利用。

（撰稿　王贤志　审稿　李维忠）

能源动力厂

【概况】 截至2016年底，能源动力厂在册职工1248人，其中女职工405人，管理人员和工程技术人员132人，高级职称21人，中级职称72人，初级职称32人。设5个职能科室、1个管理中心、12个车间、1个煤气防护站。固定资产原值32.74亿元，净值18.82亿元，设备共计3399台（套）。主要承担着公司燃气—蒸汽联合发电，水、电、风、煤气、蒸汽等能源介质的供应任务，济钢新村和钢城新苑居民用焦炉煤气的供应任务。

【生产运行】 全年没有发生影响公司生产的较大及以上事故，各类小概率事故、故障降低18%。解决了煤气管网泄漏、煤气柜泄漏、煤压机转子碎裂等重大风险隐患，累计治理设备隐患649项，治理率达到96.7%。实施设备预见性、针对性和经济性检修，完成设备检修317项，计划兑现率94%，完成了90%的控制目标。重点完成了2号8万立方米煤气柜等5座煤气柜，12条电源进线、22台主变等高低压供配电系统，3200立方米高炉风机、余热锅炉、燃机、煤压机、汽轮机，冷却塔、过滤器、北区浊环等主要设备检修作业。发电系统建立“四套机组高负荷运行，两台锅炉动态调控”的核心运行模式。应对高炉休减风73座次，跟踪处理高炉煤气冷凝水pH值显酸性等异常问题，妥善处理鹊山水库中断供应、七降压电气异常等各类突发情况。进行技术服务和走访40余次。全年燃气发电生产量16.25亿千瓦·时，较上年同期增加0.69亿千瓦·时；燃气发电上网量10.89亿千瓦·时，较上年同期增加0.33亿千瓦·时；上网率67.02%。吨钢耗新水2.93立方米，同比下降0.07立方米。供电32.46亿千瓦·时，较上年同期增加2.33亿千瓦·时；生产电风39.44亿立方米，较上年同期增加2.6亿立方米；生产汽风29.38亿立方米，较上年同期增加0.72亿立方米；回用水668.37万立方米，较上年同期增加27.8万立方米；回收高炉煤气101.39亿立方米，较上年同期增加5.31亿立方米；供出高炉煤气100.18亿立方米，较上年同期增加4.48亿立方米；高炉煤气放散率1.2%，较上年同期增加0.8%；回收焦炉煤气12.78亿立方米，较上年同期增加0.39亿立方米；供出焦炉煤气12.64亿立方米，较上年同期增加0.31亿立方米；焦炉煤气放散率1.09%，较上年同期增加0.56%；回收供出转炉煤气7.15亿立方米，较上年同期增加0.06亿立方米；供应民用焦炉煤气220.28万立方米。

【降本增益】 实现全年内部利润增利3931

万元，超额完成考核目标，每月均完成“四降低三提升”吨钢能源降成本目标。识别并实施公司项目2项，自主管理类项目14项，降本增效专题项目8项，年化收益约6400万元。实施110吨锅炉改烧焦炉煤气、220吨锅炉送风机扩容及优化转炉煤气供气方式技术改造项目，增强了煤气系统平衡能力，提高了煤气利用率，年创效1000万元。实施发电区域水系统集中管控项目，优化人员配置，提高了劳动生产率。组织协调配合工业北路快速路建设和“四供一业”项目，确保各项工作顺利进行。开展扫浮财、降库存、收废钢、修旧利废、清理“三外”等止损扭亏工作，共收集废钢182吨，处理闲置设备约150万元，降低费用消耗近122万元。

【安全环保】 实现安全生产“六个零”目标；实现环境污染事故为零，外排水合格率实现100%。落实安全量化考核实施办法、领导干部带班制度及全员安全风险抵押金制度。辨识危险源2090条，高风险作业73项；以安全标杆班组创建为契机，不断开展自查自纠，夯实了车间、班组安全管理水平，验收通过率100%。实施发电系统专家安全评估；开展“大排查、快整治、严执法”集中行动，排查安全隐患471项，整改461项；落实月度安全综合大检查工作，每月一专题；全年共组织各层级安全检查451次，累计考核6.22万元。制定实施《检修及项目安全挂牌与确认管理办法》。共10个车间参加了模范车间验收，全部通过，占车间总数的83.3%。组织71名班组长参加转型提升培训。

【精神文明】 推进“改革转型我担当”大讨论活动，开展两次厂级、36次车间班组级形势任务教育宣讲；举办7场“做姜和信式好员工”典型事迹报告会，近1000名职工接受教育。开展“学党章、学条例、学准则”活动和“两学一做”学习教育，开展入党誓词上墙、支部书记党课评比、参观主题教育展、“手抄党章100天”、迎“七一”红歌演唱会等活动。开展“扭亏增盈，岗位建功”劳动竞赛，季度“岗位建功标兵”、半年度“降本增效突出贡献奖”评选和职工合理化建议征集活动，表彰岗位建功标兵个人36人、团队30个，“突出贡献奖”团队6个，共奖励17.4万元。开展年度“四优”评比活动，表彰69人，奖励8.41万元。关心服务职工，帮困扶贫，救助困难职工40人，发放救助款4.1万元，看望患病职工60人次，为11名职工办理了救助申请，发放互助互济款10.3万元。

（撰稿　吕仁波　审稿　刘树梅）

物流管理中心

【概况】 物流管理中心主要承担公司物流计划制定、一体化管理调度、仓储、厂内铁路运输、产成品交付等业务。截至2016年底，在册职工1415人，其中管理工技人员104人。设置5个职能科室，2个直属机构，13个生产车间。各类主要设备233台（套），固定资产原值4.35亿元，年末净值3800万元。

【绩效指标】 厂内物流费用完成3.05亿元，比预算减少2289.60万元；进口矿综合费用完成61.56元/吨，比预算减少270.10万元；进口矿港杂费用完成22.13元/吨，比预算减少1568.10万元；物流费用比预算减少1.36亿元，成本降低率达到5.40%，其中厂内物流费用降低率为6.99%；四季度“止损扭亏”工作厂内物流可控费用比8月份基准值减少778.3万元，月均减少21.20%；厂内火车停时20.24小时/车，较管控目标减少3.76小时/车。

【降本增效】 每月均完成“四降低三提

升”物流系统降本增效攻关目标，吨钢物流费用月均较预算减少 20.7 元/吨，较公司目标多减少 3.3 元/吨。坚持最大限度地利用好港杂费差异，动态调整港口布局，有效降低了进口矿综合运费。全力争取铁路运费优惠政策，在实施新的公路货运车辆限载政策、汽运进口矿运费增加的情况下，确保进口矿铁运比 100%，使铁路运费优惠政策效益最大化。厂内运输、装卸等物流费用管控在历史最好水平，实现效益 1010 万元。各种创效增益保持较好水平，实现进口矿速遣费效益 368.9 万元，进口矿火车运费承兑付款效益 469.5 万元，优化产品外发结算效益 403.5 万元。协调港口、铁路相关部门，进口矿火车满载率保持在 100.4%，实现年化效益 147 万元。稳步推进“三外”清理工作，实施工艺改进，减少外包业务量，清理“三外”人员 91 人，年化效益 885.3 万元。

【物流运行】 铁前系统以稳定保产为第一要务，科学安排发运计划，组织主流降成本料种均衡进厂，按需精准分配，有序确保进口矿按需供应。经受住了铁路炼焦煤进厂困难、炼焦煤库存接近极限、喷吹煤集中到达给生产组织带来的考验；理顺汽运进厂煤炭验配和卸车流程，全面满足汽运进厂煤炭 24 小时卸车需求，保障了焦炉和高炉生产稳定。实行卸车绩效专项考核，加强卸车计划管理，接卸效率明显提高。加大火车停时管理力度，落实区域停时管理责任，月均火车停时控制在较好水平。加大原燃料保全稽查力度，持续改进进厂原燃料保全管理工作。产品交付系统实行钢材运输招标月度计划管理模式，强化对承运车队的约束和考核，逐步提升产品交付效率。分解产品待运量指标到车间、班组，实行班通报、日考核、月汇总，有效降低产品待运量和实物库存。用好用活铁路优惠政策，最大程度地争取国内和出口订单火车货源量，组织卷钢点对点运输火车专列，实行产品火车外发组织提效专项激励，自 8 月份至年底实现火车外发 22.5 万吨，创近年来最好水平。工艺运输系统主动适应生产节奏变化，建立“三区六定两循环”生产组织模式，为缓解高炉和转炉阶段性不平衡矛盾作出较大贡献。

【基础管理】 深入推进“运营转型、管理提升”活动，开展模范车间创建工作，7 个车间被命名为公司现场模范车间。《优化厂内物流，发挥降价减量乘法效应，实现厂内运费大幅降低》通过山钢集团“双创”项目验收，《优化港口布局，增加铁运总量，有效降低进口矿综合费用》获公司管理创新成果一等奖，3 项公司监管运营改善管理提升项目顺利通过结题验收。自主组织实施了铁前一车间卸 7 洗轮机改造、铁前二车间翻车机旋转角度调整、翻车机清料皮带改造、铁前取料系统下料口改造、4300 库房天车电磁吊系统改造等项目，提高了现场自动化作业水平。实行安全风险抵押金制度，提高了干部职工的安全生产责任意识。扎实做好特殊区域（岗位）的设备设施、特殊作业人群、特殊时段的安全管理，勤查重罚，确保生产过程安全受控。排查整改隐患 1300 余项。强化相关方安全监管，促进监管责任落实。做好冬季、夏季“四防”工作，保持了安全稳定的物流运行局面。强化煤炭料种分类归置，专人盯控、连续作业，确保打堆有型、覆盖严密。根据料种消耗情况合理安排篷布苫盖、煤炭倒运工作，在保障生产需求的同时最大程度地减少扬尘污染。保持喷洒水、射雾机等抑尘设施稳定运行，实现了料场扬尘零罚款。

【党群工作】 全面落实党风廉政建设主体责任和监督责任，深入推进全面从严治党。扎实开展“两学一做”学习教育，强化问题导向，坚持边学边做边改。严格落实中央八项规定，落实山钢集团“正风肃纪十条禁令”和公司“九个严禁”，严查违纪行为。加强廉洁从业教育，组织开展岗位警示教育180余人次。深入开展“改革转型我担当”“扭亏增盈、岗位建功”“向姜和信学习，做岗位建功标兵”等系列主题活动，全年表彰和奖励“突出贡献团队”9个，“岗位明星”等各类先进450余人次。加强形势任务教育和舆论宣传引导，唱响转型发展主旋律，营造良好的发展局面。深化文明创建活动，荣获公司“文明单位”荣誉称号。扎实开展“送温暖”活动，全年走访慰问职工428人，发放救助慰问金13万余元，慰问品30份。

（撰稿　季宏杰　审稿　陈增治）

计量质检中心

【概况】　截至2016年底，计量质检中心在册职工648人（含内退62人），其中管理工技人员116人。下设管理、业务科室6个，车间（实验室、站）10个。全年实现模拟利润166万元（含三方贸易收入4.18万元），例外检验437万元，顺利完成了公司下达的奋斗目标。各项重点工作指标均圆满完成了年度目标，测量设备周检率100%，周检合格率99.8%，抽检合格率100%，计量异议赔付率低于百万分之六，计量质检人员按期培训率100%，重大理化检验异议、重大进厂质检异议为零，安全管理实现“六个零”目标。

【物资计量】　全年完成汽车物资计量31.4万车，计1314.4万吨；火车物资计量21.6万车，计1463.2万吨；铁水物资计量2.6万罐，计642.4万吨；发现计量超差车辆（计量效能监察）6912起；通过计量过程监控、现场稽查、视频回放等多种形式查处带水计量、倒车下秤、多人上秤、水箱带水等违规计量车辆112起，罚款1.5万元。通过有效监控，保证了计量设备的正常运行，降低了因违规违纪车辆造成的计量损失，有效保障了计量数据的准确性。检校测量设备4459台件，实现检校收入67.92万元，对外开展检校业务180台件，实现现金收入1179元。及时完成了日常物资管理和数据出具工作，定期维护计质量系统数据采集和ERP调整，确保公司结算数据准确、及时。完成衡器、能源仪表的维护、检定、比对任务，保障了汽车、火车进出厂物资计量和能源计量系统的准确、稳定运行。

【进厂把关】　全年累计检验进厂物资2.2万批，其中进口矿4255批、国内矿3009批、合金1384批、炼焦煤4010批、喷吹煤849批、辅料8544批，外购废钢重8.9万吨、扣重2201吨。化验原燃料2.44万批，分析化学元素21.24万个。完成耐火材料等进厂辅料520批，化学湿法分析1286批5288个元素，油品243批978个项目。

【质量检验】　检验铁水1.3万炉，质量约639万吨，制备铁、渣样4.4万个，检测各元素成分12.1万个。炼钢炉前检验31.7万批，气体分析1.7万批，钢坯检验597.4万吨，重检表面缺陷坯1.8万支，处理成分异常1660炉，处理系统异常及其他282炉。完成钢产品及实物化学检验1.5万批，分析元素17.8万个，气体4312批，分析元素5780个。加工各类试样90余万件，其中棒状拉伸八千余件（实现了全部试样自加工）；完成物理性能检验25万批，合理安排船检工作，及时处理异常情况，最大限度地降低待验库存，努力完成待验库控制目标。

【环境监测】　完成监测数据1.86万个，其中废水2688个、废气6376个、降尘106个、气象1498个、岗尘310个、岗位噪声819个、岗位噪声作业分级91个、高温作业分级480个、厂界噪声296个、大气262个、环境参数等5678个；圆满完成炼铁厂等单位委托监测任务29项，创效22万元。

【稽查监控】　进一步强化三级稽查管理制

度的落实，加强取样、制样过程监控和实物质量抽查，各专业人员每天随时监控进厂物料信息，根据进厂物料信息随机进行现场卸车抽查；及时跟踪现场取样和制样情况，查验计量超差车辆；随时查看计质量系统中的检验结果，掌握各种物料质量波动情况，对于检验结果异常的批次组织复验和原因分析；组织检验比对，确保检验结果的准确性。同时，协调相关单位加强进厂原燃辅料质量监控和把关。对于新增物料提前协调，理顺检验流程；随时与使用单位沟通，了解和掌握各种物料的使用效果，大大降低了质量风险。全年避免采购损失7143.12万元。

【管理提升】 以“模范车间”建设等工作为抓手，采取日常监控和定期内审相结合的控制模式，对质量、能源、职业健康安全、环境、测量体系的运行质量进行管理和控制，组织相关部门进行管理体系内部审核，及时对存在的问题进行整改，进一步提升体系运行的有效性和适应性。以安全量化考核为框架，层层落实安全责任，积极推进安全基础建设，全面贯彻安全制度、法律法规，持续进行隐患排查和治理。对中心各车间的作业过程、作业设备、作业环境等进行全面辨识，共辨识三级危险源2项，四级危险源174项，高风险作业2项。积极筹划组织安全月、消防日等安全活动，宣传安全知识，训练安全技能，提高安全意识，保障安全生产。

【测量管理体系】 组织并通过了中启认证中心对公司级测量管理体系的监督评审，从测量设备、计量确认、测量过程、计量标准等各方面对炼钢厂等体系内5个单位进行了现场审核，审核专家组认为公司测量管理体系运行符合标准要求。开展季度关键测量过程抽检。为监控关键测量过程测量设备运行质量，提高关键质量控制点测量设备的准确度，针对铁前配料称量系统、能源成本核算、钢板温度检测系统和钢后产品尺寸测量系统所涉及的关键测量过程，编制季度关键测量过程抽检计划，并组织实施，抽检合格率100%。

【技术创新】 新建发射光谱仪1项最高计量标准，完成了电子天平最高计量标准的扩项，公司最高计量标准达到了36项，新增校准办法4项，企业内部校准办法达到40项。最高计量标准、工作计量标准、计量强检授权项目、内部校准项目（可开展长度、温度、力学、电磁、时间频率、化学等6大类、80余项测量设备的检定/校准工作）每年可为公司节约检校费用约380万元。做好远程计量系统维护及运行管理工作，为远程计量系统提供全面技术支持，及时处理系统运行过程中出现的各类软硬件问题，保障计量数据的准确性和可靠性；对远程计量系统软件持续优化和改进，在系统中增加了服务业务验配及收货模块，对进厂采购业务增加来源毛皮比对功能，通过上述技术手段有效规避计量作弊和计量失准的风险。组织对难以正常检验的颗粒钢、水洗渣钢、精制压块等物料进行了熔清试验，全年共组织熔清29次，在为结算提供支持的同时避免经济损失13万余元。不断提高设备自修能力，全年共自行解决各类X荧光、直读光谱仪、CS仪、气体分析仪、试验机等大型设备故障76起，在保证设备正常运行和质检工作顺行的同时，节约外委费用76万余元。

【党群工作】 中心党委紧紧围绕中心目标任务，扎实开展“三严三实”专题民主生活会，认真落实“两学一做”学习教育，开展“手抄党章100天”活动，坚持学做结合、以学促做，对突出问题即知即改、专项整治，确保学习教育成果收获实效。坚持团结群众、正向舆论引导，稳步推进“改革转型我担当”“扭亏增盈，岗位建功”和“向姜和信学习，做岗位建功标兵”等活动，稳定思想，鼓舞士气，凝聚力量。加强人文关怀和舆情信息反馈，加大扶贫帮困，主动心理疏导，增强了干部职工攻坚克难的信心。

（撰稿　刘　耿　审稿　张希元）

检修工程公司

【概况】　截至2016年底，检修工程公司在册职工1704人，其中女职工229人；管理人员与工程技术人员153人，其中首席工程师3人、高级职称24人、中级职称97人。公司下设5个科室10个检修工程部。全年共完成计划检修766次，大中修41次，组织抢修249次，检修计划兑现率100%，检修质量合格率100%，跨区作业14893人次。设备事故较上年大幅降低。产线满意度得分月均大于98分，实现外委创效4491万元，内部利润5712万元。

【基础管理】　完成三大规程换版修订工作，更新设备升级改造的内容，提高了三大规程的指导性和可操作性。修订检修公司设备点检责任包机挂牌制度，进一步规范了设备点检包机管理。强化基础管理月度检查考核，促进了各单位自动化管理水平稳步提升。持续开展自动化设备风险辨识评价工作，确保设备运行稳定可控。加大技改创新工作力度，提升装备水平。制定《检修公司技改项目招标管理办法》，采用内部招标方式，完成了《120吨区域2号3号铸机服务器升级开发》《3500线精轧机服务器备用及升级开发》等技术攻关项目的立项及实施。组织完成4300测厚测宽仪检测精度核定工作，测量稳定性和精度大幅提升。完成2号1750立方米高炉PLC控制系统的升级改造、2号1750立方米高炉数据中心服务器搭建和虚拟机导入创建工作，实现了首套数据中心服务器在公司的应用实践。

【创效工作】　推行全员工时制改革、模拟市场化管理等模式，深度挖掘创效潜力，提升创效能力。上半年，首先在铁前系统导入工时制管控模式，把工时量作为各项检修维护工作的衡量标准。6月份开始，在各产线全面推广实施。通过标准工时的导入和推广，有效提升了检修人员工作积极性和检修效率，为完成创效任务奠定了坚实基础。发挥大检修优势，积极承担大中修任务实现创效。炼钢厂120吨区转炉炉役期间，炼钢一部承接了氧枪系统、副枪系统、转炉倾动系统等外委施工项目。热轧产线中修期间，薄板部完成原武汉金穗承担的更换粗轧机出口机架辊、改造2号加热炉助燃风机电动闸板阀等项目。能源动力部利用自身技术优势，主动承担320平方米、400平方米烧结机风机的检修工作。各部充分发挥人员、技术优势，大力开展备件修复工作，先后完成4300毫米产线矫直机整备，2500毫米、3500毫米产线油缸节轴修复，400平方米烧结机台车及环冷机车轮组修复，薄板厂工作辊轴承座轴瓦修复等。清点、盘活库存，降低采购费用。按生产需求等级理清备件计划和库存结构，统筹调配，提高库存备件利用率和周转率。对于长期不用及停产、工艺改变等原因无使用价值的备件，上报装备部统筹处理，降低备件占用费234万元。积极与装备部协调沟通，全面清理自检修公司成立以来签订的物资合同，针对部分供应商拖延执行合同的情况，会同装备部与19家供应商进行协商，撤销计划共计762万元。

【管理提升】　制定下发《检修公司2016年运营转型工作方案》，积极辨识、立项运营转型攻关项目13项，其中分公司级管理项目2项，各项目已按期顺利结题。围绕转型发展、亏损治理开展管理创新工作，从本单位实际出发，辨识管理短板，策划申报管理创新项目11项，其中济南分公司级项目6项。组织完成体系文件规范整理工作，一次性通过四体系外部审核。全面推进模范车间创建工作，紧紧围绕现场设备模块开展工作，理顺车间管理思路，全面提升现场管理、标准化管理水平，对关键技术指标 KPI 进行层层分解，对业绩进行实时跟踪控制，提升过程控制和业绩管理。年内，有 8 个车间通过模范车间评审验收，通过率达到 80%。

【安全工作】 加强现场管理，坚守安全红线。加强重点区域、重点作业项目的安全管理，通过辨识，确定了 38 项高风险作业项目，实施重点管控。充分发挥安全管理网络的作用，加强科室督查、部门自查、班组日查，将层级管理落到实处，将旁站式安全管理贯彻检修作业的全过程。及时防微杜渐、补齐短板，重点解决了炼钢系统停电挂牌制度、2.5 米粗轧机临边作业防护、3.5 米精轧机大护板防护、1.7 米产线高压除鳞水区域作业、放射源区域作业等一系列可能导致恶性事故的隐患。坚持现场安全检查常态化，全年共检查检修作业点 475 处，下发安全日通报 226 期，现场安全提示 442 项，整改安全隐患 230 项，各类安全考核 32770 元，与上年同期相比整改安全隐患增加 21%，安全考核增加 30%。规范管理体系，夯实安全基础，层层签订目标责任书，分解、细化安全目标责任。坚持月评比、季度评价、年度综合考评等安全评审工作，实时测量安全绩效，固化基础管理成果，补齐管理差距。全年季度评审共发现问题 118 项，提出建议 32 项，对 82 个班组的安全工作进行了抽查验证。创新安全管理方法，通过开展“安全标杆班组”建设，倡导部门、班组特色管理，提升自主管理能力，有效促进安全基础管理水平的整体提升。

【党群工作】 扎实开展“两学一做”学习教育，在领导干部中开展了以“谋全局、谋高端、谋效益，改革转型我担当”为主题，以“两种精神、三种意识、五种思维”为指导，重点“看担当、看创效、看改革、看风尚”，做“讲政治、守规矩、敢担当、懂经营、善管理、有作为”的经营管理者大讨论；在全体党员干部中开展了“改革转型我担当”大讨论。结合“两学一做”学习教育“回头看”，在两级班子中召开了专题民主生活会，强化了党员干部的责任意识、使命意识、担当意识。继续开展“创效益”劳动竞赛、“保运行”服务明星竞赛、职工岗位明星评选等活动，提升全员增创效益、确保运行、延伸服务的积极性、主动性。开展“向姜和信学习，做岗位建功标兵”职工技能大赛，并推荐优秀技能人才参加 2016 年山东省冶金行业职工技能大赛，取得优异成绩，3 名职工荣获省冶金行业“五一”劳动奖章，1 名职工破格晋升高级技师。工会组织为 1968 名职工办理了济南市互助互济保障，全年救助 28 人次，救助金共计 115800 元。申请救助困难职工子女上大学 1 人，发放救助金 6000 元。

（撰稿　尉荣强　审稿　崔德伟）

自动化信息技术公司

【概况】 按照山钢集团公司《信息化业务整合以及山信软件股份有限公司组建方案》的要求，2016 年 9 月，济钢自动化信息技术公司划入山信软件股份有限公司。截至 9 月底，济钢自动化信息技术公司在册职工 202 人，其中专业技术人员 132 人，研究员 2 人，首席工程师 2 人，高级工程师（经济师）31 人，中级职称 58 人；硕士研究生 27 人，大学本科 89 人。设有传动事业部、智能化事业部、自动化事业部、信息化事业部 4 个技术开发部门，以及信息运行中心、电信运行中心、工程维修中心 3 个系统运行维护部门，主要负责自动化、信息化、电信系统运维保障、技术服务以及外部市场的开发经营。

【系统运维保障】 为保障分公司电信、信息系统稳定运行，先后制定了《电信系统管理办法》《电信系统作业标准》《电信系统服务标准》等相关规章制度，从制度上保证服务质量，用户响应时间由原先的 48 小时缩短到 24 小时。在保障运行稳定的同时，积极响应国家提升宽带速度推进“互联网+”行动号召，进一步提升用户网络体验。自筹资金实施网络系统改造，推进“光进铜退”、宽带提速，改造完毕后实现了光纤到户，网络带宽也由原先 8 兆提升到 32 兆；强化信息系统、机房设备点检和维护，对系统进行全面排查，基于使用年限、影响范围、备件情况、冗余方式、故障履历，对系统隐患进行分类管理，建立相应台账；根据对生产经营的影响程度划分重要等级，制定相应应急预案，实现预知预检，确保将系统问题对生产经营的影响程度降到最低。

【信息化项目建设】 相继完成了热轧库房提升改造、210 吨炼钢区域天车定位、物流公司火车产品外发计量程序开发、210 吨转炉区域板库无线定位管理系统等信息系统的研发实施工作。同时对中心机房集中存储、信息安全等实施改造，提高了系统可靠性。

【自动化项目建设】 密切跟踪各产线的自动化系统运行情况，及时攻克生产运营中的技术难题，积极参与系统改造和设备升级项目，先后完成气体厂信息化管理平台和计量信息化施工、公司能源动力发电区域水系统集中管控等多个内部项目任务，协助处理了 120 吨炼钢区域 4 号连铸机切割车改造等多项难题。

【内外部市场开拓】 秉承“为客户创造价值”的理念，制定个性化解决方案，打造具有差异化的竞争优势。加大内部市场开拓，服务公司生产经营。完成分公司新 OA 系统的软件功能设计及开发工作；承接公司门禁系统、档案馆管理系统的运维服务工作；配合山钢集团 OA 新系统互联互通测试及上线工作；完成了财务工资管理系统。对分公司和济钢集团工资管理项目进行开发，替换了原单机版的工资管理软件。同时以创效为导向，不断加大优势技术与产品的外部推广。2016 年先后中标山东国铭球墨铸管科技有限公司环保搬迁项目高炉自动控制软件技术服务等 13 个项目，累计合同额 1063.7 万元。继续完善提升 IDS 工业控制数采与发布系统产品的性能，加强与西门子、施耐德等国内外知名公司的战略合作。

【技术创新】 1 个创新项目获济南分公司重大科技项目奖，2 项技术成果获科技进步一等奖，2 项技术成果获科技进步二等奖，1 项技术成果获科技进步三等奖，1 个管理创新项目获管理创新成果一等奖。全年有 20 余项专利技术被国家知识产权局受理，其中 6 项技术获发明专利授权，6 项技术获实用新型专利授权。密切跟踪产业政策和行业动向，推进信息系统集成，聚力打造发展新引擎。高度重视公司劳动生产率提升项目，立项实施了皮带系统、水系统和除尘系统的集中监控等，大幅度减少了一般值守性人员数量，提升了管理水平，无人化技术得到了深度应用。

【管理创新】 根据公司改革转型的需要，在管理工作上进行了大胆创新和摸索，突出“集中决策、分散经营”特色，最大限度发挥资源优势，推动产业发展换挡加速，加强企业制度建设，全年制定财务、安全、合同等管理制度 20 余项，精简管理流程，提高管理水平，积极推进安全信息化建设，风险管控措施有效落实。

【安全工作】 实现了安全生产“六个零”的目标。层层签订安全生产绩效考核责任书，明确安全责任，细化考核措施，落实安全工作。开展危险源辨识，落实隐患整改。对危险源进行重新辨识，建立管理台账，并及时做好整改工作。强化夏季“四防”工作，成立领导小组和工作组，细化措施，组织对信息系统、机房安全进行全面检查，密切监控在线系统、空调、机房环境、消防、报警等系统的运行状况。加强安全教育，强化安全意识。定期召开月度安全工作会议，宣贯公司安全会议精神，落实督导各项安全工作。对安全事故进行案例分析，强化职工的安全意识。

【新兴产业】 立足长远发展，备战新兴产业，有效利用多年来积累的市场和技术经验，组织市场和技术人员向余热能源利用、环境除尘等新兴领域拓展业务，组织人员大力研究云计算、大数据、物联网、移动互联等方面的新技术、新应用，同时开展智慧城市等领域的应用研究，并积极安排对外技术交流，向智能装备、高度机电一体化产品等硬件领域延伸，如机器人、充电桩领域等，开发新的效益增长点。

【党群工作】 扎实开展“两学一做”学习教育，制定学习研讨方案和计划。根据实际调整廉政责任区，层层签订廉政建设责任书，深化廉洁效能管理。组织党员干部学习《中国共产党廉洁自律准则》《中国共产党纪律处分条例》，认真落实党风廉政建设党委“主体责任”和纪委“监督责任”，严格执行山钢正风肃纪“十条禁令”和公司“九个严禁”规定，营造了风清气正的良好氛围。组织开展丰富多彩的文体活动，增强了职工队伍的向心力和凝聚力，为公司转型发展凝聚了正能量。

（撰稿　王云彪　王　轶　审稿　杨新宇）

贝斯济钢（山东）钢板有限公司

【概况】 贝斯济钢（山东）钢板有限公司（以下简称贝斯钢板公司）由山东钢铁股份有限公司与澳大利亚 Bisalloy Steel Group Ltd 合作建立，产品包括 BISPLATE® 360、BISPLATE® 400、BISPLATE® 450、BISPLATE® 500、BISPLATE® 600 高强度耐磨钢板，以及 BISPLATE® 80、BISPLATE® 100 高强度结构钢板，是国际上众多矿山和井下设备、工程机械、运输和起重设备、建筑机械、港口机械等行业指定用钢板品牌。截至 2016 年底，在册职工 19 人，其中女职工 6 人；管理及专业技术人员 12 人，工人 7 人；高级职称 4 人，中级职称 4 人，初级职称 4 人；研究生 2 人，大学本科 15 人。组织机构设营销部、生产技术部、财务部、综合管理部 4 个部室。

【生产经营】 全年签订贝斯钢板订单 9228 吨，同比增长 15.06%，实现销售收入 5525 万元，实现利润 728 万元。市场营销、质量控制、生产交付、基础管理等均实现健康发展。

【市场开拓】 强化营销激励，在实施“底薪+按毛利提成”的绩效考评政策基础上，增加“新客户开发奖”“劳动竞赛奖”等激励措施，鼓励营销人员加大跑市场力度，大力挖掘市场需求。注重营销策略，始终把控好价格与销量的关系，坚持以中高端路线为主，同时又不放弃低端最终用户，并严格控制经销环节，使贝斯钢板保持了较高的价格定位和良好的市场品牌形象，确保经营效益最大化。持续推进市场开发，牢牢把握新客户开发和老客户高端牌号拓展两个重点，努力提升销量与效益。成功开发了中车北京二七机车有限公司、陕西同力重工、塞拉利昂铁矿、华新香港等国内外新客户 27 家。除销售贝斯钢板外，还积极推介山钢产品，以优质的山钢钢材全面服务客户。推出了“一站式”采购服务，较好地解决了客户分散采购的繁琐环节，替客户把好采购材料的质量关，深得客户的信任与好评。

【质量控制】　不断完善质量管控体系，重点管控冶炼工序和热处理工序质量。重新调整生产技术部内部职责分工，设立质量控制小组，专门负责产品质量控制和把关，并实施质量绩效正负激励措施，提升了贝斯钢板质量控制水平，贝斯钢板质量更加稳定受控，客户质量抱怨较上年降低了50%，9月至11月实现连续3个月“零抱怨”。

【生产交付】　为确保订单如期交付，与分公司生产部及各产线强化沟通与协调，从订单释放、计划排产，到冶炼、轧制、热处理环节全面监控，使各工序及时有效衔接，做到了订单交付总体受控。

【现货储备】　针对客户对交付期及钢板尺寸的个性化需求，继续推进实施“成品现货+库存钢坯+冶炼”相结合的快速交付模式。经协调沟通，分公司为贝斯钢板公司建立了1300吨以内的钢坯库存。针对市场常用的钢种规格，抓住市场有利时机持续加大现货储备量，并租赁了新的现货仓库。截至年底，现货钢板储备量已由原来的800吨左右，增加到近3000吨，更好地满足了客户紧急交付需求。

【客户服务】　持续深化“售前告知、售中交流、售后指导”的全方位服务体系，对客户开展精细化服务。在客户开发与客户使用过程中，客户经理、技术支持人员与客户技术、采购人员进行深入交流，从钢板试样母材检测、试样焊接加工等性能检验，到钢板交付给客户加工使用，进行全程跟踪与指导，确保客户正确使用。当客户不具备加工能力时，给予提供深加工服务等一揽子解决方案；当客户出现质量、交付抱怨时，第一时间派人处理，与客户共同解决在生产中出现的问题，精细化的服务赢得了客户的广泛好评。

【基础管理】　建立实施了《客户特殊需求管理办法》，规范对客户特殊需求的辨识，更好地满足了客户的特殊和个性化需求。完善《员工绩效管理办法》，在实施“底薪+提成”的销售激励政策基础上，增加了“劳动竞赛奖”激励政策，对完成月度订单任务的营销团队进行奖励。对生产技术人员实行质量、交付进步奖激励政策，对财务、综合管理实行费用控制及模拟利润考核。建立以价值创造为核心的职工绩效评价体系，营造“个人多创多得，全员共同受益”的氛围，进一步激发了职工的工作积极性和创造性。

【党建工作】　在全体党员中开展了“两学一做”学习教育。加强形势任务教育，及时传达上级党委的各项决策部署，使职工充分了解公司发展阶段面临的市场形势。认真开展“改革转型我担当”大讨论活动，让每位职工结合自身岗位谈感想、谈体会，将自身体会转化为对待工作的实际行动，进一步提升了职工的责任担当意识。

（撰稿　王雅桢　审稿　李永亮）

济南鲍德气体有限公司

【概况】　截至2016年底，济南鲍德气体有限公司在册职工252人，其中管理工程技术人员39人，高级技师1人，技师21人。下设3部3室，集气体开发、生产、销售、技术服务于一体，主要产品有氧气、氮气、氩气、低温液体、压缩空气及氪、氙等稀有气体。

【生产经营】　全年供出氧气6.8亿立方米、氮气9.5亿立方米、空气12.4亿立方米、氩气1035万立方米，实现利润978.4万元。

【外部创效】　医用氧销售取得历史性突破，销量突破20000吨，销售收入达到1700万元，同比提升25%。与马来西亚客户签订液氩产品出口协议，实现产品出口历史性突破。与上海交通大学暗物质实验组达成合作意向，并签署100立方米氙气供货合同，合同额420余万元，首次实现氙气产品在高端物理方面的应用。

【内部市场化】 深入推进内部市场化工作，分厂、车间、班组层层分解利润指标，将责任落实到人。在信息化平台中嵌入内部市场化模块，实现统一指挥监控，小时成本核算到班组，设备能效分析精准，KPI、KAI指标全受控。责权利高度统一的市场化机制，激发了广大职工的创效积极性，职工提出的水泵与制氧机联动匹配运行、降低中低压氮气串联、利用膨胀空气余气参与精馏等诸多降本增效的建议，提升了企业的盈利水平。

【基础管理】 构建信息化隐患管理平台，规范隐患提报、辨识、维修整改、质量验收等环节，通过信息化手段实现了对隐患整改的全过程监控，实现了实时查询、监督、检查隐患整改情况和绩效考核数据统计等信息。全年共收录隐患1375项，重点隐患全部整改。以设备设施隐患系统排查、治理为基础，以5号制氧机特护为重点，围绕工艺操作、点检，设备检修、维护制定工作措施，明确八大重点监控部位及系统，制定奖惩考核机制，发挥经济性检修提升设备效率的作用，全年完成设备经济性检修86次。

【党群工作】 开展“两学一做”学习教育、“改革转型我担当”大讨论、“扭亏增盈，岗位建功”主题活动。开展“党员干部讲党课”活动，落实领导干部接访下访工作制度。持续开展“党员包班组，安全三个一”活动，排查解决安全隐患19项，实施安全合理化建议21项。组织“全体党员逐条逐句通读党章”、“手抄党章100天”、参观济南战役纪念馆等活动，深化学习教育活动效果。组织撰写“改革转型我担当”、形势任务教育宣讲心得体会。开展“寄心愿，祝平安”职工安全寄语活动。每季度评选“季度企业文化典范”。深入开展“送温暖”活动。连续5年通过省级文明单位复审。

（撰稿　化晓娜　审稿　刘庆玉）

特载
会议报告
概况
大事记
合作交流
专项活动
专业管理
党群工作
生产经营
先进与荣誉
统计资料
附录

先进与荣誉

XIANJIN YU RONGYU

核心理念

☆ 企业使命——为客户提供满意的产品和服务

获山钢集团有限公司及以上先进集体荣誉称号

济钢集团有限公司获国家级集体荣誉称号

序号	获得荣誉单位	荣 誉 称 号	授 予 单 位	授予时间
1	济钢集团有限公司团委	2015年度全国钢铁行业“青安杯”竞赛优秀组织单位	全国钢铁行业共青团工作指导和推进委员会	2016-10
2	济钢集团济南钢城矿业有限公司团委	2015年度全国钢铁行业“五四红旗团委”	全国钢铁行业共青团工作指导和推进委员会	2016-05
3	济钢复合板公司团支部	2015年度全国钢铁行业“五四红旗团支部标兵”	全国钢铁行业共青团工作指导和推进委员会	2016-05
4	济钢集团济南钢城矿业有限公司团委	2015年度全国钢铁行业“青安杯”竞赛先进集体	全国钢铁行业共青团工作指导和推进委员会	2016-10
5	山东钢铁济钢铁合金厂团委	2015年度全国钢铁行业“青安杯”竞赛先进集体	全国钢铁行业共青团工作指导和推进委员会	2016-10
6	山钢济钢青岛保税区济钢国际物流有限公司矿石联运部青安岗	2015年度全国钢铁行业“青安杯”竞赛青年安全生产示范岗	全国钢铁行业共青团工作指导和推进委员会	2016-10
7	济钢集团鲍德汽车运输有限公司安全环保部青年安全监督岗	2015年度全国钢铁行业“青安杯”竞赛最佳青年安全监督岗	全国钢铁行业共青团工作指导和推进委员会	2016-10
8	济钢集团供热公司团支部青年安全监督岗	2015年度全国钢铁行业“青安杯”竞赛最佳青年安全监督岗	全国钢铁行业共青团工作指导和推进委员会	2016-10
9	济钢集团山东鲍德金属复合板有限公司团支部青年安全青年岗	2015年度全国钢铁行业“青安杯”竞赛最佳青年安全监督岗	全国钢铁行业共青团工作指导和推进委员会	2016-10
10	济钢集团冶金科学研究院标样所团支部青年安全监督岗	2015年度全国钢铁行业“青安杯”竞赛最佳青年安全监督岗	全国钢铁行业共青团工作指导和推进委员会	2016-10
11	山钢集团济钢集团有限公司总医院麻醉手术科青年安全监督岗	2015年度全国钢铁行业“青安杯”竞赛最佳青年安全监督岗	全国钢铁行业共青团工作指导和推进委员会	2016-10
12	山东球墨铸铁管有限公司铸管车间设备保障班青年安全监督岗	2015年度全国钢铁行业“青安杯”竞赛最佳青年安全监督岗	全国钢铁行业共青团工作指导和推进委员会	2016-10

山钢股份济南分公司获国家级集体荣誉称号

序号	获得荣誉单位	荣 誉 称 号	授 予 单 位	授予时间
1	山东钢铁股份有限公司济南分公司团委	2015年度全国钢铁行业“五四红旗团委”	全国钢铁行业共青团工作指导和推进委员会	2016-05

续表

序号	获得荣誉单位	荣 誉 称 号	授 予 单 位	授予时间
2	山东钢铁股份有限公司济南分公司	2016 年中国标准创新贡献奖	中华人民共和国国家质量监督检验检疫总局、中国国家标准化管理委员会	2016-09
3	山钢股份济南分公司团委	2015 年度全国钢铁行业“青安杯”竞赛先进单位	全国钢铁行业共青团工作指导和推进委员会	2016-10
4	山东钢铁股份有限公司济南分公司炼钢厂 210 连铸团支部	2015 年度全国钢铁行业“五四红旗团支部”	全国钢铁行业共青团工作指导和推进委员会	2016-05
5	山东钢铁股份有限公司济南分公司薄板厂热轧车间	全国“安康杯”竞赛优胜班组	中华全国总工会、国家安全生产监督管理总局	2016-06
6	山钢股份济南分公司炼铁厂团委	2015 年度全国钢铁行业“青安杯”竞赛先进集体	全国钢铁行业共青团工作指导和推进委员会	2016-10
7	山钢股份济南分公司炼钢厂团委	2015 年度全国钢铁行业“青安杯”竞赛先进集体	全国钢铁行业共青团工作指导和推进委员会	2016-10
8	山东钢铁股份有限公司济南分公司化工厂回收二车间二系统正压班青安岗	2015 年度全国钢铁行业“青安杯”竞赛青年安全生产示范岗	全国钢铁行业共青团工作指导和推进委员会	2016-10
9	山东钢铁股份有限公司济南分公司宽厚板厂 3500 精整车间双边剪剪切岗青安岗	2015 年度全国钢铁行业“青安杯”竞赛青年安全生产示范岗	全国钢铁行业共青团工作指导和推进委员会	2016-10
10	山东钢铁股份有限公司济南分公司薄板厂冷轧车间青年安全监督岗	2015 年度全国钢铁行业“青安杯”竞赛最佳青年安全监督岗	全国钢铁行业共青团工作指导和推进委员会	2016-10
11	山东钢铁股份有限公司济南分公司化工厂回收二车间正压班安全监督岗	2015 年度全国钢铁行业“青安杯”竞赛最佳青年安全监督岗	全国钢铁行业共青团工作指导和推进委员会	2016-10
12	山东钢铁股份有限公司济南分公司炼铁厂 3 号 $1750m^3$ 高炉水煤岗位青年安全监督岗	2015 度全国钢铁行业“青安杯”竞赛最佳青年安全监督岗	全国钢铁行业共青团工作指导和推进委员会	2016-10
13	山东钢铁股份有限公司济南分公司检修工程公司薄板部机修检修班青年安全监督岗	2015 度全国钢铁行业“青安杯”竞赛最佳青年安全监督岗	全国钢铁行业共青团工作指导和推进委员会	2016-10
14	山东钢铁股份有限公司济南分公司物流管理中心机务段 GK2C0008 车组青年安全监督岗	2015 度全国钢铁行业“青安杯”竞赛最佳青年安全监督岗	全国钢铁行业共青团工作指导和推进委员会	2016-10
15	山东钢铁股份有限公司济南分公司宽厚板厂 4300 精整热处理车间标识岗青年安全监督岗	2015 年度全国钢铁行业“青安杯”竞赛最佳青年安全监督岗	全国钢铁行业共青团工作指导和推进委员会	2016-10

续表

序号	获得荣誉单位	荣誉称号	授予单位	授予时间
16	山东钢铁股份有限公司济南分公司计量质检中心	2016年度冶金计量行业优秀会员单位	中国计量协会冶金分会	2016-10
17	山东钢铁股份有限公司济南分公司化工厂	第二届中国焦化行业科技大会技术创新型焦化企业	中国炼焦行业协会	2016-12

济钢集团有限公司获省级集体荣誉称号

序号	获得荣誉单位	荣誉称号	授予单位	授予时间
1	济钢集团有限公司	2016年度全省冶金统计工作先进单位	山东省冶金工业总公司	2016-12
2	济钢集团有限公司	2016年度复查合格省级文明单位	山东省精神文明建设委员会	2016-12
3	山钢集团济钢集团有限公司汽运公司综合维修中心维修一班	2015年度山东省“安康杯”竞赛优胜班组	山东省总工会、山东省安全生产监督管理局	2016-03
4	济南鲍德汽车运输有限公司	全省冶金有色行业环境保护工作先进单位	山东省冶金工业总公司	2016-04
5	济南鲍德炉料有限公司	全省冶金有色行业环境保护工作先进单位	山东省冶金工业总公司	2016-04
6	济南钢城矿业有限公司	2015年度全省冶金有色行业安全生产工作先进单位	山东省冶金工业总公司	2016-04
7	济南鲍德炉料有限公司	2015年度全省冶金有色行业安全生产工作先进单位	山东省冶金工业总公司	2016-04
8	济钢集团有限公司彩板厂	2015年度全省冶金有色行业安全生产工作先进单位	山东省冶金工业总公司	2016-04
9	济钢集团萨博公司电气设备班	山东省钢铁黄金有色金属行业“安全生产标准化班组”	山东省冶金工会	2016-12
10	济钢集团铸管公司烧结车间维修班	山东省钢铁黄金有色金属行业“安全生产标准化班组”	山东省冶金工会	2016-12
11	济钢集团炉料公司钢渣热焖车间210班	山东省钢铁黄金有色金属行业“安全生产标准化班组”	山东省冶金工会	2016-12
12	济钢集团建设公司炼钢协力部210区精炼班	山东省钢铁黄金有色金属行业“安全生产标准化班组”	山东省冶金工会	2016-12
13	济钢集团建设公司炼钢协力部210区精炼班	山东省钢铁黄金有色金属行业“安全生产标准化班组”	山东省冶金工会	2016-12

续表

序号	获得荣誉单位	荣誉称号	授予单位	授予时间
14	济钢集团标准件厂剪切车间起重班	山东省钢铁黄金有色金属行业“安全生产标准化班组”	山东省冶金工会	2016-12
15	济钢集团商贸公司健康休闲产业事业部商厦运行班	山东省钢铁黄金有色金属行业“安全生产标准化班组”	山东省冶金工会	2016-12
16	济钢集团复合板公司制造部矫直班	山东省钢铁黄金有色金属行业“安全生产标准化班组”	山东省冶金工会	2016-12
17	济钢集团汽运公司轿车服务中心维修一班	山东省钢铁黄金有色金属行业“安全生产标准化班组”	山东省冶金工会	2016-12
18	济钢集团铁合金厂合金一部乙班	山东省钢铁黄金有色金属行业“安全生产标准化班组”	山东省冶金工会	2016-12
19	济钢集团铸管公司铸管车间熔铸甲班	山东省钢铁黄金有色金属行业“安全生产标准化班组”	山东省冶金工会	2016-12
20	山钢集团济南鲍德气体有限公司	2016年度复查合格省管企业文明单位	山东省省管企业精神文明建设委员会	2016-12
21	山钢集团济南鲍德汽车运输有限公司	2016年度复查合格省管企业文明单位	山东省省管企业精神文明建设委员会	2016-12
22	山钢集团济南钢城矿业有限公司	2016年度复查合格省管企业文明单位	山东省省管企业精神文明建设委员会	2016-12
23	山钢集团济南鲍德炉料有限公司	2016年度复查合格省管企业文明单位	山东省省管企业精神文明建设委员会	2016-12
24	济南鲍德汽车运输有限公司	2016年度新增省级文明单位	山东省精神文明建设委员会	2016-12
25	济南鲍德气体有限公司	2016年度复查合格省级文明单位	山东省精神文明建设委员会	2016-12

山钢股份济南分公司获省级集体荣誉称号

序号	获得荣誉单位	荣誉称号	授予单位	授予时间
1	山东钢铁股份有限公司济南分公司	2015年度全省安全生产基层基础工作先进企业	山东省人民政府安全生产委员会	2016-02
2	山东钢铁股份有限公司济南分公司	2016年度全省冶金统计工作先进单位	山东省冶金工业总公司	2016-12
3	山钢股份济南分公司炼钢厂120区域连铸车间甲班	2015年度山东省“安康杯”竞赛优胜班组	山东省总工会、山东省安全生产监督管理局	2016-03
4	山东钢铁股份有限公司济南分公司能源环保部	全省冶金有色行业环境保护工作先进单位	山东省冶金工业总公司	2016-04

续表

序号	获得荣誉单位	荣誉称号	授予单位	授予时间
5	山东钢铁股份有限公司济南分公司炼铁厂	全省冶金有色行业环境保护工作先进单位	山东省冶金工业总公司	2016-04
6	山东钢铁股份有限公司济南分公司能源动力厂	全省冶金有色行业环境保护工作先进单位	山东省冶金工业总公司	2016-04
7	山东钢铁股份有限公司济南分公司物流管理中心	全省冶金有色行业环境保护工作先进单位	山东省冶金工业总公司	2016-04
8	山东钢铁股份有限公司济南分公司化工厂	2015 年度全省冶金有色行业安全生产工作先进单位	山东省冶金工业总公司	2016-04
9	山东钢铁股份有限公司济南分公司能源动力厂	2015 年度全省冶金有色行业安全生产工作先进单位	山东省冶金工业总公司	2016-04
10	山东钢铁股份有限公司济南分公司宽厚板厂	2015 年度全省冶金有色行业安全生产工作先进单位	山东省冶金工业总公司	2016-04
11	山东钢铁股份有限公司济南分公司物流中心	2015 年度全省冶金有色行业安全生产工作先进单位	山东省冶金工业总公司	2016-04
12	山东钢铁股份有限公司济南分公司计量质检中心	2015 年度全省冶金有色行业安全生产工作先进单位	山东省冶金工业总公司	2016-04
13	山东钢铁股份有限公司济南分公司化工厂	安全生产标准化二级企业（冶金企业）	山东省安全生产监督管理局颁发、国家安全生产监督管理总局监制	2016-05
14	山钢股份济南分公司炼钢厂 120 环保车间甲班	山东省钢铁黄金有色金属行业“安全生产标准化班组”	山东省冶金工会	2016-12
15	山钢股份济南分公司炼铁厂炼焦二车间调火班	山东省钢铁黄金有色金属行业“安全生产标准化班组”	山东省冶金工会	2016-12
16	山钢股份济南分公司宽厚板厂 4300mm 产线天车车间丁班	山东省钢铁黄金有色金属行业“安全生产标准化班组”	山东省冶金工会	2016-12
17	山钢股份济南分公司宽厚板厂 2500mm 产线精整车间丁班	山东省钢铁黄金有色金属行业“安全生产标准化班组”	山东省冶金工会	2016-12
18	山钢股份济南分公司能源动力厂煤气二车间 9 号加压站	山东省钢铁黄金有色金属行业“安全生产标准化班组”	山东省冶金工会	2016-12
19	山钢股份济南分公司检修工程公司薄板冷轧电气维修班	山东省钢铁黄金有色金属行业“安全生产标准化班组”	山东省冶金工会	2016-12
20	山东钢铁股份有限公司济南分公司宽厚板厂	2016 年度复查合格省管企业文明单位	山东省省管企业精神文明建设委员会	2016-12
21	山东钢铁股份有限公司济南分公司炼铁厂	2016 年度复查合格省管企业文明单位	山东省省管企业精神文明建设委员会	2016-12

续表

序号	获得荣誉单位	荣 誉 称 号	授 予 单 位	授予时间
22	山东钢铁股份有限公司济南分公司化工厂	2016 年度复查合格省管企业文明单位	山东省省管企业精神文明建设委员会	2016-12
23	山东钢铁股份有限公司济南分公司第一小型轧钢厂	2016 年度复查合格省管企业文明单位	山东省省管企业精神文明建设委员会	2016-12
24	山东钢铁股份有限公司济南分公司物流管理中心	2016 年度复查合格省管企业文明单位	山东省省管企业精神文明建设委员会	2016-12
25	山东钢铁股份有限公司济南分公司炼铁厂	2016 年度复查合格省级文明单位	山东省精神文明建设委员会	2016-12

济钢集团有限公司获市级集体荣誉称号

序号	获得荣誉单位	荣 誉 称 号	授 予 单 位	授予时间
1	济钢集团有限公司	济南慈善奖 爱心捐赠单位	济南慈善总会	2016-05
2	济钢集团有限公司	济南慈善奖 慈善工作先进单位	济南慈善总会	2016-05
3	济钢集团有限公司	济南慈善奖 先进慈善工作站	济南慈善总会	2016-05
4	济钢集团有限公司	2016 年度能源统计工作先进单位	济南市统计局	2016-12
5	济南鲍德炉料有限公司	济南市“安康杯”优胜单位	济南市总工会、济南市安全生产监督管理局	2016-01
6	济钢集团商业贸易有限公司	济南市“安康杯”优胜班组	济南市总工会、济南市安全生产监督管理局	2016-01
7	济南钢城矿业有限公司大筒班	济南市“安康杯”优胜班组	济南市总工会、济南市安全生产监督管理局	2016-01
8	济钢集团有限公司中型轧钢厂	2015 年度济南市职工互助保障工作先进集体	济南市职工互助互济会	2016-04
9	济钢集团有限公司中型轧钢厂	2016 年全市“组织职工查隐患抓好安全促发展”活动先进单位	济南市总工会	2016-04
10	济钢集团国际工程技术有限公司	济南市五一劳动奖状	济南市总工会	2016-05
11	山东省冶金科学研究院	济南市五一劳动奖状	济南市总工会	2016-05
12	济钢集团济南钢城矿业有限公司 1.85 米提升班	2015 年度济南市青年文明号名单	共青团济南市委	2016-10

续表

序号	获得荣誉单位	荣誉称号	授予单位	授予时间
13	济钢集团有限公司炉料公司汽车队水渣运输班	济南市青年文明号继续认定	共青团济南市委	2016-10
14	济钢集团有限公司铁合金厂理化中心	济南市青年文明号继续认定	共青团济南市委	2016-10
15	济钢集团有限公司职工总医院内一科护理班	济南市青年文明号继续认定	共青团济南市委	2016-10
16	济钢集团有限公司国际工程技术有限公司工业炉事业部	济南市青年文明号继续认定	共青团济南市委	2016-10
17	济钢集团有限公司国际物流公司物流经营团队	济南市青年文明号继续认定	共青团济南市委	2016-10
18	山东鲍德金属复合板有限公司	2016年度能源统计工作先进单位	济南市统计局	2016-12
19	山东省冶金科学研究院	2016年度复查合格市级文明单位	济南市精神文明建设委员会	2016-12

山钢股份济南分公司获市级集体荣誉称号

序号	获得荣誉单位	荣誉称号	授予单位	授予时间
1	山钢股份济南分公司能源动力厂汽电车间进网电工班	2015年度济南市青年文明号名单	共青团济南市委	2016-10
2	山钢股份济南分公司炼钢厂210连铸浇钢丙班	2015年度济南市青年文明号名单	共青团济南市委	2016-10
3	山钢股份济南分公司薄板厂热轧车间	济南市青年文明号继续认定	共青团济南市委	2016-10
4	山钢股份济南分公司薄板厂冷轧车间	济南市青年文明号继续认定	共青团济南市委	2016-10
5	山钢股份济南分公司薄板厂精整车间	济南市青年文明号继续认定	共青团济南市委	2016-10
6	山钢股份济南分公司保卫部消防大队一分队	济南市青年文明号继续认定	共青团济南市委	2016-10
7	山钢股份济南分公司物流管理中心机务段GK2C0005车组	济南市青年文明号继续认定	共青团济南市委	2016-10
8	山钢股份济南分公司物流管理中心工厂站运转乙班	济南市青年文明号继续认定	共青团济南市委	2016-10
9	山钢股份济南分公司炼钢厂120t转炉环保作业区乙班	济南市青年文明号继续认定	共青团济南市委	2016-10

续表

序号	获得荣誉单位	荣誉称号	授予单位	授予时间
10	山钢股份济南分公司能源动力厂电力车间	济南市青年文明号继续认定	共青团济南市委	2016-10
11	山钢股份济南分公司化工厂三系统回收正压班	济南市青年文明号继续认定	共青团济南市委	2016-10
12	山钢股份济南分公司检修公司冷轧部精整电气班	济南市青年文明号继续认定	共青团济南市委	2016-10
13	山钢股份济南分公司炼铁厂3号1750m^3高炉水煤班	济南市青年文明号继续认定	共青团济南市委	2016-10
14	山钢股份济南分公司400m^2烧结车间中控室	济南市青年文明号继续认定	共青团济南市委	2016-10
15	山东钢铁股份有限公司济南分公司物流管理中心	2016年度复查合格市级文明单位	济南市精神文明建设委员会	2016-12
16	山东钢铁股份有限公司济南分公司宽厚板厂	2016年度复查合格市级文明单位	济南市精神文明建设委员会	2016-12

济钢集团有限公司获山钢集团级集体荣誉称号

序号	获得荣誉单位	荣誉称号	授予单位	授予时间
1	济钢集团有限公司	2015年度继续命名山钢集团文明单位	山东钢铁集团有限公司精神文明建设委员会	2016-01
2	济钢集团党委《责任驱动，发展惠民》	十佳党建工作品牌	中共山东钢铁集团有限公司委员会	2016-06
3	济钢集团青岛保税区济钢国际物流有限公司	2015年度山钢集团文明单位	山东钢铁集团有限公司精神文明建设委员会	2016-01
4	济钢集团山东省冶金科学研究院	2015年度山钢集团文明单位	山东钢铁集团有限公司精神文明建设委员会	2016-01
5	济钢集团济南钢城矿业有限公司	2015年度继续命名山钢集团文明单位	山东钢铁集团有限公司精神文明建设委员会	2016-01
6	济钢集团国际工程技术有限公司	2015年度继续命名山钢集团文明单位	山东钢铁集团有限公司精神文明建设委员会	2016-01
7	济钢集团济南鲍德炉料有限公司	2015年度继续命名山钢集团文明单位	山东钢铁集团有限公司精神文明建设委员会	2016-01
8	济钢集团济南鲍德汽车运输有限公司	2015年度继续命名山钢集团文明单位	山东钢铁集团有限公司精神文明建设委员会	2016-01
9	济钢集团铸管有限公司	2015年度继续命名山钢集团文明单位	山东钢铁集团有限公司精神文明建设委员会	2016-01

续表

序号	获得荣誉单位	荣誉称号	授予单位	授予时间
10	济钢集团汽运公司综合维修中心	2015年度精益管理模范车间	山东钢铁集团有限公司	2016-04
11	济钢集团冷弯型钢公司党支部《“党员+”先模平台建设》	优秀党建工作品牌	中共山东钢铁集团有限公司委员会	2016-06
12	济钢集团铸管公司党委《“六抓六带六强”党建工作模式》	优秀党建工作品牌	中共山东钢铁集团有限公司委员会	2016-06
13	济钢集团汽运公司党委《“精细严实”党建工程》	优秀党建工作品牌	中共山东钢铁集团有限公司委员会	2016-06
14	济钢集团中轧厂党委、翼板公司党支部《“责任文化讲堂”引领“二次创业”》	优秀党建工作品牌	中共山东钢铁集团有限公司委员会	2016-06
15	济钢集团济南鲍德汽车运输有限公司党委	先进基层党组织	山东钢铁集团有限公司	2016-06
16	济钢集团济南鲍德炉料有限公司党委	先进基层党组织	山东钢铁集团有限公司	2016-06
17	济钢集团山东球墨铸铁管有限公司党委	先进基层党组织	山东钢铁集团有限公司	2016-06
18	济钢集团青岛保税区济钢国际物流有限公司党总支	先进基层党组织	山东钢铁集团有限公司	2016-06
19	济钢集团金融服务中心党支部	先进基层党组织	山东钢铁集团有限公司	2016-06
20	济钢集团有限公司供热公司党支部	先进基层党组织	山东钢铁集团有限公司	2016-06
21	济钢集团有限公司彩板厂党支部	先进基层党组织	山东钢铁集团有限公司	2016-06
22	济南钢城矿业有限公司采矿车间党支部	先进基层党组织	山东钢铁集团有限公司	2016-06

山钢股份济南分公司获山钢集团级集体荣誉称号

序号	获得荣誉单位	荣誉称号	授予单位	授予时间
1	山钢股份济南分公司党委《党员创新孵化基地-姜和信党员教育培训基地》	十佳党建工作品牌	中共山东钢铁集团有限公司委员会	2016-06
2	山东钢铁股份有限公司济南分公司炼钢厂	山东钢铁集团有限公司2015年度安全生产工作先进单位	山东钢铁集团有限公司	2016-01

续表

序号	获得荣誉单位	荣誉称号	授予单位	授予时间
3	山东钢铁股份有限公司济南分公司薄板厂	山东钢铁集团有限公司 2015 年度安全生产工作先进单位	山东钢铁集团有限公司	2016-01
4	山东钢铁股份有限公司济南分公司炼钢厂	2015 年度山钢集团文明单位	山东钢铁集团有限公司精神文明建设委员会	2016-01
5	山东钢铁股份有限公司济南分公司薄板厂	2015 年度山钢集团文明单位	山东钢铁集团有限公司精神文明建设委员会	2016-01
6	山东钢铁股份有限公司济南分公司炼铁厂	2015 年度继续命名山钢集团文明单位	山东钢铁集团有限公司精神文明建设委员会	2016-01
7	山东钢铁股份有限公司济南分公司宽厚板厂	2015 年度继续命名山钢集团文明单位	山东钢铁集团有限公司精神文明建设委员会	2016-01
8	山东钢铁股份有限公司济南分公司第一小型轧钢厂	2015 年度继续命名山钢集团文明单位	山东钢铁集团有限公司精神文明建设委员会	2016-01
9	山东钢铁股份有限公司济南分公司自动化信息技术公司	2015 年度继续命名山钢集团文明单位	山东钢铁集团有限公司精神文明建设委员会	2016-01
10	济南分公司炼铁厂 3200m^3 高炉车间	2015 年度精益管理模范车间	山东钢铁集团有限公司	2016-04
11	山钢股份济南分公司宽厚板厂党委《打造党建工作金品牌，助推指标争行业第一》	优秀党建工作品牌	中共山东钢铁集团有限公司委员会	2016-06
12	山钢股份济南分公司炼铁厂党委《党员创新团队》	优秀党建工作品牌	中共山东钢铁集团有限公司委员会	2016-06
13	山钢股份济南分公司化工厂党委《“暖人心、解人愁、成人志”爱心文化建设》	优秀党建工作品牌	中共山东钢铁集团有限公司委员会	2016-06
14	山钢股份济南分公司气体厂党总支《“愿景+创新+平台”彰显气体先锋》	优秀党建工作品牌	中共山东钢铁集团有限公司委员会	2016-06
15	山钢股份济南分公司能源动力厂燃电车间党支部《党员“三亮”创“一流”》	优秀党建工作品牌	中共山东钢铁集团有限公司委员会	2016-06
16	山钢股份济南分公司薄板厂冷轧车间党支部《党徽在岗位闪光》	优秀党建工作品牌	中共山东钢铁集团有限公司委员会	2016-06
17	山钢股份济南分公司薄板厂党委	先进基层党组织	山东钢铁集团有限公司	2016-06

续表

序号	获得荣誉单位	荣誉称号	授予单位	授予时间
18	山钢股份济南分公司炼铁厂党委	先进基层党组织	山东钢铁集团有限公司	2016-06
19	山钢股份济南分公司炼钢厂党委	先进基层党组织	山东钢铁集团有限公司	2016-06
20	山钢股份济南分公司贝斯钢板公司党支部	先进基层党组织	山东钢铁集团有限公司	2016-06
21	山钢股份济南分公司党委组织部/人力资源部党支部	先进基层党组织	山东钢铁集团有限公司	2016-06
22	山钢股份济南分公司物流管理中心机务段党支部	先进基层党组织	山东钢铁集团有限公司	2016-06
23	山钢股份济南分公司检修工程公司物流部党支部	先进基层党组织	山东钢铁集团有限公司	2016-06
24	山钢股份济南分公司化工厂回收一车间党支部	先进基层党组织	山东钢铁集团有限公司	2016-06

获山钢集团有限公司及以上先进个人荣誉称号

济钢集团有限公司获国家级个人荣誉称号

姓　名	所属单位	荣誉称号	授予单位	授予时间
荣国才	济钢集团有限公司	2015年度全国钢铁行业“优秀共青团员标兵”	全国钢铁行业共青团工作指导和推进委员会	2016-05
王婷婷	济钢集团有限公司	2015年度全国钢铁行业“优秀共青团干部”	全国钢铁行业共青团工作指导和推进委员会	2016-05
王婷婷	济钢集团有限公司	2015年度全国钢铁行业“青安杯”竞赛先进个人	全国钢铁行业共青团工作指导和推进委员会	2016-10
王　松	济钢集团有限公司	2015年度全国钢铁行业“青安杯”竞赛先进个人	全国钢铁行业共青团工作指导和推进委员会	2016-10
陈迪坤	济钢集团有限公司	2015年度全国钢铁行业“青安杯”竞赛最佳青安岗岗长（员）	全国钢铁行业共青团工作指导和推进委员会	2016-10

续表

姓　名	所属单位	荣誉称号	授予单位	授予时间
刘小亮	济钢集团有限公司	2015年度全国钢铁行业“青安杯”竞赛最佳青安岗岗长（员）	全国钢铁行业共青团工作指导和推进委员会	2016-10
万　亮	济钢集团有限公司	2015年度全国钢铁行业“青安杯”竞赛最佳青安岗岗长（员）	全国钢铁行业共青团工作指导和推进委员会	2016-10
王　玮	济钢集团有限公司	2015年度全国钢铁行业“青安杯”竞赛最佳青安岗岗长（员）	全国钢铁行业共青团工作指导和推进委员会	2016-10
张智新	济钢集团有限公司	2015年度全国钢铁行业“青安杯”竞赛最佳青安岗岗长（员）	全国钢铁行业共青团工作指导和推进委员会	2016-10
朱　雷	济钢集团有限公司	2015年度全国钢铁行业“青安杯”竞赛最佳青安岗岗长（员）	全国钢铁行业共青团工作指导和推进委员会	2016-10

山钢股份济南分公司获国家级个人荣誉称号

姓　名	所属单位	荣誉称号	授予单位	授予时间
史永奎	山钢股份济南分公司炼铁厂	全国青年岗位能手	共青团中央、人力资源社会保障部	2016-05
都志斌	山钢股份济南分公司团委	2015年度全国钢铁行业优秀共青团干部标兵	全国钢铁行业共青团工作指导和推进委员会	2016-05
翟　睿	山钢股份济南分公司机关	2015年度全国钢铁行业优秀共青团员	全国钢铁行业共青团工作指导和推进委员会	2016-05
房英翠	山钢股份济南分公司计量质检中心	全国钢铁行业技术能手	中国钢铁工业协会	2016-09
王京巨	山钢股份济南分公司炼铁厂	2015年度全国钢铁行业“青安杯”竞赛先进个人	全国钢铁行业共青团工作指导和推进委员会	2016-10
马盈盈	山钢股份济南分公司计量质检	2015年度全国钢铁行业“青安杯”竞赛先进个人	全国钢铁行业共青团工作指导和推进委员会	2016-10
马　昊	山钢股份济南分公司薄板厂	2015年度全国钢铁行业“青安杯”竞赛最佳青安岗岗长（员）	全国钢铁行业共青团工作指导和推进委员会	2016-10

续表

姓　名	所属单位	荣誉称号	授予单位	授予时间
娄保涛	山钢股份济南分公司化工厂	2015年度全国钢铁行业“青安杯”竞赛最佳青安岗岗长（员）	全国钢铁行业共青团工作指导和推进委员会	2016-10
鞠传华	山钢股份济南分公司计量质检	2015年度全国钢铁行业“青安杯”竞赛最佳青安岗岗长（员）	全国钢铁行业共青团工作指导和推进委员会	2016-10
付振远	山钢股份济南分公司检修公司	2015年度全国钢铁行业“青安杯”竞赛最佳青安岗岗长（员）	全国钢铁行业共青团工作指导和推进委员会	2016-10
汤文博	山钢股份济南分公司宽厚板厂	2015年度全国钢铁行业“青安杯”竞赛最佳青安岗岗长（员）	全国钢铁行业共青团工作指导和推进委员会	2016-10
周宗喆	山钢股份济南分公司物流管理中心	2015年度全国钢铁行业“青安杯”竞赛最佳青安岗岗长（员）	全国钢铁行业共青团工作指导和推进委员会	2016-10

济钢集团有限公司获省级个人荣誉称号

姓　名	所属单位	荣誉称号	授予单位	授予时间
李炳新	济钢集团有限公司济南鲍德炉料有限公司	2015年度山东省首席技师	山东省人民政府	2016-01
王　众	济钢集团有限公司	齐鲁首席技师	山东省人民政府	2016-11
田玉春	济钢集团有限公司	山东省钢铁黄金有色金属行业“安全生产标准化班组优秀班组长”	山东省冶金工会	2016-12
谷彪庆	济钢集团有限公司	山东省钢铁黄金有色金属行业“安全生产标准化班组优秀班组长”	山东省冶金工会	2016-12
雷祥军	济钢集团有限公司	山东省钢铁黄金有色金属行业“安全生产标准化班组优秀班组长”	山东省冶金工会	2016-12
张建国	济钢集团有限公司	山东省钢铁黄金有色金属行业“安全生产标准化班组优秀班组长”	山东省冶金工会	2016-12
李永生	济钢集团有限公司	山东省钢铁黄金有色金属行业“安全生产标准化班组优秀班组长”	山东省冶金工会	2016-12
王明永	济钢集团有限公司	山东省钢铁黄金有色金属行业“安全生产标准化班组优秀班组长”	山东省冶金工会	2016-12

续表

姓　名	所属单位	荣誉称号	授予单位	授予时间
赵　清	济钢集团有限公司	山东省钢铁黄金有色金属行业“安全生产标准化班组优秀班组长”	山东省冶金工会	2016-12
初明吉	济钢集团有限公司	山东省钢铁黄金有色金属行业“安全生产标准化班组优秀班组长”	山东省冶金工会	2016-12
王新宇	济钢集团有限公司	山东省钢铁黄金有色金属行业“安全生产标准化班组优秀班组长”	山东省冶金工会	2016-12
吴作辉	济钢集团有限公司	山东省钢铁黄金有色金属行业“安全生产标准化班组优秀班组长”	山东省冶金工会	2016-12

山钢股份济南分公司获省级个人荣誉称号

姓　名	所属单位	荣誉称号	授予单位	授予时间
姜和信	山钢股份济南分公司炼铁厂	泰山产业领军人才	山东省人民政府	2016-01
王鲁锋	山钢股份济南分公司炼铁厂	2015 年度山东省首席技师	山东省人民政府	2016-01
李海峰	山钢股份济南分公司炼钢厂	2015 年度山东省首席技师	山东省人民政府	2016-01
宋林海	山钢股份济南分公司炼钢厂	山东省技术能手	山东省人力资源和社会保障厅	2016-03
刘秀元	山钢股份济南分公司	山东省“富民兴鲁”劳动奖章	山东省总工会	2016-04
王国栋	山钢股份济南分公司销售公司	省管企业“五四”青年奖章	山东省国资委	2016-05
宋林海	山钢股份济南分公司炼钢厂 120 炼钢车间	山东省优秀共产党员	山东省委	2016-06
宋林海	山钢股份济南分公司炼钢厂	齐鲁首席技师	山东省人民政府	2016-11
史永奎	山钢股份济南分公司炼铁厂	齐鲁首席技师	山东省人民政府	2016-11
郝　灏	山钢股份济南分公司薄板厂	齐鲁首席技师	山东省人民政府	2016-11
陈　飚	山钢股份济南分公司能源环保部	全省冶金行业统计先进工作者	山东省冶金工业总公司	2016-12
商同俭	山钢股份济南分公司	山东省钢铁黄金有色金属行业“安全生产标准化班组优秀班组长”	山东省冶金工会	2016-12

续表

姓　名	所属单位	荣誉称号	授予单位	授予时间
明　波	山钢股份济南分公司	山东省钢铁黄金有色金属行业“安全生产标准化班组优秀班组长”	山东省冶金工会	2016-12
张　腾	山钢股份济南分公司	山东省钢铁黄金有色金属行业“安全生产标准化班组优秀班组长”	山东省冶金工会	2016-12
吕　军	山钢股份济南分公司	山东省钢铁黄金有色金属行业“安全生产标准化班组优秀班组长”	山东省冶金工会	2016-12
贾安利	山钢股份济南分公司	山东省钢铁黄金有色金属行业“安全生产标准化班组优秀班组长”	山东省冶金工会	2016-12
徐　勇	山钢股份济南分公司	山东省钢铁黄金有色金属行业“安全生产标准化班组优秀班组长”	山东省冶金工会	2016-12

济钢集团有限公司获市级个人荣誉称号

姓　名	所属单位	荣誉称号	授予单位	授予时间
蒋升华	济钢集团国际工程技术有限公司	济南市五一劳动奖章	济南市总工会	2016-05
王兴强	山东省冶金科学研究院	济南市五一劳动奖章	济南市总工会	2016-05

山钢股份济南分公司获市级个人荣誉称号

姓　名	所属单位	荣誉称号	授予单位	授予时间
陈　飚	山钢股份济南分公司能源环保部	2016 年度能源统计工作先进个人	济南市统计局	2016-12

济钢集团有限公司获山钢集团级个人荣誉称号

姓　名	所属单位	荣誉称号	授予单位	授予时间
高　阳	济钢集团山东省冶金科学研究院销售经理	山钢十大杰出青年	山钢团委	2016-05
桂玉明	济钢集团国际工程技术有限公司主管工程师	山钢青年岗位能手标兵	山钢团委	2016-05
尹桂岭	济钢集团山东融鑫投资股份有限公司总经理	优秀共产党员	山东钢铁集团有限公司	2016-06
张永熙	济钢集团建设公司执行董事、经理、党委书记，重工机械有限公司执行董事、经理	优秀共产党员	山东钢铁集团有限公司	2016-06

续表

姓 名	所属单位	荣誉称号	授予单位	授予时间
王庆敏	济钢集团运营管理部、安全部/保卫部副部长	优秀共产党员	山东钢铁集团有限公司	2016-06
高 林	济钢商贸公司社区物业幼儿园副园长	优秀共产党员	山东钢铁集团有限公司	2016-06
李 勇	山东省冶金科学研究院瑞宝公司设计研发部经理、智能电网事业部经理	优秀共产党员	山东钢铁集团有限公司	2016-06
郭洪卫	济南济钢铁合金厂厂长、党委书记，山东冶金地质勘察公司经理、党委书记	优秀党务工作者	山东钢铁集团有限公司	2016-06
李学玉	济钢集团董事会秘书、党委办公室主任、办公室主任、办公室党支部书记	优秀党务工作者	山东钢铁集团有限公司	2016-06
王其成	济钢集团商贸公司党委书记、经理	优秀党务工作者	山东钢铁集团有限公司	2016-06

山钢股份济南分公司获山钢集团级个人荣誉称号

姓 名	所属单位	荣誉称号	授予单位	授予时间
顾复康	山东钢铁股份有限公司济南分公司宽厚板厂	山东钢铁集团有限公司 2015 年度安全生产工作先进个人	山东钢铁集团有限公司	2016-01
王坤轩	山东钢铁股份有限公司济南分公司物流管理中心	山东钢铁集团有限公司 2015 年度安全生产工作先进个人	山东钢铁集团有限公司	2016-01
王首先	山东钢铁股份有限公司济南分公司化工厂	山东钢铁集团有限公司 2015 年度安全生产工作先进个人	山东钢铁集团有限公司	2016-01
云连生	山东钢铁股份有限公司济南分公司一小型厂	山东钢铁集团有限公司 2015 年度安全生产工作先进个人	山东钢铁集团有限公司	2016-01
刘玉芳	山东钢铁股份有限公司济南分公司安全部	山东钢铁集团有限公司 2015 年度安全生产工作先进个人	山东钢铁集团有限公司	2016-01
孙金玲	山东钢铁股份有限公司济南分公司安全部	山东钢铁集团有限公司 2015 年度安全生产工作先进个人	山东钢铁集团有限公司	2016-01
袁乃收	山东钢铁股份有限公司济南分公司安全部	山东钢铁集团有限公司 2015 年度安全生产工作先进个人	山东钢铁集团有限公司	2016-01
丁 中	山钢股份济南分公司炼钢厂	山钢十大杰出青年	山钢团委	2016-05
王克柱	山钢股份济南分公司薄板厂	山钢十大杰出青年	山钢团委	2016-05
王文涛	山钢股份济南分公司发展规划部	优秀共产党员	山东钢铁集团有限公司	2016-06
李丙来	山钢股份济南分公司炼铁厂	优秀共产党员	山东钢铁集团有限公司	2016-06
宋林海	山钢股份济南分公司炼钢厂 120 炼钢车间	优秀共产党员	山东钢铁集团有限公司	2016-06

续表

姓名	所属单位	荣誉称号	授予单位	授予时间
姜伟	山钢股份济南分公司宽厚板厂调度中心	优秀共产党员	山东钢铁集团有限公司	2016-06
李维忠	山钢股份济南分公司化工厂	优秀党务工作者	山东钢铁集团有限公司	2016-06
崔德伟	山钢股份济南分公司宽厚板厂	优秀党务工作者	山东钢铁集团有限公司	2016-06
曹清华	山钢股份济南分公司党委办公室	优秀党务工作者	山东钢铁集团有限公司	2016-06

济钢集团有限公司授予各类先进集体

2015～2016 年度先进基层党组织（8 个）

汽运公司党委　　公司机关党委　　炉料公司党委　　济钢国际党委
铁合金厂党委　　铸管公司党委　　冶金研究院党委　　国际物流党总支

2015 年度集团公司文明单位（10 个）

汽运公司　　国际物流公司　　炉料公司　　冶金研究院
矿业公司　　国际工程公司　　铸管公司　　供热公司
金融中心　　铁合金厂

2015 年度人口和计划生育工作先进集体（9 个）

铸管公司　　矿业公司　　济钢总医院　　汽运公司
重工公司　　商贸公司　　中型轧钢厂　　标准件厂
国际工程公司

2015～2016 年度先进党支部（21 个）

炉料公司鲁新党支部　　济钢总医院第四党支部

济钢国际工程公司工艺党支部
重机公司连铸部党支部
建设公司外协部党支部
济钢商贸公司社区物业新村物业服务中心党支部
济钢商贸公司鲍德文化传媒公司党支部
水文公司岩土公司党支部
冶金研究院标样党支部
铁合金厂合金二部党支部
机关党委组织部/人力资源部党支部
离退部总厂区第十二党支部
离退部总厂区第十九党支部
离退部二区党总支第五党支部
离退部三区党总支第一党支部
标准件厂测温仪器厂党支部
中轧厂轧钢车间党支部
铸管公司烧结车间党支部
矿业公司采矿车间党支部
汽运公司客运服务车队党支部
国际物流机关党支部

2015 年度集团公司先进车间（科室）（45 个）

铸管公司（3 个）：
铸管车间
物流中心
销售公司
彩板厂（1 个）：
营销部
复合板公司（1 个）：
制造部
炉料公司（2 个）：
鲁新公司生产部
石灰石翟家矿区
汽运公司（2 个）：
综合维修中心
物流业务部
翼板公司（1 个）：
财务部
国际工程公司（2 个）：
炼铁事业部
运营部
供热公司（1 个）：
综合项目部
金融中心（1 个）：
租赁业务部
钢结构公司（1 个）：
预处理厂
中型轧钢厂（1 个）：
精整车间
重机公司（1 个）：
连铸设备事业部
冷弯型钢公司（1 个）：
技术品质部
商贸公司（3 个）：
资产管理部
厂区物业管理中心
鲍德文化传媒公司（印刷厂）
总医院（4 个）：
外三科
急诊科
检验科
内五科
冶金研究院（2 个）：
标准样品研究所
党政办公室
国际物流公司（1 个）：
物流经营部
矿业公司（2 个）：
采矿车间
生产技术科
铁合金厂（2 个）：
合金第一事业部

合金第二事业部
建设工程公司（2个）：
炼钢协力部
机械化施工队
萨博公司（1个）：
综合管理部
标准件厂（2个）：
剪切加工车间
测温仪器厂合金线车间
水文公司（1个）：
环境工程公司
公司机关（7个）：
办公室调研文书科
组织/人力资源部员工管理科
宣传部新闻传媒中心报社
财务部成本科
资产管理/发展规划部资本运营科
运营/安全部安全科
企管部考核科

2015年度集团公司先进班组（41个）

汽运公司（3个）：
综合维修中心维修一班
货运三队短倒班
客运服务车队运行甲班
彩板厂（1个）：
中间库
复合板公司（2个）：
探伤班
切割班
炉料公司（2个）：
石灰回转窑班
鲁新运行班
翼板公司（1个）：
行车维修班
钢结构公司（1个）：
下料班
中型轧钢厂（1个）：
轧钢车间丙班
重机公司（1个）：
连铸设备事业部钳工六班
冷弯型钢公司（1个）：
制造部189线班组
铸管公司（12个）：
销售公司西北区
生活公司幼儿园
综合厂起重班
物资检查站化验室班
物流中心调度班
铸管车间修磨丁班
铸管车间制芯工区
计量车间计算机班
动力车间汽轮机班
炼铁车间1号炉值班室
烧结车间烧结维修班
阿科力化工有限公司生产班
商贸公司（4个）：
绿润园林公司综合班
新村物业服务中心管道班
鲍德文化传媒公司（印刷厂）印刷装订班
贸易物流公司钢贸班
供热公司（1个）：
空调运行班
冶金研究院（1个）：
瑞宝装配车间杨洪林班组
矿业公司（2个）：
运搬班
破碎班组
铁合金厂（3个）：
爆破公司第一项目部

合金一部合金甲班
维修中心维修制作班
建设工程公司（1个）：
炼钢协力部转炉班
萨博公司（1个）：
电气设备作业区
标准件厂（2个）：
剪切加工车间火切一班
测温仪器厂合金线车间合金线班
水文公司（1个）：
协力服务部炼铁站

济钢集团有限公司授予各类先进个人

优秀共产党员（121名）

管池森	董福利	王　众	李国华	张　磊	潘　辉	郑玉福
刘中成	刘　前	侯宪保	高　英	高素琴	贺西娟	李　兵
李军卫	张文周	周升晓	杜更民	孙明龙	彭　勇	李庆岭
王　平	陈法海	安　敏	高　林	颜永健	张黎明	付长青
刘春生	张连发	王晓玲	刘德强	丁春起	罗佃柱	王丽莉
王　静	王广云	王　平	宋树春	范贵国	范洪伟	刘美华
高传华	崔作林	李继亮	刘鸿春	王世法	孙凤汉	姜　蕾
韩洪龙	焦何生	石　晶	刘梦祥	张维义	刘峰爱	于忠谋
董延林	刘世淮	孙启胜	王克祯	王学文	吕家荣	戴学禄
宋宝山	王思俭	梁兆开	梁光耀	田延英	马殿友	马孝坤
赵宗科	于相重	张运长	孟繁东	蒋德瑜	黄金林	夏克林
王　渠	李存德	王锡佩	梁培章	张　健	谢安鹏	李　勇
高洪吉	夏广新	朱　慧	任延安	陈广平	程永茂	亓振国
赵玉乐	李健全	马　健	钱德林	颛孙同勋	王　鑫	刘　松
巩贤臣	胡春喜	谷彪庆	高克忠	宋钦涛	徐富胜	李胜周
郭　东	刘宝刚	孙继刚	孙玉成	苏艳涛	张兴桥	张本龙
王　琼	王　彬	魏信栋	张玉华	蒋升华	郭洪卫	杨洪彬
徐　强	王兴强					

优秀党务工作者（39名）

牛振兴	王学诚	杨宏钰	禚世浩	袁乃波	王　凯	尚逢洪
张希胜	张士义	陈梅花	杜绚丽	张克祥	董法龙	贺　霖
蒋晓文	郭晓光	梁　军	冯耕义	蒋雪军	祝晓宝	徐昌茹

吕凌燕	刘明生	杨来顺	王俭龙	杨俊国	吴继华	王　珂
杨　勇	滕德林	李学鹏	张景祥	李玉红	王　浩	李赐波
童　勇	姜进强	贾元奎	刘柱石			

2015 年度集团公司劳动模范（13 名）

孙跃光	焦其镇	梁　冰	郭德元	王绪亚	马国梁	孙　庆
李凤莲	张国明	侯银生	张玉华	傅国水	贾元奎	

2015 年度集团公司先进生产（工作）者（127 名）

宰令坤	李守刚	管池森	王恒山	孟德峰	初明吉	王恩亮
田利华	顾中河	刘延军	刘文忠	李宝健	郑玉福	赵　勍
柴政刚	张春明	徐永全	李海明	李永刚	司　建	贺西娟
刘　飞	尹雄峰	祝晓宝	亓　磊	王　超	荣国才	尚国宇
张　波	马　磊	梁壮培	郝　利	丁伟中	张建峰	付　国
郭　新	鲁　红	周　勇	徐思营	邵长根	李庆峰	张洪奎
丁宗华	尹承春	刘小英	卢延厂	陈延明	郑志伟	范伟东
母建华	张祖宝	徐兆金	纪永杰	张书春	冯正军	王世雷
高　林	牛勇刚	陶继英	赵卫东	李金勇	刘玉英	汪　芳
王玉刚	张守红	刘利东	郑庆年	王丽莉	王　岩	王梯健
杨　勇	徐长钰	王立华	黄　诚	于　军	殷占虎	张茂军
王东运	姜东泉	张海礼	张红升	吴　健	朱启庆	关永成
王　铮	孟凡耀	葛建春	张建国	李克东	刘　勇	薛兴磊
李　旻	张世华	张希胜	王德志	刘登第	闻成莲	陈现厚
葛希胜	苗　苗	李梅广	李学付	郑立宪	张成家	陈　坤
臧　峰	王　静	赵立志	沈相东	李家福	原明虎	付　李
李　静	靳玉启	杨洪彬	童　勇	郭洪卫	刘彦平	蒋升华
姜进强	王兴强	李会龙	魏信栋	李赐波	徐亮天	徐　强
刘柱石						

人口和计划生育工作先进个人（16 名）

李庆霞	张义莲	毕娟娟	孟晓丽	丁　静	侯殿蕾	李　娟
万纯杰	袁　群	刘永丽	马桂兰	张桂菊	高晓琴	侯福霞
张连芸	李俊华					

先进职教工作者名单（9名）

程晓英　蔡　青　刘征辉　王恒山　黄美珍　宋宪伟　张海鹰
刘亚平　王世法

山钢股份济南分公司授予各类先进集体

2015~2016年度先进基层党组织（6个）

薄板厂党委	炼铁厂党委	炼钢厂党委
机关党委	能源动力厂党委	宽厚板厂党委

2015年度公司文明单位（8个）

炼钢厂	炼铁厂	宽厚板厂	薄板厂
贝斯钢板公司	化工厂	能源动力厂	物流管理中心

党管武装工作先进单位（7个）

炼铁厂	薄板厂	检修公司	宽厚板厂
炼钢厂	气体厂	物流公司	

2015~2016年度先进党支部（18个）

炼铁厂3号1750高炉车间党支部	物流管理中心铁前二车间党支部
炼钢厂120生产准备车间党支部	计量质检中心物理实验室党支部
宽厚板厂3500热轧车间党支部	自动化信息技术公司信息党支部
薄板厂冷轧车间党支部	炼铁厂320烧结车间党支部
机关党委组织部/人力资源部党支部	炼钢厂210炼钢车间党支部
化工厂回收一车间党支部	第一小型轧钢厂热轧党支部

机关党委办公室党支部
机关党委工会党支部
物流管理中心机务段党支部
检修工程公司物流部党支部
气体厂设备质检部党支部
能源动力厂热力车间党支部

2015 年度公司先进车间（科室）（36 个）

炼铁厂（3 个）：
高炉供料车间
干熄焦车间
3200 高炉车间
炼钢厂（2 个）：
210 连铸车间
生产技术科
宽厚板厂（2 个）：
安全环保科
2500 产线精整车间
化工厂（1 个）：
机动科
第一小型轧钢厂（1 个）：
热轧车间
能源动力厂（1 个）：
电气自动化车间
薄板厂（1 个）：
热轧车间
物流管理中心（2 个）：
铁前二车间
安全环保科
计量质检中心（2 个）：
综合管理科
计量车间
自动化信息技术公司（1 个）：
信息运行中心
气体厂（1 个）：
市场开发部
检修工程公司（2 个）：
生产科
原料部
公司机关（16 个）：
销售公司薄板销售事业部
南京济钢经贸有限公司
党委宣传部/团委组织科/生产科
生产部总调度室
用户应用技术中心商务部
纪委/监察部办公室
党委组织部/人力资源部员工管理科
发展规划部投资管理科
绩效管理部系统创新科
财务部财务预算科
财务部资金预算科
办公室信访科
安全部安全科
保卫部交通大队
能源环保部环境保护科
工会权益部
贝斯钢板公司（1 个）：
生产技术部

2015 年度公司文明建设先进班组（42 个）

炼铁厂（6 个）：
工序检查站煤焦化验班
3 号 1750 高炉值班室班
热风车间 3200 热风炉班
炼焦一车间调火班
炼焦二车间热调班

400 烧结车间主线乙班
炼钢厂（6 个）：
45 炼钢车间乙班
210 炼钢车间甲班
45 连铸车间丙班
120 连铸车间乙班
120 生准车间乙班
天车一车间 120 乙班
宽厚板厂（5 个）：
天车车间 2500 产线维护白班
2500 产线精整车间丙班
质检部 2500 产线检查班组
3500 产线热轧车间甲班
3500 产线精整车间丙班
检修工程公司（6 个）：
能源动力部开关班
薄板部热轧技术组
焦化部炼焦检修二班
炼钢一部仪表公辅
气体部钳工一班
物流部钳工四班
化工厂（1 个）：
回收一蒸馏班
第一小型轧钢厂（1 个）：
车辊班
能源动力厂（4 个）：
煤气二车间 5 号加压站
供水二车间 1700 班组
热力车间 1750 风机班
电力车间运行二班
薄板厂（3 个）：
冷轧轧钢丁班
重分卷丙班
热轧轧钢丁班
物流管理中心（4 个）：
卷板作业区丁班
210 站运转乙班
中板作业区老库班
铁前一车间取料甲班
计量质检中心（2 个）：
进厂物资检查站西门取制样班
中心化验室 120 化验班
自动化信息技术公司（1 个）：
电信运行中心维修一班
气体厂（1 个）：
生产运行部管网班
公司机关（2 个）：
保卫部护卫大队特勤中队三班
保卫部消防大队二分队

实训基地管理先进单位（1 个）

检修工程公司

山钢股份济南分公司授予各类先进个人

2015~2016 年度优秀共产党员（88 名）

宋林海　李　玮　张成强　胡尊彬　冯增铭　方　伟　高坤金
瞿立宝　刘乃杰　夏世元　贾　颖　明　波　孙冬杰　吕化军

魏学军	张世健	刘正华	刘　升	尚玉民	王振强	叶　勇
武冠军	刘秀杰	金　峰	陈　涛	姜　伟	陈法松	李国平
李洪泉	李雪东	李玉杰	王　越	郑晓军	李鸿君	朱彦庆
赵月强	李　扬	郭　超	楚世豪	王华雄	赵守义	马庆涛
王　桢	宋秀江	赵官柱	孙永栋	李晓斌	杨宝庆	陈狄新
朱宁征	陈　森	赵　毅	朱庆福	马长华	段永增	宋　军
苏　鸣	孔祥坤	姚建峰	刘　萍	赵文红	张　雁	杨　涛
曹　军	李井磊	赵新波	黄　利	刘传辉	孙曙光	许文强
卞新亮	王文龙	付春钢	阴　莉	江应忠	尹建利	王学军
吴　朋	刘建光	丁历玉	张绍海	刘陈新	王金华	李丙来
李作鑫	张永护	何绪友	王文涛			

2015～2016 年度优秀党务工作者（35 名）

陈　磊	范　平	曹永锋	廉　梅	曾庆禄	谭　刚	孙建华
宋海彬	王庆山	邱延祥	宋泽田	胡修涵	孔　倩	白兆立
李　新	李建磊	张　辉	张自强	赵明星	张国华	尹东辉
纪秀文	张　强	徐修苓	吕德柱	侯成涛	李　梁	王丰祥
赵智珠	黄恩宏	魏安庆	贾玉芬	崔德伟	曹清华	李维忠

2015 年度公司劳动模范（15 名）

王克柱	杜　平	王玉民	陈锦标	刘吉明	王　拯	孔繁国
李　康	刘玉芳	高　鹏	王　勇	杨　锋	陈增治	陈　奋
王金华						

2015 年度公司先进生产（工作）者（235 名）

刘振林	徐瑞阳	危尚友	高　磊	马印亭	夏拥华	魏玉玲
刘继彬	何海波	周金生	郭焕军	廖　敏	马进运	高庆峰
刘晓晨	胡尊彬	李建熙	张雷忠	贺红力	张旺和	张春国
曲锡文	赵治国	刘　波	尹元生	袁宪强	刘建斌	郑连东
安玉兆	林建峰	屈凡碧	邱成辉	赵　辉	王旭东	赵　毅
曹生前	宋长军	毕思东	冯学刚	姬生杰	陈　涛	焦庆亮
刘海涛	郭家磊	罗维忠	文学虎	贾存博	孙庆斌	狄小堂
张　巍	王　军	董　慧	赵其峰	王德强	薛兴德	雷在伟
高　鹏	徐道玮	姜巨武	沃家峰	李长新	张家坤	刘圣海

陈　涛	韩雪冰	赵序栋	刘　升	容　滨	孙道闯	刘杰领
赵　杰	任雁胜	刘公强	赵　珉	张世建	戴辉永	史　涛
闫晓凯	李庆滨	王　永	黄卫东	马培旭	吕　克	张守俊
李文唤	眭志华	王元滨	钱志琛	李雪东	李柏君	杨　健
赵令玉	田　成	孙进波	朱建业	王新刚	苏　毅	李延涛
汤文博	陈俊杰	孙清泉	曹可明	赵国岭	王建刚	马　昊
程建玉	张　鹏	马玖峰	王　锋	洪　峰	刘晓祥	刘宏春
江　波	刘俊懿	张自强	侯　镇	高劲松	姚建武	吴　刚
韩照民	冯　森	张金涛	马吉涛	王爱勇	杨连安	蒋绪存
郭克柱	陈学刚	孟贤峰	段跃成	张俭福	祁建新	孔祥震
李玉峰	林建民	郭贞来	阎　庆	李兴亮	陈　强	杨朝波
李建鹏	王　杰	肖　涛	段建国	徐合一	常连增	韩　强
宋增庆	张德龙	朱宪强	王寿祥	王　晔	王　飞	孔　宁
王　斌	周建坤	李　刚	王华胜	李洪江	丁玉国	冯会玉
李书国	宋　莉	戴兴中	宋维方	徐　红	李惠琴	王洪永
刘　杰	刘晓峰	韩　瑜	曹爱青	关本恒	田　峰	王立伟
毕思安	冯启全	张欢民	张志刚	王丰收	向　阳	许海波
刘　革	孙　明	王　凯	孙　扩	葛　颢	王衍辉	骆俊霞
鄞　烽	孙永刚	陈　庆	梁荣华	魏东方	杜　军	李晓冬
李　真	曲　燕	刘艳梅	林　波	寇传乾	朱世保	刘树杰
马立悦	张泽民	崔玉新	徐　光	邹玉萍	汤万全	苏春越
房克余	李波涛	陈敏弟	马　帅	李旺生	胡宝印	赵山绩
刘　杰	褚慧娟	邱延祥	李晓斌	王　勇	张润生	李作鑫
黄恩宏	李丙来	赵智珠	何绪友	崔德伟	王丰祥	李永亮
李维忠	张永护	贾玉芬	于均业			

优秀教师名单（29 名）

张拥军	张　辉	张立新	宋西存	亓祥民	堵琳洁	张国营
程　磊	孙书刚	雷龙祥	马世利	管震宝	刘　萍	胡冠鹏
高　辉	于向东	赵曾寅	周训勇	闫　震	谢登利	曲　燕
朱万飞	周海晨	刘砚衡	李燕军	冉照朝	侯德富	张　军
孙明明						

先进职教工作者名单（12 名）

亓淑清	杨　娟	胡丽华	王　菊	李燕军	杨　阳	任校丹

郭嘉凝　史　宁　李文进　刘玉芳　付道宏

先进民兵个人（90 名）

王京巨	季宏杰	宋　伟	尹东辉	马传统	郭宜鑫	王兴国
王立军	霍加柱	于振刚	赵汝滨	刘泽福	刘　洋	李德国
张旭鹏	李占伟	滕　强	钟　峰	冯　强	张立强	张俊杰
陈　浩	崔新海	张万全	傅衍臣	张新江	杜　佳	柴　栋
庞跃东	王　健	石绍斌	孙进波	路西勇	李　杰	雷在伟
沃家峰	杨振宇	田诚林	韩瑞桢	魏福强	于振军	王建宝
杨洪福	孙　鹏	李忠喜	张海东	宋方龙	王庆雷	张　旭
冯　森	彭元强	张其海	吴克成	张　杰	董　可	杨德永
张　波	姚伯男	王义成	李　忠	许宇晨	张　强	侯广健
王玉华	宋　伟	宋元绪	韩　方	陈　亮	梁新伟	赵新民
徐　峰	李克军	李济军	吕洪波	李笃昌	王　涛	李丙来
赵智珠	王金华	王丰祥	李作鑫	黄恩宏	郝之峰	高岩军
何绪友	崔德伟	刘庆玉	马晋宇	陈增智	于均业	

统计资料

TONGJI ZILIAO

核心理念

☆ 企业精神——信恒如山，创新超越

主要产品介绍

【船板及海工用钢板】 济钢集团有限公司具有多年生产船体结构钢板的历史，产品牌号齐全：能够生产A、B、D、E、AH32、DH32、EH32、FH32、AH36、DH36、EH36、FH36、AH40、DH40、EH40、FH40（Z25、Z35）等牌号，是国内船板牌号最为齐全的钢厂之一。特别是以TMCP工艺生产的60毫米厚的FH40通过了九国船级社的工厂认可，是国内仅有的能够生产50~60毫米的FH40船板的少数企业之一。2016年完成了80毫米的E460、60毫米E550的船级社认证并取得了美国船级社颁发的证书；低成本DH36船板试制成功，高止裂EH40、EH47船板试制成功，达到船级社认证标准；高止裂EH47船板、大线能量焊接EH36船板试制完成；改进提升70~80毫米厚海上风电用DH36的质量，保证了龙源振华风电项目1.1万吨订单的交付。组织完成了印度、挪威、英国、法国等船级社工厂认可证书换证审核工作；完成了挪威船级社《MSA证书》的换证审核和中国船级社证书年审工作。我公司申报的“船舶及海洋工程用结构钢热轧宽厚钢板”获得金杯奖证书。全年产品质量整体稳定。

【锅炉压力容器用钢板】 济钢自20世纪80年代开始研制锅炉压力容器用钢板。2016年容器钢实现产品升级、扩展，800兆帕水电钢正式通过权威机构焊接评定；完成-68℃冲击的A537CL2容器钢的研制，实现出口泰国1285吨；600MPa水电钢供货规格拓展至52毫米，完成大单重订单产品的改尺供货方案，通过技术手段解决了设备保障能力不足的问题，顺利完成丰宁、敦化、绩溪等项目7724吨600兆帕钢的订单交付；在300毫米断面改250毫米断面后，迅速制定“莱钢冶炼—济钢轧制”方案，赴莱钢跟踪冶炼1562吨44毫米和46毫米大单重JH610CFD，保障了丰宁、敦化、绩溪等项目订单的后续交付。完成了压力容器用钢证书的换新审核。

【管线与油罐用钢板】 石油天然气输送管线用钢与大型石油储罐用大线能量焊接高强度钢技术要求高，生产难度大，代表着一个企业的产品研发水平。2016年管线钢方面，四个规格的X80M钢板顺利通过中石化新气管道项目的单炉试制评定，为公司进入中石化新粤浙项目供货资格奠定了基础；首票高技术要求海底管线X65MO的开发及批量交付，进一步开拓和巩固了沙特市场；完成零下30摄氏度调制型X52QS、正火型X60N的研发和高韧性X65M的工艺优化；新开发的YY415-PSL2管件用管线钢应用性能良好，得到用户充分肯定。我公司申报的“石油天然气输送管用热轧中厚钢板”获得金杯奖证书。全年产品质量整体稳定。

【结构用钢板】 2016年高强钢方面，开发Q460E、Q620E、Q690E-Z25、特殊要求Q690E、60~120毫米Q890D等产品，突破Q890厚度规格供货极限，实现了易焊接超高强度系列产品全规格供货能力；快速完成郑煤机新型Q550D、Q690D系列低屈强比高强钢的开发交付，受到郑煤机公司高度称赞。全年预计可交付高效益高强钢4.3万吨。特殊钢方面，耐候耐蚀钢、核电钢研发及市场开拓成效显著，耐候结构钢Q355NHB-Z15、耐候桥梁钢Q370qDNH试制成功并均形成实单，核电钢累计结算超过6000吨，中标合同超过1万吨；耐磨钢新增加Bis54J牌号；军工钢市场开拓取得突破，防雷板FL850E、FL950E实现首次小批量供货；桥梁钢完成芜湖、三门峡用厚规格、大跨度、宽板幅Q370qE的试制、焊评及交付，具备了大江大河公铁两用桥梁建造能力和供货条件。我公司申报的“高强度结构用调质钢板热轧钢板”“桥梁用低合金结构钢热轧中厚钢板”获得金杯奖证书。全年产品质量整体稳定。

【热轧卷】 **产品规格**：厚度：1.5（1.2）~19 毫米；宽度：900~1600 毫米；钢卷内径：ϕ（1000~2000）毫米；最大卷重：27.8 吨；最大单重：18 千克/毫米；交货状态：热轧状态交货；外形尺寸公差：符合 GB709 的规定；钢带的包装、标志和质量证明书符合 GB/T247 的规定。2016 年卷板方面，研发的低成本双相钢工艺稳定、创效良好，使我公司成为国内唯一一家利用合理的成分设计和层流冷却工艺（无超快冷）实现 3~12 毫米全规格热轧高强度双相钢稳定批量生产的厂家，全年预计可生产双相钢 3.1 万吨，创效 1741 万元；新开发的厨具用钢、镀锌用低硅钢坯、低屈强比桥梁用钢、钢铜复合基料用钢、低屈强比高强钢 Q420C 等产品实现接单入市，汽车传动轴用钢、汽车车轮钢、高强结构钢、低屈强比桥梁用钢 Q345qD-LW 开始批量接单，品种结构进一步优化。

【冷轧钢带】 **产品规格**：酸洗商品卷，厚度：2.5~5.0 毫米；宽度：1000~1550 毫米；最大卷重：24 吨。冷硬商品卷，厚度：0.20~2.5 毫米；宽度：1000~1650 毫米；最大卷重：23 吨。冷轧商品卷，厚度：0.4~2.5 毫米；宽度：1000~1650 毫米；最大卷重：20 吨。**主要冷轧产品**：汽车专用冷轧钢板及钢带，主要用于除轿车覆盖件外各种汽车内板及零部件的冲压成型，主要牌号（J）St12、（J）St13、（J）St14、（J）St15、JSt15-ZF、（J）St16。冲压用冷轧钢板及钢带，主要用于各种成型用冲压件，主要牌号 SPCC、SPCD、SPCE、DC01、DC03、DC04、DC05、DC06、A1008CS。超低碳搪瓷用钢，主要用于搪瓷浴缸等高等级搪瓷制品生产制造，主要牌号 JTCF。防盗门专用钢，主要作为防盗门专用钢板和钢带，主要牌号 JFCC。焊丝专用钢，主要作为焊丝专用钢板和钢带，主要牌号 JHS1、JHS2、JHS4。冷轧碳素结构用钢，主要为一般结构和制管专用钢板和钢带，主要牌号 Q215、Q235、ST37-2G（制管用钢带）。

【复合板公司产品目录及规格】 **供应产品**：碳钢普锰系列（Q235、Q295、Q345 等）、容器板系列（Q245R、Q345R、Q370R、16MnDR 等）、管线钢系列（L360［X52］、L415［X60］、L450［X60］等）、船板系列、高强钢系列等复合不锈钢 304（L）、310S、316（L）、317（L）、321、1Cr13、镍基合金 N08825 及工业纯钛 TA1、TA2 等。生产能力：复合板依托济钢 2500 毫米中板生产线、3500 毫米厚板生产线、4300 毫米宽厚板生产线生产，年生产能力达到 3 万吨。基层厚度：3.0~39.5 毫米；覆层厚度：0.5~5.0 毫米；总厚度：3.5~40.0 毫米；交货宽度：≤ 2800 毫米；交货长度：≤13000毫米。

【彩板厂产品目录及规格】

镀锌钢带：厚度：0.3~1.2 毫米；宽度：800~1250 毫米；卷重：5~10 吨；锌层：80~275 克/平方米。

主要用途：主要用于建筑、家电、汽车、容器、交通等领域，特别是钢结构建筑、汽车制造等行业。主要产品牌号：国标 DX51D + Z、S220GD + Z、S250GD + Z、S280GD + Z、S320GD + Z；日标 SGCC；美标 A653CSB。

彩涂钢带：厚度：0.3~1.2 毫米；宽度：800~1250 毫米；卷重：3~8 吨。

面涂种类：普通聚酯、高耐候聚酯、氟碳、抗静电等。主要用途：用于制作汽车内板、底板；家用电器外壳和底板；冷库里板、侧里板和顶板；建筑业轻钢龙骨、建筑层面板、墙板及卷帘板。主要产品牌号：国标 TS250GD+Z、TS280GD+Z、TS320GD+Z、

TDC51D+Z；欧标 DX51D+Z、S220GD+Z、S250GD+Z、S280GD+Z、S320GD+Z；日标 CGCC。

【铸管公司产品目录及规格】

供应产品：炼钢生铁铁水（块）、离心球墨铸铁管（产品规格 DN(80-1200) 毫米)、水渣、化工油漆、防腐涂料、内外墙乳胶漆等。

产品分类：离心铸造球墨铸铁管产品具有强度高、韧性好、质量轻、承压能力强、耐腐蚀、施工安装方便等优点，其敷设的管线具有耐基础不均匀沉降、抗震能力强、寿命长等特点。这种产品自20世纪80年代末进入中国以来，在生产和应用领域都取得了长足的发展，目前球墨铸铁管产品已经成为国内外市政供水管道的首选产品，中国也已经成为世界上最大的球墨铸铁管产品生产国，产品遍布世界各地，并广泛应用于市政、石油、化工等输送流体介质的领域。山东球墨铸铁管有限公司生产的球墨铸铁管产品主要有以下种类：

（一）按产品执行的标准分类。

山东球墨铸铁管有限公司可以按照 ISO2531、ISO7186、EN545、EN598、BS4772、AS/NZS 2280、GB/T 13295、GB/T 26081、GB/T 24596 以及相关的标准生产离心球墨铸铁管产品。

（二）按产品的接口型式分类。

1. 滑入式柔性接口：T型、STD型等。STD型接口由T型接口演变而来，除具有T型接口的优点以外，其突出的特点是高压下接口密封性强。用户可以在管线设计压力较高的情况下选择STD型接口球墨铸铁管。

2. 约束性接口：Ⅰ型防滑脱接口（S型)、Ⅱ型自锚式防滑脱接口（T型、STD型)、Ⅲ型分段式防滑脱接口（T型、STD型）等。防滑脱接口具备T型接口的大部分优点，其突出的特点是可以防止管线的接口拔脱。用户可以根据管线的敷设环境、使用条件等酌情选择Ⅰ型、Ⅱ型或Ⅲ型防滑脱接口球墨铸铁管。

【钢结构公司产品介绍】

主要从事钢板配送、钢板预处理、钢板深加工、钢格栅板等业务，主要产品有构件制作、H型钢、天车梁、架桥机等。

钢板深加工：切割下料；构件制作；机械加工；卷板与螺旋焊管制作。

钢格栅板：按负载扁钢的平面分为平面型和齿型。按扁钢的规格、间距和扭绞间距不同，可组成各种各样规格品种，表面可进行涂漆、热浸锌等。适用于冶金、建材、电站、锅炉、造船、石化、化工及工业厂房、市政建设等行业。

【冷弯型钢公司产品目录及规格】

主要产品包括：结构用方矩形管、结构圆管、钢板桩、槽钢、角钢、Z型钢、通用开口冷弯型钢等。品种包括普碳、低合金高强度、耐腐蚀、耐低温、耐高温、复合材料等冷弯型钢，方矩形钢管最大尺寸为300毫米×300毫米，最大壁厚19毫米。

方管：规格：60毫米×(60~400)毫米×400毫米，壁厚3~19毫米；

矩形管：规格：80毫米×(60~400)毫米×350毫米，壁厚3~19毫米；

圆形管：规格：外径54~189毫米，壁厚3~19毫米。

【中轧厂产品目录及规格】

热轧槽钢：

规格：6.3号、8号、10号、12号、14a号、14b号、16a号、16b号、18a号、18b号、20a号、20b号槽钢；

定尺：5~13米，10毫米进位；

钢种：普碳钢、低合金高强钢；

标准：《热轧型钢》(GB/T 706—2008)；

用途：工业结构、工民建、车辆制造等。

113集装箱槽钢：

规格：JC113毫米×40毫米×12毫米；

定尺：2659 毫米的倍尺；

钢种：Q345B、SM490YA；

标准：Q/320581ADY304—2000；

用途：集装箱制作。

厚缘扁钢：

规格：100 毫米×10 毫米，60 毫米×8 毫米；

定尺：6~12 米；

钢种：Q235B、Q345B；

用途：建筑行业，机械制造。

热轧等边角钢：

规格：∠75 毫米×75 毫米×(6、7、8、9、10）毫米；∠80 毫米×80 毫米×(6、7、8、9、10）毫米；

∠90 毫米×90 毫米×(6、7、8、9、10、12）毫米；∠100 毫米×100 毫米×(6、7、8、9、10、12）毫米；∠125 毫米×125 毫米×(8、10、12、14）毫米；∠140 毫米×140 毫米×(10、12、14、16）毫米；

定尺：5~13 米，10 毫米进位；

钢种：普碳钢、低合金高强钢；

标准：《热轧型钢》（GB/T 706—2008）；

用途：建筑、造船、机械、车辆、结构件等行业。

【翼板公司产品目录及规格】

主要生产翼板钢、电极扁钢、弹簧扁钢、矿用支护等系列产品。主要产品规格为厚度 8~30 毫米，宽度 90~400 毫米，长度为 6 米、7 米、8 米、9 米、10 米、11 米、12.5 米、13 米的定尺翼板与窄中板。产品主要材质有 Q195、Q215B、Q235B、Q345B、Q345C 等钢种，可根据用户需要开发并批量生产其他特钢。

矿用 T 型钢：

材质：Q235B、Q345B；

宽度：100~300 毫米；

厚度：6~20 毫米；

长度：3~12 米；

用途：煤矿巷道顶部支护锚护。

阴极扁钢：

规格：（65 ~ 150）毫米 ×（130 ~ 220）毫米；

定尺：1.5~5 米；

钢种：Q195B、Q215B、Q235B、Q195L；

用途：电解铝厂电解槽。

刀板钢：

材质：Q235B、Q345B、27MnTiBM；

规格：（16 ~ 30）毫米 ×（100 ~ 350）毫米；

长度：3~9 米；

用途：推土机、装载机操作。

高铁垫板：

材质：Q345B；

宽度：160~200 毫米；

厚度：14~18 毫米；

长度：280~320 毫米；

用途：铁路导轨用垫板。

【标准件厂产品目录及规格】

热切割件：利用优质钢板头根据客户的订单要求进行深加工生产而成的长方形、三角形、梯形、圆形等各种形状异形件，用户以山东市场为主，并销往江苏、安徽、浙江、河北等省市，形成了稳定的客户群。

冲压件：利用优质板头冲压而成，冲压圆盘的主要规格型号有：ϕ16 毫米×105 毫米×190 毫米，ϕ16 毫米×105 毫米×210 毫米，ϕ16 毫米×105 毫米×217 毫米，ϕ18 毫米×105 毫米×190 毫米，ϕ18 毫米×105 毫米×210 毫米，ϕ18 毫米×105 毫米×217 毫米等，主要用于进一步加工优质法兰盘。冲压异形件则主要用于加工各种零件毛坯等。

（撰稿人　杨　超　蒋雪军）

2016年主要技术经济指标完成情况统计表

指标名称	计量单位	实际完成	指标名称	计量单位	实际完成
一、产值			六、劳动工资		
1. 工业总产值（现行价格）	万元	2151447	1. 全部从业人员劳动生产率	万元/(人·年)	79.43
2. 工业销售产值（现行价）	万元	2141814	2. 年末全部从业人员	人	25229
3. 工业增加值	万元	387260	3. 全部从业人员平均人数	人	27087
二、产量			4. 全部从业人员工资总额	万元	162335
1. 铁矿石	万吨	38.54	七、外经外贸		
2. 铁精粉	万吨	24.60	1. 出口创汇率	%	2.82
3. 烧结矿	万吨	1131.02	2. 钢铁产品出口额	万美元	8754
4. 生铁	万吨	722.45	其中：钢材	万美元	7591
5. 钢材	万吨	621.50	3. 钢铁产品出口量	万吨	22.97
三、质量			其中：钢材	万吨	20.35
1. 生铁合格率	%	99.996	八、销售及库存		
2. 钢材合格率	%	99.88	钢材销售量	万吨	622.23
3. 钢材综合成材率	%	94.34	钢材库存量	万吨	5.84
四、消耗			钢坯销售量	万吨	3.21
1. 炼铁综合焦比	千克/吨	483.502	产品销售率（实物）	%	100.12
五、财务			产品销售率（价值）	%	99.55
1. 利税合计	万元	106789	九、安全环保		
其中：利润	万元	16319	1. 千人负伤率	‰	0.066
2. 主营业务收入	万元	2183803	2. 千人工亡率	‰	0
3. 产品销售成本	万元	53061	3. 死亡人数	人	0
4. 主营业务税金及附加	万元	9923			
5. 流动资产合计	万元	1573445			
6. 固定资产原值	万元	4100800			
7. 固定资产净值	万元	2522060			
8. 所有者权益合计	万元	1078699			

（制表人　王　勇）

专业技术人员基本情况统计表

2016 年末济钢集团有限公司专业技术人员基本情况统计表

项目		代码	合计	女	少数民族	中共党员	博士	硕士	港澳台及外籍人士	学历：研究生	学历：大学本科	学历：大学专科	学历：中专	学历：高中及以下	年龄：35岁及以下	年龄：36~40岁	年龄：41~45岁	年龄：46~50岁	年龄：51~54岁	年龄：55岁及以上
甲		乙	1	2	3	4	5	6	7	8	9	10	11	12	13	14	15	16	17	18
总计		1	2132	728	43	1098	4	179	0	111	1156	603	215	47	320	184	387	555	444	242
其中：1. 在管理岗位工作的		2	696	95	12	569	0	52	0	11	384	215	68	18	6	24	121	221	192	132
2. 具有职业资格的		3	595	320	9	233	2	59	0	38	370	140	45	2	97	43	114	165	129	47
专业技术职务	高级职务	4	374	112	7	224	3	64	0	17	332	25	0	0	1	7	50	166	112	38
	其中：正高级职务	5	13	3	0	11	1	6	0	3	10	0	0	0	0	0	1	3	7	2
	中级职务	6	954	370	17	469	1	59	0	41	533	320	58	2	95	100	203	266	190	100
	初级职务	7	651	197	10	316	0	17	0	13	237	235	137	29	140	71	121	102	129	88
	未聘任专业技术职务	8	153	49	9	89	0	39	0	40	54	23	20	16	84	6	13	21	13	16
专业类别	工程技术人员	9	1144	248	21	616	3	123	0	78	657	284	108	17	243	110	180	305	200	106
	农业技术人员	10	0	0	0	0	0	0	0	0	0	0	0	0	0	0	0	0	0	0
	科学研究人员	11	0	0	0	0	0	0	0	0	0	0	0	0	0	0	0	0	0	0
	卫生技术人员	12	312	198	5	87	1	36	0	24	206	57	21	4	49	34	67	83	64	15
	教学人员	13	52	46	0	16	0	0	0	0	25	18	9	0	0	4	17	17	12	2
	经济人员	14	294	84	8	196	0	10	0	3	131	107	35	18	15	18	73	71	62	55
	会计人员	15	159	86	5	57	0	6	0	4	56	74	24	1	8	12	27	38	49	25
	统计人员	16	20	13	0	5	0	0	0	0	5	11	4	0	0	0	5	5	8	2
	翻译人员	17	4	2	0	1	0	0	0	0	2	2	0	0	0	0	0	2	1	1
	图书档案、文博人员	18	8	7	0	5	0	0	0	0	2	5	1	0	0	1	0	2	5	0
	新闻出版人员	19	0	0	0	0	0	0	0	0	0	0	0	0	0	0	0	0	0	0
	律师、公证人员	20	0	0	0	0	0	0	0	0	0	0	0	0	0	0	0	0	0	0
	播音人员	21	0	0	0	0	0	0	0	0	0	0	0	0	0	0	0	0	0	0
	工艺美术人员	22	0	0	0	0	0	0	0	0	0	0	0	0	0	0	0	0	0	0
	体育人员	23	5	0	0	3	0	0	0	0	0	3	1	1	0	0	1	1	3	0
	艺术人员	24	4	3	0	1	0	0	0	0	3	0	1	0	0	0	2	2	0	0
	政工人员	25	130	41	4	111	0	4	0	2	69	42	11	6	5	5	15	29	40	36

（撰稿人　刘　骞）

2016年末山钢股份济南分公司专业技术人员基本情况统计表

项目		代码	合计	女	少数民族	中共党员	博士	硕士	港澳台及外籍人士	学历：研究生	学历：大学本科	学历：大学专科	学历：中专	学历：高中及以下	年龄：35岁及以下	年龄：36~40岁	年龄：41~45岁	年龄：46~50岁	年龄：51~54岁	年龄：55岁及以上
甲		乙	1	2	3	4	5	6	7	8	9	10	11	12	13	14	15	16	17	18
总计		1	2058	501	47	1247	6	228		74	1352	530	84	18	434	217	406	467	349	185
其中：1. 在管理岗位工作的		2	833	95	13	728	1	124		17	551	223	29	13	20	55	184	258	188	128
2. 具有职业资格的		3	335	103	11	176	0	30		17	232	77	9	0	145	18	46	51	59	16
专业技术职务	高级职务	4	510	151	9	339	4	151		30	437	43	0	0	6	53	111	199	105	36
	其中：正高级职务	5	16	2	0	14	0	8		2	14	0	0	0	0	0	0	4	8	4
	中级职务	6	965	254	23	576	2	72		39	649	266	11	0	234	120	178	207	155	71
	初级职务	7	525	93	15	297	0	4		4	245	195	68	13	184	42	107	56	75	61
	未聘任专业技术职务	8	58	3	0	35	0	1		1	21	26	5	5	10	2	10	5	14	17
专业类别	工程技术人员	9	1527	292	41	922	6	212		70	1049	344	58	6	407	182	309	331	209	89
	农业技术人员	10																		
	科学研究人员	11																		
	卫生技术人员	12																		
	教学人员	13	21	12	0	9	0	2		0	11	10	0	0	0	0	1	5	12	3
	经济人员	14	262	93	2	148	0	9		3	127	108	16	8	9	20	53	64	67	49
	会计人员	15	65	40	0	19	0	1		1	42	17	5	0	15	3	8	11	19	9
	统计人员	16	25	19	2	9	0	0		0	14	10	1	0	2	1	4	9	8	1
	翻译人员	17	6	3	0	1	0	0		0	4	2	0	0	0	1	0	2	1	2
	图书档案、文博人员	18	12	10	1	5	0	0		0	8	4	0	0	0	0	1	3	7	1
	新闻出版人员	19																		
	律师、公证人员	20																		
	播音人员	21																		
	工艺美术人员	22																		
	体育人员	23																		
	艺术人员	24	2	0	0	1	0	0		0	0	2	0	0	0	0	1	1	0	0
	政工人员	25	138	32	1	133	0	4		0	97	33	4	4	1	10	29	41	26	31

（撰稿人　刘　骞）

专业技术人员职称情况统计表

2016 年末济钢集团有限公司专业技术人员职称情况统计表

系　列	总　数	其　中				
		正高级	高级	中级	初　级	
					助级	员级
工程技术人员	1144	4	216	477	355	92
农业技术人员	0	0	0	0	0	0
科学研究人员	0	0	0	0	0	0
卫生技术人员	312	8	85	170	46	3
教学人员	52	0	2	28	22	0
经济人员	294	0	17	148	85	44
会计人员	159	0	16	59	78	6
统计人员	20	0	0	13	7	0
翻译人员	4	0	1	3	0	0
图书档案、文博人员	8	0	1	3	4	0
新闻、出版人员	0	0	0	0	0	0
律师、公证人员	0	0	0	0	0	0
播音人员	0	0	0	0	0	0
工艺美术人员	0	0	0	0	0	0
体育人员	5	0	1	2	2	0
艺术人员	4	0	1	3	0	0
政工人员	130	1	21	48	52	8
总　计	2132	13	361	954	651	153

2016 年末山钢股份济南分公司专业技术人员职称情况统计表

系　列	总　数	其　中				
		正高级	高级	中级	初　级	
					助级	员级
工程技术人员	1527	402	15	734	346	30
农业技术人员						
科学研究人员						
卫生技术人员						
教学人员	21	8	0	9	4	
经济人员	262	27	0	138	74	23
会计人员	65	15	0	25	22	3
统计人员	25	4	0	12	9	
翻译人员	6	2	0	4	0	
图书档案、文博人员	12	5	0	4	3	
新闻、出版人员						
律师、公证人员						
播音人员						
工艺美术人员						
体育人员						
艺术人员	2	0	0	1	1	
政工人员	138	31	1	38	66	2
总　计	2058	494	16	965	525	58

（撰稿人　刘　骞）

2016年末职工队伍状况统计表

2016年末济钢集团有限公司职工队伍状况统计表

序号	单位名称	合计	小计	A类职工				B类及其他	女职工（A类）
				在岗	管理工技	生产服务	不在岗		
	合　计	14090	10525	9641	1965	3725	884	3565	1715
（一）	直管单位	9140	6574	5690	1965	3725	884	2566	1715
1	总部机关	87	87	80	79	1	8	0	32
2	直属单位	703	410	371	313	58	39	293	261
3	生产单位	421	406	373	98	275	33	15	96
4	子公司	7928	5670	4866	1475	3391	804	2258	1326
（二）	改制及其他	4950	3951	3951		0	0	999	
	机关（10个）	87	87	80	79	1	8		32
1	办公室/外事办	12	12	12	12		1	0	3
2	纪委/监察部	5	5	5	5		0	0	1
3	工会	4	4	4	4		0		3
4	组织部（机关党委）	3	3	2	2		1		
	人力资源部	4	4	4	4		0		2
5	宣传部/团委	3	3	2	2		1		1
6	离退休管理部	15	15	13	12	1	2		7
7	资产部/规划部	13	13	12	12		1		3
8	财务部	15	15	13	13		2		9
9	运营部	6	6	6	6		0		1
	安全部/保卫部	3	3	3	3		0		0
10	企管部/信息化中心	4	4	4	4		0		2
	直属单位（2个）	703	410	371	313	58	39		261
1	济钢医院（防疫部）	690	397	361	305	56	36	293	255
2	新闻传媒中心	13	13	10	8	2	3		6
	生产单位（4）	421	406	373	98	275	33		96
1	中轧厂	143	143	121	34	87	22		34
2	冷弯公司	38	32	31	19	12	1	6	1
3	彩板厂	179	170	163	20	143	7	9	43
4	供热公司	61	61	58	25	33	3		18
	子公司（19个）	7928	5670	4866	1475	3391	804	2258	1326
1	国际工程	278	277	260	245	15	17	1	86
2	建设公司	438	420	287	46	241	133	18	41
3	钢结构公司	157	71	57	30	27	14	86	18

续表

序号	单位名称	合计	小计	A 类职工				B 类及其他	女职工（A 类）
				在岗	管理工技	生产服务	不在岗		
4	重机公司	472	417	357	149	208	60	55	80
5	标准件厂	393	351	303	65	238	48	42	106
	其中：测温仪器厂	234	208	190	24	166	18	26	68
6	济钢商贸	1085	911	750	157	593	161	174	442
	其中：物业公司	557	529	441	115	326	88	28	
7	青岛国际物流	77	48	47	32	15	1	29	12
8	汽运公司	987	668	571	98	473	97	319	72
9	铸管公司	1501	1037	957	171	786	80	464	194
	其中：综合加工厂	19	19	16	2	14	3	0	11
10	钢城矿业	487	432	422	79	343	10	55	47
11	炉料公司	899	402	329	106	223	73	497	81
	其中：石灰石公司	40	32	32	27	5	0	8	2
12	复合板公司	91	48	43	19	24	5	43	10
13	翼板公司	127	16	14	11	3	2	111	3
14	冶金研究院	223	215	176	108	68	39	8	84
15	水文公司	160	141	117	38	79	24	19	21
16	铁合金厂	322	80	74	36	38	6	242	4
17	菏泽五金厂	46	46	21	13	8	25	0	2
18	金融中心	44	36	36	36	0	0	8	8
	其中：小贷公司	18	12	12	12		0	6	2
	融鑫公司	10	8	8	8		0	2	2
	租赁公司	16	16	16	16		0	0	4
19	萨博公司	141	54	45	36	9	9	87	15
	改制及其他	4950	3951	3951	0			999	

（撰稿人　郑海霞）

2016 年末山钢股份济南分公司职工队伍状况统计表

序号	单位名称	用工情况														
		用工总数	在岗总数	正式在册	在岗						不在岗					
					小计	公司级	处级	科级	管技	生服	小计	97 内退	其他内退	自办内退	中层二线	长期离岗
		1	2	3	4	5	6	7	8	9	10	11	12		13	14
	合　计	13657	12766	13657	12766	6	91	665	1151	10853	891	26	614	0	14	238
1	总部机关（13）	469	387	469	387	6	26	126	210	19	82	3	69	0	11	0

续表

序号	单位名称	用工情况														
		用工总数	在岗总数	正式在册	小计	在岗					小计	不在岗				
						公司级	处级	科级	管技	生服		97内退	其他内退	自办内退	中层二线	长期离岗
		1	2	3	4	5	6	7	8	9	10	11	12		13	14
2	直属单位（2）	362	352	362	352	0	5	35	54	258	10	0	8	0	0	2
3	生产单位（10）	12826	12027	12826	12027	0	60	504	887	10576	799	23	537	0	3	236
	机关（13）	469	387	469	387	6	26	126	210	19	82	3	69	0	11	0
1	办公室/党委办公室	30	27	30	27	5	2	10	5	5	3		2		1	
2	纪委/监察部	6	4	6	4		1	3	0		2		1		1	
3	工会	11	9	11	9		2	3	4		2	1			1	
4	组织部（机关党委）/人力资源部	35	26	35	26		2	14	9	1	9	1	7		1	0
	其中 组织部	4	4	4	4		2	2	0	0	0	0	0		0	0
	其中 人力资源部	13	9	13	9			7	2	0	4	1	2		1	
	其中 教育培训中心	18	13	18	13		0	5	7	1	5		5			
5	宣传部/统战部/团委/武装部	10	5	10	5		1	4			5		4		1	
6	财务部	69	52	69	52		1	16	35		17	1	16			0
7	发展规划部	14	13	14	13		2	5	6		1		1		0	
8	绩效管理部	16	14	16	14		3	4	7		2		2			
9	生产部	53	50	53	50	1	4	14	29	2	3		2		1	
10	安全部	13	11	13	11		1	6	3	1	2	0	2		0	0
11	装备部	159	126	159	126		3	30	86	7	33	0	30		3	
12	科技质量部	32	30	32	30		2	10	17	1	2		1		1	0
13	能源环保部	21	20	21	20		2	7	9	2	1		1		1	
	直属单位（2个）	362	352	362	352	0	5	35	54	258	10	0	8	0	0	2
14	保卫部	313	305	313	305		2	21	27	255	8		7			1
15	用户应用技术中心	49	47	49	47		3	14	27	3	2		1			1
	生产单位（10）	12826	12027	12826	12027	0	60	504	887	10576	799	23	537	0	3	236
16	炼铁厂	2873	2776	2873	2776		9	100	154	2513	97	6	53		1	37
17	炼钢厂	1783	1644	1783	1644		5	59	148	1432	139	4	65			70
18	宽厚板厂	1539	1486	1539	1486		5	60	96	1325	53	2	47			4

续表

序号	单位名称	用工情况														
		用工总数	在岗总数	正式在册	在岗						不在岗					
					小计	公司级	处级	科级	管技	生服	小计	97内退	其他内退	自办内退	中层二线	长期离岗
		1	2	3	4	5	6	7	8	9	10	11	12		13	14
19	薄板厂	964	905	964	905		8	35	85	777	59		53			6
20	化工厂	433	390	433	390		4	35	30	321	43		14			29
21	气体厂	252	227	252	227		3	13	27	184	25	0	17		1	7
22	能源动力厂	1248	1122	1248	1122		9	60	74	979	126	1	81		1	43
23	物流管理中心	1374	1274	1374	1274		6	57	55	1156	100	2	74			24
24	计量质检中心	651	580	651	580		6	34	80	460	71	3	62			6
25	检修工程公司	1709	1623	1709	1623		5	51	138	1429	86	5	71			10

（撰稿人　曹学杰）

运营改善和管理提升项目获奖名单

济钢集团2016年度运营改善和管理提升项目获奖名单

序号	项目名称	主责单位	团队负责人	团队成员	获奖等级
1	精益医疗降成本，优化结构增效益	济钢总医院	张忠法	聂希会　王寿强　任兆增　徐长钰　石秀杰　袁乃波　郝迎翠　李同慧　尹德静　李晓霞　王爱娟　王　洁	1
2	推行内部市场化管理，注入创效新动能	济南鲍德汽车运输有限公司	魏信栋	李赐波　张同义　张慧萍　邹慧丽　魏　杰　管池森　滕德林　王恒山　张广华　于永胜　赵锦玲　韩　虎	1
3	保障资金安全，降低财务费用	财务部	徐亮天	宋　锋　潘小丽　鞠　健	1
4	实施宣教“互联网+”，优化廉洁管理体系	纪委监察部	刘秀元	魏安庆　孟庆钢　尹　伟　蒋晓文　宋玉文　刘登第	1
5	内部市场化管理的探索与实践	企业管理部	孙日东	魏信栋　刘亚平　张慧萍　石　晶　邹慧丽　郑立宪　魏　杰	1
6	完善群众性创新平台，助力企业降本增效	工会	刘秀元	李　茜　张海鹰　邓宝粮　刘鸿春　闻成莲　吴继华　展　勇　李　鹏　于素云　张　峰　刘丽云　袁　群　郭晓光	1
7	践行“1+*N*”指导意见，实施改制重组，聚焦产业发展	资产管理部/发展规划部	薄　涛	张新福　董旭东　刘春成　鲁宏洲　施京萍	1

续表

序号	项目名称	主责单位	团队负责人	团队成员	获奖等级
8	全面推行内部市场化管理的应用与试点探索	供热公司	傅国水	严凤涛 李会龙 亓 磊 王 超 赵瑞学 饶丽慧 禚世浩 蔡 婷	1
9	加快资本运作进程，积极推动鲁新新材“新三板”挂牌	济南鲁新新型建材股份有限公司	刘富增	陈 剑 张玉华 郑建平 王洪秀 王 颖	1
10	推行总承包项目管理费用包干，降低项目管理费用	济钢集团国际工程技术有限公司	蒋升华	陈五升 黄 伟 董宏良 董成英 王 凯 孙丽君 刘征辉	1
11	改善运营管理，提高创效能力	山东省冶金科学研究院	黄 诚	丛红梅 李晓桐	1
12	创新营销管理模式，提高经营绩效	济钢集团商业贸易有限公司	李 涛	冯正军 赵 娣 孙 凯 丁春起 王清江 崔琳琳	1
13	发挥协同效益，提升集团公司运营绩效	运营管理部	高 翔	徐亮天 徐 强 郭广强 张新福 宋 锋 李学付 蒋雪军 焦何生 刘 辉 黄雪兰	1
14	加强社保管理及政策研究利用，降低费用支出	人力资源部	张永护	刘长进 王世法 刘 骞	1
15	强化主体责任落实，加强重点风险管控，确保实现安全生产“六个零”	安全部	徐 强	王庆敏 宋宪伟 刘自民	1
16	市场化考核体系的优化与完善	企业管理部	孙日东	江荣波 李 杰 郑立宪	2
17	安钢闽源烧结余热发电 EPC 总包工程优化增效	济钢集团国际工程技术有限公司	蒋升华	董宝利 李 兵 董宏良 初志强 孙 涛 翁旭霞 陈 伟 王 丽 李 敏 孙雅文 刘 健 战立刚	2
18	构建动静态结合的医疗风险管理体系	济钢总医院	张忠法	聂希会 王寿强 任兆增 徐长钰 侯宪保 李友根 郝迎翠 胡德贵 尹德静 蔡 青	2
19	调整产品结构、优化生产模式、提升生产运营绩效	山东鲍德翼板有限公司	王志强	迟建波 王国才 邹 彤 苏艳涛 王立纲 刘培香 秦玉琴	2
20	深挖直供需求，提升销售绩效	青岛保税区济钢国际物流有限公司	郭晓峰	孙爱国 崔 震 韩 亮 王道平 王 东 张海东	2
21	实施“单元化承包+精益生产”管理模式，提升物流运营绩效	济南鲍德炉料有限公司	张玉华	马国梁 陈小新 鹿传兵 潘金旗 周少玲	2
22	深入人力资源价值化研究，实施人力资本管理	人力资源部	张俊芳	张永护 刘长进 陈现厚 郑海霞 刘 骞	2

续表

序号	项目名称	主责单位	团队负责人	团队成员	获奖等级
23	提升表面强化产品品质	济钢集团重工机械有限公司	张文周	郭学武　梁壮培　耿代福　郭　新　焦　卫　郝　利	2
24	加强搬迁资金管理，降低工程投资成本	山东球墨铸铁管有限公司	李建军	荣吉超　林　鹏　韩云泽　郭晓岗	2
25	优化车辆保险结构，降低保险费支出	济南鲍德汽车运输有限公司	王　玮	魏信栋　张同义　张慧萍　张　騄　王　玮　宋晓秋　邹慧丽　梁　冰	2
26	争取铁路、港口优惠政策，搭建集团公司物流平台	青岛保税区济钢国际物流有限公司	谭学博	韩余敏　侯银生　刘　超　刘　洋　曹殿雷　赵　彬	2
27	加快闲置土地收储开发	资产管理部/发展规划部	张新福	董旭东　韩洪龙　安　科	2
28	土地管理由“保管型”向“经营型”转变	济南鲍德炉料有限公司	张玉华	钱德林　张汉玉　司　建　王茂新　刘　恺　吴继华	2
29	实施精益化生产管理，实现降本提效	济南钢城矿业有限公司	姜东泉	王经宇　李　强　解修谦　王绪亚　陈　旺	2
30	对总承包项目的收款及付款实行新管控，确保资金周转需求	济钢集团国际工程技术有限公司	王　丽	蒋升华　王常金　郭爱华　陈　硕　殷连鹏	2
31	加强外供能源管理，降低能源费用	济钢集团商业贸易有限公司	生军峰	张乃福　李松涛　华　忠　王世雷　陈梅花　赵　娣	2
32	兄弟企业联手协作，实现效益提升	山东济钢合金材料科技有限公司	郭洪卫	盛桂军　贾　珂　李兴芳　王　易　李　峰　韩文举	2
33	固定资产投资项目全流程管理系统的研究与实践	资产管理部/发展规划部	张新福	董旭东　李梅广　夏学军　荣吉超　焦何生	2
34	借助“三大系统”，深挖采购潜力，降低采购费用	济南钢城矿业有限公司	赵正伟	杜亚云　王洪江　郭　东　刘长忠　徐贵贤　陈建新	2
35	以全成本核算为基础，将绩效考核作为切入点，构建市场化运营机制	山东省冶金科学研究院	王兴强	尤协波　殷占虎　唐宪省　杨建武　黄　波　宿肖丽	2
36	提高公开招标比例，降低采购、检修成本	供热公司	石秀芹	亓　磊　饶丽慧　王　超　赵瑞学	3
37	精益理念指导下的配件、油料管理降成本	济南鲍德汽车运输有限公司	魏信栋	李赐波　于永胜　杨树萍　李茂祥　张慧萍　邹慧丽	3
38	推进部门减支增利，实现管理创效	鲍德金属复合板有限公司	刘　纯	刘福义　程晓英　田保生　万　亮　张文福　杨海宁　魏　安	3
39	通过优化运营模式，实现供暖业务提质增效	供热公司	张智新	王振球　张　刚	3

续表

序号	项目名称	主责单位	团队负责人	团队成员	获奖等级
40	激发机关部室创收创效活力，实现由“发工资”到“挣工资”的转变	企业管理部	孙日东	江荣波 李 杰 郑立宪	3
41	降低包芯线产品的质量损失	标准件厂	沈相东	陈 路 张开元 李博 李善盛 马小莉	3
42	完善实物库存管理体系，降低实物库存量	运营管理部	郭广强	焦何生 李学付 蒋雪军 刘 辉	3
43	加强管理，降低资金占用	财务部	徐亮天	宋 锋 丁双旗 荣 利 贾 朋	3
44	模块化流水线集成作业	济南萨博特种汽车有限公司	赵传飞	张传忠 梁 峰 巩守同 贾 墅 程 亮 侯玉斌 张建委 李振峰 毕研奎 赵 亮 黄海英	3
45	优化烧结矿配料熔剂，实现提质增效	山东球墨铸铁管有限公司	蔡可辉	郑 斌 王茂芝 刘法升 赵秉梅 徐思营	3
46	完全成本核算体系的构建与实施	济南钢城矿业有限公司	周德军	王经宇 何远东 魏 鹏 王婷婷	3
47	深化进出口贸易平台建设，扩大进出口贸易	运营管理部	徐 强	宋 锋 张新福 蒋雪军 杨洪彬 华立新 陈传玉 刘 纯 田忠启 谭学博	3
48	降低应收账款，防控资金风险	冷弯型钢公司	陈传玉	贾泽民 邹国顺 丁双旗 雷 刚 刘 奇	3
49	以精益管理降低铸机整备成本	济钢集团重工机械有限公司	尹秀锦	尚逢洪 焦 卫 郭 新 周升晓 陈付保 杜更民 王晓静	3
50	争取回程运输资源，提高外运车辆创效能力	济南鲍德汽车运输有限公司	张同义	张广华 张慧萍 刘俊青 孙国刚 邹慧丽 刘 力 孙文彦	3
51	实施能源精细化管理，降低能源消耗	济南钢城矿业有限公司	赵正伟	张文华 杨 勇 郭 东 尹逊新 韩为学 张洪宝 刘宝刚	3
52	强化核心人才激励，激发创效活力	人力资源部	张永护	刘长进 高文博 郝山德	3
53	加强对外租赁管控，提高租赁收益	济钢集团山东建设工程公司	刘思倩	潘卫东 王保明 王宣会 张宝福 吴庆法 何双增 王德学	3
54	培育新产品，提高餐饮创效	济钢集团商业贸易有限公司	丁春起	孙兴国 李丽华 徐道祯	3

续表

序号	项目名称	主责单位	团队负责人	团队成员	获奖等级
55	强化管理，降低财务费用	山东球墨铸铁管有限公司	李建军	郭晓岗 韩云泽 门永立	3
56	降低板头边库存，减少资金占用	标准件厂	滕厚军	吕化国 马小莉 李中华 谭悦磊 赵立志 康维信 刘晓波 李爱莉	3
57	提升钢材深加工板块产能利用率	运营管理部	郭广强	焦何生 李学付 蒋雪军 刘 辉	3
58	强化进厂焦炭检验，降低效益损失	山东球墨铸铁管有限公司	蔡可辉	张继波 刘小英 戚 放 司佳宾	3
59	实施工序质量精益管理，提升冷弯产品一次合格率	冷弯型钢公司	周 勇	陈传玉 贾泽民 邹国顺 刘中成 郭尚香 孙建飞 马 勇 韩 强	3
60	优化库存结构，降低库存资金占用	山东省冶金科学研究院	韩 宁	孔祥梅 张凡猛 吕红芝 蒋 林 冯海清 王 霞	3
61	实施“三查两改一提升”管理，降低吨钢质量损失	鲍德金属复合板有限公司	程晓英	刘 纯 刘福义 杨海宁 余志彦 万 亮 魏 安 陈洪岩 孙京波	3
62	推进复合合金产品与市场开发，提升盈利能力	山东济钢合金材料科技有限公司	韩 强	李 锋 高常松 翟高坤 王 煜 周英萍 魏 波 孙文栋 谭 娟 陈 晨	3
63	科学管理，系统实施，自主实现企业公司化改革	山东济钢合金材料科技有限公司	郭洪卫	贾 珂 李 峰 韩文举 董 艳	3
64	加强材料成本管控，实现降本增效	济南鲍德钢结构有限公司	张希胜	杨立军 尚国宇 李 伟 叶 鹏 弓志清	3
65	降低镀锌出口产品非计划品率	彩板厂	华立新	夏汝滨 王 冲 高淑华 高 锋 李宝健 曹中军	3

（供稿人 石 晶）

山钢股份济南分公司2016年上半年运营改善项目评审情况表

序号	项目属性	主责单位	项目名称	攻关目标	实际完成	是否完成	评审分数	评审结果	最终结论
1	核心	营销总公司济南客服中心	降低成品库存	1. 实物库存5.6万吨； 2. 财务口径库存12万吨	1. 实物库存56072吨； 2. 财务口径库存15.66万吨	否	77.04	合格	否
2	核心	科技质量部	构建合金消耗精益化管理模式，降低合金成本	以财务部2016年预算口径，比2015年平均合金成本降低1.5%	以财务部2016年预算口径，比2015年平均合金成本降低3.26%	是	93.3	优秀	是
3	核心	科技质量部	减少现货产出，降低现货损失	月现货量降低20%	月现货量降低7.93%	否	86.38	良好	否
4	核心	山信软件股份有限公司、绩效管理部	内部市场化信息测算系统建设	建立内部市场化信息测算系统	公司予以立项，联合装备部完成硬件设备的招投标、开标工作	否	67.6	不合格	否
5	核心	生产部	订单按期交付率提升	1. 订单按期交付率80%； 2. 按期入库率90%	1. 订单按期交付率77.5%； 2. 按期入库率91.23%	否	89.1	良好	是
6	核心	生产部	建立坯料库存管控机制	1. 建立坯料库存的减值消化机制； 2. 不匹配订单库存量0.8万吨	1. 建立“降级损失由生产单位承担”的坯料库存消化机制； 2. 不匹配订单库存量0.89万吨	否	85.7	良好	否
7	核心	装备部	实施计划精准管理，降低采购成本	1. 原材辅料采购成本降低10%； 2. 备件采购成本2835万元/月，探索关键备品备件性价比采购模式	1. 原辅料采购成本降低10.2%； 2. 备件采购成本1698万元/月，实现关键备品备件性价比采购	是	83.94	良好	是

续表

序号	项目属性	主责单位	项目名称	攻关目标	实际完成	是否完成	评审分数	评审结果	最终结论
8	核心	装备部	重点设备寿命周期测算系统的建立与应用	1. 1号~3号 1750m^3 高炉炉顶设备寿命周期测算准确率 98.5%； 2. 3200m^3 高炉炉顶设备寿命周期测算准确率 98.5%； 3. 210t 转炉倾动设备寿命周期测算准确率 98.5%； 4. 1700mm 轧机列主传动设备寿命周期测算准确率 98%； 5. 4300mm 轧机列主传动设备寿命周期测算准确率 98%； 6. 3500mm 轧机列主传动设备寿命周期测算准确率 98%； 7. 杜绝因主观因素造成的重大设备事故	1. 1号~3号 1750m^3 高炉炉顶设备寿命周期测算准确率 98.56%； 2. 3200m^3 高炉炉顶设备寿命周期测算准确率 98.50%； 3. 210t 转炉倾动设备寿命周期测算准确率 98.55%； 4. 1700mm 轧机列主传动设备寿命周期测算准确率 98.05%； 5. 4300mm 轧机列主传动设备寿命周期测算准确率 98.1%； 6. 3500mm 轧机列主传动设备寿命周期测算准确率 98.05%； 7. 无因主观因素造成的重大设备事故	是	88.16	良好	是
9	核心	发展规划部	研究利用政策、积极争取财政支持，为公司多创效	累计争取财政资金 3200 万元	累计争取财政资金 22164.6 万元	是	89.56	良好	是
10	核心	财务部	加强资金管理，优化融资结构，确保资金链安全	1. 储备并完成融资项目 3 个； 2. 在资金链紧张的情况下，具备 10~15 亿元的提款条件	1. 储备并完成融资项目 3 个； 2. 在资金链紧张的情况下，具备 21 亿元的提款条件	是	92.16	优秀	是
11	核心	财务部	公司内部市场化定额体系、价格体系建立	建立公司内部市场化定额体系、价格体系	建立公司内部市场化定额体系、价格体系	是	89.42	良好	是
12	监管	炼铁厂	顶装焦炉利用贫瘦煤配煤炼焦降低成本	贫瘦煤配量 8%	贫瘦煤配量 8.05%	是	88.34	良好	是
13	监管	炼钢厂	降低精炼吨钢电耗	1. 120 区域精炼吨钢电耗 37.3kW·h； 2. 210 区域精炼吨钢电耗 37kW·h	1. 120 区域精炼吨钢电耗 33.28kW·h； 2. 210 区域精炼吨钢电耗 35.37kW·h	是	91.3	优秀	是

续表

序号	项目属性	主责单位	项目名称	攻关目标	实际完成	是否完成	评审分数	评审结果	最终结论
14	监管	宽厚板厂	优化600MPa水电钢、油罐钢工序工艺，提升性能一次合格率	性能一次合格率96%	性能一次合格率97.16%	是	91.3	优秀	是
15	监管	薄板厂	提高冷轧产线酸洗、轧钢工序综合成材率	酸轧综合成材率95.8%	酸轧综合成材率96.1%	是	92.26	优秀	是
16	监管	能源动力厂	提升6号余热锅炉热效率	锅炉热效率69%	锅炉热效率70.2%	是	83.34	良好	是
17	监管	气体厂	降低制氧系统能源成本	制氧系统能源成本对应吨钢成本76元/吨	制氧系统能源成本对应吨钢成本71.21元/t	是	91.1	优秀	是
18	监管	化工厂	降低化工产品加工综合能耗	综合能耗1100万元/月	综合能耗948.42万元/月	是	92.29	优秀	是
19	监管	物流管理中心	实施进、出厂物流整体优化，降低综合物流成本	1. 进口矿运费+港杂费92.5元/t; 2. 出口产品集港运费+港杂费129.2元/t	1. 进口矿运费+港杂费81.77元/t; 2. 出口产品集港运费+港杂费127.86元/t	是	88.6	良好	是
20	监管	检修公司	提升电气设备风险管控能力，提高设备稳定运行水平	1. 设备故障停机时间75min/月； 2. 轧废损失200t/月	1. 设备故障停机时间13min/月； 2. 轧废损失33.6t/月。	是	87.2	良好	是
21	监管	计量质检中心	降低蒸汽仪表故障率	蒸汽仪表故障率9%	蒸汽仪表故障率8.2%	是	84.04	良好	是
22	监管	山信软件股份有限公司	210t转炉工序成本动态控制研究与应用	1. 成本自动采集覆盖率85%； 2. 成本核算方式5种	1. 成本自动采集覆盖率85%； 2. 成本核算方式5种	是	83.12	良好	是
23	监管	贝斯钢板公司	提高薄宽规格贝斯钢板淬火平直度	一次淬火后板形平直度90%	一次淬火后板形平直度91.3%	是	85.28	良好	是
24	监管	生产部	优化钢轧运行强度，提高燃电上网电量	燃电日上网电量280×10⁴kW·h	燃电日上网电量321.91×10⁴kW·h	是	91.6	优秀	是

续表

序号	项目属性	主责单位	项目名称	攻关目标	实际完成	是否完成	评审分数	评审结果	最终结论
25	监管	生产部	优化进口块矿资源结构，降低炉料成本	块矿中澳块等低粉块占比70%	块矿中澳块等低粉块占比100%	是	86.7	良好	是
26	监管	装备部	提高全员点检能力，降低设备故障损失	1. 月平均故障次数降低20%； 2. 月平均故障时间降低20%； 3. 月平均故障损失降低50%	1. 月平均故障次数降低15%； 2. 月平均故障时间降低26.63%； 3. 月平均故障损失降低83.79%	否	59.84	不合格	否
27	监管	装备部	优化耐材总包招标，降低耐材采购成本	1. 炼铁总包耐材9.2元/吨铁； 2. 炼钢总包耐材33元/吨钢	1. 炼铁总包耐材9.2元/吨铁； 2. 炼钢总包耐材32.8元/吨钢	是	89.5	良好	是
28	监管	能源环保部	降低吨钢电费	吨钢电费175元/t	吨钢电费158.7元/t	是	91.62	优秀	是
29	监管	能源环保部	降低吨钢新水消耗	吨钢耗新水2.9m^3/t	吨钢耗新水2.9m^3/t	是	89.8	良好	是
30	监管	科技质量部	深化指标挖潜，持续降低工序指标成本	1. 燃料比521kg/t； 2. 钢铁料消耗1082kg/t； 3. 综合成材率91.7%	1. 燃料比516.8kg/t； 2. 钢铁料消耗1081.05kg/t； 3. 综合成材率92.26%	是	90.92	优秀	是
31	监管	营销总公司板材销售公司	提高宽厚板省内资源投放率	板材省内资源投放率73.3%	板材省内资源投放率80.11%	是	86.78	良好	是
32	监管	发展规划部	统筹策划，分步推进，围绕“准孤网”目标加快电力系统优化工作的快速落地实施	1. 日发电量561×10^4kW·h； 2. 提出自供电比例达到80%的电力系统优化方案	1. 日发电量682×10^4kW·h； 2. 提出电力系统优化工作思路，结合公司煤气结构调整，立项实施了110t锅炉改烧焦炉煤气、220t锅炉送风系统优化项目	是	88.58	良好	是
33	监管	用户应用技术中心	提升国网水电钢板供货质量，满足客户要求，实现高价格高收益	1. 国网水电钢板吨钢平均贡献500元/t； 2. 改判现货销售损失10元/t	1. 国网水电钢板吨钢平均贡献692元/t； 2. 改判现货销售损失60元/t	否	70	合格	是

（供稿人　陈天学）

山钢股份济南分公司2016年下半年运营改善项目评审情况表

序号	属性	主责单位	项目名称	项目目标	实际完成	是否完成	评审分数	评审结果	最终结论
1	核心	财务部	销售收入与资金占用完成山钢预算目标	1. 销售收入135亿元/11.25亿元； 2. 资金占用34.2亿元； 3. 全年不扣分	1. 销售收入完成14.72亿元； 2. 资金占用33.8亿元； 3. 全年不扣分	是	89.6	良好	通过
2	核心	财务部	适应金融市场变化，调整融资结构，确保资金链安全	1. 开立电子银承额度4亿元； 2. 支付商承额度6亿元	1. 开立8.13亿元电子银承； 2. 累计支付商承8.2亿元	是	88.4	良好	通过
3	核心	发展规划部	研究利用政策、积极争取财政支持，再为公司多创效	累计争取财政资金5000万元	累计争取财政资金1389.43万元	是	87.5	良好	通过
4	核心	发展规划部	改造生产产线装备，提高劳动生产率	1. 制定提高劳动生产率项目6项； 2. 核减人员108人	累计立项6项，累计实施6项，累计核减人员114人	是	86.0	良好	通过
5	核心	组织部/人力资源部	优化人力资源配置，提高劳动生产率	人均钢产量700吨/(人·年)	人均钢产量735吨/人	是	92.1	优秀	通过
6	核心	生产部	全面提升生产组织强度，实现钢产量年计划目标	钢产量650万吨/年	钢产量全年累计完成652.1万吨	是	88.4	良好	通过
7	核心	生产部	压缩成品库存	1. 实物库存6.5万吨； 2. 财务口径库存13万吨	1. 实物库存5.18万吨； 2. 财务口径库存12.23万吨	是	92.2	优秀	通过
8	核心	生产部	降低超量产出，提高现货替代期货的能力	1. 超量现货2200吨/月； 2. 现货替代600吨/月	1. 超量现货2144吨/月； 2. 现货替代731吨/月	是	86.7	良好	通过
9	核心	能源环保部	降低能源成本占总成本比例	能源成本占总成本比例降低1.5%，累计全年降低0.875%	12月份能源成本占总成本比例24.70%，较基准降低1.53%；累计全年能源成本占总成本比例25.19%，较基准降低1.04%	是	90.1	优秀	通过
10	核心	物流管理中心	提高进出厂铁运总量，确保进口矿运费下浮效益落地	进出厂铁运总量完成501.5万吨	进出厂铁运总量累计513.41万吨，其中进口矿493万吨，钢材20.41万吨	是	86.9	良好	通过

续表

序号	属性	主责单位	项目名称	项目目标	实际完成	是否完成	评审分数	评审结果	最终结论
11	核心	装备部	全面实施公司范围内各类物资的修旧利废、废品利用攻关活动	1. 公司范围内全面实施各类物资的修旧利废及废品利用； 2. 原有材料修复金额 16 万元/月	修旧利废 33.49 万元；废物处置材料 19.529 万元；备件 35 万元，合计 88.091 万元	是	88.0	良好	通过
12	核心	装备部	实施再制造工程，创新备件采购、维修及管理模式	再制造创效额 200 万元/月	再制造创效 316.4 万元	是	91.9	优秀	通过
13	核心	装备部	机电采购品精准化管控创新与实践	备件材料小机电库存资金占用 1.7 亿元	备件材料小机电库存资金占用 1.6854 亿元	是	87.3	良好	通过
14	核心	科技质量部	合金消耗精益化管理模式的构建与实施	以财务部 2016 年预算口径，比 2015 年平均合金成本降低 1.5%	以财务部 2016 年预算口径，比 2015 年平均合金成本降低 3.2%	是	91.4	优秀	通过
15	核心	科技质量部	减少现货产出，降低现货损失	现货量 12000 吨/月	现货量 11892 吨/月	是	92.1	优秀	通过
16	监管	炼铁厂	提高 3 号 $1750m^3$ 高炉运行效率	高炉利用系数 2.886	高炉利用系数 2.889	是	93.4	优秀	通过
17	监管	炼铁厂	高炉煤气酸碱度控制	煤气水封水 pH 值 > 5	1 号 $1750m^3$ 高炉煤气水封水 pH 值 5.11； 3 号 $1750m^3$ 高炉煤气水封水 pH 值 6.52； $3200m^3$ 高炉煤气水封水 pH 值 5.05	是	87.7	良好	通过
18	监管	炼钢厂	降低连铸机溢漏率	1. 120 连铸机溢漏率 0.35‰； 2. 210 连铸机溢漏率 0.3‰	1. 120 区域：0.22‰； 2. 210 区域：0.16‰	是	84.8	良好	通过
19	监管	薄板厂	提升生产运行稳定性，降低废品损失	1. 热轧废品 20 支/月； 2. 冷轧废品 6 卷/月	1. 热轧废品 19 支/月； 2. 冷轧废品 6 卷/月	是	88.6	良好	通过
20	监管	薄板厂	热轧产线优化加热生产工艺，降低板坯氧化烧损	板坯氧化烧损率 0.92%	板坯氧化烧损率 0.92%	是	90.0	优秀	通过
21	监管	能源动力厂	降低汽轮发电系统综合汽耗	综合汽耗 4.48kg/(kW · h)	综合汽耗：4.47kg/kW · h	是	90.8	优秀	通过

续表

序号	属性	主责单位	项目名称	项目目标	实际完成	是否完成	评审分数	评审结果	最终结论
22	监管	气体厂	优化压缩空气供应，降低空气供应成本	1. 普通空气供应单耗（标准状态）0.1050kW·h/m^3； 2. 净化空气供应单耗（标准状态）0.1200kW·h/m^3	1. 普通空气供应单耗（标准状态）0.1027kW·h/m^3； 2. 净化空气供应单耗（标准状态）0.1097kW·h/m^3	是	89.5	良好	通过
23	监管	气体厂	优化用能结构，扩大低品质能源的应用	氧气低压电单耗（标准状态）0.0280kW·h/m^3	氧气低压电单耗（标准状态）0.0280kW·h/m^3	是	92.8	优秀	通过
24	监管	物流管理中心	对标同类型领先企业，降低厂内工艺运费	厂内工艺运费7.8元/吨钢	厂内工艺运费7.8元/吨钢	是	92.4	优秀	通过
25	监管	检修工程公司	管理与技术沉淀，提升承担大型检修项目的能力	1. 替代外委创效420万元/月； 2. 大检修跨区人员800人/月	1. 替代外委创效560万元/月； 2. 大检修跨区人员861人	是	89.7	良好	通过
26	监管	计量质检中心	降低待验库存，减少资金占用	待验库存9500吨/月	待验库存9498吨	是	87.5	良好	通过
27	监管	组织部/人力资源部	拓宽特殊工种退休范围，降低人工成本	1. 非特殊工种名录内纳入特殊工种范围的工种数目5个； 2. 非特殊工种名录内工种人员按照特殊工种退休50人	1. 非特殊工种名录内纳入特殊工种范围的工种数目5个； 2. 非特殊工种名录内工种人员按照特殊工种退休人55人	是	87.0	良好	通过
28	监管	能源环保部	控制排污费支出	缴纳排污费450万元/月	缴纳排污费355万元/月	是	90.9	优秀	通过
29	监管	装备部	修正设备整备维修管理考核导向，降本增效	削减三外费用净额200万元/月	削减三外费用净额1201.285万元	是	88.4	良好	通过
30	监管	装备部	创新管理模式，提升设备精益管理水平，降低维修费用	降低维修费用280万元/月	降低维修费用500万元	是	88.4	良好	通过
31	监管	装备部	运用“采购、运行、机旁”三位一体联动机制，实现机旁备件“PTS”精细化管理	机旁备件月底存货2亿元	机旁备件月底存货1.8428亿元	是	91.3	优秀	通过

（供稿人　陈天学）

2016 年度授权专利

序号	专利类型	专利名称	发明人	专利号	申请日	授权日
1	发明	一种顶燃式热风炉燃烧器	位连增 李传辉 孔德奎 周 波 毛雪芹 贾 勇 焦吉成 高新运 张波强 刘建华	201410303694.6	2014-06-30	2016-01-06
2	发明	双机架冷轧机闭辊缝穿带轧制方法	闻青山 高传华 吴冬梅 孙清泉 徐卫国 林建民 孔德奎	201410297119.X	2014-06-28	2016-01-13
3	发明	一种轧机轧辊的轴承座密封装置	史伟峰 刘法奎 陈建民 刘 闯 董 英 邢凤华 公茂海	201210360135.X	2012-09-25	2016-01-20
4	发明	中薄板坯连铸机结晶器低液位快速变更换中间包的方法	刘建伟 刁承民 马海涛 张海民 刘 国 蔡起良 叶 勇 张英杰 崔美棠	201210534436.X	2012-12-12	2016-01-20
5	发明	可调喷水发散装置	刘 进 周家梅 贾瑞民 朱 涛 杨士岭 毛雪芹	201310288622.4	2013-07-05	2016-01-20
6	发明	一种铬钼合金耐热钢板及其制造方法	夏茂森 蒋善玉 孙卫华 孙风晓 张 磊 宋振官 魏代斌	201310411978.2	2013-09-11	2016-01-20
7	发明	一种大口径管道用抗大变形多相X100高强钢板及其制造方法	夏佃秀 孙卫华 尚成嘉 孙风晓 王金华 张润生 安守勇 牛延龙 彭海红 侯东华 王 勇 温红霞	201310433278.3	2013-09-22	2016-01-20
8	发明	一种低压缩比生产厚规格保探伤钢板的方法	张海民 马洪德 孔 雅 薛彦龙 杜 平 江成宪 丁 中 刘建伟 张英杰 叶 勇 司春杰 高靖超 王嘉祺 崔美棠 赵 华 赵 坤	201410271129.6	2014-06-18	2016-01-20
9	发明	一种气瓶手推车	张英华 张忠良 苏东磊	201320190137.3	2013-05-22	2016-02-03
10	发明	一种板坯连铸机用中间包复合控流工艺及设备	陈常义 江永波 孙 庆 董 慧 高龙永 陈传磊 田桂茹 张万庆 楚志宝 张贺全 解鸿刚 杨晓清 尹卫平	201310233033.6	2013-06-13	2016-02-03

续表

序号	专利类型	专利名称	发明人	专利号	申请日	授权日
11	发明	一种新型高炉冶炼铁水的温度检测装置	李芳坤 袁望浪 夏江波 王 军 戚大波 王 萌 马向魁 金立坤 崔国光 陈 辉 肖国平 张述洪 党 勇 冯会玉 晋 丽 周崇兴 张曙涛 郭 静 孔凡强 亓立军 刘 标	201310245853.7	2013-06-20	2016-02-03
12	发明	一种不锈钢复合板高效焊接方法	李 敏 朱延山 孙风晓 徐洪庆 李旺生 王焕洋 王 勇	201410079516.X	2014-03-06	2016-02-03
13	发明	一种用于皮带传输系统的包胶滚筒包胶磨损预警装置	李长利 管襄华 冉照朝 赵光辉 程 宇 李凤五 孙学光 王亚新 翟登超 马同兴	201410104588.5	2014-03-20	2016-02-03
14	发明	一种造球盘自动捡球，碎球设备	吴明立 殷秀丽	201410113152.2	2014-03-25	2016-02-03
15	发明	一种700MPa级耐工业大气腐蚀型马氏体钢板及其制备方法	侯登义 刘晓东 孙卫华 周兰聚 冯 勇 贾希光	201410236616.9	2014-05-30	2016-02-03
16	发明	一种低温大压下工艺生产的大应变X80双相钢板	孙卫华 牛延龙 夏佃秀 刘晓东 宋国栋 刘志刚 王振华 郭朝海 霍自美 刘海波	201410068111.6	2014-02-27	2016-02-17
17	发明	一种短流程铁矿石筛分水洗系统	王径成 金立宏 位连增 朱 涛 杨 云 翟弈翯 刘继安 郑 永 刘 刚 韩克峰	201410112811.0	2014-03-25	2016-02-17
18	发明	一种联轴器维护工具	高广洲 宋兆泉 李玉峰 张 旭 王华胜 付延亮 蒋书辉 董 凯	201410113037.5	2014-03-25	2016-02-17
19	发明	一种炼焦煤质量量化评价方法	纪同森 刘成雷 齐 婳 毕思东 马永胜 李德瑾 董连宝 许 明 常 宇 吴 平	201410199486.6	2014-05-13	2016-02-17

续表

序号	专利类型	专利名称	发明人	专利号	申请日	授权日
20	发明	一种耐海洋环境腐蚀的钢板及其制备方法	胡淑娥 刘晓东 侯东华 王国栋 刘玉珍 温红霞 王 勇 王京先	201410233078.8	2014-05-29	2016-02-17
21	发明	一种弹簧式环冷机密封结构装置	周金生 李真明 谢超雄 华旭军 唐建组 陈 军 武云峰 孙曙光 赵光辉 周 亮 鲁 亮	201310373489.2	2013-08-23	2016-02-24
22	发明	一种低耗能绝缘子箱及电捕焦油装置	张 满 翟玉铎 王同彦 陈 庆 党 勇 赵 孟 张顺贤 魏东方 张述爽	201410112486.8	2014-03-25	2016-02-24
23	发明	一种低压缩比厚规格高级别管线钢的生产工艺	郭朝海 刘志刚 霍自美 李国宝 王振华 刘海波 夏佃秀 牛延龙	201410113056.8	2014-03-25	2016-02-24
24	发明	一种皮带输送机堵料检测控制装置	夏江波 金立坤 李芳坤 王 军 戚大波 亓立军 王 萌 袁望浪 陈 健 温 良 刘继峰 冯会玉 张曙涛 王 博 崔 刚 张述洪 郑振祥	201310186710.3	2013-05-20	2016-03-02
25	发明	一种装配导轮	高广洲 所文升 臧传宝 王福强 张庆余 王新亭	201310366388.2	2013-08-21	2016-03-02
26	发明	一种真空冶炼设备及应用	孟春光 郭洪卫 徐有芳 孙风晓 王金华	201310387519.5	2013-08-31	2016-03-02
27	发明	一种钢坯托运用鞍座	王福强 高广洲 张庆余	201410229998.2	2014-05-28	2016-03-02
28	发明	一种利用单晶探头确定钢板探伤基准灵敏度的方法	司春杰 侯文科 黄伟东	201310264827.9	2013-06-27	2016-03-09
29	发明	一种顶装焦炉辅助用装置	孙广胜 刘成雷 纪同森 孔祥伟 毕思东 陈克松 吴 平 齐 婳 魏允冲 韩俊杰 贾瑞民	201410110250.0	2014-03-24	2016-03-09
30	发明	一种真空精炼炉下部槽用环流管	孙 玮 郑万任 陈 军 胡勤东 李凯玉 牛洪波 张本源 李兴彬 贾崇雪 李君彦	201310417555.1	2013-09-14	2016-03-16

续表

序号	专利类型	专利名称	发明人	专利号	申请日	授权日
31	发明	一种挤干辊吊运专用钩	何立军 马 昊 马玖峰 刘法奎	201410086374.X	2014-03-11	2016-03-16
32	发明	板坯加热炉无水冷炉门	马培旭 吕文萃 刘贞海 张英华 侯卫军 吕以清	201410112830.3	2014-03-25	2016-03-16
33	发明	一种转炉冶炼汽包液位控制方法	苗 青 谢书霞 姬厚华 宋 婕 江成宪 范者峰 徐继红 闫素杰 宋 扬	201410329754.1	2014-07-11	2016-03-30
34	发明	真空精炼炉长寿命合金下料口	孙 玮 郑万任 陈 军 胡勤东 李凯玉 牛洪波 徐学永 刘中政 高 威 李君彦 刘 彪	201310426971.8	2013-09-18	2016-04-06
35	发明	一种热轧铁素体贝氏体高强钢板及其制造方法	宋振官 孙卫华 王金华 夏茂森 魏代斌 张 磊 王丰祥 梁 英 梁 亚	201310433179.5	2013-09-18	2016-04-06
36	发明	基于热轧工艺控制的冷轧产品板型控制系统	于艳君 李忠芹 李长青 张 威 刘 怡	201410311320.9	2014-07-02	2016-04-06
37	发明	一种铸坯自动喷点装置	英信亮 王代国 刘德红 孙建华 刘永平 徐学永 赵登报 李 震 马玉沅 王安东 朱建业	201410774296.2	2014-12-16	2016-04-06
38	发明	基于智能仪表的数据采集系统及方法	苗 青 姬厚华 范者峰 崔雪梅 闫素杰 刘春荣 刘艳波 徐继红	201310356258.0	2013-08-15	2016-04-13
39	发明	一种大型卡车车体结构用淬火高强钢板的制造方法	冯 勇 孙卫华 刘晓东 王金华 周兰聚 王南辉 贾慧领 胡淑娥 侯东华 谢 晖 周 波 彭新华	201310380439.7	2013-08-28	2016-04-13
40	发明	一种 ASP 双联工艺生产的超深冲冷轧搪瓷钢及其制造方法	张 磊 孙卫华 夏茂森 王金华 孙风晓 祝桂合 高元军 郑万任 宋振官 魏代斌 李小权 倪晓青	201310426973.7	2013-09-18	2016-04-13
41	发明	一种自负压管道中抽取气体样本的取样装置及取样方法	谭树峰 李 超 汪 娟 朱莲香 周德忠	201410112473.0	2014-03-25	2016-04-13

续表

序号	专利类型	专利名称	发明人	专利号	申请日	授权日
42	发明	一种推杆螺栓及填料压紧结构	韩福建 魏化强 玄冠红 梁荣华 张 敏	201410112487.2	2014-03-25	2016-04-13
43	发明	一种不停产阀门带压止漏的方法	邱南南 仇保荣 赵墅茵 张 满 赵 孟	201410238447.2	2014-05-30	2016-04-13
44	发明	提高吸收塔吸收率的装置	梁永飞 王贺红 朱宁征 李祝涛	201410239923.2	2014-05-30	2016-04-13
45	发明	一种灭火器用冷轧钢带生产方法	闻青山 孙 浩 高传华 路清祥 刘 丽 吴冬梅 程 龙 刘爱民 胡国雄 孙争取 鞠传华	201410246728.2	2014-06-05	2016-04-13
46	发明	一种防闸瓦偏磨的机动车制动竖杆	李大军 徐 强 丁学清 周 瑞 于小明 张洪强 杨连安 孙传勇	201410296487.2	2014-06-27	2016-04-13
47	发明	一种小型棒材生产线防止轧机横向位移装置	程 涛 梁云彩 邓扬玉 秦 栋 王 东 夏永青 李 磊 王 树 马学者	201410493615.2	2014-09-24	2016-04-13
48	发明	一种可逆式冷轧机稳定轧制操作方法	查 凯 李 凯 闻青山 姚长新 鞠传华 赵 睿 刘爱民	201410567482.9	2014-10-22	2016-04-13
49	发明	一种可逆式冷轧机操作台权限控制方法	查 凯 马 昊 林建民 魏军力 鞠传华 李 凯 程建玉 李帅华	201410568271.7	2014-10-22	2016-04-13
50	发明	一种悬挂式限位开关	孔德奎 刘法奎 毛雪芹 高新运 苏秀梅 梁保国 李 群 袁绍霞	201410597285.1	2014-10-30	2016-04-13
51	发明	一种捣固焦炉炭化室底部压力的测量装置	刘成雷 王华明 王即胜 常庆明 李晓华 张 颖 刘淑军 鲍明强 李义超 张雄伟 李成龙 芦 玮	201410070923.4	2014-02-28	2016-04-20
52	发明	一种热轧带钢交叉轧制辊缝补偿控制方法及控制系统	孙 瑞 王华雄 侯续廷	201310698705.0	2013-12-19	2016-04-27
53	发明	一种海洋平台用钢板焊接方法	李 敏 刘晓东 朱延山 徐洪庆 李旺生 王 勇 王焕洋 李建磊 王南辉	201410516996.1	2014-09-30	2016-04-27

续表

序号	专利类型	专利名称	发明人	专利号	申请日	授权日
54	发明	一种起重机动滑轮组及钢丝绳快速更换法	李玉杰　王桂青　李丙玉　郑长山	201310233090.4	2013-06-13	2016-05-11
55	发明	一种460MPa级低压缩比高韧性海洋工程平台用钢板及生产方法	朱延山　李秀程　李　敏　孙卫华　徐洪庆　李旺生　杜　平　王涣洋　王　勇　田德科	201410094317.6	2014-03-14	2016-05-11
56	发明	一种高疲劳强度热成型重型卡车桥壳钢板	冯　勇　孙卫华　孙德民　刘晓东　张爱民　胡淑娥　许方泉　梁　英　王南辉　李延芝　乔　松　韩启彪　侯登义	201410110348.6	2014-03-24	2016-05-11
57	发明	一种低屈强比石油储备罐体用610MPa高强度钢板及其制造方法	杜　平　刁承民　宋国栋　薛艳龙　谢　晖　王振华　孔　雅	201410791633.9	2014-12-19	2016-05-11
58	发明	一种间壁式换热器	刘学燕　李传辉　陈　霞　高新运　毛雪芹　薛　燕　张　哲　张波强　刘建华　董良键	201410080201.7	2014-03-06	2016-06-08
59	发明	一种淬火炉炉门安全下落装置	刘洋洋　于彦飞　张　宁　李复磊　荀文竹　张广川　孔　雅　刘海波　李文华　汤文博	201410105361.2	2014-03-21	2016-06-08
60	发明	一种用于海洋能源设备的钢板及其制备工艺	胡淑娥　孙卫华　刘晓东　周兰聚　侯东华　刘　强　杨　超	201410111894.1	2014-03-24	2016-06-08
61	发明	连铸机中间包浸入式水口烘烤炉	王　刚　张树彬　孙建华　刘永平　赵登报　柳彩枫　张明国　潘清红　刘德宏　时成金　赵效伦　马玉沅　魏鹏举　刘　鹏　陈　刚	201410112975.3	2014-03-25	2016-06-08
62	发明	一种烧结机配烧煤气装置	徐文芳　周家进　王东升　孙久荣　李兆华　李世傲　邱历军　时鹏涛　刘海洋	201410254376.5	2014-06-10	2016-06-08

续表

序号	专利类型	专利名称	发明人	专利号	申请日	授权日
63	发明	一种烧结球团配料控制方法	刘连杰 周广生 李春雷 侣焕玲 扈素红 程 程 白洪强 罗飞霞 张 强 刘 真 黄亚飞	201410268982.2	2014-06-17	2016-06-08
64	发明	一种硅橡胶板外置式安装装置	曹生前 吴宝国 孙冬杰 徐瑞阳 宋英玲 张 敏 武丽娟 卢 刚 金文见	201410278179.7	2014-06-20	2016-06-08
65	发明	一种稀油密封干式气柜安全联锁装置	滕云涛 周家进 王东升 孙久荣 房 军 李兆华 朱 琳 张 平 贾连双 尹延斌	201410311316.2	2014-07-02	2016-06-08
66	发明	一种液压系统及润滑系统的泵站漏油防控方法及系统	马朝刚 王新东 陶建学 刘 畅 肖 旭 张令华 李永峰 杨堂建 韦 星 史官勇 韩妍妍 赵婷婷 张友坡 耿 涛 戚洪轩 蔡起良	201410279783.1	2014-06-20	2016-06-15
67	发明	一种自洁式凉水塔空气过滤装置	张 满 王同彦 陈 庆 党 勇 赵 孟 杨 勇 张顺贤	201510122150.4	2015-03-19	2016-06-15
68	发明	一种工业污水回收循环利用系统	李训智 梁荣华 张 敏 杨 繁 陈义超 刘 亮	201510163143.9	2015-04-08	2016-06-15
69	发明	一种宽厚板连铸机轻压下扇形段开口度在线校验方法	刁承民 张润生 曹 磊 王玉民 丁 中 刘建伟 刘 飞 贾延利 刘海庆	201310251643.9	2013-06-24	2016-06-22
70	发明	一种电机编码器异形轴	郭成柱 李晓辉 周 涛 段文宇 靳兆录 王信尧 张国锋 王 晔 耿加深 刘 冬 杨钦刚 刘 煜 陈 健 于美丽 李晓灵 冯 旻 孟 波 崔焕伟 袭柱明 聂宏君	201310133089.4	2013-04-17	2016-06-29
71	发明	一种熄焦车安全自动减速装置	王 杰 郭承霖 李 辉	201410236698.7	2014-05-30	2016-06-29

续表

序号	专利类型	专利名称	发明人	专利号	申请日	授权日
72	发明	一种热轧带钢层流冷却侧喷控制方法	郭占武 郭立平 曹金生 单修迎 孙 瑞	201410786364.7	2014-12-18	2016-06-29
73	发明	一种精轧机鼓形齿接轴安装专用工装	刘 健 赵海峰 陈锦标 郭警惕 杨 恒 于张喜	201510132512.8	2015-03-25	2016-07-06
74	发明	一种780MPa级别钼硼高强结构钢板及其制造方法	冯 勇 孙卫华 孙德民 刘晓东 周兰聚 韩启彪 贾慧领 刘凤兰 侯登义 李善磊 谢 晖	201410104587.0	2014-03-20	2016-07-13
75	发明	一种铁水包用除渣装置	杜泽国 江永波 赵友虎 尹卫平 张世建 楚志宝 展 军 张贺全 尹秀锦	201410791997.7	2014-12-19	2016-08-10
76	发明	一种钢铁工序资源平衡系统	朱碧桃 徐守亮	201310288545.2	2013-07-08	2016-08-17
77	发明	温差检测仪及对温度、温差的检测方法	王庆河 彭公华 李 晓 房英翠 王 兵 戴兴中 王庆山	201310401493.5	2013-09-05	2016-08-17
78	发明	一种核电站压力容器用钢板及其制造方法	蒋善玉 夏茂森 刘晓东 肖丰强 韩启彪 孙根领	201410098857.1	2014-03-18	2016-08-17
79	发明	一种减少中厚板坯连铸机结晶器铜板磨损的终浇封顶方法	赵登报 孙建华 刘永平 柳彩枫 张明国 刘德宏 李 震 刘 鹏 潘清红 李凯玉 李士波 谭兴华 于 泳 马玉沅 魏鹏举 张树彬	201410112753.1	2014-03-25	2016-08-17
80	发明	一种高炉热风管道防串风防堵塞检测装置	亓立军 金立坤 夏江波 陈 健 王 军 孙奕颖 冯会玉	201410236700.0	2014-05-30	2016-08-17
81	发明	热连轧产线铁头箱	王克柱 刘 宁 李 文 刘恒文 赵 磊 郭宏伟	201410236732.0	2014-05-30	2016-08-17
82	发明	焦炉烟道气余热蒸氨脱硫一体化系统	宁述芹 张顺贤 牛爱宁 刘 亮 杨 繁	201510133685.1	2015-03-25	2016-08-17

续表

序号	专利类型	专利名称	发明人	专利号	申请日	授权日
83	发明	一种铸铁机链带断轴故障检测及预警装置	刘　标　房尤芳　管襄华　李传辉　李中刚　高海根　陈　钧　娄海波　郭焕军　戚大波　张方成　袁望浪　李芳坤　周　亮　金立坤　夏江波　陈　健	201410104564.X	2014-03-20	2016-08-24
84	发明	一种焦炉煤车安全走行防撞装置	郭承霖　王　杰　李　辉	201410236771.0	2014-05-30	2016-08-24
85	发明	一种用于落锤撕裂试验的样品输送机	王　斌　孙　岭　王兴赞　鞠传华　王爱霞　刘雪丽　张建辉　刘兴坤	201410284761.4	2014-06-24	2016-08-24
86	发明	用于自卸汽车的机械覆盖装置	李　艳　刘晓美　张宪芹　宋　丽　宋青霞　房英翠　赵文红　张艳花　孙奕颖　刘凤芹	201410284762.9	2014-06-24	2016-08-24
87	发明	一种气体在线取压方法及装置	王　波　李鹏立　王玉弟　张德华　张继广	201410284763.3	2014-06-24	2016-08-24
88	发明	一种预防极薄钢卷"塌芯"缺陷的生产工艺	闻青山　孙　浩　高元军　王　乐　查　凯　吴冬梅　刘继武　马　昊　程　龙　刘爱民　胡国雄	201410566955.3	2014-10-22	2016-08-24
89	发明	一种台车式燃气热处理炉温控系统及温控方法	王　铁　李　忠　王云彪　王宝国　高　丰	201410580383.4	2014-10-27	2016-08-24
90	发明	一种提高冷轧带钢表面清洁度的方法及其专用设备	胡国雄　闻青山　程　龙　刘精华　刘爱民　刘　丽　耿宏烨　王　栋　帅　奇	201410688037.8	2014-11-25	2016-08-24
91	发明	一种550MPa级低压缩比高韧性海洋工程平台用钢板及生产方法	朱延山　刘晓东　徐洪庆　李　敏　李秀程　李旺生　李建磊　刘海波　王涣洋　王南辉　唐国红　田德科	201410791885.1	2014-12-19	2016-08-24
92	发明	一种改进的正压送样系统	陈俊江　高建国　赵贵芬　殷暾光　李　萍	201410748340.2	2014-12-29	2016-08-24
93	发明	一种镶嵌式烧结布料辅助装置	周金生　李兴文　宋亚男　魏学军　陈　虎	201510120439.2	2015-03-19	2016-08-24

续表

序号	专利类型	专利名称	发明人	专利号	申请日	授权日
94	发明	UCM轧机开辊缝空载窜辊定位方法	查 凯 张兴起 李 凯 闻青山 姚长新 王 乐 亢业峰 邢 煜 刘 奔 魏红灯	201510139742.7	2015-03-27	2016-08-24
95	发明	一种抗氢致裂纹钢的生产方法	刁承民 丁 中 刘 飞 李彩霞 刘 国 孙争取 杜海生 孔 雅 王衔玉 孙秀菊	201510145232.0	2015-03-31	2016-08-24
96	发明	一种高强度耐融锌腐蚀钢板及其制造方法	周兰聚 侯登义 冯 勇 侯东华 贾慧领	201510231231.8	2015-05-08	2016-08-24
97	发明	一种控制出钢过程钢水增氮装置及控制方法	孙争取 刘 丽 马洪德 丁 中 杨 勇 张海民 佟圣刚 刘 国 叶 勇 张立标 孔祥辉	201510293048.0	2015-06-01	2016-08-24
98	发明	一种大型焊机电极板加工夹具及其使用方法	李广阔 路义山 董 凯 毛新锋 程 龙 孙清泉	201410689851.1	2014-11-25	2016-09-21
99	发明	酸洗机组酸罐破裂后的生产方法	张 虎 吕静波 邹玉萍 刘爱民 杨正国 贾晓峰 郭占武 夏茂森 耿宏烨	201410699359.2	2014-11-27	2016-09-21
100	发明	一种09MnNiDR特厚低温容器板及其生产方法	邵正伟 成小龙 刘金泉 林 杰 周兰聚	201410794962.9	2014-12-19	2016-09-21
101	发明	一种DH36船体结构用钢板及其低成本生产方法	雷 柯 祝桂合 徐宝杰 徐洪庆 李 敏 张凤武 李彩霞 李 杨 孙永栋 姜广林	201510081648.0	2015-02-15	2016-09-21
102	发明	一种大型压力矫直机主液压缸密封在线更换方法	陶建学 马朝刚 王 涛 张令华 李文华 史金柱 史冠勇 李永峰 韦 星 蔡起良 王新东 杨堂建 肖 旭	201510135558.5	2015-03-26	2016-09-21
103	发明	连轧机组轧辊临时替代装置	凤成龙 王化胜 胡小江 赵海峰 杨艳召	201510140151.1	2015-03-27	2016-09-21

续表

序号	专利类型	专利名称	发明人	专利号	申请日	授权日
104	发明	一种用于加热炉的炉门定位装置	刘海波 于彦飞 董连委 张建辉 孔 雅 李文华 刘洋洋	201510150876.9	2015-04-01	2016-09-21
105	发明	一种前置式燃机进气粗过滤装置及使用方法	马庆涛 周 波	201510231443.6	2015-05-08	2016-09-21
106	发明	热连轧产线精轧机前立辊短行程控制方法	王 鹏 李 文 王克柱 杨 恒 赵月强 赵 磊	201510364885.8	2015-06-29	2016-09-21
107	发明	一种大厚度临氢12Cr2Mo1R钢板及其制造方法	肖丰强 孙卫华 赵 乾 王金华 孙风晓 崔 健 王绍禄 乔 松 刘晓东 蒋善玉 李 敏 唐国红 楚世豪 胡淑娥 张宏林	201310083229.1	2013-03-15	2016-09-28
108	发明	一种高效淬火板淬火工艺	刘洋洋 于彦飞 王德志 张 宁 李复磊 张广川 谢 晖 刘海波 李文华 汤文博	201410110375.3	2014-03-24	2016-09-28
109	发明	一种调质型低屈强比管线钢及其制备方法	何绪友 姜 伟 李延芝 毕于顺 宋雷明 孙 岭 隗 勇 时义祥 王 杰 曹运涛 郭玉香 张尔康	201510132465.7	2015-03-25	2016-09-28
110	发明	塔式焦炉烟道气余热利用及同时脱硫脱硝系统	刘 亮 张顺贤 李 超 牛爱宁 宁述芹 杨瑞霞 杨 繁	201510141763.2	2015-03-27	2016-09-28
111	发明	一种在线清除热处理炉炉底辊结瘤的方法	彭 宾 李永亮 丛 亮 薄其伟 李 梁 王旭峰 王京先 崔立镇	201510376216.2	2015-07-01	2016-09-28
112	发明	一种热工自动化仪表试验考核装置	王庆河 毕立群 刘爱平 刘 萍 韩万鹏 戴兴中 韩晓莹 房英翠 朱长宏 周 军	201410680938.2	2014-11-24	2016-10-05
113	发明	一种钳口式卷取机卸卷方法	闻青山 高元军 刘继武 路清祥 孙清泉 郑召举 侯续廷 陶建学 王 乐 鞠传华 马 昊 林建民	201510042264.8	2015-01-28	2016-10-05

续表

序号	专利类型	专利名称	发明人	专利号	申请日	授权日
114	发明	一种冷轧带钢表面乳化液清除装置及方法	闻青山 郑召举 吴冬梅 陶建学 徐卫国 路清祥 耿宏烨 刘爱民 祁振营 李付勇 刘继武	201510044874.1	2015-01-28	2016-10-05
115	实用新型	一种双氧枪联动快速自动更换系统	刘 辉 王云彪	201520720197.6	2015-09-17	2016-01-06
116	实用新型	一种硫化氢气体的吸收装置	时秋颖 魏 玲 薛卫东 张 强 王同宇	201520383772.8	2015-06-05	2016-01-20
117	实用新型	一种尾气排放系统	张 毅 温希利 张 峰 陈狄新	201520449689.6	2015-06-26	2016-01-20
118	实用新型	一种用于炼钢厂的雨污分流系统	盛培展 王广海 骆俊霞 杜 娟 刘东生 孔繁科 刘志恒	201520445863.X	2015-06-26	2016-01-20
119	实用新型	一种带钢轧机接轴轴端	李清强 孙清泉 胡小江 凤成龙 王振南 赵文承 赵海峰	201520460496.0	2015-06-30	2016-01-20
120	实用新型	一种激光定尺校准装置	楚志宝 江永波 董 慧 苏建军 宋西存 董文磊 张森林 孟现刚 尹秀锦 付廷强	201520547478.6	2015-07-24	2016-01-20
121	实用新型	一种焦炉循环氨水旋塞阀填料更换装置	刘海涛 常庆明 李义超 于振东 马 磊 王华明 王新国	201520724888.3	2015-09-18	2016-02-03
122	实用新型	一种上引式气力输送仓泵用流化送料装置	王径成 朱 涛 管襄华 孙文涛 冯会玉 袁宪强 姜训伟 胡尊彬 钱 瑞 刘 标	201520725233.8	2015-09-18	2016-02-03
123	实用新型	一种真空冶炼铸造设备	孟春光 郭洪卫 孙德民 孙宗辉 陈 晔	201520725331.1	2015-09-18	2016-02-03
124	实用新型	一种动态轨道衡高速数据采集装置	李鹏立 王庆河 房英翠 刘爱平 付延明 李际东	201520753766.7	2015-09-25	2016-02-24
125	实用新型	一种硫铵干燥床震动缓冲装置	邱南南 王海燕 赵墅茵 仇保荣 陈 淼	201520764012.1	2015-09-29	2016-02-24
126	实用新型	一种轧辊磨削在线静电涂油装置	查 凯 刘精华 韩克刚 马 昊 毛新峰 姚长新 王 乐 刘 奔 鞠传华	201520764041.8	2015-09-29	2016-02-24

续表

序号	专利类型	专利名称	发明人	专利号	申请日	授权日
127	实用新型	一种桶装油品化冻装置	李　凯　张　虎　查　凯 吴冬梅　魏红灯　亢业峰 段　磊　鞠传华	201520764043.7	2015-09-29	2016-02-24
128	实用新型	一种卧式夹钳专用吊具	唐怀军　孙清泉　郑召举 赵海峰　袁绍霞　曹　腾 刘双喜　付振远	201520763882.7	2015-09-29	2016-03-16
129	实用新型	一种轧辊运输辅助装置	康怀峥　刘长川	201520764080.8	2015-09-29	2016-03-16
130	实用新型	一种基于嵌入式信息终端在 HMI 的应用系统	吴　伟　丁　鑫　苏　丹 王立新　毛伟峰　孙喜亮 李　键　时　磊　李剑辉 桑毅磊	201520720460.1	2015-09-17	2016-03-30
131	实用新型	一种应用于焦炉液压交换机的集中监控系统	赵　斌　姬厚华　谢书霞 许　明　李圣花	201520724854.4	2015-09-18	2016-03-30
132	实用新型	一种皮带输送机断带抓捕装置	奚道鑫　王文涛　战玉生 王　兴　隗玉凯　郝士杰 闫永章　谢伟峰　梁敬斌 兰　翔	201520922591.8	2015-11-18	2016-03-30
133	实用新型	一种用于轨道式移动设备的位置检测设备	范者峰　姬厚华　崔雪梅	201520990811.0	2015-12-03	2016-04-06
134	实用新型	一种自循环冷却保护装置	王庆河　韩万鹏　毕立群 刘　萍　韩晓莹　戴兴中 房英翠　李　萍　马盈盈 王　兵	201520937380.1	2015-11-23	2016-04-13
135	实用新型	小型棒材生产线使用的钢坯除磷装置	程　涛　梁云彩　邓扬玉 杨福美　王　东　夏永青 潘振华　秦　栋　马学者 王　树	201520966483.0	2015-11-26	2016-04-13
136	实用新型	自清洁流量检测装置	王庆河　韩万鹏　毕立群 刘　萍　韩晓莹　戴兴中 房英翠　周　军	201520956531.8	2015-11-26	2016-04-13
137	实用新型	一种重锤式起升高度限位器及其重锤	黄　勇　李文唤　付延常	201520965628.5	2015-11-27	2016-04-13

续表

序号	专利类型	专利名称	发明人	专利号	申请日	授权日
138	实用新型	一种高炉水渣在线负压脱水系统	马庆涛 王文涛 战玉生 朱 涛 张旺和 刘继安	201520959614.2	2015-11-27	2016-04-27
139	实用新型	一种城市小河道雨水快速自我净化组合坝系统	谷 民 郑晓萍 王京先	201520879927.7	2015-11-06	2016-05-11
140	实用新型	高炉水渣渣水隔离器	马庆涛 王文涛 战玉生	201520960160.0	2015-11-27	2016-05-11
141	实用新型	一种连铸二切割大车走行定位系统	付春钢 施 坪 包敦武	201520990705.2	2015-12-03	2016-05-11
142	实用新型	一种低温韧性优异的超厚规格管线钢板制造系统	刘志刚 牛延龙 刘晓东 韩启彪 于 爽 夏佃秀 赵慧杰 鞠传华 薛艳龙 乔孟平	201520793490.5	2015-10-14	2016-06-08
143	实用新型	一种用于向转炉加料的废钢斗	丁 中 于海燕 李彩霞 刘 国 马宝宝 许维康 马海涛 张海民 崔美堂 霍自美	201520965788.X	2015-11-27	2016-06-15
144	实用新型	一种时谱相位故障诊断装置	王鲁济	201520720198.0	2015-09-17	2016-06-22
145	实用新型	一种煤气柜旁通管网调节装置	吴 伟 丁 鑫 苏 丹 王立新 毛伟峰 孙喜亮 李 键 时 磊 李剑辉 桑毅磊	201620197006.7	2016-03-15	2016-07-13
146	实用新型	一种鱼雷罐轴承用自动润滑装置	尹秀芬 徐学军 何海波 庄臣良 刘继安 高海根 董 英 孔振兴 李中刚 程 磊	201620197023.0	2016-03-15	2016-07-13
147	实用新型	一种链斗卸车机升降机构滑轮组吊挂装置以及链斗卸车机	崔 刚 李 静 曹先锋 吉元晖 孙冠功 樊增彬 郭亚楠 郑振祥 李井磊 张曙涛	201620197002.9	2016-03-15	2016-07-20
148	实用新型	一种转炉汽包液位控制用集成控制器及汽包液位控制装置	刘 真 周广生 李春雷 扈素红 白洪强	201620179228.6	2016-03-10	2016-07-27

续表

序号	专利类型	专利名称	发明人	专利号	申请日	授权日
149	实用新型	一种热风炉气体管道吹扫装置	张国营 贺秀丽 王成泉 高照强 刘 欣 刘建斌 张德新 孙煜民 刘其峰 张雷忠	201620182850.2	2016-03-10	2016-07-27
150	实用新型	一种高炉用煤粉流化喷吹装置	辛虹霓 吴春顺 袁宪强 高新运 刘德楼 马桂娥 陈 丽 孙艳红 周文林	201620186900.4	2016-03-11	2016-07-27
151	实用新型	一种高炉渣浆输送系统	郭焕军 陈 钧 朱 涛 孙宗辉 卢 峰 尹元生 楼建林 石文东 袁宪强 邢丽荣	201620192724.5	2016-03-14	2016-08-03
152	实用新型	一种铁水液位计	温 良 戚大波 付延亮 黄 静 周 涛 金立坤 亓立军 李芳坤 李振涛 杨河清	201620197005.2	2016-03-15	2016-08-03
153	实用新型	一种防脱落安全型电缆滑车	李玉杰 李丙玉 张拥军 单为春	201620197008.6	2016-03-15	2016-08-03
154	实用新型	一种锅炉汽轮机系统中除氧器乏汽的热能回收装置	刘建平 刘新杰 陈永山 杨 军 徐丽美 雍红星 张晓婷	201620197010.3	2016-03-15	2016-08-03
155	实用新型	一种天车意外失电后能自动送电的安全装置	张拥军 李玉杰 单为春	201620197013.7	2016-03-15	2016-08-03
156	实用新型	一种高炉下料闸闸板驱动机构及闸板转角检测装置	金立坤 戚大波 陈 健 亓立军 夏江波 刘继峰 李芳坤 袁望浪 王起君 张 浩	201620197019.4	2016-03-15	2016-08-03
157	实用新型	一种脱水器齿圈在线快速修复装置	孙文涛 刘世文 曹建霞 陈 均 王鲁济 曹学杰 孙冬杰	201620197022.6	2016-03-15	2016-08-03
158	实用新型	一种设有吹扫装置的剩余氨水除油器系统	陈 森 梁荣华 韩福建 魏化强 张 敏 慈新钢	201620199109.7	2016-03-15	2016-08-03
159	实用新型	一种喷射角度可调的乳化液喷嘴	查 凯 姚长新 高元军 马 昊 李 凯 张 虎 吕静波 亢业峰 魏红灯 陈 飞	201620197831.7	2016-03-15	2016-08-03

续表

序号	专利类型	专利名称	发明人	专利号	申请日	授权日
160	实用新型	低能耗氮气密封装置	魏福强 张吉磊 朱荣慧 曹先锋 张靓 赵志洪	201620197925.4	2016-03-15	2016-08-03
161	实用新型	一种可简易更换轴瓦水泵的轴封结构	魏化强 韩福建 梁荣华 张敏 陈森	201620198227.6	2016-03-15	2016-08-03
162	实用新型	一种防止刮伤钢卷外圈的防撞装置	张焱 李扬 王宝林 窦庆昌 左丙正 李月 武国栋	201620199926.2	2016-03-16	2016-08-03
163	实用新型	一种热轧钢卷塔形修复装置	张焱 李扬 王宝林 刘长川 李忠伟 彭伟明 武国栋	201620199929.6	2016-03-16	2016-08-03
164	实用新型	一种除鳞喷嘴专用拆卸装置	李仲伟 林荣新 刘宽宏 张丕刚 赵海峰 胡小江 赵爱军 王飞	201620201876.7	2016-03-16	2016-08-03
165	实用新型	一种安全定位托举装置	李大军 宋艳丽 于小明 王学锋 车彦亮	201620205866.0	2016-03-17	2016-08-03
166	实用新型	一种耐火材料实验室用高温炉可视装置	王洪永 张兴东 魏纯玉 刘晖 辛学武	201620207035.7	2016-03-17	2016-08-03
167	实用新型	轧辊装配微动控制装置	刘彩华 韩克刚 张焱 程龙 赵海峰 韩超 肖志辉	201620207243.7	2016-03-17	2016-08-03
168	实用新型	一种铜钢结合的高炉风口小套	辛虹霓 刘学燕 朱涛 高新运 刘德楼 刘维洲 余翔宇 吕化军 左法之	201620196999.6	2016-03-15	2016-08-17
169	实用新型	一种在线取样翻杆的装置	董连委 刘海波 张广川 谢晖 苑大伟 杨南楠	201620197015.6	2016-03-15	2016-08-17
170	实用新型	一种钢板分断剪切长度定尺装置	王涛 李小庚 孙德宏 陶建学 杨淑美 魏玲 王帆 肖旭 杨唐建 刘畅	201620197026.4	2016-03-15	2016-08-17
171	实用新型	一种烧结机主抽风机监控系统	王鲁济 田德科 管襄华 孙明山 周军 陈钧	201620243662.6	2016-03-28	2016-08-17
172	实用新型	一种自适应式鱼雷罐挡渣装置	陈红胜 江永波 张世建 刘家连 杜泽国 高钰捷 王文君 徐红艳	201620197881.5	2016-03-15	2016-08-24

续表

序号	专利类型	专利名称	发明人	专利号	申请日	授权日
173	实用新型	一种高效火焰烧嘴	李作鑫 曹先锋 魏福强 李长新 白广旻 赵 珉	201620198959.5	2016-03-15	2016-08-24
174	实用新型	热连轧产线F型轧机标定工具	李 文 王克柱 曹金生 柴永祥 赵月强 王 鹏 赵 磊	201620203264.1	2016-03-16	2016-08-24
175	实用新型	转炉炉衬结构	刘效森 王念欣 尚玉民 贾崇雪 张吉磊 于海燕 刘 国 李凯玉 李兴彬 崔立镇	201620203380.3	2016-03-16	2016-08-24
176	实用新型	一种自动喷洒装置	宋 婕 姬厚华	201620182859.3	2016-03-10	2016-09-21
177	实用新型	一种合金含粉量自动检测系统	李 萍 刘秀梅 耿后安 张菁文 张明国 曹方霞	201620206891.0	2016-03-17	2016-09-21
178	实用新型	一种机架辊抗冲击结构	梁玉超 徐淑涛 刘 朋 隋小波 赵善杰 青格乐 张 晋	201620209775.4	2016-03-18	2016-09-21
179	实用新型	一种销轴	刘 健 夏 杰 王 晓 刘爱华 崔国光 夏汝滨	201620538617.3	2016-06-06	2016-10-26
180	实用新型	一种高炉铁水罐烟尘约束装置	杜敏庆 刘吉明 方 伟 张连国 马进运 付孟刚 侯宗亮 侯同文 张建民	201620560281.0	2016-06-07	2016-10-26
181	实用新型	一种轧机接轴套筒偏转角度测量工装	刘 健 王 帆 夏汝滨 陈建民 陈锦标 王新亭 李广阔 王峻青	201620563930.2	2016-06-13	2016-11-23
182	实用新型	一种十字万向接轴十字包保护工装	胡小江 吴中梁 夏 杰 刘 健 韩 珂 赵文承	201620563935.5	2016-06-13	2016-11-23
183	实用新型	一种具有自动对中功能的电动卧卷夹钳	井永水 陈增治 王 健 韩宝臣 姜 悦	201620564007.6	2016-06-13	2016-11-23
184	实用新型	一种装钢机鞍座	刘 健 李清强 王 帆 王乃征 宋保国 王 启 李广阔 王峻青	201620564116.2	2016-06-13	2016-11-23
185	实用新型	一种气瓶减压器保护工装	王振南 刘 健 孙清泉 吴中梁 赵海峰 欧安阳	201620566455.4	2016-06-13	2016-11-23

续表

序号	专利类型	专利名称	发明人	专利号	申请日	授权日
186	实用新型	一种双头螺栓拆卸扳手	李大军 宋艳丽 罗青平 赵修华 刘运华 赵向阳 李恒田	201620571593.1	2016-06-13	2016-11-23
187	实用新型	一种便于环形零件安装的工装	胡小江 刘健 孙清泉 李清强 王福强 曹文莉	201620582195.X	2016-06-13	2016-11-23
188	实用新型	一种真空顶枪枪头	丁中 张海民 刘飞 李彩霞 殷树春 刘国 马海涛 杜海生 高鹏 于海燕	201620605726.2	2016-06-20	2016-11-23
189	实用新型	可调连铸机输出辊	陈全旺 曹先锋 张西涛 刘昌伟 黄绍伟 阎桐桐 李震 袁庄	201620607470.9	2016-06-20	2016-11-23
190	实用新型	副枪防脱装置	李震 曹先锋 贾法强 李付勇 陈金林 朱锋 魏福强 陈全旺 王恩兴 袁壮	201620607739.3	2016-06-20	2016-11-23
191	实用新型	一种焦炉煤气净化系统及其冷凝液处理子系统	宁述芹 祝仰勇 李训智 牛爱宁 王华明 刘亮 杨繁	201620622490.3	2016-06-22	2016-11-23
192	实用新型	一种脱硫塔及其捕雾器	滕朋朋 仇保荣 张满 赵墅茵 邱南南	201620622523.4	2016-06-22	2016-11-23
193	实用新型	一种剩余氨水气浮除油系统	陈森 林宪喜 梁荣华 韩福建 魏化强 张敏	201620624873.4	2016-06-22	2016-11-23
194	实用新型	一种水泵及其水泵口环	魏化强 韩福建 梁荣华 张敏 陈森	201620624901.2	2016-06-22	2016-11-23
195	实用新型	一种储槽槽顶尾气的防溢流装置	王海燕 邱南南 张健 仇保荣 王书虎 赵墅茵	201620626155.0	2016-06-22	2016-11-23
196	实用新型	一种硬金属板材专用吊具	陈飞 李广阔 李英杰 赵月强 姚长新 刘奔 黄振林 赵磊 谢声琳 吴宁	201620630458.X	2016-06-23	2016-11-23
197	实用新型	一种推拉式吹扫装置	姚长新 吕静波 张虎 李忠红 孙清泉 赵月强 陈飞 闫江伟 徐鹏飞	201620630603.4	2016-06-23	2016-11-23

续表

序号	专利类型	专利名称	发明人	专利号	申请日	授权日
198	实用新型	一种小车用钢卷检测装置	李 群 孔德奎 杨艳召 史伟峰 林建民 刘 闯 周 飞 李 伟 孟 涛	201620634011. X	2016-06-23	2016-11-23
199	实用新型	一种轧钢加热炉余热回收系统	侯卫军 臧传宝 陈 飚 赵海峰 王爱霞	201620633160. 4	2016-06-24	2016-11-23
200	实用新型	一种自吸泵及其入口引流装置	牟振龙 姜 颖 王佰虎	201620668133. 0	2016-06-28	2016-11-23
201	实用新型	一种输送机的输送辊	牟振龙 姜 颖 王佰虎	201620661087. 1	2016-06-29	2016-12-21

（制表人 杨 超）

2016年度科技成果奖

2016年度山东省冶金科技进步奖

序号	项目名称	主要研制人员	等级
1	连铸板坯焊接复合轧制厚钢板行业标准制定及生产实践	祝桂合 栾彩霞 王 启 梁 英 李 杨 雷 柯 孙永栋 钟秀菊 魏红灯	1
2	水电设备用特厚高强钢板集成开发与应用	周兰聚 梁 英 崔 健 侯东华 李彩霞 肖丰强 楚世豪 司春杰 鞠传华 杜 平 蒋善玉 史金柱	1
3	极寒环境工程机械用高强韧钢板的研发	侯东华 谢 辉 李建磊 田世永 王 启 冯 勇 胡新亮 梁 英 王福同	1
4	MnTiB系热轧合金钢的研制和工业化应用	冯 勇 侯登义 贾希光 王南辉 田世永 刘玉珍 邱延华 董恩乐 宋雷明 张英杰 曹爱青 赵攀峰	1
5	厚规格X65~X80管线钢高韧性技术开发及应用	刘晓东 韩启彪 刘志刚 宋国栋 牛延龙 杜 平 薛艳龙 孔 雅 于 爽 霍自美 鞠传华 赵慧杰	1
6	焦化三废处理新技术的开发与应用	李维忠 李训智 林宪喜 王贺红 王 华 张 健 王书虎 吴 健 李玉信 朱宁征 宿国宝 王首先	1
7	低压缩比厚规格钢板生产工艺开发	宋国栋 周兰聚 孔 雅 张海民 肖丰强 王 杰 马海涛 杜 平 薛艳龙 谢 晖 马洪德 张英杰 李复磊 司春杰	1
8	1700mm热连轧产线工艺设备优化设计与应用	赵培建 王京先 郭 强 臧传宝 单修迎 王克柱 刘庆华 刘宽宏 潘忠民 盖玉春 高元红 李玉峰	2
9	车轮用热轧双相钢工艺技术集成开发	宋振官 夏茂森 尚玉民 刘晓东 王金华 郭占武 谭兴华 常大勇 李小权 鲁金明 鞠传华 侯续廷	2
10	经济炉龄炉衬维护工艺的开发与应用	张润生 王念欣 刘效森 尚玉民 李兴彬 赵志洪 李君彦 牛洪波 刘 国 于海燕	2

续表

序号	项目名称	主要研制人员	等级
11	≤2.0mm 极限规格热轧带钢生产技术研发与应用	王金华 田　勇 王克柱 曹金生 柴永祥 李广阔 常大勇 王　启 李　文 王京先 赵月强 田佳歌 王　鹏 赵　磊 陈　飞 李　贺 孙　瑞 单修迎 刘宽宏 徐鹏飞	2
12	精益物流与运费智能核算协同管理平台	张元福 陈秀超 侯艳芳 田亚农 张淋云 吕　超 翟瑞发 孟贤峰 郭　宁 许宇辰 刘海波 王京玲 于艳婷 赵艳霞 李长青 韩鸿声 胡文静	2
13	低合金消耗的高效生产工艺开发与集成	董金武 张瑞堂 万友堂 祝桂合 胡宝印 张尔康 马宝宝 高龙永 尚玉民 赵志洪 王　杰 薛艳龙 李延芝 王茂蕤 郑香增	2
14	高寒铁路罐车用600MPa 封头钢板的研发	邵正伟 成小龙 刘金泉 刘晓东 宋国栋 马宝宝 郑香增 叶　勇 黄　伟	3
15	Al_2O_3/SiO_2 对烧结矿产质量影响的研究与应用	刘学燕 李真明 刘振林 李传辉 万继成 杨金福 刘继彬 姜新颖 杨传举 陈淑龙 杨　哲 贺秀丽	3
16	激光在线测量料面技术在 1750m^3 高炉的应用研究	李丙来 高征铠 李传辉 郝之峰 栾吉益 张熙玮 张金秋 王　萌 陈万福 孟令君 戚大波 李芳坤	3
17	高渣比、高（Al_2O_3）低硅、低成本冶炼技术的开发与应用	孟令君 位连增 刘德楼 李丙来 董龙果 韩俊杰 栾吉益 冯增铭 杨　云	3
18	低温高韧性船舶及海工用钢板的开发与应用	徐洪庆 王焕洋 高　伟 李　敏 王福同 靳立山 姜广林 刘海波 贾希光 丛　亮 张晶波	3
19	低屈强比调质型管线钢 X60Q 的研制开发与应用	何绪友 李延芝 孙　岭 姜　伟 宋雷明 王　杰 时义祥 袁婷婷 宋绪柯 罗　森 董恩乐 鞠传华 赵建彪 梁玉超 李柏君	3
20	全自动板材弯曲试验新方法的研发	王　利 鞠传华 王　斌 孔冠宏 孙　岭 张宪芹 张建辉 刘雪丽 郭玉香 刘兴坤 史川川 孙亚霜	3

（制表人　蒋雪军）

2016 年度公司级科技进步奖项

序号	项目名称	完成单位	获奖等级
1	达涅利连铸机厚板坯工艺技术优化与实践	炼钢厂	1
2	冶炼非稳态对质量影响的研究与应用	炼钢厂	1
3	1750m^3 高炉高产低耗低成本冶炼技术的开发与应用	炼铁厂	1
4	炼铁厂块矿烘干优化改造	炼铁厂	1
5	化产系统能量耦合工艺的研究与应用	化工厂	1
6	高炉大计划、长周期检修技术的研究与运用	炼铁厂	1

续表

序号	项目名称	完成单位	获奖等级
7	大跨度公铁大桥用高性能桥梁钢板集成研发与应用	用户应用技术中心、生产部、炼钢厂、宽厚板厂	1
8	海底管线终端设施用中厚钢板的开发与应用	用户应用技术中心、宽厚板厂、计量质检中心	1
9	《工程机械用耐疲劳结构钢板》行业标准制定及生产实践	科技质量部、技术中心	1
10	厚规格钢板 TMCP 生产工艺开发及应用	宽厚板厂	1
11	自由轧制技术在热轧产线的研发与应用	薄板厂	1
12	宽厚板厂 2500mm 产线 1 号蓄热式加热炉集散控制系统开发与应用	宽厚板厂、检修公司	1
13	1700mm 产线自动化控制模型二次开发在成材率提升攻关中的研究与应用	检修工程公司	1
14	轧钢产线液压、高压水介质系统节能降耗技术研发与应用	装备部	1
15	潮流分析在需量控制中的研究与应用	能源环保部	1
16	提高“十一五”区域外排水回用量新技术的研究与应用	能源动力厂	1
17	智能化集中管控技术在减员增效方面的应用	发展规划部	1
18	地下水热源深度开发利用	供热公司	1
19	活性铁产线项目增产改造	合金科技公司	1
20	矾土标准样品的研制	冶金科学研究院	1
21	120t 转炉少矿石炼钢工艺的开发与应用	炼钢厂	2
22	特殊钢材基础能力提升改造项目	发展规划部	2
23	烧结矿氧化镁含量的优化试验研究与应用	炼铁厂	2
24	炼焦煤分类评价及适配性研究	炼铁厂、科技质量部	2
25	降低 $120m^2$ 烧结机烟气中氮氧化物排放量、提升产能的研究与应用	炼铁厂	2
26	济钢 1 号 $1750m^3$ 高炉取消中心加焦技术的开发及应用	炼铁厂、科技质量部	2
27	低库存模式下开展矿石资源的研究及应用，持续优化原料结构降成本	炼铁厂、国贸公司、生产部、物流中心	2
28	基于市场多元化需求的高强结构钢关键技术研究与产品开发	用户应用技术中心、炼钢厂、宽厚板厂	2
29	温度-变形轧制控制技术在高强韧性管线钢中的应用	宽厚板厂	2
30	第三代核电站用核级钢板的研发与应用	用户应用技术中心、宽厚板厂	2
31	高强度热轧带钢卷型提升技术研究与应用	薄板厂	2
32	新能源汽车用超深冲冷轧钢带的开发与应用	用户应用技术中心、炼钢厂、薄板厂、生产部	2

续表

序号	项目名称	完成单位	获奖等级
33	大厚度海上风电用钢研制与推广应用	用户应用技术中心、宽厚板厂、销售中心	2
34	提高钢板冲击性能的工艺研究	宽厚板厂	2
35	ASP 线高品质药芯焊丝用冷轧钢带生产技术集成	科技质量部、炼钢厂、薄板厂	2
36	强动力冶炼条件下高炉高效智能控制技术的研究与应用	检修工程公司、炼铁厂	2
37	冶金原燃料及中间产品中氯离子的测定方法研究	计量质检中心、能源动力厂	2
38	炼钢高效节能自动化测控技术	检修工程公司	2
39	流体高效综合节能技术在生产工序循环水系统中的应用	发展规划部、能源动力厂	2
40	步进式找平技术在煤气柜活塞水平调整中的研究与应用	能源动力厂	2
41	AV71-15 轴流风机 EPU+BASS 软件升级改造	能源动力厂	2
42	冷轧产线退火炉废氢回收利用	薄板厂、能源环保部	2
43	半干法烧结脱硫副产物生产蒸压砖的研究与应用	济钢国际	2
44	翼板产线改造项目的工艺设计与实践	翼板公司	2
45	石灰石标准样品的研制	冶金科学研究院	2
46	炼钢用脱氧铝块生产工艺系统优化	合金科技公司	2
47	钢渣水渣计量汽车衡技术改造	炉料公司	2
48	镀锌工艺优化控制	彩板厂	2
49	山佳全流程信息系统在机械制造业的研发应用	重机公司	2
50	红送铸坯质量提升技术集成工艺研究与应用	炼钢厂	3
51	大型转炉砌炉工艺的研究与改进	炼钢厂	3
52	复吹转炉渣补新技术的开发与应用	炼钢厂	3
53	技术平台复制升级方案在特殊钢材基础能力提升改造项目中的研究与应用	装备部、炼钢厂	3
54	焦油精加工设备泄漏治理技术的应用	化工厂	3
55	低镁炉料炉渣高温性能研究与应用	炼铁厂	3
56	单塔负压脱硫技术在济钢化工厂的应用	化工厂	3
57	气相色谱法测定洗油中主要组分含量的研究与应用	化工厂	3
58	焦化废水输送干熄焦除尘灰工艺的研究实施	炼铁厂	3
59	320m^2 烧结机改善烧结条件高效低耗技术的开发应用	炼铁厂	3
60	特种车辆淬回火合金钢的研制	用户应用技术中心、炼钢厂、宽厚板厂等	3
61	低温回火工艺在耐磨钢生产中的应用	贝斯钢板公司、宽厚板厂	3
62	美标 A514 焊接合金高强钢的研制	用户应用技术中心、炼钢厂、宽厚板厂	3
63	水电大厚度压力钢管用 600MPa 低焊接裂纹敏感性调质钢板的开发	用户应用技术中心、宽厚板厂、炼钢厂	3

续表

序号	项目名称	完成单位	获奖等级
64	宽厚板厂 3500 区精轧机宽薄板自动高效轧制技术开发	宽厚板厂、检修公司	3
65	API 2H 海洋结构用钢板产品研发及认证	用户应用技术中心、科技质量部、生产部、计量质检中心、宽厚板厂	3
66	低屈强比高强韧性热轧钢带的开发与应用	用户应用技术中心、炼钢厂、薄板厂、生产部	3
67	厚规格钢板板型全流程控制技术研究及实践应用	宽厚板厂	3
68	优化变形抗力模型、提高厚度命中率	薄板厂	3
69	宽厚板厂 2500 区剪切精整控制系统新功能开发及优化	检修工程公司	3
70	镁质辅料快速分析的实验研究	计量质检中心	3
71	冷轧单机架薄规格全自动轧制系统的攻关优化	检修工程公司、薄板厂	3
72	谐振抑制技术在济钢供电系统的研究与应用	能源动力厂	3
73	高炉冷风代替压缩空气在冲渣的应用实践	炼铁厂	3
74	块矿接卸与供料的系统优化与应用	物流管理中心	3
75	热轧炉富裕蒸汽综合利用	薄板厂	3
76	提升 320 烧结余热发电量技术研究和应用	炼铁厂	3
77	锌层精准控制检测报警系统研制及应用	彩板厂	3
78	球墨铸铁光谱分析用国家标准样品的研制	冶金科学研究院	3
79	铌铁、钛铁标准样品的研制	冶金科学研究院	3
80	碳钢、合金钢光谱标准样品的研制	冶金科学研究院	3
81	自动化控制技术在湿法（石灰-石膏法）脱硫工艺上的研究与应用	济钢国际	3
82	改造燃烧器结构，调整供风系统，实现回转窑氮氧化物达标排放	炉料公司	3
83	中频炉生产铬铁工艺研发应用	合金科技公司	3
84	高初始磁导率非晶母材的开发	合金科技公司	3
85	循环水系统智能化节能技术	合金科技公司	3
86	工艺件改造增效的研究与应用	翼板公司	3
87	复合焊道堆焊新工艺研究与应用	重机公司	3
88	胃息肉患者 Hp 感染情况以及与结直肠息肉、结直肠肿瘤之间的相关性	济钢总医院	3
89	低温益口含漱液用于帕金森病吞咽障碍的效果观察	济钢总医院	3
90	E-cadherin、VEGF 及 MMP-9 在不同孕期蜕膜组织中的表达及意义	济钢总医院	3

（制表人　蒋雪军）

2016年度管理创新成果获奖名单

山东省企业管理现代化创新成果获奖名单

序号	单位名称	项目名称	主创人员	获奖等级
1	企业管理部	大型国有企业以降本增效为核心的精益管理	孙日东　刘亚平　石　晶　谢书君　丁双旗　鲁宏洲	2
2	济南鲍德汽车运输有限公司	钢铁运输企业以提升货源保障能力为目标的“双带动双支撑”管理体系	魏信栋　张同义　张慧萍　邹慧丽　宋晓秋　王恒山	2
3	济南钢城矿业有限公司	基于过程精细管理的铁精粉降硫减损实践	靳玉启　修志伟　王云亮　解修谦　刘自军	2
4	财务部	特大型钢铁企业集团非钢产业统一结算平台的建立与应用	丁双旗　徐亮天　宋　锋　荣　利　贾　朋	3

山东省钢铁、有色行业企业管理现代化创新成果获奖名单

序　号	单位名称	项目名称	主创人员	获奖等级
1	济钢总医院	企业医院以精益医疗提升门急诊绩效	张忠法　姜玉泽　王立华　郝迎翠　杨　杰	1
2	济钢集团商业贸易有限公司	基于印刷行业的精益生产实践	王其成　李　涛　李金勇　赵　娣　何　莉	2
3	企业管理部	推行精益运营，促进降本增效	刘亚平　石　晶　江荣波　李　杰　谢书君　郑立宪	2
4	资产管理部	大型多元化企业对外投资管控的研究与实践	张新福　鲁宏洲　陈　剑　刘春成　施京萍	2
5	济钢集团商业贸易有限公司	绿化产业精益管理实践	杨泽彬　张焕悦　冯正军　马　红　卢福光	3
6	供热公司	提升钢铁余热供暖收益的降本增效管理	傅国水　严凤涛　李会龙　亓　磊　赵丽丽　赵瑞学	3
7	济南钢城矿业有限公司	基于系统理念的铁精粉产销管理实践	靳玉启　修志伟　王云亮　解修谦　刘自军	3
8	彩板厂	以零公差为目标的锌耗成本管理	华立新　夏汝滨　高淑华　高　锋　李宝健	3

济南市企业管理现代化创新成果获奖名单

序 号	单位名称	项目名称	主创人员	获奖等级
1	山东济钢合金材料科技有限公司	增强多元化企业发展活力的内部市场化管理	郭洪卫 贾 珂 韩文举 李 峰 董 艳	1
2	财务部	大型钢铁企业集团基于ERP系统购销平台的建立与应用	丁双旗 宋 锋 徐亮天 荣 利 贾 朋	2
3	纪委	钢铁企业领导干部廉洁管理体系的优化	孟庆钢 尹 伟 蒋晓文 宋玉文 刘登第	2

2016 年度公司级管理创新成果获奖名单

序号	成果名称/单位	成果创造人员
	一等奖（11个）	
1	高效低成本生产组织，系统提升全年钢产量/生产部	刘学燕 王明勤 徐守亮 张 雁 王新安 刘 江 王 勇 胡根荣
2	深入推进止损扭亏工作，提升企业降本增效能力/财务部	高 勇 刘 艺 苏春越 宋慧昌 李新峰 董雅娟 李 健 李 辉
3	优化港口布局，增加铁运总量，有效降低进口矿综合费用/物流管理中心	陈增治 于均业 田亚农 付廷滨 刘 勇 吕 超 赵 毅 段跃成
4	济钢产能调整方案的策划与实施/发展规划部	薄 涛 王文涛 战玉生 徐 鑫 韩晰宇 梁敬斌 董 英 张贺全
5	实施内部市场化运营，激发企业内在活力/气体公司	刘庆玉 李宗辉 杨秀玉 刘 欣 赵时卷 侯成涛 孙大鹏 顾克庆
6	统筹管理，优化资源，提升煤气系统能效/能源环保部	苗 刚 李健民 张炳光 黄 宁 宁 振 陈江林
7	新形势下检修绩效管控体系的构建/检修公司	郝之峰 李 静 董再胜 郑振祥 李晓虎 刘守前 李洪江 周 涛
8	优化人力资源配置，提高劳动生产率/人力资源部	李长青 张永护 徐西刚 曹学杰 陈敏弟 骆永萍 刘 鹏
9	创新理念、优化结构，降低库存资金占用/装备部	徐有芳 张润生 赵培建 刘树杰 凌再儒 董法道 杨丰军 韩飞华
10	企业知识管理体系的构建/企管部	薄 涛 柳润民 王 桢 郭 菁 徐庆东 赵传领 毛新锋 陈天学
11	内部市场化管理体系的构建与实施/汽运公司	魏信栋 张同义 张慧萍 邹慧丽 魏 杰 管池森 滕德林 王恒山

续表

序号	成果名称/单位	成果创造人员
	二等奖（31个）	
1	实施再制造工程，保障设备低成本　高效顺行/装备部	赵培建　柳润民　郭　强　王京先　李玉衡　刘树杰
2	内部市场化管理的建立与实施/化工厂	李维忠　刘兆峰　李训智　房克朋　李晓丹
3	通过市场化运营，促炼铁厂工作效率全面提升/炼铁厂	李丙来　位连增　姜良玉　申玉清　任　波　王洪瑞
4	压缩产成品库存，降低资金占用/生产部	刘学燕　徐守亮　宋汝贵　胡根荣　张　雁
5	以高效发电为核心的生产组织模式创建/能源动力厂	刘树梅　单　文　董　勇　董君德　王福源　于文波
6	济钢设备大中修新模式的研究与应用/装备部	张润生　赵培建　柳润民　郭　强　李玉衡　潘忠民
7	充分利用排污费核算政策，降低排污费支出/能源环保部	李健民　张炳光　李玉信　路　亮　赵延坪　李同宣
8	“采购-运行-去库存”三位一体管理体系的建立与实施/装备部	赵培建　郭　强　刘　华　韩飞华　谢书君
9	利用政策，积极争取，实施直购电创效/能源环保部	李健民　张炳光　李咸全　郭延军　赵红梅　董亚娟
10	实施目标管理，降低现货损失/科技质量部	张瑞堂　祝桂合　王　启　李　杨　孙永栋　雷　柯
11	创建1750m^{3}高炉风机运行优化模式，释放风机潜能，促进强动力冶炼/装备部	赵培建　郭　强　郑晓萍　刘树梅　王明勤　王官辉
12	以双创为导向，全面推行“1+*N*”完全价值量化评价考核体系/薄板厂	王金华　高元军　路义山　刘恒文
13	打造汽车用钢品牌，提升薄板核心竞争力/薄板厂	王金华　王丰祥　常大勇　宋振官　路清祥　王　启
14	“三替一减”管理模式在生产中的运用/炼钢厂	李作鑫　尚玉民　刘效森　王念欣　刘　国　杨晓清
15	探索极限思维下的低成本精益生产管理应用/宽厚板厂	宋国栋　王　杰　李延芝　杜　平　王　启　陈　磊
16	合金消耗精益化管理模式的构建与实施/科技质量部	张润生　张瑞堂　万友堂　胡宝印　胡勤东　尚玉民
17	以模范车间创建引领构建内部市场化运营体系/计质检中心	李秀坤　张宪芹　张艳花　刘晓敏　任校丹
18	建立测量标准三位一体管控模式/计质检中心	李秀坤　张宪芹　孙奕颖　周晓宁　李芳红
19	优化运行布局，提高燃电上网电量/生产部	刘学燕　王明勤　刘　江　姜言明　王　凯　王福源
20	优化合金库存管理，适应新的生产组织模式/生产部	刘学燕　徐守亮　宋汝贵　张　雁　胡根荣
21	应用智能化管理控制技术，提高劳动生产率/发展规划部	王文涛　战玉生　闫永章　崔大成　韩晰宇　陈继伟
22	建立以资本为主线的设备全过程管理体系实现设备资本效益最大化/装备部	赵培建　郭　强　王宝国　田忠红　王京先　谷　民
23	强化预算刚性约束，提高预算执行能力/财务部	高　勇　陈　佳　马　辉　李晓礼　李　辉　李　健

续表

序号	成果名称/单位	成果创造人员
24	“五化”生产法在精益质量管理中的应用/宽厚板厂	何绪友 姜 伟 李延芝 刘 朋 倪立森 陈 磊
25	快赢技改项目绿色通道构建/装备部	郭 强 王立胜 葛德忠 张 军 吕新平 张秉东
26	三外清理方案的研制与实施/装备部	刘凌奎 郭 强 李玉衡 管襄华 曹先锋 耿庆鹏
27	大型国有企业内部市场化管理的探索与实践/企管部	孙日东 张新福 刘亚平 石 晶 张慧萍 邹慧丽
28	实施“精益生产+单元化承包”管理模式，提升物流运营绩效/炉料公司	张玉华 马国梁 陈小新 鹿传兵 潘金旗 周少玲
29	EPC总承包项目管理优化增效实践/济钢国际	蒋升华 董宝利 李 兵 李 敏 陈 伟 刘 健
30	供热企业内部市场化管理的应用与探索/供热公司	傅国水 严凤涛 李会龙 亓 磊 赵瑞学 王 超
31	强化成本核算，构建内部市场化/冶金研究院	王兴强 倪守生 尤协波 殷占虎 杨建武 宿肖丽
	三等奖（41个）	
1	实施精益管理，提升热轧产线成材率/薄板厂	王金华 田 勇 王克柱 曹金生 柴永祥
2	3200m^3 高炉低耗生产运营模式的管理/炼铁厂	孟令君 李传辉 张殿志 董龙果 刘晓晨
3	装备物资采购规范化管理创新与实践/装备部	赵培建 刘 华 刘树杰 凌再儒 董法道
4	创新引领特殊钢材基础能力提升改造项目高难目标的实现/装备部	赵培建 王立胜 张 军 王会庆
5	“十一五”工程环境影响评估的策划与实施/能源环保部	李健民 张炳光 林正仁 李玉信 路 亮
6	能源环保部转型发展形势下的环境风险管控/能源环保部	李健民 张炳光 李玉信 路 亮 赵延坪
7	优化进口块矿资源结构降低炉料成本/生产部	刘学燕 王明勤 王新安 韩克峰 王良周
8	新形势下外销创效模式的探索和应用/气体公司	刘庆玉 杨秀玉 李宗辉 孙大鹏 于启涛
9	精益生产管理理念在烧结生产中的应用/炼铁厂	刘振林 周长强 魏国栋 刘乃杰 陈 虎
10	热轧双相钢产销研用一体化管理/技术中心	孙德民 周兰聚 夏茂森 宋振官 鲁金明
11	燃气轮机再制造技术研究与应用/能源动力厂	王法国 刘建平 马晓东 贾 森 李志军
12	创新技改项目招标化管理，打造跨产线技术攻关团队/检修公司	郝之峰 王江臣 周 涛 戚大波 张 磊
13	提高性能精益控制，构建异议风险与成本管控模式/宽厚板厂	王 杰 李延芝 杜 平 宋婷婷 程洪兴
14	运用有限元分析方法 提升连铸机设备高效运行水平/检修公司	郝之峰 高岩军 王艳东 曹先锋 张志杰
15	做好能源成本分析，为降本增效保驾护航/财务部	高 勇 董雅娟 苏秀芹 陈 霞 张 颖
16	深入推进炼铁厂模范车间创建/炼铁厂	李丙来 位连增 姜良玉 申玉清 陈 丽
17	加强资金管理、优化融资结构、确保资金链安全/财务部	高 勇 李新峰 曹绪宗 马 成 张 娜
18	综合信息化管理平台的建设与应用/气体公司	刘庆玉 李宗辉 杨秀玉 林 波 李春雷
19	解放思想 创新方法 争取外部资金支持/能源环保部	李建民 张炳光 黄 宁 李咸全 陈 飏

续表

序号	成果名称/单位	成果创造人员
20	以适应产品结构调整的轧钢自动化设备随动响应管理/检修公司	李建文　许宗国　段文宇　靳兆禄
21	优化转炉煤气回收方式模式创建与应用/能源动力厂	王东升　孙久荣　张　平　房　军　王福源
22	ISO17025 实验室管理体系的优化设计与实现/计质检中心	徐增芹　宋兰会　张洪志　李芳红　高　帅
23	全面推行设备的精细化管理，降低设备的停机时间/薄板厂	孙清泉　赵文承　刘宽宏　孔德奎　刘法奎
24	基于精细化管理的检验体系的构建与实施/计质检中心	张希元　李惠琴　张宪芹　郭庆鹏　鲁大勇
25	炼钢连铸三大件耐材整体承包的实施/装备部	赵培建　刘　华　卢　刚　孙彦江
26	基于合资模式下的贝斯钢板全流程质量管控体系的建立与实施/贝斯钢板公司	李永亮　彭　宾　丛　亮　薄其伟　李会亚
27	建立日绩效监控体系，全面提升公司运营水平/财务部	高　勇　苏春越　董雅娟　苏秀芹　刘维曦
28	基于激励机制的薪酬分配管理/人力资源部	张永护　徐西刚　骆永萍　曹学杰
29	螺旋导轨式湿式煤气柜安全运行问题分析与控制管理/能源动力厂	王东升　孙久荣　王福源　樊兆亭　秦海峰
30	增强多元化企业发展活力的内部市场化管理/合金材料公司	郭洪卫　贾　珂　韩文举　李　峰　董　艳
31	以降低总承包项目管理费用为目标的协同创新管理/济钢国际	蒋升华　黄　伟　董宏良　孙　涛　孙丽君
32	实施精益化生产管理，降本提效/矿业公司	姜东泉　王经宇　李　强　解修谦　王绪亚
33	钢铁企业工会组织通过完善群众性创新平台助力企业降本增效的应用实践/工会	刘秀元　李　茜　张海鹰　邓宝粮　展　勇
34	降低应收账款，防控资金风险/冷弯型钢	陈传玉　贾泽民　邹国顺　乔继军　雷　刚
35	加强基础管理，发展聚焦，圆满完成集团公司下达各项任务目标/商贸公司	王其成　李　涛　张士义　冯正军　于广成
36	创新营销管理模式，提高经营绩效/商贸公司	李　涛　冯正军　赵　娣　孙　凯　王清江
37	完全成本核算体系的构建与实施/矿业公司	周德军　王经宇　何远东　魏　鹏　王婷婷
38	互联网在优化廉洁管理体系时的应用/纪委监察部	刘秀元　魏安庆　孟庆钢　尹　伟　蒋晓文
39	土地管理由“保管型”向“经营型”转变/炉料公司	张玉华　法泉营　钱德林　王茂新　司　建
40	加强对外租赁管控，提高租赁收益/建设公司	潘卫东　刘思倩　王宣会　吴庆法　张宝福
41	构建精细化管理体系，降低信息化维护成本/企管部	孙日东　张新福　郑立宪　石　晶　江荣波

（制表人　石　晶　陈天学）

2016 年中国冶金行业思想政治工作优秀论文获奖名单

二等奖

题　　目：不忘初心　责任驱动　发展惠民——济钢集团改革转型多元发展的探索与实践
作　　者：张俊芳　梁　军
授予单位：中国冶金职工思想政治工作研究会
授予时间：2016 年 11 月 18 日

题　　目：加强新形势下党建和宣传思想工作　推动企业转型发展
作　　者：高海港　王铭南　褚慧娟
授予单位：中国冶金职工思想政治工作研究会
授予时间：2016 年 11 月 18 日

题　　目：谈创建职工思想动态预警管理机制的认知与实践
作　　者：刘　刚　褚慧娟
授予单位：中国冶金职工思想政治工作研究会
授予时间：2016 年 11 月 18 日

三等奖

题　　目：围绕中心抓党建，融入管理起作用——山钢集团济钢铸管公司提高思想政治工作针对性、实效性的实践与探索
作　　者：贾元奎　李盛熙
授予单位：中国冶金职工思想政治工作研究会
授予时间：2016 年 11 月 18 日

题　　目：打造“1234”党建工程
作　　者：魏信栋
授予单位：中国冶金职工思想政治工作研究会
授予时间：2016 年 11 月 18 日

题　　目：搭建“三个六”党建工作模式
作　　者：贾元奎　牛振兴
授予单位：中国冶金职工思想政治工作研究会
授予时间：2016 年 11 月 18 日

题　　目：廉洁文化：企业实现精益管理的助推器
作　　者：崔德伟　陈　磊　郭耀荣
授予单位：中国冶金职工思想政治工作研究会
授予时间：2016 年 11 月 18 日

山东省冶金系统2016年度党建思想政治工作优秀研究成果

一等奖

题　　目：结合内部市场化改革，加强心理疏导，有效化解群体性矛盾，增强思想政治工作的针对性和时效性
作　　者：童　勇　吴继华　陈小新　王景鹏
授予单位：山东省冶金企业职工思想政治工作研究会、山东钢铁集团有限公司党建思想政治工作研究会
授予时间：2016年9月20日

题　　目：健全扶贫帮困体系，促进企业和谐发展
作　　者：魏安庆　王启明　吕国红
授予单位：山东省冶金企业职工思想政治工作研究会、山东钢铁集团有限公司党建思想政治工作研究会
授予时间：2016年9月20日

题　　目：浅谈济钢职工思想动态现状与对策分析
作　　者：王　军　王　萌　王励强
授予单位：山东省冶金企业职工思想政治工作研究会、山东钢铁集团有限公司党建思想政治工作研究会
授予时间：2016年9月20日

题　　目：情系我的兄弟姐妹——济钢标准件厂积极打造关爱残疾职工党建工作品牌
作　　者：丁宏元　蔡筱娟　陈广平　谭悦磊
授予单位：山东省冶金企业职工思想政治工作研究会、山东钢铁集团有限公司党建思想政治工作研究会
授予时间：2016年9月20日

题　　目：谈创建职工思想动态预警管理机制的认知与实践
作　　者：刘　刚
授予单位：山东省冶金企业职工思想政治工作研究会、山东钢铁集团有限公司党建思想政治工作研究会
授予时间：2016年9月20日

题　　目：坚持“五个”创新，以强有力的思想政治工作推动企业转型
作　　者：王其成　杨泽彬　张士义　陈法海
授予单位：山东省冶金企业职工思想政治工作研究会、山东钢铁集团有限公司党建思想政治工作研究会
授予时间：2016年9月20日

题　　目：企业转型发展中围绕职工安置做好思想政治工作的研究
作　　者：丁军红
授予单位：山东省冶金企业职工思想政治工作研究会、山东钢铁集团有限公司党建思想政治工作研究会
授予时间：2016 年 9 月 20 日

题　　目：对不断强化青年职工思想政治工作的实践与思考
作　　者：孟广明
授予单位：山东省冶金企业职工思想政治工作研究会、山东钢铁集团有限公司党建思想政治工作研究会
授予时间：2016 年 9 月 20 日

二等奖

题　　目：构建“1234”党建工程
作　　者：魏信栋　李赐波　刘　然
授予单位：山东省冶金企业职工思想政治工作研究会、山东钢铁集团有限公司党建思想政治工作研究会
授予时间：2016 年 9 月 20 日

题　　目：坚持全面从严治党，强力推进“两个责任”落实
作　　者：孔　倩
授予单位：山东省冶金企业职工思想政治工作研究会、山东钢铁集团有限公司党建思想政治工作研究会
授予时间：2016 年 9 月 20 日

题　　目：对新时期职工形势任务教育工作的思考与实践
作　　者：黄恩宏　聂请祥　刘公强
授予单位：山东省冶金企业职工思想政治工作研究会、山东钢铁集团有限公司党建思想政治工作研究会
授予时间：2016 年 9 月 20 日

题　　目：关于建立适应企业改革转型发展和市场竞争需求的体制机制的研究与思考
作　　者：宋泽田
授予单位：山东省冶金企业职工思想政治工作研究会、山东钢铁集团有限公司党建思想政治工作研究会
授予时间：2016 年 9 月 20 日

题　　目：探索“互联网+”模式，打造反腐倡廉教育新平台
作　　者：尹　伟　宋玉文
授予单位：山东省冶金企业职工思想政治工作研究会、山东钢铁集团有限公司党建思想

政治工作研究会

授予时间：2016 年 9 月 20 日

题　　目：做好企业改革过程中的思想政治工作，促进企业转型发展

作　　者：杜泽国　王华雄

授予单位：山东省冶金企业职工思想政治工作研究会、山东钢铁集团有限公司党建思想政治工作研究会

授予时间：2016 年 9 月 20 日

题　　目："三个六"党建工作模式

作　　者：贾元奎　牛振兴

授予单位：山东省冶金企业职工思想政治工作研究会、山东钢铁集团有限公司党建思想政治工作研究会

授予时间：2016 年 9 月 20 日

题　　目：以党建思想政治工作促进企业融合发展

作　　者：郭洪卫　贾　珂　李　鹏

授予单位：山东省冶金企业职工思想政治工作研究会、山东钢铁集团有限公司党建思想政治工作研究会

授予时间：2016 年 9 月 20 日

题　　目：廉洁文化：企业实现精益管理的助推器

作　　者：崔德伟　陈　磊　郭耀荣

授予单位：山东省冶金企业职工思想政治工作研究会、山东钢铁集团有限公司党建思想政治工作研究会

授予时间：2016 年 9 月 20 日

题　　目：建章立制与人文关怀相结合　促进科学发展

作　　者：姜进强　蒋升华　李业友　王　凯

授予单位：山东省冶金企业职工思想政治工作研究会、山东钢铁集团有限公司党建思想政治工作研究会

授予时间：2016 年 9 月 20 日

三等奖

题　　目：新常态下加强党建工作，促进金融板块持续发展

作　　者：徐亮天　张星贵　杨　茜　李玉红

授予单位：山东省冶金企业职工思想政治工作研究会、山东钢铁集团有限公司党建思想政治工作研究会

授予时间：2016 年 9 月 20 日

题　　目：医改新形势下加强医院思想政治工作的认识和方法
作　　者：袁乃波
授予单位：山东省冶金企业职工思想政治工作研究会、山东钢铁集团有限公司党建思想政治工作研究会
授予时间：2016年9月20日

题　　目：关于在企业转型发展中，如何发挥基层党组织战斗堡垒作用，以解决思想问题促进管理提升的专题研究
作　　者：范振海　曹学杰
授予单位：山东省冶金企业职工思想政治工作研究会、山东钢铁集团有限公司党建思想政治工作研究会
授予时间：2016年9月20日

题　　目：企业基层单位落实“两个责任”存在的主要问题和对策建议
作　　者：武　君　樊兆亭
授予单位：山东省冶金企业职工思想政治工作研究会、山东钢铁集团有限公司党建思想政治工作研究会
授予时间：2016年9月20日

题　　目：浅谈思想政治工作在构建和谐企业中的作用
作　　者：刘　宁
授予单位：山东省冶金企业职工思想政治工作研究会、山东钢铁集团有限公司党建思想政治工作研究会
授予时间：2016年9月20日

（供稿人　吕仁波　梁　军）

2016年度效能监察项目获奖名单

济钢集团2016年度效能监察项目获奖名单

序号	项目名称	主责单位	团队负责人	团队成员	获奖等级
1	对进口矿港口发运过程实施效能监察，提升货物代理服务质量	青岛保税区济钢国际物流有限公司	徐　强	谭学博　韩余敏　许传越　赵　彬　李　峰　王　静	1
2	对中小企业实物标准及检测平台项目实施效能监察	山东省冶金科学研究院	王兴强	殷占虎　张　莉　黄　诚　唐宪省　宿肖丽	1
3	对人力资源优化工作实施效能监察	济钢集团重工机械有限公司	张永熙	孙传强　郭学武　梁壮培　尚逢洪　丁伟中　孙书亭	1
4	对外部应收账款清收实施效能监察	山东球墨铸铁管有限公司	贾元奎	李玉涛　牛振兴　刘智阁　程青翠　袁松涛　张继波　郭晓岗	1
5	对燃油消耗管理实施效能监察	济南鲍德汽车运输有限公司	李赐波	张慧萍　于永胜　李茂祥　邹慧丽　杨树萍　郭岐军　周建军　姜　伟　王永安	1
6	对进出厂精粉计质量管理实施效能监察，实现降本增效	济南钢城矿业有限公司	王云亮	王　松　姜东泉　刘自军　解修谦　姜岳臣　郭　华	1
7	劳务用工优化清理效能监察	人力资源部	张永护	尹　伟　郑海霞　宋玉文	1
8	压减备品备件库存效能监察	运营管理部	郭广强	孟庆钢　张新福　尹　伟　李学付　宋玉文　焦何生　蒋雪军　刘　辉　黄雪兰	1
9	有效管控重点项目投资实施成本，对竣工重点项目运营状况实施效能监察	资产管理部/发展规划部	张新福	董旭东　李梅广　夏学军	1
10	对防止关联交易和利益冲突实施效能监察	纪委监察部	孟庆钢	尹　伟　蒋晓文　宋玉文　刘登第	1
11	对新兴铸管项目三电设备采购招标进行效能监察，降低采购成本	济钢集团国际工程技术有限公司	姜进强	陈五升　王　凯　邵克志　董成英　严　莉　李光珂	2
12	对采购、销售、外委项目实施效能监察	济南鲍德炉料有限公司	童　勇	阎贵斌　王景鹏	2
13	坚持物资采购公开招标，降低采购成本	山东球墨铸铁管有限公司	王　季	刘卫新　田广新　纪巍尚　李忠民　吴淑梅　尹　燕	2
14	加强过程监管，提升外部市场货源开发效能	济南鲍德汽车运输有限公司	李赐波	张同义　张慧萍　张广华　邹慧丽　孙国刚	2

续表

序号	项 目 名 称	主责单位	团队负责人	团队成员	获奖等级
15	加强含铁物料深加工效能监察，促进降本增效	标准件厂	蔡筱娟	陈广平　王洪亮　吕化国　成万涛	2
16	实施绩效管理效能监察，实现年度绩效目标	山东济钢合金材料科技有限公司	贾　珂	李　峰　韩文举　董　艳	2
17	对钢材贸易资金占用开展效能监察	济钢集团商业贸易有限公司	李　涛	李　东　杜　鹏　王丽莉　沈延霞　张士义　辛宝艾　赵　娣	2
18	加强效能监察，降低管理费用	供热公司	傅国水	亓　磊　江　华　蔡　婷	2
19	推进“僵尸”企业治理效能监察，提升扭亏增盈能力	资产管理部/发展规划部	张新福	董旭东　刘春成　鲁宏洲　施京萍	2
20	对子公司环保工作开展效能监察，降低环保风险	运营管理部	徐　强	郭广强　李学付　黄雪兰	2
21	对采购管理实施效能监察，降低采购成本	运营管理部	徐　强	焦何生　李学付　蒋雪军　刘　辉	2
22	外委工程清理效能监察	运营管理部	徐　强	郭广强　李学付　蒋晓文　蒋雪军　刘　辉	2
23	对子公司外部应收账款法律清收实施效能监察	财务部	徐亮天	尹桂岭　宋　锋　荣　利　丁双旗　姜　蕾　贾　朋	2
24	对精益运营实施效能监察，提升管理效益	企业管理部	孙日东	刘亚平　石　晶　郑立宪	2
25	对“两学一做”学习教育跟踪督察，厚植“发展惠民”组织优势	党委组织部	张永护	徐西刚　严　胜　郭晓光	2
26	保税区仓储业务风险管控效能监察	青岛保税区济钢国际物流有限公司	徐　强	刘柱石　孙爱国　张景祥　周　羲	3
27	对宾馆减亏增效开展效能监察	济钢集团商业贸易有限公司	赵卫东	冯正军　辛宝艾　张士义　生军峰　赵　娣　袁乃奇　任　静　王永华　李焕亮	3
28	对设备器械招标采购实施效能监察	济钢总医院	张忠法	张忠法　聂希会　袁乃波　胡睿婷　潘　哲	3
29	对应收账款回款实施效能监察	济钢集团山东建设工程公司	张永熙	潘卫东　王宜会　刘思倩　葛建春　吴庆法　马树隽	3
30	对企业改制过程进行动态监察，实现企业“混改”目标	山东济钢合金材料科技有限公司	郭洪卫	贾　珂　李　峰　韩文举　董　艳	3

续表

序号	项目名称	主责单位	团队负责人	团队成员	获奖等级
31	对钛材配件贸易风险管控实施效能监察	鲍德金属复合板有限公司	刘纯	田保生 郑金英 张文福 魏安 李东海	3
32	对生产动能成本实施效能监察，降低动能成本	供热公司	李会龙	亓磊 饶丽慧 王超 赵瑞学	3
33	开展安全效能监察，提升安全自主管理水平	冷弯型钢公司	陈传玉	贾泽民 王泰来 杨宏钰 刘宁	3
34	对应收账款清收实施效能监察	济钢集团重工机械有限公司	张永熙	孙传强 魏希旺 郭学武 马受锦 张少杰	3
35	实施油品管理效能监察，降低日常油品损耗	济南鲍德汽车运输有限公司	李赐波	张慧萍 李守刚 徐华 邹慧丽	3
36	对翼板型材产线优化改造实施效能监察	山东鲍德翼板有限公司	时传华	邹彤 刘培香 解学启 谢安鹏 刘忻 刘文忠 李凤莲	3
37	对降低钢结构加工成本实施效能监察	济南鲍德钢结构有限公司	尚国宇	弓志清 杨俊国 杨立军 叶鹏 管延科 李明	3
38	实施人力资源优化效能监察，降低劳务费用支出	彩板厂	华立新	夏汝滨 王冲 王海 李宝健 张颖	3
39	实施效能监察，降低物资采购成本	济南钢城矿业有限公司	杜亚云	王松 仲咏梅 何远东 王洪江 郭东 徐贵贤 刘长忠 陈建新	3
40	对全成本核算下的辅材管理实施效能监察	山东省冶金科学研究院	张茂军	王强 何清海 杨洪林 高光强	3
41	以扭亏增盈为目标，对生产运营实施效能监察	山东省冶金地质水文勘察公司	郭洪卫	盛桂军 李兴芳 王易 庞长平 宫晶晶 任鹏 李松强	3
42	对子公司经营风险防控实施效能监察	纪委监察部	孟庆钢	尹伟 蒋晓文 宋玉文 刘登第	3
43	供应商的规范与清理效能监察	运营管理部	郭广强	孟庆钢 张素兰 尹伟 焦何生 刘登第 孙贝贝 蒋雪军 李学付 刘辉 黄雪兰	3
44	加强固定资产检维修项目效能监察，降低运营成本	运营管理部	徐强	焦何生 李学付 蒋雪军 刘辉	3
45	对职工代表提案的落实进行效能监察	工会	李茜	张海鹰 邓宝粮 闻成莲 刘鸿春	3

山钢股份济南分公司 2016 年度效能监察获奖项目名单

名次	奖次	项目名称	实施单位
1	一等奖 (3 项)	建立公司“物料种类全覆盖、岗位全覆盖”的督查新机制	纪委/监察部等
2		严把进厂原燃料质量关　保障炼铁系统稳定运行	炼铁厂
3		强化炼钢用生产验证类物料稽查	炼钢厂
4	二等奖 (5 项)	强化数据比对监控，提高进厂物资计量稽查覆盖率	计量质检中心
5		降低厂内物流费用	纪委/监察部、物流管理中心
6		深挖内部潜力实施外委转自修，降低设备运行成本	纪委/监察部、装备部
7		合理优化人力资源，提高劳动生产率	纪委/监察部、人力资源部
8		高炉水渣采用环保底滤脱水工艺　解决水渣水污染问题	机关纪委、发展规划部
9	三等奖 (7 项)	提高宽厚板准时交付率	宽厚板厂
10		化产品销售经营实施效能监察	化工厂
11		实施效能监察，强化“十一五”项目区域外排水二次回收利用	能源动力厂
12		铁前工艺倒运量减半效能监察	物流管理中心
13		推进工时量管理，提高检修效率	检修工程公司
14		环保治理项目分级分类管理，加快项目落地实施进度	机关纪委、发展规划部、能源环保部
15		提高热轧产线成材率	薄板厂

附录

FULU

核心理念

☆ 企业使命——为客户提供满意的产品和服务

山钢股份济南分公司文件目录

文件编号	标 题
山钢股份济党字［2016］1号	中共山东钢铁股份有限公司济南分公司委员会关于命名姜和信创新工作室为公司党员教育培训基地的决定
山钢股份济党字［2016］2号	中共山东钢铁股份有限公司济南分公司委员会关于开展“向姜和信学习，做岗位建功标兵”主题活动的通知
山钢股份济党字［2016］3号	中共山东钢铁股份有限公司济南分公司委员会2016年党群工作指导意见
山钢股份济党字［2016］4号	中共山东钢铁股份有限公司济南分公司委员会关于认真学习贯彻十八届中央纪委六次全会和省纪委十届七次全会精神的通知
山钢股份济党字［2016］5号	中共山东钢铁股份有限公司济南分公司委员会关于认真组织学习《习近平关于严明党的纪律和规矩论述摘编》的通知
山钢股份济党字［2016］6号	中共山东钢铁股份有限公司济南分公司委员会关于领导班子“三严三实”专题民主生活会情况的报告
山钢股份济党字［2016］7号	中共山东钢铁股份有限公司济南分公司委员会关于开展党组织书记抓基层党建工作述职评议考核的通知
山钢股份济党字［2016］8号	中共山东钢铁股份有限公司济南分公司委员会关于印发《2016年度“四降低两提升”及“目标完成率”专项考核办法》的通知
山钢股份济党字［2016］9号	中共山东钢铁股份有限公司济南分公司委员会关于评选2015年度先进集体先进个人的通知
山钢股份济党字［2016］10号	中共山东钢铁股份有限公司济南分公司委员会关于印发2016年《党建工作责任制》的通知
山钢股份济党字［2016］11号	中共山东钢铁股份有限公司济南分公司委员会关于张守言同志不再任职的通知
山钢股份济党字［2016］12号	中共山东钢铁股份有限公司济南分公司委员会关于评选2015年度“文明建设先进单位”的通知
山钢股份济党字［2016］13号	中共山东钢铁股份有限公司济南分公司委员会印发《关于深入开展“改革转型我担当”大讨论活动的实施方案》的通知
山钢股份济党字［2016］14号	中共山东钢铁股份有限公司济南分公司委员会关于转发《中共山东钢铁集团有限公司委员会关于

加强反腐倡廉教育的意见》的通知

山钢股份济党字［2016］15号　中共山东钢铁股份有限公司济南分公司委员会关于吴健同志不再任职的通知

山钢股份济党字［2016］16号　中共山东钢铁股份有限公司济南分公司委员会关于组织党员干部参加山钢党委“学党章、学准则、学条例”知识测试的通知

山钢股份济党字［2016］17号　中共山东钢铁股份有限公司济南分公司关于表彰2015年度文明建设先进集体、先进个人的决定

山钢股份济党字［2016］18号　中共山东钢铁股份有限公司济南分公司委员会印发《关于在全体党员中开展“两学一做”学习教育的工作方案》的通知

山钢股份济党字［2016］19号　中共山东钢铁股份有限公司济南分公司委员会关于印发《“两学一做”学习教育工作配档表》的通知

山钢股份济党字［2016］20号　中共山东钢铁股份有限公司济南分公司委员会关于刘志平同志不再任职的通知

山钢股份济党字［2016］21号　中共山东钢铁股份有限公司济南分公司委员会关于张永护等同志任职的请示

山钢股份济党字［2016］22号　中共山东钢铁股份有限公司济南分公司委员会关于开展2015~2016年度党内先进集体和先进个人评选工作的通知

山钢股份济党字［2016］23号　中共山东钢铁股份有限公司济南分公司委员会关于公布张永护等同志职务的通知

山钢股份济党字［2016］24号　中共山东钢铁股份有限公司济南分公司委员会关于成立“两学一做”学习教育协调领导小组和督导组的通知

山钢股份济党字［2016］25号　中共山东钢铁股份有限公司济南分公司委员会关于印发《“两学一做”学习教育督导组督导工作方案》的通知

山钢股份济党字［2016］26号　中共山东钢铁股份有限公司济南分公司委员会关于公布李维忠等同志职务的通知

山钢股份济党字［2016］27号　中共山东钢铁股份有限公司济南分公司委员会关于调整保密委员会的通知

山钢股份济党字［2016］28号　中共山东钢铁股份有限公司济南分公司委员会关于调整劳动争议调解委员会的通知

山钢股份济党字［2016］29号　中共山东钢铁股份有限公司济南分公司委员会关于表彰2015~2016年度先进集体和先进个人的决定

山钢股份济党字［2016］30号　中共山东钢铁股份有限公司济南分公司委员会关于

	印发《重大决策社会稳定风险评估实施意见》的通知
山钢股份济党字［2016］31号	公司发文（占用编号）
山钢股份济党字［2016］32号	中共山东钢铁股份有限公司济南分公司委员会关于在“两学一做”学习教育中深入学习贯彻习近平总书记“七一”重要讲话精神的通知
山钢股份济党字［2016］33号	中共山东钢铁股份有限公司济南分公司委员会转发山钢集团党委关于认真学习贯彻《中国共产党问责条例》的通知
山钢股份济党字［2016］34号	中共山东钢铁股份有限公司济南分公司委员会关于苗刚等同志任免职务的请示
山钢股份济党字［2016］35号	中共山东钢铁股份有限公司济南分公司委员会关于公布王铭南同志职务的通知
山钢股份济党字［2016］36号	中共山东钢铁股份有限公司济南分公司委员会关于印发《处级、科级领导干部退出现职年龄及待遇规定》的通知
山钢股份济党字［2016］37号	中共山东钢铁股份有限公司济南分公司委员会关于高传华等同志不再任职的通知
山钢股份济党字［2016］38号	中共山东钢铁股份有限公司济南分公司委员会关于公布刘庆玉等同志职务的通知
山钢股份济党字［2016］39号	中共山东钢铁股份有限公司济南分公司委员会关于公布李宗辉同志职务的通知
山钢股份济党字［2016］40号	中共山东钢铁股份有限公司济南分公司委员会关于董胜峰同志不再任职的通知
山钢股份济党字［2016］41号	中共山东钢铁股份有限公司济南分公司委员会关于祝桂合同志不再任职的通知
山钢股份济安字［2016］1号	山东钢铁股份有限公司济南分公司关于印发2016年安全工作总体目标及主要措施的通知
山钢股份济安字［2016］2号	山东钢铁股份有限公司济南分公司关于印发《2016年安全生产风险抵押金管理办法》等三个安全管理制度的通知
山钢股份济安字［2016］3号	山东钢铁股份有限公司济南分公司关于开展安全标杆班组建设的通知
山钢股份济安字［2016］4号	山东钢铁股份有限公司济南分公司关于开展风险分级管控与隐患排查治理两体系建设的通知
山钢股份济安字［2016］5号	山东钢铁股份有限公司济南分公司关于调整安全生产委员会的通知
山钢股份济安字［2016］6号	山东钢铁股份有限公司济南分公司关于印发《2016年“安全生产月”活动实施方案》的通知

山钢股份济安字［2016］7号　山东钢铁股份有限公司济南分公司关于发布《冶金企业风险分级管控体系实施指南》和《冶金企业隐患排查治理体系实施指南》的通知

山钢股份济安字［2016］8号　山东钢铁股份有限公司济南分公司关于发布一二级风险管控措施的通知

山钢股份济安字［2016］9号　山东钢铁股份有限公司济南分公司关于申请炼钢厂120吨转炉区域消防水隐患整改财政安全生产专项经费补助的请示

山钢股份济安字［2016］10号　山东钢铁股份有限公司济南分公司关于进一步开展安全生产大检查的通知

山钢股份济办字［2016］1号　山东钢铁股份有限公司济南分公司关于表彰2015年度人口和计划生育工作先进集体、先进个人的决定

山钢股份济办字［2016］2号　山东钢铁股份有限公司济南分公司关于转发鲁卫政法发［2016］1号文件的通知

山钢股份济办字［2016］3号　山东钢铁股份有限公司济南分公司关于调整信访稳定工作领导小组的通知

山钢股份济办字［2016］4号　山东钢铁股份有限公司济南分公司关于调整计划生育委员会的通知

山钢股份济办字［2016］5号　山东钢铁股份有限公司济南分公司关于印发《山东钢铁股份有限公司济南分公司档案工作“十三五”发展规划》的通知

山钢股份济编字［2016］1号　山东钢铁股份有限公司济南分公司关于第一小型轧钢厂整建制划入薄板厂的通知

山钢股份济编字［2016］2号　山东钢铁股份有限公司济南分公司关于设立济钢转型发展工作办公室的通知

山钢股份济财字［2016］1号　山东钢铁股份有限公司济南分公司关于2016年度全面预算管理工作方案的报告

山钢股份济财字［2016］2号　山东钢铁股份有限公司济南分公司关于下达2016年元月份财务预算的通知

山钢股份济财字［2016］3号　山东钢铁股份有限公司济南分公司关于下达2016年2月份财务预算的通知

山钢股份济财字［2016］4号　山东钢铁股份有限公司济南分公司关于开展5亿元融资租赁业务的请示

山钢股份济财字［2016］5号　山东钢铁股份有限公司济南分公司关于下达2016年3月份财务预算的通知

山钢股份济财字［2016］6号　山东钢铁股份有限公司济南分公司关于下达2016年度预算大纲的通知

山钢股份济财字［2016］7号　山东钢铁股份有限公司济南分公司关于下达2016

年4月份财务预算的通知

山钢股份济财字［2016］8号	山东钢铁股份有限公司济南分公司关于下达2016年5月份财务预算的通知
山钢股份济财字［2016］9号	山东钢铁股份有限公司济南分公司关于下达2016年6月份财务预算的通知
山钢股份济财字［2016］10号	山东钢铁股份有限公司济南分公司关于建立《内部市场化价格、定额体系》的通知
山钢股份济财字［2016］11号	山东钢铁股份有限公司济南分公司关于下达2016年7月份财务预算的通知
山钢股份济财字［2016］12号	山东钢铁股份有限公司济南分公司关于请求集团公司提供担保的请示
山钢股份济财字［2016］13号	山东钢铁股份有限公司济南分公司关于下达8月份财务预算的通知
山钢股份济财字［2016］14号	山东钢铁股份有限公司济南分公司关于下达2016年9月份财务预算的通知
山钢股份济财字［2016］15号	山东钢铁股份有限公司济南分公司关于目前资金状况及申请搭桥资金的请示
山钢股份济财字［2016］16号	山东钢铁股份有限公司济南分公司关于需要集团公司协调解决几个事项的请示
山钢股份济财字［2016］17号	山东钢铁股份有限公司济南分公司关于下达2016年10月份财务预算的通知
山钢股份济财字［2016］18号	山东钢铁股份有限公司济南分公司关于印发《深入推进亏损治理工作方案》的通知
山钢股份济财字［2016］19号	山东钢铁股份有限公司济南分公司关于调整亏损治理考核目标的通知
山钢股份济财字［2016］20号	山东钢铁股份有限公司济南分公司关于下达2016年11月份财务预算的通知
山钢股份济财字［2016］21号	山东钢铁股份有限公司济南分公司关于申请5亿元资金支持及其他事项的请示
山钢股份济财字［2016］22号	山东钢铁股份有限公司济南分公司关于下达2016年12月份财务预算的通知
山钢股份济财字［2016］23号	山东钢铁股份有限公司济南分公司关于请求集团公司提供融资担保的请示
山钢股份济察字［2016］1号	山东钢铁股份有限公司济南分公司关于表彰奖励2015年度效能监察优秀项目的决定
山钢股份济察字［2016］2号	山东钢铁股份有限公司济南分公司关于印发《关于落实山钢2016年专项效能监察的实施方案》的通知
山钢股份济察字［2016］3号	山东钢铁股份有限公司济南分公司关于给予桑圣涛

	行政留用察看处分的决定
山钢股份济察字［2016］4号	山东钢铁股份有限公司济南分公司关于给予李昌泉行政留用察看处分的决定
山钢股份济察字［2016］5号	山东钢铁股份有限公司济南分公司关于表彰奖励2016年度效能监察优秀项目的决定
山钢股份济党办［2016］1号	中共山东钢铁股份有限公司济南分公司委员会关于调整防范和处理邪教问题领导小组的通知
山钢股份济党纪［2016］1号	中共山东钢铁股份有限公司济南分公司委员会关于给予桑圣涛开除党籍处分的决定
山钢股份济党纪［2016］2号	中共山东钢铁股份有限公司济南分公司委员会关于给予杜浩宇开除党籍处分的决定
山钢股份济党武［2016］1号	中共山东钢铁股份有限公司济南分公司委员会2016年武装工作任务要点
山钢股份济党武［2016］2号	中共山东钢铁股份有限公司济南分公司委员会关于认真做好2016年度民兵预备役组织整顿工作的实施意见
山钢股份济党武［2016］3号	中共山东钢铁股份有限公司济南分公司委员会关于组织开展庆祝建军89周年暨党管武装工作评比表彰系列活动的通知
山钢股份济党武［2016］4号	中共山东钢铁股份有限公司济南分公司委员会关于表彰党管武装工作先进单位和先进民兵个人的决定
山钢股份济党武［2016］5号	中共山东钢铁股份有限公司济南分公司委员会关于做好2016年黄河防汛抢险工作的实施意见
山钢股份济党宣［2016］1号	中共山东钢铁股份有限公司济南分公司委员会关于表彰2015年度宣传思想工作先进集体和先进个人的决定
山钢股份济党组［2016］1号	中共山东钢铁股份有限公司济南分公司委员会关于印发《2016年度全体党员集中培训工作实施方案》的通知
山钢股份济党组［2016］2号	中共山东钢铁股份有限公司济南分公司委员会关于开展2015年度领导班子和领导干部考核工作的通知
山钢股份济党组［2016］3号	中共山东钢铁股份有限公司济南分公司委员会关于2015年度领导班子和领导干部考核结果的通报
山钢股份济规字［2016］1号	山东钢铁股份有限公司济南分公司关于2016年一季度固定资产投资项目立项实施的请示
山钢股份济规字［2016］2号	山东钢铁股份有限公司济南分公司关于工业北路快速道路（高架桥）综合管线迁改和需求的报告

山钢股份济规字［2016］3号　山东钢铁股份有限公司济南分公司关于2016年4月份固定资产投资项目立项实施的请示
山钢股份济规字［2016］4号　山东钢铁股份有限公司济南分公司关于2016年6月份固定资产投资项目立项实施的请示
山钢股份济规字［2016］5号　山东钢铁股份有限公司济南分公司关于2016年7月份固定资产投资项目立项实施的请示
山钢股份济规字［2016］6号　山东钢铁股份有限公司济南分公司关于2017年固定资产投资计划的请示
山钢股份济绩字［2016］1号　山东钢铁股份有限公司济南分公司关于印发《2016年绩效管理实施意见》的通知
山钢股份济绩字［2016］2号　山东钢铁股份有限公司济南分公司关于发布2016年公司级风险事件及风险管控方案的通知
山钢股份济绩字［2016］3号　山东钢铁股份有限公司济南分公司关于印发《2016年“运营转型、管理提升”工作计划》的通知
山钢股份济绩字［2016］4号　山东钢铁股份有限公司济南分公司关于下达《2016年上半年运营改善和管理提升项目攻关计划》的通知
山钢股份济绩字［2016］5号　山东钢铁股份有限公司济南分公司关于印发《2016年重点工作分解落实意见》的通知
山钢股份济绩字［2016］6号　山东钢铁股份有限公司济南分公司关于命名表彰公司现场模范车间的决定
山钢股份济绩字［2016］7号　山东钢铁股份有限公司济南分公司关于表彰2015年度管理创新成果的决定
山钢股份济绩字［2016］8号　山东钢铁股份有限公司济南分公司关于印发《知识管理办法（试行）》暨知识管理信息化系统上线试运行的通知
山钢股份济绩字［2016］9号　山东钢铁股份有限公司济南分公司关于下达《2016年下半年运营改善和管理提升项目攻关计划》的通知
山钢股份济绩字［2016］10号　山东钢铁股份有限公司济南分公司关于命名表彰公司第三批现场模范车间的决定
山钢股份济绩字［2016］11号　山东钢铁股份有限公司济南分公司关于印发《亏损治理专项考核办法》的通知
山钢股份济绩字［2016］12号　山东钢铁股份有限公司济南分公司关于下达《第二阶段清理“三外”工作方案》的通知
山钢股份济绩字［2016］13号　山东钢铁股份有限公司济南分公司关于命名表彰公司第四批现场模范车间的决定
山钢股份济科字［2016］2号　山东钢铁股份有限公司济南分公司关于下发《2016年SBU项目推进管理办法》的通知

山钢股份济科字［2016］3 号	山东钢铁股份有限公司济南分公司关于印发《2016 年技术创新项目计划》的通知
山钢股份济科字［2016］4 号	山东钢铁股份有限公司济南分公司关于印发《2016 年 2 月份科技质量工作计划》的通知
山钢股份济科字［2016］5 号	山东钢铁股份有限公司济南分公司关于印发《2016 年 3 月份科技质量工作计划》的通知
山钢股份济科字［2016］6 号	山东钢铁股份有限公司济南分公司关于表彰 2015 年度科技创新突出贡献奖、科技工作标兵、重大科技项目奖、专利奖的决定
山钢股份济科字［2016］7 号	山东钢铁股份有限公司济南分公司关于印发《2016 年重点技术经济指标计划和铁前结构计划》的通知
山钢股份济科字［2016］8 号	山东钢铁股份有限公司济南分公司关于印发《2016 年 4 月份科技质量工作计划》的通知
山钢股份济科字［2016］9 号	山东钢铁股份有限公司济南分公司关于印发《2016 年 5 月份科技质量工作计划》的通知
山钢股份济科字［2016］10 号	山东钢铁股份有限公司济南分公司关于印发《2016 年 6 月份科技质量工作计划》的通知
山钢股份济科字［2016］11 号	山东钢铁股份有限公司济南分公司关于印发《2016 年 7 月份科技质量工作计划》的通知
山钢股份济科字［2016］12 号	山东钢铁股份有限公司济南分公司关于印发《2016 年 8 月份科技质量工作计划》的通知
山钢股份济科字［2016］13 号	山东钢铁股份有限公司济南分公司关于印发《2016 年 9 月份科技质量工作计划》的通知
山钢股份济科字［2016］14 号	山东钢铁股份有限公司济南分公司关于印发《2016 年 10 月份科技质量工作计划》的通知
山钢股份济科字［2016］15 号	山东钢铁股份有限公司济南分公司关于印发《2016 年 11 月份科技质量工作计划》的通知
山钢股份济科字［2016］16 号	山东钢铁股份有限公司济南分公司关于印发《2016 年 12 月份科技质量工作计划》的通知
山钢股份济能字［2016］1 号	山东钢铁股份有限公司济南分公司关于索赔供电线路压降造成的经济损失的函
山钢股份济能字［2016］2 号	山东钢铁股份有限公司济南分公司关于申请调整电源进线最大需量值的函
山钢股份济能字［2016］3 号	山东钢铁股份有限公司济南分公司关于申请免缴第二工业区变电站基本电费的函
山钢股份济能字［2016］4 号	山东钢铁股份有限公司济南分公司关于办理 2016 年度燃气安全责任保险的请示
山钢股份济能字［2016］5 号	山东钢铁股份有限公司济南分公司关于调整降低外

	购电基本电价的请示
山钢股份济能字［2016］6号	山东钢铁股份有限公司济南分公司《关于积极配合政府性基金及附加代征工作的函》的复函
山钢股份济能字［2016］7号	山东钢铁股份有限公司济南分公司关于减免自发自用电量系统备用费的请示
山钢股份济能字［2016］8号	山东钢铁股份有限公司济南分公司关于明确我公司为化解过剩产能企业的报告
山钢股份济能字［2016］9号	山东钢铁股份有限公司济南分公司关于产能调整转型发展不再进行环保提标改造的请示
山钢股份济能字［2016］10号	山东钢铁股份有限公司济南分公司关于320m²、400m²烧结料场东、南侧防风抑尘网停止建设的请示
山钢股份济能字［2016］11号	山东钢铁股份有限公司济南分公司关于4号大高炉、4号大转炉、400m²烧结机、4300mm宽厚板、8~9号焦炉工程的环保承诺函
山钢股份济能字［2016］12号	山东钢铁股份有限公司济南分公司关于不再建设安装高架源自动监控设备的请示
山钢股份济能字［2016］13号	山东钢铁股份有限公司济南分公司关于提请审查4号大高炉、4号大转炉、400m²烧结机、4300mm宽厚板、8号、9号焦炉工程现状环境影响评估报告的请示
山钢股份济能字［2016］14号	山东钢铁股份有限公司济南分公司对《关于积极配合政府性基金及附加代征工作的函》的复函
山钢股份济人字［2016］1号	山东钢铁股份有限公司济南分公司关于印发《2016年度职工教育培训计划》的通知
山钢股份济人字［2016］2号	山东钢铁股份有限公司济南分公司关于做好第八届全国钢铁行业技能竞赛参赛及选手选拔培训工作的通知
山钢股份济人字［2016］3号	山东钢铁股份有限公司济南分公司关于胥家村招工事宜的请示
山钢股份济人字［2016］4号	山东钢铁股份有限公司济南分公司关于公布2015年度职业技能鉴定结果的通知
山钢股份济人字［2016］5号	山东钢铁股份有限公司济南分公司关于信息化业务和人员交割的请示
山钢股份济人字［2016］6号	山东钢铁股份有限公司济南分公司关于公布2015年度获得社会专业技术职务资格人员名单的通知
山钢股份济人字［2016］7号	山东钢铁股份有限公司济南分公司关于2016年度社会专业技术职务资格推荐评审工作的通知
山钢股份济人字［2016］8号	山东钢铁股份有限公司济南分公司关于山钢日照精

	品基地选调人员的通知
山钢股份济人字［2016］9号	山东钢铁股份有限公司济南分公司关于转发《山东钢铁股份有限公司关于印发产线停产、转移及关闭等涉及职工待遇暂行规定的通知》的通知
山钢股份济人字［2016］10号	山东钢铁股份有限公司济南分公司关于转发《山东钢铁股份有限公司关于印发〈职工内部退养暂行办法〉的通知》的通知
山钢股份济人字［2016］11号	山东钢铁股份有限公司济南分公司关于表彰2016年度职教先进集体、先进个人的决定
山钢股份济人字［2016］12号	山东钢铁股份有限公司济南分公司关于命名表彰职工先进操作法、合理化建议暨职工创新成果的决定
山钢股份济任字［2016］1号	山东钢铁股份有限公司济南分公司关于公布张永护等职务的通知
山钢股份济任字［2016］2号	山东钢铁股份有限公司济南分公司关于公布李维忠职务的通知
山钢股份济任字［2016］3号	山东钢铁股份有限公司济南分公司关于公布徐守亮等职务的通知
山钢股份济任字［2016］4号	山东钢铁股份有限公司济南分公司关于公布高勇等职务的通知
山钢股份济任字［2016］5号	山东钢铁股份有限公司济南分公司关于魏风等不再任职的通知
山钢股份济任字［2016］6号	山东钢铁股份有限公司济南分公司关于公布董胜峰等职务的通知
山钢股份济生字［2016］1号	山东钢铁股份有限公司济南分公司关于下达《2016年2月份供产销计划》的通知
山钢股份济生字［2016］2号	山东钢铁股份有限公司济南分公司关于下达《2016年生产经营计划》的通知
山钢股份济生字［2016］3号	山东钢铁股份有限公司济南分公司关于下达《2016年3月份供产销计划》的通知
山钢股份济生字［2016］4号	山东钢铁股份有限公司济南分公司关于下达《2016年4月份供产销计划》的通知
山钢股份济生字［2016］5号	山东钢铁股份有限公司济南分公司关于下达《2016年5月份供产销计划》的通知
山钢股份济生字［2016］6号	山东钢铁股份有限公司济南分公司关于下达《2016年6月份供产销计划》的通知
山钢股份济生字［2016］7号	山东钢铁股份有限公司济南分公司关于下达《2016年7月份供产销计划》的通知
山钢股份济生字［2016］8号	山东钢铁股份有限公司济南分公司关于下达《2016

	年8月份供产销计划》的通知
山钢股份济生字［2016］9号	山东钢铁股份有限公司济南分公司关于下达《2016年9月份供产销计划》的通知
山钢股份济生字［2016］10号	山东钢铁股份有限公司济南分公司关于下达《2016年10月份供产销计划》的通知
山钢股份济生字［2016］11号	山东钢铁股份有限公司济南分公司关于下达《2016年11月份供产销计划》的通知
山钢股份济生字［2016］12号	山东钢铁股份有限公司济南分公司关于下达《2016年12月份供产销计划》的通知
山钢股份济生字［2016］13号	山东钢铁股份有限公司济南分公司关于近期大宗原燃辅料接续困难及资金紧张的紧急情况的报告
山钢股份济生字［2016］14号	山东钢铁股份有限公司济南分公司关于下达《2017年元月份供产销计划》的通知
山钢股份济销字［2016］1号	山东钢铁股份有限公司济南分公司关于期货业务账户名称变更的请示
山钢股份济装字［2016］1号	山东钢铁股份有限公司济南分公司关于对3200粗轧机报废设备等部分固定资产评估项目实施备案的请示
山钢集团济板办字［2016］1号	山东钢铁集团济钢板材有限公司关于与兴业银行济南分行福建旺隆保兑仓纠纷化解方案的请示
山钢集团济板财字［2016］1号	山东钢铁集团济钢板材有限公司关于内部借款续借的请示
山钢集团济板财字［2016］2号	山东钢铁集团济钢板材有限公司关于3月份到期内部借款续借的请示
山钢集团济板财字［2016］3号	山东钢铁集团济钢板材有限公司关于4月份到期内部借款续借的请示
山钢集团济板财字［2016］4号	山东钢铁集团济钢板材有限公司关于山东钢铁集团有限公司为济钢板材公司提供融资担保的请示

（制表人　王　真）

二、《济钢年鉴》（2017）组稿人员名单

邹玉萍	集团公司办公室
李继亮	集团公司办公室
钟秀菊	集团公司办公室
郭玉玲	集团公司办公室
王　真	集团公司办公室
郑海霞	组织部/人力资源部
严　胜	组织部/人力资源部
陈　剑	组织部/人力资源部
郭晓光	组织部/人力资源部
曹学杰	组织部/人力资源部
刘　骞	组织部/人力资源部
任　波	组织部/人力资源部
闻成莲	工会
刘　刚	工会
刘红霞	工会
宋玉文	纪委
刘登第	纪委
梁　军	宣传部/团委/武装部
褚慧娟	宣传部/团委/武装部
吕孝伟	宣传部/团委/武装部
张洪雷	宣传部/团委/武装部
李晓华	宣传部/团委/武装部
都志斌	宣传部/团委/武装部
陈天学	资产管理部
韩晰宇	发展规划部/转型办
房克余	企业管理部
石　晶	企业管理部
李晓礼	财务部
宋汝贵	生产部
王　勇	生产部
蒋雪军	运营管理部
李学付	运营管理部
焦何生	运营管理部
魏士红	安全部
宋宪伟	安全部
刘自民	安全部
韩飞华	装备部
胡建军	科技质量部
杨　超	科技质量部
陈　飚	能源环保部
祝晓宝	离退部
赵山绩	销售公司
刘培林	保卫部
刘　辉	保卫部
王海环	济南钢城矿业有限公司
王景鹏	济南鲍德炉料有限公司/济南鲍德石灰石有限公司
谢拥军	山东球墨铸铁管有限公司
王婷婷	山东济钢合金材料科技有限公司
马小莉	标准件厂
陈广平	测温仪器厂
谢安鹏	山东鲍德翼板有限公司（中轧厂）
于素云	山东鲍德翼板有限公司（中轧厂）
郑金英	山东鲍德金属复合板有限公司
刘　宁	冷弯型钢公司
杨俊国	济南鲍德钢结构有限公司
王　海	彩板厂
郭爱华	济钢集团国际工程技术有限公司
徐振华	济钢集团重工机械有限公司
马树隽	济钢集团山东建设工程有限公司
董法龙	山东省冶金科学研究院
庞长平	山东省冶金地质水文勘察公司
于广成	济钢集团商业贸易有限公司
袁乃波	济钢总医院（卫生防疫部）
严凤涛	供热公司
董　凤	济南鲍德汽车运输有限公司
张海东	青岛保税区济钢国际物流有限公司
李玉红	济钢金融服务中心
时鹏刚	济钢香港控股有限公司
马宝红	菏泽五金厂
肖存忠	济钢（马来西亚）钢板有限公司
赵　亮	济南萨博特种汽车有限公司
崔　峰	炼铁厂
谭　刚	炼钢厂
马广伟	宽厚板厂
赵　丽	第一小型轧钢厂
曹建煦	第一小型轧钢厂
刘韶山	薄板厂
刘恒文	薄板厂
王贤志	化工厂
吕仁波	能源动力厂
季宏杰	物流管理中心
刘　耿	计量质检中心
尉荣强	检修工程公司
王云彪	自动化信息技术公司
王　轶	自动化信息技术公司
王雅桢	贝斯济钢（山东）钢板有限公司
化晓娜	济南鲍德气体有限公司

（供稿人　邹玉萍）

《济钢年鉴》(2017)
审稿人员名单
（以姓氏笔画为序）

于文波	王丰祥	王文涛	王兴强	王志强	王其成	华立新
刘庆玉	刘　纯	刘学燕	刘树梅	闫东林	孙　玮	孙德民
李长青	李丙来	李永亮	李作鑫	李健民	李维忠	李　静
杨新宇	何玉东	何绪友	张玉华	张永护	张永熙	张希元
张忠法	张润生	张瑞堂	张新福	陈传玉	陈增治	苗　刚
孟庆钢	赵传飞	赵培建	郝之峰	柳润民	贾元奎	徐西刚
徐亮天	徐　强	高传华	高贤成	高岩军	高　勇	高海港
高　翔	郭洪卫	黄善兵	崔德伟	董　波	蒋升华	傅国水
潘卫东	潘爱武	薄　涛	魏信栋	魏　涛		